Marco Massimi

MITB MASTERING IN THE BOX

Concetti e applicazioni per la realizzazione del mastering audio
Teoria e pratica con Wavelab Pro 10

MASSIMI M.
MITB Mastering in the box
Concetti e applicazioni per la realizzazione del mastering audio
con Wavelab Pro 10
ISBN 9788899212070

© 2018 - 2020 - Contemponet s.a.s. - Roma
Prima edizione 2018
Seconda edizione aggiornata 2020

Consulenza curatoriale: Gabriele Paolozzi
Realizzazione esempi audio: Vincenzo Mario Cristi, Marco Massimi, Anuhel, Lingala
Realizzazione indice analitico: Roberto Proietti Cignitti
Immagine di copertina: Valerio Murat

ConTempoNet s.a.s. Roma
e-mail   posta@virtual-sound.com
**   posta@contemponet.com**
URL: www.virtual-sound.com
**   www.contemponet.com**

INDICE

PREFAZIONE
di Alessandro Travaglini

Come qualsiasi contesto industriale, anche il panorama dell'audio professionale è sempre in costante fermento ed è caratterizzato da evoluzioni tecnologiche continue. In questo scenario è fondamentale che ogni professionista sia in grado di supportare le proprie abilità esecutive e la propria competenza con idonei strumenti formativi che si possono maturare e mantenere adeguati solo grazie a studio e aggiornamento costanti. È sempre stato così nel mio percorso individuale, dove ho avuto la fortuna di poter spesso accedere a risorse didattiche molto qualificate che mi hanno consentito di confrontarmi con lo scenario internazionale e di verificare e accrescere le mie competenze teoriche in modo da ampliare gradualmente la mia formazione. Sono fermamente convinto, infatti, che una buona dose di successo è determinata dalla solidità delle proprie basi didattiche e che esse costituiscono le fondamenta sulle quali si edifica la professionalità di ogni tecnico del suono. In questo panorama si colloca MIBT Mastering In The Box, il cui titolo può trarre in inganno. Si potrebbe pensare infatti che si tratti di un libro dedicato esclusivamente al Mastering audio, ma non è così. In realtà, è molto di più. Come infatti sappiamo, il processo di Mastering è l'operazione conclusiva che viene effettuata prima di distribuire il mix audio prodotto. Ma, come in ogni processo produttivo, il successo di ogni fase di lavorazione è strettamente legato a ciò che viene realizzato prima ed è direttamente causa di quello che avverrà dopo. È così anche nella catena di produzione audio: dopo la cattura degli eventi sonori (Recording), la loro organizzazione (Editing) e presentazione (Mixing), la catena di lavoro si conclude con l'operazione di ottimizzazione (Mastering) che, oltre ad avere la responsabilità tecnica di confezionare il mix in conformità agli standard di distribuzione, mira a far rendere al meglio il contenuto prodotto anche in funzione di come esso verrà fruito. È quindi fondamentale che i professionisti che si occupano di una qualsiasi delle fasi lavorative appena descritte abbiano conoscenza, consapevolezza e un certo grado di competenza di ognuna delle altre, delle quali il Mastering rappresenta un passaggio delicatissimo e pertanto fondamentale. Inoltre, molti degli argomenti relativi alla materia *suono* sono trasversali tra varie figure professionali e interessano tutti gli aspetti coinvolti nel processo produttivo. Tra questi troviamo concetti quali audio analogico e audio digitale, misurazione ed elaborazione del segnale, analisi e trattamento spettrale, compressione ed espansione dinamica, spazializzazione, alterazione armonica, editing e restauro del suono, e infine condivisione e distribuzione dei materiali. Non a caso Massimi, autore sapiente, dall'alto della sua lunga esperienza didattica e professionale basata su anni di appassionata, attenta e competente attività di Sound Engineer, musicista e docente, ha ideato e realizzato un libro che, pur focalizzandosi sulla descrizione esaustiva e puntuale degli aspetti tecnici del Mastering, cura adeguatamente tutti i temi generali del trattamento del segnale audio nel dominio digitale. Nessuno di questi aspetti è stato tralasciato dall'autore che ha organizzato la loro esposizione in modo da accompagnare il lettore e lo studente mano nella mano in questo percorso didattico, corredando il testo con innumerevoli riferimenti grafici, tabelle, esercitazioni e suggerimenti da rendere questo volume un piacevole compagno di viaggio per tutti i professionisti o gli aspiranti tali. Consapevole che il Mastering è operazione necessaria e fondamentale non solo nell'ambito della produzione musicale tradizionale, Massimi include con lungimiranza anche spunti e indicazioni didattiche relativamente alla preparazione di contenuti audio per la diffusione di musica liquida e in streaming. Tutto ciò fa di MITB non solo un testo di studi, ma anche un prestigioso riferimento bibliografico nel quale poter trovare oggi, così come in futuro, attendibili e preziose risposte. Ed è per questo che nella biblioteca personale di chiunque operi nell'ambito dell'audio professionale non dovrebbe mai mancare un libro come MIBT.

INTRODUZIONE

Questo volume tratta l'elaborazione digitale del suono per la realizzazione del mastering audio, interamente all'interno del computer, **ITB**, **In the Box**. Si è scelto di trattare la modalità ITB per vari motivi. Primo tra tutti il fatto che, grazie alla potenza di calcolo degli attuali computer, è possibile raggiungere un elevato livello di precisione e di calcolo. Considerando il fatto che tali computer sono ormai alla portata di tutti, con l'aiuto di un testo come questo è possibile realizzare lavorazioni prima riservate a pochissimi studi di mastering dotati di costosissime apparecchiature. Contrariamente a quanto molti vi diranno, ora potrete effettuare un mastering di buona qualità anche in un home studio o project studio. Se verranno considerati in modo appropriato tutti i parametri e saranno prese tutte le precauzioni per evitare il degrado del segnale numerico, il vostro master potrà competere, a livello qualitativo, con qualsiasi altro prodotto commerciale.

Non c'è neanche da stupirsi però, se troverete una copia di questo libro in qualche regia di uno studio di mastering. Lo scopo di questo libro è appunto quello di analizzare e sperimentare i vari elementi di questa fase della post-produzione. Al lettore verranno forniti gli strumenti per analizzare il contenuto sonoro e operare le scelte più adeguate per il trattamento del segnale all'interno di una **DAW Digital Audio Workstation**.

LIVELLO RICHIESTO

Il volume alterna parti teoriche a sezioni di pratica al computer, che vanno studiate in stretta connessione. Questo testo può essere utilizzato da utenti di diverso livello di preparazione. Il livello minimo richiesto per chi inizia a studiare MITB comprende: una competenza di base nell'utilizzo di un computer: saper salvare un file, copiare, cancellare; un'adeguata conoscenza degli elementi di una catena elettroacustica: preamplificatore, amplificatore, mixer, diffusori acustici. Il testo va studiato alternando ogni sezione teorica a quella corrispettiva di pratica, incluse le attività al computer. Il percorso di questo volume può essere svolto in auto-apprendimento oppure sotto la guida di un insegnante.

I TEMPI DI APPRENDIMENTO

I tempi di apprendimento, come è ovvio, sono diversi da persona a persona. In particolare, si dà conto di tempi di mero riferimento nelle due modalità: auto-apprendimento e apprendimento sotto la guida di un docente esperto.

Auto-apprendimento (200 ore globali di studio individuale)

Capitoli	Argomento	Totale ore
1	Produzione e cenni storici	6
2	Tipi di elaborazione	8
3	Metering	10
4	Analisi del materiale	9
5	Filtraggio	20
6	Elaborazioni spaziali	10
7	Trattamento dinamico	25
8	Distorsori	10
9	Riduzione del rumore	6
10	Mastering M/S	14
11	Stem mastering	12
12	Mastering surround	15
13	Dither	9
14	Authoring	9
15	Red Book	14
16	Streaming	13

Apprendimento con docente
(corso di 40 ore in classe + 80 di studio individuale)

Capitoli	Argomento	Lezioni	Feedback	Studio	Totale ore
1	Produzione e cenni storici	1	1	2	4
2	Tipi di elaborazione	1	1	2	4
3	Metering	2	1	3	6
4	Analisi del materiale	2	1	3	6
5	Filtraggio	3	2	5	10
6	Elaborazioni spaziali	3	2	4	9
7	Trattamento dinamico	6	2	8	16
8	Distorsori	2	1	3	6
9	Riduzione del rumore	1	1	2	4
10	Mastering M/S	3	2	4	9
11	Stem mastering	2	1	3	6
12	Mastering surround	3	2	4	9
13	Dither	1	1	2	4
14	Authoring	3	2	4	9
15	Red Book	3	2	4	9
16	Streaming	3	2	4	9

GLI ESEMPI INTERATTIVI

Il percorso è accompagnato da molti esempi interattivi reperibili sul sito. **www.virtual-sound.com/mitbsupport**. Utilizzando questi esempi, si può fare esperienza immediata del suono e della sua elaborazione. In questo modo lo studio è sempre in connessione con la percezione del suono e delle sue possibili modificazioni. Far interagire percezione e conoscenza è il criterio che guida l'intera opera didattica, comprensiva anche di ulteriori materiali online che verranno man mano aggiornati e ampliati.

WAVELAB Pro 10

Come software di riferimento verrà usato WAVELAB Pro 10 di Steinberg, uno dei software più avanzati per l'analisi e l'elaborazione numerica del segnale audio. Nell'ultima versione sono presenti tutti gli strumenti per il processamento real-time, off-line, la simulazione dei codec di codifica e la produzione di premaster. All'indirizzo **www.steinberg.net** è possibile scaricare la versione Pro completa, in uso gratuito per 30 giorni. Le stesse teorie e gli stessi concetti qui esposti sono comunque utilizzabili con altri software, o apparecchiature hardware esterne a un mixer, o presenti nei mixer stessi. I parametri di un compressore o di un filtro sono infatti i medesimi sia nella versione software sia in quella hardware del processore.

L'IMPOSTAZIONE DIDATTICA

Non esistono molti testi specifici sul mastering, tantomeno in modalità ITB. Per questo sono stati inseriti, oltre agli esempi interattivi, anche contratti formativi per ogni capitolo, attività di ascolto e analisi, test, glossari, introduzioni storiche. Il sistema, composto dal volume e una sezione online, è multi-piattaforma, e la teoria è costruita in modo tale da poter fare da base a possibili altri testi di pratica basati su software diversi, utilizzando lo stesso percorso didattico. Ogni capitolo inizia con una parte teorica che può contenere esempi interattivi. Di seguito sono presenti attività pratiche sul software Wavelab. Questo testo non è un manuale di Wavelab. Per qualsiasi funzione del software non riportata in questo testo, si prega di fare riferimento al manuale operativo di Wavelab. Inoltre, all'indirizzo www.virtual-sound.com/mitbsupport è possibile scaricare documenti PDF contenenti attività didattiche aggiuntive. Nel corso dei capitoli la presenza di tali attività viene segnalata con l'icona visibile qui a lato.

Alcuni argomenti possono comprendere un paragrafo di approfondimenti riconoscibile da un bordo nero intorno alla sezione relativa.

Si precisa infine che gli argomenti trattati in questa pubblicazione sono specifici e relativi all'analisi, ai concetti e alle pratiche per il mastering audio. Per approfondire quindi nozioni e teorie di base utili alla comprensione e all'uso di questo testo si consigliano i testi:

Laboratorio di tecnologie musicali vol. 1 e 2 – Edizioni Contemponet
Musica elettronica e sound design vol. 1 e 2 – Edizioni Contemponet

INDICAZIONI PRATICHE

A corredo di questo libro sono stati realizzati esempi interattivi, preset, file audio, assolutamente indispensabili per procedere nell'apprendimento. Tutto il materiale di supporto a MITB è disponibile e scaricabile all'indirizzo: www.virtual-sound.com/mitbsupport

Esempi Interattivi

Durante lo studio, prima di affrontare la parte pratica, è importante utilizzare gli esempi interattivi. Lavorare con questi esempi sarà di notevole aiuto per affrontare poi la parte pratica relativa all'argomento trattato.

File di esempio

I file di esempio e i preset della master section sono utilizzabili con il software Steinberg Wavelab Pro 10 o superiore, scaricabile dal sito www.steinberg.net.

Alternanza di Teoria e Pratica

Nei capitoli del libro la teoria precede sempre la parte pratica. Il lettore si troverà quindi ad affrontare la parte teorica del capitolo per poi passare alla parte pratica. Tutti i termini **in grassetto** incontrati presenti nel testo, sono riportati nel glossario del relativo capitolo, corredati da sintetiche descrizioni. Tutti i termini sottolineati rappresentano voci dei menu del software. Il percorso per scaricare il materiale di supporto è indicato ,per esempio, come **\MITB\Esempi\ Capitolo 08\07F.wav**. Ogni \ rappresenta una cartella.

Bibliografia e sitografia

Si è scelto di inserire nel testo soltanto una biografia assolutamente essenziale e i riferimenti bibliografici relativi ai testi citati nel libro. Una bibliografia più completa e una sitografia sono disponibili online.

Commenti e segnalazioni

Commenti e segnalazioni sono benvenuti. Vi preghiamo di inviarli per e-mail all'autore all'indirizzo: mitb.massimi@gmail.com

Esempi audio

Marco Massimi, Vincenzo Mario Cristi, Anuhel, Gianluigi Farina, Lingala (Azeglio Izzizzari, Massimo Izzizzari, Rocco Zifarelli, Francesco Carlesi, Filiberto Palermini, Marco Massimi, Giovanni Imparato)

Grafica e disegni originali

Marco Massimi

RINGRAZIAMENTI E DEDICA

Si ringraziano: Alessandro Cipriani e Maurizio Giri, per aver incoraggiato e ispirato la scrittura di questo testo. Gabriele Paolozzi, per la consulenza sull'organizzazione dei contenuti e sull'impaginazione. Roberto Proietti Cignitti per la realizzazione dell'indice analitico, Marco Cento: Tube Man. Tutti i colleghi docenti e gli studenti del CREA, Centro di Ricerca ed Elaborazione Audiovisiva del Conservatorio Licinio Refice di Frosinone. Maurizio Refice, per la fiducia e la pazienza accordatemi incondizionatamente. Alessandro Travaglini, per la prefazione e i consigli. Tutti coloro a cui voglio bene e che me ne vogliono. È anche grazie a loro che questo lavoro è stato realizzato.

Marco Massimi

LEGENDA DEI SIMBOLI UTILIZZATI

 • **ATTIVITÀ ED ESEMPI INTERATTIVI**

 • **ATTIVITÀ PRATICHE AGGIUNTIVE DISPONIBILI ONLINE**

 • **COMPITI UNITARI**

 • **VERIFICA**

1
PRODUZIONE, CENNI STORICI E DEFINIZIONE DI MASTERING

CONTRATTO FORMATIVO

PREREQUISITI PER IL CAPITOLO
- Conoscenze di base degli strumenti informatici
  (operazioni base, gestione delle cartelle, scheda audio, etc.)

OBIETTIVI
Conoscenze
- Conoscere la storia della registrazione e i suoi supporti
- Conoscere le fasi del processo di produzione musicale
- Conoscere le esigenze e le motivazioni che giustificano il mastering

Abilità
- Saper individuare all'ascolto e all'analisi il brano con il loudness più alto

CONTENUTI
- Struttura del processo di produzione musicale
- Modalità di trackng
- Modalità di mixing
- L'evoluzione della produzione
- La loudness war

TEMPI - Cap. 1
Autodidatti
Per 200 ore globali di studio individuale: ca. 6 ore

Corsi
Per un corso globale di 40 ore in classe + 80 di studio individuale:
ca. 1 ora frontale + 1 ora di feedback - ca. 2 ore di studio individuale

ATTIVITÀ
- Esempi interattivi

VERIFICHE
- Test con ascolto e analisi
- Test a risposte brevi

SUSSIDI DIDATTICI
- Glossario

1.1 LA CATENA DI PRODUZIONE AUDIO

I brani musicali che si ascoltano, provengono da diverse fonti sonore. Queste possono essere di tipo analogico, come un disco in vinile o un nastro magnetico, oppure di tipo digitale, come un Compact Disc o un file in formato lineare o compresso. Possono anche essere trasmissioni broadcast radio o televisive, oppure la colonna sonora di un film, oppure materiale proveniente da web streaming, smartphone e tablet. Durante l'ascolto però, non si pensa a quanti processi produttivi è stato sottoposto il prodotto finale che si sta ascoltando. Si è più interessati al contenuto artistico, emozionale e sonoro dell'opera ed è giusto che sia così. Il valore artistico rimane sempre un fattore essenziale e genera emozioni e sensazioni in grado di coinvolgere l'ascoltatore in modo più o meno profondo. È anche vero però, che quelle emozioni e quei suoni sono il risultato di vari passaggi di una catena di produzione che è anch'essa in grado di influenzare la qualità globale del prodotto artistico.
La qualità di una produzione sonora, si crea molto prima della registrazione. Nasce nella mente dell'artista, dall' abilità dell'esecutore, dell'arrangiatore e comprende processi difficilmente quantificabili e analizzabili.

Ciononostante bisogna anche ammettere che l'artista più ispirato, l'esecutore più abile e il compositore più raffinato non possono essere apprezzati e valorizzati in modo adeguato, se la qualità tecnica del prodotto finale è scadente e non all'altezza del livello artistico. È interessante considerare i principali elementi di un processo di produzione audio.

Il processo di produzione sonora può essere diviso in tre fasi fondamentali:

Tracking, Mixing, Mastering.

Tracking
Durante il tracking si trasferisce il materiale sonoro proveniente da microfoni o generatori di suoni e segnali, su un supporto fisico. Tale supporto può essere il nastro magnetico di un registratore analogico multitraccia, vedi fig.1.1.

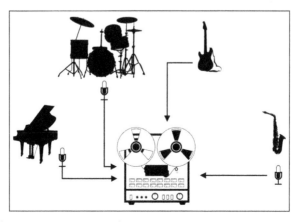

fig.1.1 Tracking su nastro magnetico

Attualmente il supporto più usato è l'hard disk di un computer, che fa parte di un sistema che comprende sia software specifici per l'audio, sia una scheda audio. Tale sistema è detto **DAW (Digital Audio Workstation)**. Alternativamente, a volte si fa uso di una workstation audio hardware dedicata. I segnali vengono prima convertiti in digitale da una scheda audio, vedi fig.1.2.

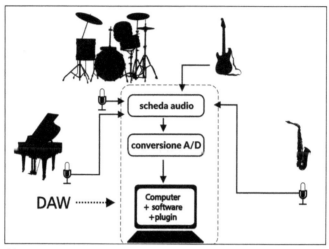

fig.1.2 Tracking su DAW

Il tracking è la classica fase di registrazione che si svolge in studio oppure, in una stanza di casa adibita a home recording studio. In questa fase di acquisizione viene generato un numero di tracce audio corrispondenti al numero delle sorgenti sonore acquisite. Queste possono essere:
- Acustiche, riprese tramite microfoni
- Elettromagnetiche, provenienti da pickup e trasduttori per chitarre elettriche o elettrificate e strumenti ad arco
- Elettroniche come i sintetizzatori
- Virtuali come i generatori, elaboratori e campionatori del suono di tipo software

Con le moderne DAW il numero delle tracce registrabili è praticamente illimitato, mentre il numero di tracce audio registrabili su un singolo registratore analogico multitraccia arriva al massimo a 24. Sono pochi gli studi di registrazione che possiedono più di un registratore per portare il numero delle tracce a 48 o, raramente, a 72 o addirittura 96.

Mixing
Il mixing è la fase in cui tutte le tracce registrate sono singolarmente processate. Questi processi possono essere di tipo spettrale, utilizzando filtri, equalizzatori e sistemi di riduzione del rumore di tipo spettrale. Di tipo dinamico, utilizzando i controlli di livello e i processori di dinamica come compressori, expander, limiter, gate e sistemi di riduzione del rumore di tipo dinamico. Di tipo spaziale, utilizzando riverberi, delay e posizionamento tramite pan-pot o joystick. Durante il mixing si effettuano anche interventi di editing sulle singole tracce. Questa procedura può essere effettuata in tre modalità.

Modalità OTB (out of the box)

Il segnale proveniente dal registratore multitraccia analogico viene inviato agli ingressi di un mixer analogico. Il mixer è a sua volta collegato a processori esterni del segnale. Le tracce singole e gli effetti vengono miscelati tramite il mixer analogico e inviati a un'uscita stereo o multicanale che è a sua volta inviata a un registratore master analogico, digitale o su una DAW per la produzione del mix finale.

In questa modalità tutto il percorso del segnale rimane *elettrico* fino alla fine della produzione. Il classico esempio è quello di varie sorgenti sonore, collegate a un mixer analogico. Questi segnali sono acquisiti tramite un registratore multitraccia analogico su nastro magnetico. Le varie tracce in uscita dal registratore sono mixate tramite un mixer analogico. L'uscita del mixer verrà registrata su un registratore magnetico master. Il segnale proveniente dal nastro magnetico master sarà masterizzato con processori esterni analogici e stampato su vinile o Compact Disc. Da un punto di vista strettamente matematico, ogni conversione del segnale da analogico a digitale e viceversa, introduce errori di campionamento e di quantizzazione che degradano la qualità del segnale stesso. Questo tipo di tecnica permette quindi di utilizzare una sola **conversione A/D, analogico/digitale**, (o addirittura nessuna nel caso di produzione su vinile) e riduce al minimo il degrado del segnale, vedi fig. 1.3.

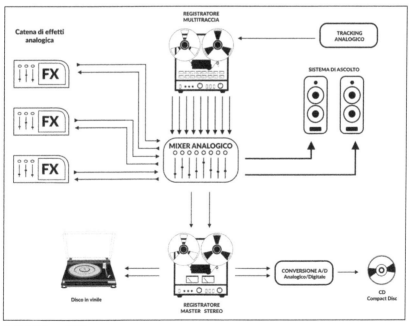

fig.1.3 Mixing OTB

Modalità ITB (in the box)

Il segnale già campionato nella DAW viene processato tramite la DAW stessa e il suo software di produzione audio. Sono utilizzati plugin software che emulano i processori di segnali esterni e si produce direttamente il file del mix finale. Anche con questa tecnica si effettua una sola conversione A/D convertendo il segnale elettrico delle varie sorgenti in digitale, tramite la scheda audio. Si effettua anche una conversione D/A, digitale analogico, per pilotare il sistema di ascolto. Quest'ultima conversione però, non influenza la qualità del prodotto finale, che in ogni caso viene generato direttamente in formato digitale senza ulteriori conversioni. Quindi si effettuano mix e mastering completamente nel dominio numerico fino alla fine della produzione. Con il termine ITB si definiscono inoltre tutte le tipologie di elaborazione effettuate interamente nel dominio numerico, come per esempio quelle che fanno uso di mixer digitali e effetti hardware digitali. Anche in questo caso infatti, non vi è nessuna conversione dopo il tracking. L'utilizzo del processamento numerico in **virgola mobile, floating point** (vedi paragrafo 4.5), consente inoltre di ottenere una precisione di calcolo e una risoluzione sonora pressoché illimitate, senza far rimpiangere il classico percorso del segnale analogico-elettrico. Ovviamente, si sta affrontando l'argomento da un punto di vista strettamente matematico trascurando quindi questioni pro o contro il digitale o l'analogico, vedi fig. 1.4.

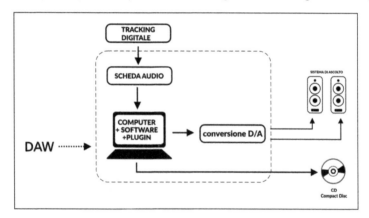

fig. 1.4 Mixing ITB

Modalità Ibrida

Molte produzioni e studi di registrazione usano una modalità ibrida. In questo caso, le tracce registrate sulla DAW, vengono inviate ad un mixer analogico e una serie di processori esterni. L'uscita del mixer e dei processori viene poi inviata alla DAW stessa per la registrazione del mix finale. Considerando gli esempi precedenti è subito chiaro che, con tale percorso del segnale, le conversioni necessarie diventano molte e quindi si possono generare molti errori di campionamento e quantizzazione.

Come potete vedere in fig. 1.5, è infatti necessario:

- Collegare le sorgenti sonore al mixer analogico e l'uscita del mixer alla DAW per il tracking: **prima conversione, A/D**
- Inviare il segnale registrato sulla DAW al mixer analogico per il missaggio: **seconda conversione, D/A**
- Inviare l'uscita del mixer e degli effetti esterni, alla DAW per generare il file di mix: **terza conversione, A/D**
- Vanno inoltre aggiunte tutte le conversioni A/D e D/A necessarie al collegamento di effetti digitali hardware, come per esempio delay e riverberi
- Consegnare il file di mix a uno studio di mastering analogico: **quarta conversione, D/A**
- Infine si procederà alla stampa del CD: **quinta conversione A/D**

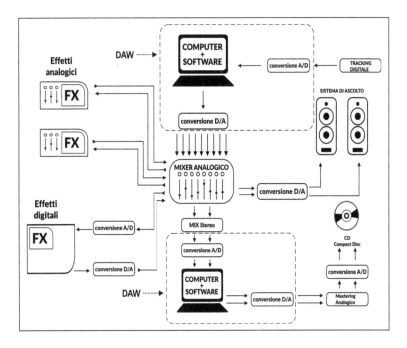

fig. 1.5 Mixing ibrido

Dal punto di vista matematico, cinque conversioni riescono a mortificare pesantemente la qualità del segnale.
Non è affatto vero che il campionamento di un segnale non ne compromette l'integrità. Qualsiasi siano i parametri di frequenza di campionamento e numero dei bit, durante il processo si compiono sempre delle approssimazioni di valori. Il termine *campione* significa infatti *rappresentazione, esempio* dell'originale. Non ci si deve stupire quindi se alcune produzioni ITB hanno una qualità e un suono paragonabile o addirittura superiore a blasonate e costose produzioni *ibride*.

In conclusione, si può affermare che il *rispetto* per l'integrità del segnale deve essere sempre tenuto in considerazione. Se siete interessati a una produzione digitale, mantenete il più possibile il segnale in forma numerica; se volete una produzione analogica, mantenetelo il più possibile in forma elettrica.

Al termine di questa fase tutte le tracce sono miscelate su un numero di uscite che può essere: 2, in caso di un prodotto stereofonico, oppure da 6 a 11 o addirittura 118 nel caso di prodotti surround per Cinema e Videogames. A questo punto la produzione è ultimata e il mix finale è completo nel bilanciamento timbrico e dinamico ma non ancora pronto per la distribuzione commerciale.

Il mastering

È l'ultimo elemento del processo produttivo. Si tratta di una fase di post-produzione e comprende una serie di processi che rendono il mix conforme a standard tecnici e sonori richiesti dal mercato musicale. Anche in questo caso vengono effettuate elaborazioni spettrali, dinamiche, numeriche e spaziali ma è molto importante considerare che tutti gli interventi effettuati in questa fase avranno impatto su tutto il mix.

Nella fase di mixing si può essere molto creativi e sperimentare regolazioni estreme dei processori di segnale per ogni singola traccia. Nel mastering ciò non è possibile. Il mix è ultimato e non si possono più separare i vari suoni e strumenti per intervenire singolarmente su di essi. Bisogna essere consapevoli che ogni scelta modificherà il livello, il timbro, l'ambiente e il contenuto del segnale di tutto il brano.

1.2 DIRECT TO DISC SU CERA E DISCHI IN GOMMALACCA E BACHELITE

Per capire meglio il ruolo del mastering nel processo di produzione musicale, è utile analizzare brevemente la storia delle tecniche di registrazione e di produzione. Gia alla fine dell'800 Thomas Edison realizzò un dispositivo in grado di registrare e riprodurre musica su cilindri di cera. I solchi avevano una profondità variabile in base all'ampiezza del segnale registrato. Il cilindro era un supporto molto delicato e di difficile conservazione e, con l'avvento dei dischi fonografici, scomparve gradualente. La storia della produzione musicale è legata indiscutibilmente al disco fonografico. A partire dal 1877 la produzione di dischi fonografici dapprima in gommalacca, poi in bachelite ha favorito la rapida diffusione di supporti e apparecchi per la loro riproduzione. Nello stesso periodo la nascita di etichette discografiche e di società di produzione ha permesso la creazione dei primi cataloghi musicali. Le registrazioni effettuate fino al 1925 sono definite **acoustical recordings**.

Tutto il processo di registrazione avveniva meccanicamente. Un grande cono convogliava le onde sonore su un piccolo stilo che incideva un disco di cera, vedi fig. 1.6. Da quel disco venivano in seguito creati calchi per stampare dischi in bachelite.

fig. 1.6 Sessione di registrazione acustica

Anche il sistema di ascolto era meccanico ed era praticamente speculare a quello di incisione. Uno stilo vibrava scorrendo sui solchi del disco e il suono veniva amplificato tramite un grande cono a tromba, vedi fig. 1.7.

fig. 1.7 Grammofono meccanico

L'aspetto interessante delle registrazioni acustiche è che il tipo di energia in gioco non cambia. È infatti sempre l'energia cinetica che sposta le molecole di aria, lo stilo, il cono. Non esiste trasformazione da energia meccanica a energia elettrica, come, per esempio, nel microfono. Di fatto per registrare e ascoltare le registrazioni acustiche non c'è bisogno di energia elettrica. Ovviamente la qualità sonora non era eccelsa ma dal punto di vista storico e artistico questi dischi rappresentano le origini del concetto di produzione discografica. A quel tempo non si immaginava minimamente di suddividere la produzione in tracking, mixing, mastering. Tutte queste fasi coincidevano in una sola e se veniva commesso un errore, l'unico rimedio era quello di effettuare una nuova registrazione da capo. Anche i parametri come la velocità di rotazione e il diametro del disco non erano stati ancora definiti univocamente. La definizione di *78 giri* risale infatti al 1898. Da quell'anno fu stabilito che la velocità di rotazione del disco sarebbe stata di 78 giri al minuto e il diametro del disco di 10 o 12 pollici, a seconda della durata di 3 o 5 minuti.

A partire dal 1925 si parla invece di **electrical recordings**, la prima grande rivoluzione nel mondo discografico. L'orchestra o l'artista si esibiscono non davanti al classico cono meccanico ma davanti a un microfono, che trasforma le variazioni di pressione dell'aria in segnali elettrici, vedi fig. 1.8. L'ascolto del disco era ancora possibile con gli apparecchi meccanici, ma la grande innovazione consisteva, durante la registrazione, nel pilotare uno stilo elettromagnetico tramite i segnali provenienti dal microfono.

fig. 1.8 Sessione di registrazione elettrica

1.3 IL VINILE

I dischi in bachelite avevano il difetto di essere molto fragili e di avere una durata di riproduzione molto breve, appunto 3 o 5 minuti per facciata. Quest'ultimo fattore condizionava notevolmente la scelta del repertorio e la creazione dei cataloghi musicali. Praticamente era impossibile registrare brani singoli che durassero più di cinque minuti. Talvolta, addirittura, si suonavano arie d'opera e passaggi orchestrali a velocità metronomica molto più alta dell'originale per poterli trasferire sul 78 giri. Il risultato finale era a volte grottesco e ridicolo. Col passare del tempo però il progresso tecnologico ha permesso la realizzazione di microfoni più sensibili, preamplificatori più silenziosi e magneti più efficienti per pilotare le testine di incisione. Fu così che nel 1931 la RCA VICTOR commercializzò il primo disco a 33 giri definendolo **LP**, **long playing**. Era finalmente possibile registrare fino a 20 minuti per facciata su un disco da 12 pollici. Il tutto grazie a un microsolco molto più sottile di quello utilizzato nel 78 giri. Anche il materiale del disco cambiò, dal fragile, pesante e duro supporto in bachelite si passò a una resina vinilica ricavata dapprima da sostanze naturali e in seguito da materie plastiche.

Le registrazioni erano ancora di tipo monofonico fino a quando, nel 1954, la RCA VICTOR combinò le tecniche di incisione laterale e verticale presenti all'epoca sul mercato, vedi fig. 1.9.

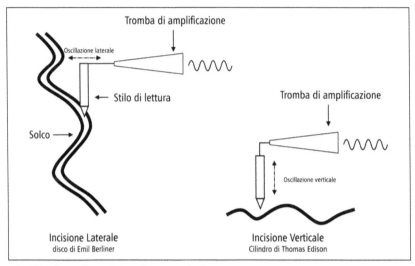

fig. 1.9 Registrazione laterale e verticale

La RCA sviluppò quindi una soluzione comprendente una testina che legge le informazioni su due lati di un solco, sul quale è possibile registrare un canale su ogni lato. I movimenti dello stilo sono sia verticali che laterali. Inizialmente la testina di lettura era formata da uno stilo collegato a *trasduttori piezoelettrici*[1]. In seguito fu adottata la soluzione tuttora in uso formata da bobina e magnete. Sul mercato sono disponibili testine a magnete mobile o a bobina mobile. Nella figura è illustrato lo schema relativo alla bobina mobile. La RCA chiamò il suo brevetto **Living Stereo**. Era nata la stereofonia...

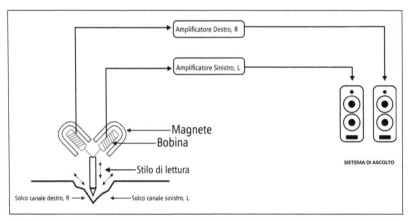

fig. 1.10 Testina di lettura stereofonica a bobina mobile

---

[1] I materiali piezo elettrici, come alcuni cristalli e materiali ceramici, possono generare elettricità se sottoposti a pressione.

1.4 IL TRANSFER

Parallelamente ai progressi nel campo della produzione discografica, la registrazione su nastro magnetico entrò gradualmente a far parte del processo di produzione sonora. Fu ancora la RCA VICTOR che nei primi anni '50 cominciò a registrare le esecuzioni musicali non più direttamente su cera o lacca, ma su nastro. Il registratore a nastro offriva una risposta in frequenza e una dinamica maggiore rispetto al trasferimento diretto su disco. Consentiva inoltre di effettuare tagli e giunture per scegliere, tra le varie versioni acquisite, i passaggi e le esecuzioni migliori. Il montaggio audio e l'editing nascono proprio in questo periodo. Le fasi della produzione erano ora diventate tre: la registrazione, l'editing e il **transfer**. È in quest'ultima fase infatti, che la registrazione su nastro magnetico viene *trasferita* su disco di lacca, di plastica, o direttamente su disco di rame **DMM direct metal mastering**. Dal disco in metallo sono in seguito creati gli stampi per la produzione dei 33 giri LP. Il transfer è un processo che richiede profonde conoscenze meccaniche, ingegneristiche, chimiche, musicali, che può valorizzare la qualità di una buona registrazione o distruggerne la bellezza.

fig. 1.11 Apparecchiatura DMM Neumann

I macchinari necessari per la creazione di un master per il vinile sono costosissimi, delicatissimi e hanno tolleranze di pochi centesimi di millimetro. Per poter essere correttamente trasferito su master metallico, il segnale proveniente dal nastro magnetico deve a volte essere modificato in ampiezza e frequenza. Queste elaborazioni venivano dapprima effettuate direttamente nella fase di transfer, durante la creazione del master disc per la duplicazione. Nasce così il termine **Mastering**.

1.5 IL MASTERING

Fino al 1954 i registratori a nastro erano in grado di registrare al massimo 2 tracce, necessarie per una produzione stereo. Nel 1953 Ampex, sotto suggerimento del chitarrista-inventore Les Paul, sviluppò un registratore a 8 tracce con tecnologia **Sel Sync**. L'idea geniale di Les Paul fu quella di allineare verticalmente più testine e fare in modo che potessero funzionare sia in modalità play che record. La loro funzione poteva essere commutata in base alle esigenze. Le testine di cancellazione vennero separate, in modo da poter cancellare solo la traccia in registrazione. Ampex realizzò il progetto e, nel 1955, nacque il primo registratore multitraccia a 8 piste.

Fu una vera rivoluzione nel campo musicale. Finalmente si potevano registrare separatamente e contemporaneamente più strumenti su tracce diverse. L'innovazione più grande però, era quella di poter registrare una traccia ascoltandone una già registrata precedentemente, il tutto in perfetto sincronismo. Negli anni successivi vari costruttori perfezionarono questo progetto con l'introduzione di sistemi di commutazione più veloci e silenziosi. TASCAM, per esempio sviluppò il **Simul-sync**, con commutazione automatica della modalità Play/Record delle testine, vedi fig. 1.12.

fig. 1.12 Blocco testine simul sync TASCAM

Non ci volle molto per far sì che il numero delle testine e delle tracce raggiungesse il numero di 24. Negli anni 80, i registratori multitraccia divennero economici a tal punto da poter utilizzare nastri più sottili e addirittura audio cassette. In seguito comparvero registratori multitraccia digitali su nastro, come il SONY PCM 3348, in grado di registrare 48 tracce.

Successivamente i computer e le DAW hanno sostituito i registratori a nastro digitali, portando il numero delle tracce virtualmente all'infinito. La catena di produzione era ormai completa: registrazione, mixing e, finalmente, mastering separato dal transfer. Si, perché un disco poteva contenere registrazioni provenienti da studi diversi. Inoltre spesso era necessario operare piccole rifiniture all'inizio e alla fine del brano.

Successivamente si doveva creare una track list. Ogni brano della produzione aveva bisogno di una serie di processi ed elaborazioni specifiche. Sia per creare un suono omogeneo per tutto l'album, che per togliere i rumori all'inizio e alla fine dei brani. Si doveva inoltre stabilire l'ordine delle tracce e la durata dell'eventuale pausa tra le stesse. Nel caso del Compact Disc e dei supporti digitali, sono richiesti inoltre interventi sui parametri di frequenza di campionamento, Bit depth, numero dei bit, elaborazione numerica e inserimento dei metadata (vedi capitoli 4 e 15).

1.6 PERCHÉ MASTERIZZARE UN BRANO?

Prima di parlare dei processi ed elaborazioni effettuate durante il mastering è giusto porsi alcune domande: perché si effettua il mastering? Il mix proveniente dallo studio di registrazione non è già di qualità soddisfacente per la commercializzazione? In che modo una sessione di mastering può migliorare, se possibile, un prodotto che ha richiesto mesi di lavoro e che è già stato approvato dall'artista e dal produttore?

Facendo riferimento a quanto detto nell'introduzione, si può affermare che in una produzione la qualità non si crea e semmai, anche se in piccola parte, si distrugge. Il mastering non può fare miracoli; può eventualmente valorizzare un buon prodotto conservandone il più possibile la qualità iniziale, quella concepita dall'artista. Può correggere piccoli errori tecnici, ma la convinzione che nel mastering si possano eliminare gli errori di un prodotto scadente, non ha nessun riscontro pratico.

Tuttavia ci sono varie ragioni, più o meno condivisibili, che giustificano e anzi richiedono una procedura di mastering alla fine di un processo di produzione.

Uniformità nell'ascolto dei brani

Capita spesso che nella composizione di un album, siano utilizzate registrazioni effettuate in studi diversi o, nel caso delle compilation, addirittura in periodi diversi. In seguito saranno descritti in modo più approfondito i concetti di livello, volume e dinamica. Bisogna però considerare che ogni brano avrà un proprio particolare suono. Questo è dovuto al timbro generale, al livello di registrazione e al volume d'ascolto percepito, il **loudness**. Il loudness è indipendente dal livello massimo del segnale. Come si vedrà meglio in seguito, questo valore è legato al valore medio del segnale, a fattori psico-acustici e non al valore istantaneo. Durante il mastering è necessario operare interventi spettrali e dinamici per fare in modo che l'album abbia una sonorità uniforme e caratteristica della produzione stessa. Purtroppo in questa fase si fa spesso uso esagerato di trattamenti dinamici per innalzare il loudness. Questo fenomeno ha dato luogo alla cosiddetta **Loudness war**, la rincorsa esasperata al raggiungimento del volume più alto.

Tutto ciò diminuisce la qualità e il range dinamico della registrazione originale. Il loudness e la dinamica sono inversamente proporzionali. Maggiore è il loudness, minore è il range dinamico. Questo fenomeno non è da sottovalutare. Un buon ingegnere di mastering dovrebbe sempre consigliare al produttore di non esasperare i trattamenti dinamici e di conservare il più possibile la qualità del mix originale. In fondo se si vuole aumentare il volume di ascolto basta regolare la manopola del volume dell'amplificatore....

Per contrastare la loudness war sono state intraprese molte iniziative. La EBU, European Broadcasting Union, ha sviluppato a tal proposito un sistema di misurazione del loudness: la raccomandazione R128[2]. La ITU International Telecommunication Union, ha sviluppato un protocollo analogo il BS1770[3] per lo stesso scopo. (vedi paragrafo 3.12). Con questa e altre iniziative si sta cercando di limitare i danni al prodotto musicale, derivanti da una eccessiva elaborazione dinamica. Nonostante tutto, la richiesta dei produttori musicali è quella di ottenere volumi d'ascolto sempre più alti.

· ·

ATTIVITÀ

- Eseguite ora un semplice test di ascolto visualizzando esclusivamente il livello del segnale. Lanciate Wavelab e nel menu Area Lavoro selezionate il Layout Default, vedi fig. 1.13.

fig.1.13 Menu area di lavoro

- Col tasto destro del mouse fate click nella finestra dell'INDICATORE DI LIVELLO e selezionate Impostazioni, vedi fig.1.14.

fig. 1.14 Menu di impostazioni meter

---

[2] https://tech.ebu.ch/loudness#
[3] https://www.itu.int/rec/R-REC-BS.1770/en

- Nella finestra di impostazioni dell'indicatore di livello disattivate <u>VU meter</u> e <u>Indicatore di panorama</u>, vedi fig.1.15.

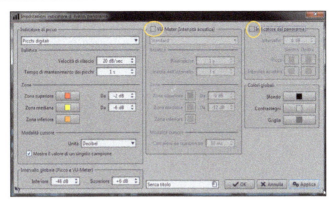

fig. 1.15 Impostazioni del meter

- Ciò consentirà di visualizzare esclusivamente il livello del segnale.
- Dal menu <u>File</u> selezionate <u>Apri</u>, quindi <u>File audio</u>. Caricate e ascoltate l'esempio interattivo **Esempi\Capitolo 01\01A.wav**. Il brano è stato masterizzato al massimo livello possibile. Il loudness percepibile è modesto.

· ·

ESEMPIO INTERATTIVO 01A • LIVELLO MASSIMO, LOUDNESS MODERATO

· ·

- Il livello del segnale è 0dB, il livello massimo. (In seguito saranno trattate in modo approfondito le unità di misura audio).
- Ascoltate ora l'esempio interattivo **Esempi\Capitolo 01\01B.wav**, lasciando invariato il controllo del volume del sistema di ascolto. Anche in questo caso il brano è stato masterizzato al livello massimo. Questa volta però, sono stati effettuati processamenti dinamici più estremi e il loudness percepito è molto più alto.

· ·

ESEMPIO INTERATTIVO 01B • LIVELLO MASSIMO, LOUDNESS ELEVATO

· ·

- Caricate i brani
  Esempi\Capitolo 01\01C.wav
  Esempi\Capitolo 01\01D.wav
  Esempi\Capitolo 01\01E.wav
  Cercate ora di individuare l'esempio con il loudness più alto basandovi esclusivamente sull'ascolto.

· ·

ESEMPIO INTERATTIVO 01C, 01D e 01E• INDIVUARE IL LOUDNESS PIÙ ALTO

· ·

- Il prossimo esercizio consiste nell'analizzare, all'interno della vostra discografia personale, il loudness percepito durante l'ascolto di vari brani di artisti diversi e anni diversi di pubblicazione. Annotate Il titolo dell'album, il titolo del brano, l'artista, l'anno di pubblicazione e la sensazione di loudness percepita.

• •

ESEMPIO INTERATTIVO • ANALIZZARE IL LOUDNESS PERCEPITO

• •

- Alla fine dell'analisi cercate di individuare una tendenza nella variazione del loudness rispetto al genere e all'anno di pubblicazione.
- Noterete sicuramente che quanto più la data di pubblicazione è recente, tanto più il loudness percepito è elevato. Ciò conferma in modo chiaro che il fenomeno della loudness war si è intensificato nel corso degli anni.

• •

Contrariamente a quanto si può pensare, la loudness war ha origini lontane, che risalgono ai primi anni '60. Negli studi di Abbey Road i Beatles, e in particolare il produttore George Martin, avevano già capito che: *Non è importante cosa canti, ma il volume a cui lo canti.* I tecnici di Abbey Road usavano quindi molti processori di dinamica durante le sessioni di tracking mixing e transfer. Tanto per fare un esempio, il brano dei Beatles *Penny Lane*[4] del 1967 ha un loudness molto più alto di *Notorious*[5] dei Duran Duran del 1986.

---

[4] http://www.thebeatles.com/videos/penny-lane
[5] http://www.duranduran.com/wordpress/2013/classic-album-revisited-duran-durans-notorious/

Adattamento ai sistemi di ascolto

Sembra strano che in una fase altamente tecnologica come quella del mastering, si debba tener conto della compatibilità del mix finale con sistemi mono, con scarso range dinamico e dotati di altoparlanti e amplificatori di bassa qualità. È anche vero, però, che gli utenti evoluti dotati di impianti Hi-Fi di alta qualità sono la minoranza. Inoltre il contesto di fruizione non è sempre un salotto silenzioso e acusticamente corretto. Certo, questa motivazione è la meno condivisibile. Bisogna però considerare che se si vuole che la propria musica suoni bene su un impianto hi-fi esoterico, in un supermercato, su uno smartphone o ascoltata con l'autoradio, bisognerà giungere a un compromesso. Si dovrà consentire la fruizione su vari dispositivi e ambienti di ascolto, senza sacrificare troppo la qualità del suono. Anche in questo caso, gli interventi principali sono di tipo spettrale e dinamico.

Correzione degli errori e editing

Gli strumenti di analisi e misurazione presenti in uno studio di registrazione sono ottimizzati per il tracking e il mixing. In una regia di produzione audio difficilmente troverete un *bit meter*, un *misuratore di inter-sample distortion*, un *glitch detector* o un *analizzatore di DC offset* (vedi capitolo 4). Oltretutto, a volte volutamente e a volte no, in testa e in coda al mix possono essere presenti vari disturbi. Rumori di fondo, fruscii e addirittura parole dei musicisti a un livello così basso da sfuggire all'ascolto durante il missaggio.

Il problema si presenta specialmente nel materiale sonoro proveniente da home studio, dove i sistemi di ascolto non sono in grado di riprodurre frequenze molto basse. Non è raro intercettare rumori di automobili, treni, metropolitane che durante la fase di tracking hanno interessato la registrazione. A causa delle frequenze molto basse che li caratterizzano, questi suoni non vengono riprodotti dai piccoli altoparlanti da scrivania di un home recording studio. La maggior parte delle volte questi difetti possono essere corretti in fase di mastering.

Creazione della track list

Sia che si stia realizzando un master di un album analogico per vinile, sia in formato digitale per CD, sia per web streaming, durante la fase di mastering bisogna creare una **tracklist**. È la lista che include tutti i brani dell'album singolarmente masterizzati in precedenza. Se, per esempio, l'album è tratto da un'esibizione dal vivo, non dovranno essere presenti pause silenziose tra i brani ma solo gli applausi e il brusio del pubblico. Se l'album è invece prodotto in studio andranno inserite delle pause di silenzio di durata fissa o variabile tra le varie tracce. Normalmente è il produttore musicale che decide la tracklist ma l'ingegnere di mastering ha spesso voce in capitolo anche in questa fase. Può per esempio far notare che ci sono due tracce consecutive che hanno la stessa tonalità musicale o lo stesso tempo in BPM o entrambe le cose. In questo caso è sempre meglio chiedere al produttore se ciò corrisponda a una scelta artistica. In caso contrario i due brani verrebbero percepiti come un'unica lunga traccia. A questo punto, se il produttore non vuole cambiare la tracklist ma, allo stesso tempo vuole conservare la distinzione tra le tracce, si può inserire tra le stesse una pausa molto lunga o di durata non multipla del BPM del brano stesso.

Inserimento di codici PQ e metadata

In questa fase del mastering, specialmente per quanto riguarda il Compact Disc, vengono inseriti nel file audio finale i codici di locazione temporale delle tracce. Per quanto riguarda il CD questi codici vengono definiti come P e Q (questi concetti saranno trattati meglio in seguito) e rappresentano i valori di timecode che consentono al CD player di individuare le varie tracce. Oltre ai codici di locazione temporale si possono inserire vari tipi di metadata come per esempio i codici ISRC, UPC, EAN, SCMS. Si possono inserire anche informazioni che descrivono l'album, l'autore, l'esecutore, il titolo del brano etc. Queste ultime vengono definite *Tag*, per i file audio e *CD Text*, per le tracce del Compact Disc (vedi capitolo 15). A volte queste operazioni non vengono eseguite nello studio di mastering ma direttamente dall'editore in fase di pubblicazione. In questo caso la procedura è definita **Authoring**.

1.7 IL SISTEMA DI ASCOLTO

Lo scopo di questo testo non è quello di indicare le specifiche per la costruzione di una regia per il mastering. Come detto in precedenza il libro è dedicato a chi ha già delle nozioni di base sui processi di produzione e di ascolto. Inoltre sul mercato sono presenti parecchi testi sull'argomento che possono fornire tutte le indicazioni del caso. Una cosa però si può affermare: la prova inequivocabile che il vostro sistema di ascolto è appropriato, la potete avere ascoltando un disco o un CD che amate e di cui conoscete tutte le caratteristiche. Ovviamente deve essere un brano di alto livello tecnico e sonoro, indipendentemente dal livello artistico. Lo stesso brano dovrete ascoltarlo prima con un sistema audio di altissima qualità in un ambiente acusticamente trattato. Successivamente ascoltate il brano nel vostro studio. Se il suono riprodotto dal vostro impianto audio è quello che conoscete bene, se le emozioni che suscita in voi l'ascolto di quell'opera sono quelle che vi aspettate e che avete avuto modo di percepire durante l'ascolto con il sistema di alta qualità, allora il vostro sistema sarà in grado di riprodurre in modo fedele il suono. Allo stesso modo voi tenderete ad ottenere un suono di qualità che somigli a quel brano o ai brani che amate e sarete in grado di effettuare dei buoni mastering.

VERIFICA • TEST A RISPOSTE BREVI (max 30 parole)

1) Cosa si intende per ITB?

2) Cosa si intende per OTB?

3) Che cosa è il Mixing?

4) Che cosa è il Tracking?

5) Che cosa è il Mastering?

6) Cosa si intende per Electrical Recording?

7) Cosa si intende per Acoustical Recording?

8) Cosa è il Sel Sync?

9) Cosa è il Transfer?

10) Cosa è il Loudness?

11) Cosa succede alla dinamica del brano se si aumenta il loudness?

12) Qual è la differenza fra mixing e mastering?

13) A cosa può servire il mastering?

14) Perché c'è bisogno di una scheda audio all'interno di una DAW?

15) È necessaria una scheda audio nell'electrical recording?

16) In quale caso si ha bisogno di un microfono nel digital recording?

17) In quale operazione viene utilizzata la conversione D/A?

18) Quali sono i vantaggi e gli svantaggi di una registrazione OTB?

19) Perché nel mastering è importante verificare la compatibilità del programma con i sistemi mono?

GLOSSARIO

Acoustical recordings
Registrazioni effettuate senza l'ausilio di dispositivi elettrici o elettronici nel periodo dal 1877 al 1925

Authoring
Organizzazione di audio, informazioni e tracklist di un album prima della stampa definitiva

Conversione A/D
Da Analogico a Digitale. Conversione del segnale da elettrico a numerico

Conversione D/A
Da Digitale ad Analogico. Conversione del segnale da numerico a elettrico

DAW
Digital Audio Workstation. Sistema composto da un computer dedicato alla produzione audio, dotato di software, plugin e scheda audio per il processamento sonoro

DMM, Direct Metal Mastering
Transfer effettuato direttamente su matrice di metallo

EBU
European Broadcasting Union. https://www.ebu.ch/home

Electrical recordings
Registrazioni effettuate tramite microfoni e trasduttori elettrici dal 1925 in poi

Floating point
Elaborazione dei dati digitali effettuata tramite uso di rappresentazioni numeriche che utilizzano parte dei bit come esponente dei dati. Serve ad aumentare il range dinamico del segnale audio nei processamenti ITB

Grammofono
Dispositivo meccanico per la riproduzione di dischi

ITB
In The Box. Tipo di elaborazione effettuata completamente nel dominio digitale, all'interno del computer o di periferiche dotate di ingressi e uscite digitali

ITU
International Telecommunication Union http://www.itu.int/

Living stereo
Sistema di registrazione di dischi in vinile stereo. Sviluppato dalla RCA Victor nel 1954

Loudness
Valore medio di un segnale relativo alla sensazione di volume sonoro percepito

Loudness War
Progressivo innalzamento, nel corso degli ultimi 30 anni, del loudness nel mastering dei brani musicali

LP, Long playing
Disco in vinile sviluppato nel 1931 dalla RCA Victor, in grado di contenere fino a 30 minuti di audio per facciata

Mastering
Processo di post-produzione. Consiste nell' elaborazione dinamica, timbrica e spaziale del mix proveniente dallo studio di registrazione

Mixing

Processo di produzione. Consiste nell' elaborazione dei segnali registrati durante il tracking per la produzione di un mix mono, stereo o multicanale

Modalità Ibrida

Tipo di elaborazione effettuata partendo da un tracking digitale utilizzando un mixer analogico e processori di effetti sia analogici che digitali

OTB

Out of The Box. Tipo di elaborazione effettuata nel dominio analogico con processori hardware

Sel-Sync, Selective Synchronous recording

Sistema di commutazione delle testine di un registratore magnetico a nastro. Sviluppato da Ampex nel 1955. Consente di utilizzare le testine sia per la riproduzione che per la registrazione

Simul-Sync

Sistema di commutazione automatico delle testine di un registratore magnetico a nastro. Sviluppato da Tascam nel 1972. Consente di utilizzare le testine sia per la riproduzione che per la registrazione

Tracking

Fase della produzione audio in cui si acquisiscono i segnali e si registrano su un supporto magnetico, ottico, meccanico

Tracklist

Sequenza dei brani di un album

Transfer

Fase di produzione del disco in vinile. Consiste nel trasferimento del segnale proveniente dal master stereo sulla matrice in lacca o metallo

2
TIPI DI ELABORAZIONE

CONTRATTO FORMATIVO

PREREQUISITI PER IL CAPITOLO
• CONTENUTI DEL CAPITOLO 1

OBIETTIVI
CONOSCENZE
• CONOSCERE LE VARIE TIPOLOGIE DI INTERVENTI SUL SEGNALE AUDIO
ABILITÀ
• SAPER CLASSIFICARE IL TIPO DI INTERVENTO IN BASE ALL'ASCOLTO EFFETTUATO

CONTENUTI
• GRAFICI E DOMINIO
• CONCETTI DI BASE SULLA DINAMICA
• AMPIEZZA
• FREQUENZA
• TIMBRO
• INVILUPPO

TEMPI - CAP. 2
AUTODIDATTI
PER 200 ORE GLOBALI DI STUDIO INDIVIDUALE: CA. 8 ORE
CORSI
PER UN CORSO GLOBALE DI 40 ORE IN CLASSE + 80 DI STUDIO INDIVIDUALE:
CA. 1 ORA FRONTALE + 1 ORA DI FEEDBACK - CA. 2 ORE DI STUDIO INDIVIDUALE

ATTIVITÀ
• ESEMPI INTERATTIVI

VERIFICHE
• TEST CON ASCOLTO E ANALISI
• TEST A RISPOSTE BREVI

SUSSIDI DIDATTICI
• GLOSSARIO

2.1 ELABORAZIONE SPETTRALE

Quando si parla di spettro di un segnale, si intende il suo contenuto in frequenza e lo si rappresenta spesso con un grafico nel dominio della frequenza vedi fig. 2.1. Il dominio di una funzione è rappresentato dal valore presente sull'asse orizzontale, quindi lo spettro di un segnale sarà raffigurato come un grafico con l'ampiezza sull'asse verticale e la frequenza sull'asse orizzontale.

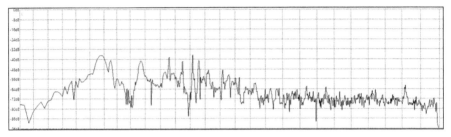

fig. 2.1 Grafico nel dominio della frequenza

Tutte le elaborazioni del suono effettuate nel dominio della frequenza, modificano il carattere, il timbro del suono. Possono farlo diventare scuro, brillante, stridente. Possono anche essere utilizzate per correggere i difetti di un segnale non lineare (vedi DC offset, capitolo 5). Nel mastering le elaborazioni spettrali sono utilizzate per rendere omogeneo il suono di un album e per correggere difetti timbrici derivanti da frequenze troppo o poco presenti.
Le elaborazioni effettuate in questa fase comprendono l'uso di filtri di vario genere: passa alto, passa basso, notch, shelving; come pure insiemi di filtri, per esempio equalizzatori parametrici, semi parametrici, grafici (vedi capitolo 5). Anche in questo caso ogni intervento modificherà tutto il brano. Sarebbe meglio quindi operare in modalità *sottrattiva*, piuttosto che *additiva*. Per esempio se il timbro del brano risulta essere molto scuro si è istintivamente portati a esaltare le alte frequenze mentre invece è opportuno concentrarsi sull'analisi dello spettro, individuare le basse frequenze in eccesso e attenuarle. Ciò consente di minimizzare le variazioni di fase intorno alla frequenza di taglio del filtro e di non amplificare il rumore introdotto dall'azione del filtro stesso. In questa fase è il principio della sottrazione del superfluo che si deve sempre cercare di applicare.

2.2 ELABORAZIONE DINAMICA

Ogni intervento dinamico effettuato su un segnale audio corrisponde a una variazione dell'ampiezza del segnale stesso. Ne modifica la **dinamica**, la differenza tra il livello più alto e quello più basso del segnale. Come si vedrà in seguito, ci sono processori in grado di ridurre la dinamica, detti **Compressori** e processori in grado di aumentarla, detti **Expander**. Questi processori possono operare riducendo l'ampiezza del segnale, in questo caso vengono definiti di tipo **Downward**. Oppure possono operare amplificando il segnale e in questo caso vengono definiti **Upward** (vedi capitolo 7). Nel mastering sono utilizzati, secondo le esigenze, sia compressori che expander in modalità upward o downward ottenendo quindi una variazione del livello e del volume percepito del segnale. Con l'avvento della tecnologia digitale e del calcolo numerico in virgola mobile, i processori di dinamica digitali e quelli software hanno permesso interventi e correzioni prima inimmaginabili con i processori analogici. Non sempre però questa enorme precisione e potenza di calcolo sono state sfruttate per migliorare la qualità del segnale. Infatti è proprio grazie a questi processori digitali che il fenomeno della Loudness War si è diffuso e incrementato.

2.3 ELABORAZIONE DINAMICA TRAMITE ANALISI TEMPORALE

I parametri fondamentali di un suono sono:

Ampiezza, il livello del segnale, o della pressione sonora, o del valore numerico digitale.

Frequenza, il numero di cicli che un'onda compie in un secondo. Suoni gravi corrispondono a frequenze basse, suoni acuti a frequenze alte.

Timbro. Il timbro può essere definito come l'impronta digitale di un suono. Rappresenta l'insieme di frequenze che compongono il suono stesso.

Inviluppo. Si definisce inviluppo l'insieme delle fasi che caratterizzano l'evoluzione dell'ampiezza del suono nel tempo: il tempo di attacco, il tempo di decadimento, il livello di sustain e il tempo di rilascio[6]. Nelle prossime pagine sarà trattato in modo più approfondito questo argomento.

È sulla modifica dell'inviluppo che operano i processori di dinamica che discriminano il tempo e non l'ampiezza per l'elaborazione del suono. Riescono ad analizzare tempi di attacco e livelli di sustain del segnale audio, modificando l'ampiezza del segnale in base alle variazioni di questi parametri. Vengono comunemente definiti **Transient designers** e sono usati nel mastering per modificare il livello dei suoni percussivi oppure delle componenti ambientali del programma sonoro.

---

[6] Il sustain rappresenta un valore di ampiezza nella generazione di un suono. Tuttavia nell'analisi dell'inviluppo e dell'evoluzione globale del suono nel tempo, la durata e quindi il tempo del sustain, rappresenta un ulteriore parametro di misurazione, in special modo per quanto riguarda i processamenti di envelope follower.

2.4 ELABORAZIONE SPAZIALE

Escludendo il formato audio mono, un mix musicale può avere un numero di canali in uscita che va da 2, per un programma stereofonico a 4 o più per un programma surround. È sempre opportuno analizzare il contenuto intercorrelato tra i vari canali. Bisogna assicurarsi che, come per esempio nei segnali stereofonici, un brano possa essere ascoltato in modo intelligibile su qualsiasi sistema mono. Il concetto di **mono-compatibilità** può sembrare poco rilevante al giorno d'oggi. Si deve invece considerare il fatto che in parecchie situazioni e ambienti della vita reale, il segnale ascoltato è sempre monofonico. Per esempio nei centri commerciali, nei negozi, nei sottofondi telefonici, o nelle trasmissioni radiofoniche con bassa qualità del segnale in ricezione. In fase di mastering è quindi indispensabile assicurarsi che la correlazione in fase tra i canali sia sempre mono-compatibile. Lo strumento usato per tale misurazione è il **Phase meter** o **Correlatore di fase**, vedi fig. 2.2.

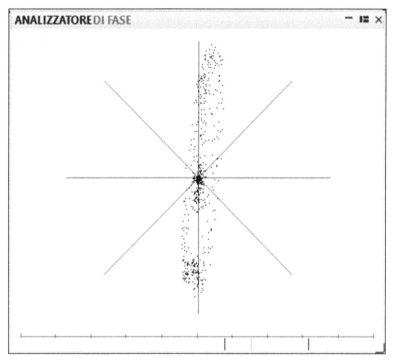

fig. 2.2 Phase meter

In base all'analisi della correlazione di fase (vedi capitolo 4), si può intervenire anche sull'ampiezza del fronte sonoro modificando l'ampiezza dei canali L e R, utilizzando riverberi per mastering o utilizzando procedimenti effettuati con **codifica M/S** (vedi capitolo 6).

2.5 RIDUZIONE DEL RUMORE

Nel materiale sonoro da masterizzare, possono essere presenti varie tipologie di rumori. Questi possono essere di varia natura.

Impulsivi, come ad esempio il rumore di un archetto battuto su un leggio, o un rumore di calpestio durante la registrazione.

Continui, come il fruscio di una registrazione proveniente da un registratore magnetico, o il rumore di fondo di un amplificatore per chitarra.

Questi rumori possono apparire **mascherati**. Per rumori mascherati si intendono quei segnali indesiderati che vengono percepiti solo nei momenti di silenzio. Essi hanno un livello molto basso e durante la riproduzione del brano vengono appunto mascherati, coperti dal suono del brano, senza essere percepiti. Diversamente, se hanno un livello molto alto vengono percepiti anche durante l'ascolto del brano.

Per la riduzione del rumore si usano processi dinamici, spettrali come pure l'**editing spettrale off-line**, che sarà trattato meglio in seguito.

· ·

 ATTIVITÀ

- Ascoltate ora alcuni esempi cercando di individuare la tipologia del suono e il tipo di elaborazione.
- Ascoltate il file **Esempi\Capitolo 02\02A.wav**.
  Nell'esempio **Esempi\Capitolo 02\02B.wav** cercate di individuare il tipo di elaborazione effettuata: spettrale, dinamica, spaziale.
  Fate la stessa cosa per i file
  Esempi\Capitolo 02\02C.wav
  Esempi\Capitolo 02\02D.wav
  Esempi\Capitolo 02\02E.wav
  Esempi\Capitolo 02\02F.wav

· ·

ESEMPIO INTERATTIVO 02A • VERSIONE ORIGINALE

ESEMPIO INTERATTIVO 02B • VERSIONE ELABORATA

ESEMPIO INTERATTIVO 02C • VERSIONE ORIGINALE

ESEMPIO INTERATTIVO 02D • VERSIONE ELABORATA

ESEMPIO INTERATTIVO 02E • VERSIONE ORIGINALE

ESEMPIO INTERATTIVO 02F • VERSIONE ELABORATA

· ·

VERIFICA • TEST A RISPOSTE BREVI (max 30 parole)

1) Cosa si intende per dominio di una funzione?

2) Su che grandezza fisica si effettua l'elaborazione spettrale: ampiezza, frequenza, tempo?

3) Su che grandezza fisica si effettua l'elaborazione dinamica: ampiezza, frequenza, tempo?

4) Cosa si intende per dinamica?

5) Cosa si intende per processore di dinamica upward?

6) Cosa si intende per processore di dinamica downward?

7) Cosa si intende per transient designer?

8) Cosa si intende per mono-compatibilità?

9) In quale caso un rumore si definisce mascherato?

10) Definire un rumore impulsivo

11) Il rumore della tensione di rete a 50Hz è di tipo impulsivo o continuo?

12) Un brano non mono-compatibile è ascoltabile su un impianto stereo?

GLOSSARIO

Ampiezza
Il livello del segnale, o della pressione sonora, o del valore numerico digitale

Compressore
Processore di segnale che diminuisce il range dinamico

Dinamica
O range dinamico, o dynamic range. È la differenza tra il livello più alto e quello più basso di un segnale

Downward
Tipologia di processore dinamico che elabora dinamicamente il segnale tramite riduzione del guadagno

Editing spettrale
Processamento del segnale effettuato tramite visualizzazione di tre parametri: ampiezza, tempo, e frequenza

Expander
Processore di segnale che aumenta il range dinamico

Frequenza
Il numero di cicli che un'onda compie in un secondo. Suoni gravi corrispondono a frequenze basse, suoni acuti a frequenze alte

Inviluppo
Si definisce inviluppo l'insieme delle fasi che caratterizzano l'evoluzione del suono nel tempo: il tempo di attacco, il tempo di decadimento, il livello di sustain e la sua durata e il tempo di rilascio

Mono-compatibilità
Proprietà di un segnale stereo o multicanale che ne permette l'ascolto a livelli adeguati di intelligibilità su sistemi di ascolto mono

M/S, Mid-Side, Mono-Stereo
Codifica e decodifica che si basa sulla somma e differenza tra due segnali. Viene utilizzata nella registrazione microfonica, nel mix, nel mastering, nella trasmissione di segnali radio stereofonici e molti altri ambiti

Phase meter
O phase correlator, o correlatore di fase. Misuratore della correlazione in fase tra due o più segnali. Può avere indicazioni grafiche o numeriche

Rumore continuo
Rumore di livello costante

Rumore mascherato
Rumore udibile solo durante l'assenza del segnale. Quando il segnale è presente il rumore viene coperto dal segnale e non è udibile

Rumore impulsivo
Rumore con livello incostante caratterizzato da brusche variazioni di livello

Timbro
Può essere definito come l'impronta, la caratteristica unica di un suono. Rappresenta l'insieme di frequenze che compongono il suono stesso

Transient designer
Processore dinamico che opera riduzioni e aumenti del guadagno analizzando l'inviluppo del segnale in ingresso

Upward
Tipologia di processore dinamico che elabora dinamicamente il segnale tramite aumento del guadagno

3
METERING

CONTRATTO FORMATIVO

PREREQUISITI PER IL CAPITOLO
- CONTENUTI DEI CAPITOLI 1-2

OBIETTIVI
CONOSCENZE
- CONOSCERE LE TIPOLOGIE DI dB, LE UNITÀ DI MISURA, I LIVELLI DI RIFERIMENTO, I LIVELLI OPERATIVI
- CONOSCERE LE VARIE TIPOLOGIE DI METER
- CONOSCERE LE SCALE DI MISURAZONE

ABILITÀ
- SAPER USARE E CONFIGURARE IL METER STANDARD DI WAVELAB
- SAPER USARE E CONFIGURARE IL METER R128 DI WAVELAB

CONTENUTI
- IL DECIBEL
- I METER PPQ E QPPQ
- I TEMPI DI INTEGRAZIONE
- IL VU METER
- LA SCALA dBFS
- IL SISTEMA DI MISURAZIONE EBU R128

TEMPI - Cap. 3
AUTODIDATTI
PER 200 ORE GLOBALI DI STUDIO INDIVIDUALE: CA. 10 ORE
CORSI
PER UN CORSO GLOBALE DI 40 ORE IN CLASSE + 80 DI STUDIO INDIVIDUALE:
CA. 1 ORA FRONTALE + 1 ORA DI FEEDBACK - CA. 3 ORE DI STUDIO INDIVIDUALE

ATTIVITÀ
- ESEMPI INTERATTIVI

VERIFICHE
- TEST CON ASCOLTO E ANALISI
- TEST A RISPOSTE BREVI

SUSSIDI DIDATTICI
- GLOSSARIO

Premessa

Per risolvere un problema, è possibile utilizzare varie strategie, modalità di calcolo e ricerca di soluzioni più o meno efficaci. In ogni caso non si possono trascurare alcune fasi determinanti nella risoluzione del problema come quelle dell'analisi e dell'acquisizione di dati e informazioni. Questa parte del libro tratterà in modo completo gli strumenti e le unità di misura utilizzati per effettuare una analisi accurata e completa del materiale audio. È solo grazie all'analisi che si possono acquisire i dati necessari a valutare la natura e la quantità di elaborazioni da effettuare. La presenza di formule matematiche presenti negli approfondimenti, potrebbe scoraggiare in un primo momento la lettura. Le operazioni matematiche utilizzate nelle formule sono comunque molto semplici e sono sempre spiegate nei passaggi delle operazioni. Insomma, un piccolo sacrificio in questa fase dello studio vi fornirà le conoscenze necessarie a capire in modo approfondito il concetto e le procedure del mastering audio. Per fare ciò c'è bisogno di appositi strumenti di misurazione, **meter**, **strumenti di misura** in grado di visualizzare valori in modo istantaneo, oppure medio, oppure integrato. Anche in questo caso, i meter utilizzati in fase di produzione sono diversi da quelli usati nel mastering. Durante le fasi di tracking e mixing è infatti importante misurare il livello del segnale in ingresso in modo molto rapido e preciso, per evitare distorsioni sul segnale acquisito ed elaborato.

In uno studio di mastering, sebbene i livelli istantanei siano sempre tenuti in considerazione, si misura in maniera molto accurata anche il valore medio del segnale, che corrisponde di fatto al loudness, al volume percepito in ascolto.

L'unità di misura più usata per la misurazione dei vari parametri di pressione, potenza, intensità è il **decibel, dB**. Rappresenta la decima parte di un bel, unità ormai non più utilizzata e, in effetti, potremmo definirla più un'unità di *rappresentazione* che una unità di misura. I valori indicati in dB sono infatti relativi a diverse unità di misura e grandezze fisiche. Le grandezze e le unità di misura che esprime sono varie, il pascal, il volt, il watt, a seconda del tipo di dB preso in considerazione. La caratteristica del dB è quella di rappresentare i dati in modalità logaritmica.

Il **logaritmo** è il **numero (la potenza) a cui bisogna elevare un altro numero (la base) per ottenere un risultato.**

Per esempio il logaritmo in base 10 di 100 è 2.

L'espressione matematica è $\log_{10} 100 = 2$.

Infatti per ottenere 100, bisogna elevare 10 a 2, o alla seconda, o al quadrato. $100 = 10^2$

Nel dB la base del logaritmo è sempre 10 e con **log** si intende sempre $\log_{10}$. L'incremento progressivo dei valori non è quindi lineare, ed è proprio questo il motivo per cui il dB viene usato. Esso permette di esprimere grandi variazioni numeriche di pressione, voltaggio, potenza, con numeri di poche cifre, vedi fig. 3.1. Il dB si esprime sempre con un rapporto tra una grandezza da misurare e una di riferimento.

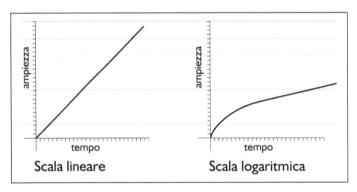

fig. 3.1 Scala logaritmica e scala lineare

Nell'esempio in figura sono rappresentate due curve che descrivono l'ampiezza in funzione del tempo. Ovviamente i valori presenti sugli assi possono variare. Possono rappresentare il livello di uscita e quello di ingresso di un circuito, il livello del canale sinistro e quello del canale destro di un programma stereofonico, oppure l'ampiezza in funzione della frequenza, etc.

3.1 dBSPL SOUND PRESSURE LEVEL

Il **dBSPL** è usato per la misurazione del livello di pressione sonora. È la grandezza utilizzata per esprimere il livello di pressione del suono rispetto alla soglia minima di percezione dell'udito umano. Lo strumento utilizzato per la misurazione del livello della pressione sonora è il **Fonometro**, vedi fig. 3.2.

fig. 3.2 Fonometro

È formato da un microfono e da un circuito di misurazione dei valori elettrici in grado di applicare varie **curve di ponderazione**, o **pesature**, dei valori, vedi fig. 3.3. Queste curve prevedono il filtraggio del segnale sia sulle basse che sulle alte frequenze per rispondere alle varie esigenze di rilevamento in ambienti specifici. La curva più usata è quella di tipo A.

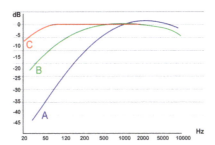

fig. 3.3 Pesature di misurazione

Il dBSPL è usato per indicare il valore massimo di pressione sopportabile da un microfono, o dall'udito umano, o per indicare la pressione sonora sviluppata da un altoparlante con una certa potenza a una determinata distanza (sensibilità). Ogni raddoppio del livello di pressione corrisponde a un incremento di 6dBSPL[7]. Il doppio di 40dBSPL sarà 46, il doppio di 46 sarà 52 e così via. Ciò però dimostra che il dB non può rappresentare valori assoluti se non associato a un'unità di misura e a una grandezza di riferimento. Infatti, leggendo 6dB, si capisce solo che c'è un valore doppio di un altro ma non si sa quale sia il valore effettivo.

---

[7] I valori SPL misurano pressione su superficie e hanno come riferimento la soglia di udibilità dell'udito umano. Quando si misura l'energia, l'intensità assoluta, si utilizza SIL, Sound Intensity Level. I valori SIL raddoppiano ogni 3dB. Molti fonometri possono misurare sia SPL, sia SIL. Per misurare l'intensità del suono prodotto da un altoparlante si usa SIL, che corrispone a 10^{-12} watt su metro quadro, 10^{-12} W/m^2.

APPROFONDIMENTI

L'unità di misura utilizzata dal dBSPL è il **pascal (Pa)**, che rappresenta una forza applicata su una superficie. 1 pascal equivale a una forza di 1 Newton applicata su 1 metro quadrato: $Pa = \dfrac{N}{m^2}$

La grandezza di riferimento del dBSPL è **20μPa** e rappresenta la soglia di udibilità umana, cioè il suono più debole che un individuo dotato di udito in buone condizioni, riesce a percepire. Il dBSPL viene definito come 20 volte il logaritmo in base 10 del rapporto tra la pressione da misurare e quella di riferimento:

$$dBSPL = 20 \log_{10} \frac{px}{pr}$$

dove per *px* si intende la pressione da misurare e per *pr* la pressione di riferimento di 20μPa.

La presenza del logaritmo è appunto giustificata dal fatto di dover rappresentare valori non lineari. Il moltiplicatore 20, ossia 10 x 2, è giustificato dal fatto che il dB è la decima parte di un Bel e, trattandosi di valori quadratici derivanti dalle superfici in gioco, la formula potrebbe essere anche scritta nel modo seguente:

$$dBSPL = 10 \log_{10} \frac{px^2}{pr^2}$$

ma in genere viene semplificata appunto in

$$dBSPL = 20 \log_{10} \frac{px}{pr}$$

Per esempio, per misurare in dBSPL una pressione di 40μPa, doppia rispetto a quella di riferimento, l'espressione sarebbe

$$dBSPL = 20 \log_{10} \frac{40}{20} = 20 \log_{10} 2 = 6 dBSPL$$

Per misurare in dBSPL una pressione di 80μPa, quadrupla rispetto a quella di riferimento, l'espressione sarebbe

$$dBSPL = 20 \log_{10} \frac{80}{20} = 20 \log_{10} 4 = 12 dBSPL$$

Considerate infine che la pressione di riferimento di 20μPa, è la **minima** variazione di pressione percepibile.

Tutti i valori da misurare in dBSPL saranno quindi maggiori di essa e tutti i risultati ottenuti tramite calcolo logaritmico saranno positivi in una scala che va tipicamente da 0 a 194dBSPL, vedi fig. 3.4.
Di seguito una tabella esemplificativa dei valori di pressione sonora in dBSPL

Sorgente	Pressione	dBSPL
Limite fisico	101.325 Pa	194dB
Lesioni immediate	50.000 Pa	185dB
Jet a 30 m	630 Pa	150dB
Soglia del dolore	100 Pa	130dB
Discoteca	2 Pa	100dB
Traffico a 10 m	0,6 Pa	90dB
Ufficio	0,02 Pa	60dB
Voce umana con tono normale a 1m	0,002 Pa	40dB
Stanza silenziosa	0,00006 Pa	30dB
Respiro	0,000006	10dB
Soglia minima di udibilità	0,000002	0dB

fig. 3.4 Valori di pressione in dBSPL

3.2 dBu

In una catena elettroacustica, esistono dispositivi che elaborano tensioni elettriche. Sono per esempio i preamplificatori microfonici e gli amplificatori presenti nei bus di uscita di un mixer o di qualsiasi dispositivo e processore audio analogico. In questo caso c'è bisogno di una tipologia di dB in grado di misurare voltaggi. Il **dBu** è appunto utilizzato per rappresentare il livello in volt presente in un circuito audio analogico professionale. Anche in questo caso si verifica un raddoppio del voltaggio ogni 6dB. Il valore -12dBu è il doppio di -18dBu, 0dBu è il doppio di –6 dB, 6dBu è il doppio di 0dBu. Il dBu è usato per indicare il livello di uscita e la sensibilità di ingresso di mixer, processori di segnali, microfoni e altri dispositivi di tipo analogico. Un mixer analogico che produce un segnale in uscita di 0dBu, sta generando 0,775V, il massimo consentito.

APPROFONDIMENTI

L'unità di misura del dBu è il **volt, l'unità di misura del potenziale elettrico** e il suo livello di riferimento è **0,775 V RMS**. Questo valore rappresenta la massima quantità di voltaggio che può transitare in un dispositivo audio senza introdurre distorsione. Il termine *u* sta per *unspecified*, oppure *unterminated*, oppure *unloaded*. Indica che i voltaggi misurati non sono riferiti a un particolare valore di **impedenza**. L'impedenza è la **resistenza che un circuito o un dispositivo oppone al transito della corrente alternata e si misura in Ohm**, Ω

La formula adottata per il calcolo del dBu fa comunque riferimento a un carico teorico di 600 Ω

La formula del dBu è

$$dBu = 20 \log_{10} \frac{Vx}{Vr}$$

dove per **Vx** si intende il voltaggio da misurare e per **Vr** il voltaggio di riferimento di **0,775**v.

Nei circuiti elettrici, la resistenza di carico ha un ruolo analogo a quello della superficie nelle pressioni acustiche. Quindi, in base al fatto che esiste un'impedenza di carico, i valori in voltaggio sono da considerarsi di tipo quadratico e la formula potrebbe essere scritta così:

$$dBu = 10 \log_{10} \frac{Vx^2}{Vr^2}$$

ma in genere viene semplificata in

$$dBu = 20 \log_{10} \frac{Vx}{Vr}$$

Inizialmente vi era una distinzione tra dBv e dBu. Il primo era riferito a un voltaggio di riferimento di 0,775V su 600 Ω mentre il secondo poteva essere usato indipendentemente dal valore del carico. In seguito all'introduzione del dBV, con un valore di riferimento di 1V, il dBv è stato *unificato* con il dBu per evitare confusioni tra v minuscola e V maiuscola.

3.3 Il dBV

I segnali audio sono sempre di natura bipolare, oscillano cioè alternativamente tra valori positivi e valori negativi. Anche i voltaggi relativi a questi segnali avranno quindi un andamento alternato e incostante nei vari istanti di tempo che si susseguono. A volte il valore istantaneo (di picco) non è sufficientemente accurato per rappresentare la potenza che un dispositivo può assorbire o generare. A tale scopo si usa quindi un valore medio **RMS, Root Mean Square**. Questo valore si ottiene effettuando la radice quadrata della somma dei quadrati dei valori acquisiti in un intervallo di tempo. Rappresenta in modo accurato la potenza equivalente del segnale alternato rispetto a uno continuo, vedi fig.3.5.

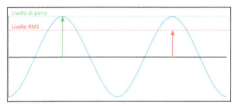

fig. 3.5 Valore di picco e valore RMS

Per misurare voltaggi RMS nei dispositivi consumer si usa il **dBV**. Il livello di riferimento è **1V RMS**. **0dBV** corrispondono a **2.21dBu**.

APPROFONDIMENTI

Le apparecchiature casalinghe *consumer* usano un livello operativo di -10dB rispetto al dBV quindi con un segnale audio generico, quando i meter di questi dispositivi indicheranno 0dB, si avrà in uscita un voltaggio di 0,316V RMS. Le apparecchiature professionali utilizzano un **livello operativo** di **0dB** rispetto al valore dBu quindi in presenza di un segnale audio generico **quando i meter di questi dispositivi indicano 0dB, si avrà in uscita un voltaggio di 0,775V**. Molte apparecchiature professionali da studio utilizzano un **livello operativo** di **+4dB** rispetto al valore dBu quindi **quando i meter di questi dispositivi indicano 0dB, si avrà in uscita un voltaggio di 1.23V, sempre in presenza di un segnale audio generico**. Quest'ultima precisazione è molto importante. Se il segnale audio è invece rappresentato da un'onda sinusoidale il valore medio è più alto. In questo caso il valore viene definito ampiezza di picco, **Peak Amplitude** e corrisponde a 0,447 volt per le apparecchiature consumer, 1,095V per le apparecchiature da studio con livello operativo a 0dB e 1,737V per quelle da studio con livello operativo a +4dB. Anche in questo caso il raddoppio del voltaggio equivale a un incremento di 6dB, come nel dBSPL. Nel dBu il valore di riferimento rappresenta il valore più alto ammissibile, appunto 0,775 V. Tutti i valori da misurare tramite calcolo logaritmico saranno quindi inferiori al livello di riferimento e i risultati dei calcoli saranno negativi. Se nelle misurazioni in dBu compaiono valori positivi, vuol dire che sono state superate le specifiche operative del dispositivo e che molto probabilmente si stà introducendo distorsione nel segnale audio. Facendo un esempio pratico, se un mixer emette in uscita un segnale di 0dBu, sta lavorando al massimo voltaggio consentito, mentre se un altoparlante genera una pressione sonora di 0dBSPL, in pratica è spento e non sta funzionando.

3.4 Il dBm

Nel campo delle misurazioni per radiofrequenza, amplificatori di potenza e classificazione in genere di valori di potenza si usa il **dBm**. I suoi valori raddoppiano ogni 3dB. Quindi il doppio di -10dBm è -7dBm e il doppio di 0dBm è 3dBm. Il dBm è usato per misurare l'attenuazione o l'amplificazione nei filtri, la potenza di trasmissioni dei trasmettitori radio o quella degli amplificatori di potenza audio. In fig. 3.6 l'esempio di una catena elettroacustica formata da mixer, amplificatore e altoparlante. Osservare il modo in cui i valori raddoppiano o si dimezzano. Nell'esempio in figura l'uscita del mixer è 0dBu (0,775V), l'amplificatore eroga 43dBm (20 watt), l'altoparlante produce 100dBSIL (0,01 W/m^2) di intensità sonora, l'udito umano percepisce 106dBSPL (3.99Pa) di pressione sonora. La parte inferiore della figura mostra i valori dimezzati.

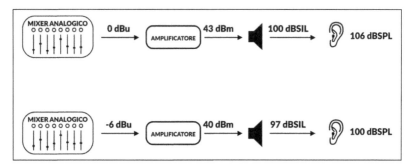

fig. 3.6 Raddoppio e dimezzamento dB

APPROFONDIMENTI

Il dBm misura il rapporto tra due grandezze potenziali che già rappresentano valori quadratici.

Per esempio $1W = \dfrac{1J}{1s}$

Non c'è bisogno quindi, come nel caso del dBSPL e del dBu, di utilizzare valori elevati al quadrato nella sua formula, e il moltiplicatore del logaritmo sarà 10. La grandezza di riferimento è 1 milliwatt, 1 mW e siccome non comprende nella sua formula valori quadratici, la formula sarà:

$$10 \log_{10} \frac{Wx}{Wr}$$

dove per *Wx* si intende la potenza da misurare e con *Wr* la potenza di **riferimento di 1 mW**. Con questo tipo di dB si può rappresentare una grande scala di valori, sia essi minori che maggiori del livello di riferimento. È quindi possibile effettuare misurazioni di potenza con grandi possibilità di escursione massima e minima.

Poichè il moltiplicatore del rapporto è 10, il raddoppio della potenza si verificherà ogni 3dB e non ogni 6 come nei casi precedenti. Tutti i calcoli effettuati con il dBm prevedono un'impedenza di carico di 600 Ω per le apparecchiature audio e telefoniche e 50 Ω per quelle radio. 0dBm applicati su un carico di 600 Ω generano un voltaggio di 0,775V RMS. Di seguito una tabella di conversione tra le varie unità, vedi fig. 3.7.

volt RMS	volt di picco	potenza mW	dBm	dBu	dBV
0,775	1	1	0	0	-2,2
0,548	0,775	0,5	-3	-3	-5,2

fig. 3.7 Tabella di conversione

3.5 dBFS RELATIVE TO FULL SCALE

Nell'ambito delle misurazioni di segnali digitali, si utilizza una rappresentazione formata solo da numeri negativi, indicando con 0 il livello massimo. È impossibile infatti (tranne per alcuni casi trattati in seguito), per un sistema numerico binario, processare segnali di livello superiore alla propria risoluzione in bit. Nel dominio digitale il numero dei bit rappresenta l'ampiezza. Si consideri per esempio di utilizzare un sistema audio a 8 bit (situazione puramente teorica).

Il numero più grande di combinazioni esprimibili dal convertitore sarà 2^8, due all'ottava, ossia 256 e la cifra più grande espressa in decimale 255, poiché le possibili combinazioni vanno da 0 a 255. Come detto in precedenza il livello massimo di un segnale elettrico misurato in dBu è 0,775V. Se si applica questo segnale nel momento della sua massima ampiezza a un convertitore A/D, si otterrà in uscita il numero 255. Tale numero è quindi il massimo livello rappresentabile in modo accurato dal convertitore. A volte però, il segnale può superare il livello massimo di 0dBu. In fase di registrazione del segnale è difficile prevedere l'intensità di un passaggio vocale o il volume in uscita da un amplificatore per chitarra. Sebbene siano state rispettate tutte le procedure di **sound check** e regolazione del gain, alcune modulazioni superiori a 0,775V possono comunque interessare il segnale in ingresso. Se ciò si verifica in un dispositivo analogico, si può sempre contare sulla **headroom** del circuito, ossia la tolleranza adottata in fase di progettazione della componentistica. In questo caso il segnale può ancora essere rappresentato correttamente fino a quando, superata la headroom, il segnale comincerà a essere tanto più distorto quanto più il superamento sarà alto. A livelli molto elevati di distorsione si verifica il fenomeno del **clipping**. Consiste in uno schiacciamento della forma dell'onda del segnale e corrisponde alla presenza di tensione continua nel circuito audio, vedi fig 3.8.[8] L'effetto del clipping sul segnale audio è distruttivo e, oltre a creare distorsione, genera frequenze non presenti nel segnale originale stravolgendo completamente il messaggio sonoro.

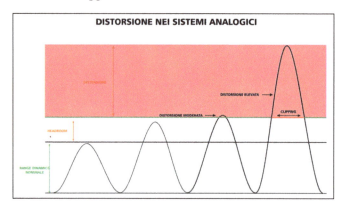

fig. 3.8 Distorsione analogica

---

[8] La rappresentazione del clipping con una linea continua è puramente simbolica. Nei dispositivi analogici questo fenomeno si verfica in modo graduale a partire dal superamento della headroom

La presenza di tensione continua nei circuiti audio e negli altoparlanti può danneggiare seriamente i componenti stessi ed è da evitare assolutamente.

Se il superamento del livello massimo si verificasse in un sistema digitale, contrariamente a quanto accade in campo analogico, la distorsione sarebbe subito elevata, al minimo superamento di 0,775V. Il convertitore teorico infatti, non può esprimere numeri più grandi di 255 e continuerebbe a esprimere tale cifra sia in caso di un lieve superamento di 0,775V, sia di uno elevato, vedi fig. 3.9.

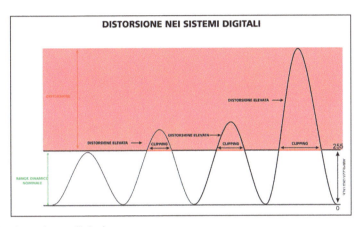

fig. 3.9 Distorsione digitale

I sistemi digitali normalmente non hanno headroom. Per misurare i livelli di un dispositivo digitale si usa una scala in **dBFS**. Si parla di scala poiché il dBFS non può essere definito propriamente una unità di misura. Esso infatti si applica ai numeri, quei numeri che rappresentano segnali digitali, e non ai volt, ai watt o ai pascal. La scala in effetti usa valori e riferimenti che corrispondono a quelli del dBu ma è *spostata* più in alto. Consente quindi la creazione di una headroom artificiale, ottenuta riservando l'uso dei bit più' significativi **MSB**, quelli che esprimono numeri grandi, (vedi capitolo 13) a segnali oltre 0,775V. Nella scala EBU FS, per esempio, un segnale di 0,775V corrisponde a -18dBFS. In base alla teoria del campionamento 1 bit corrisponde a circa 6dB. Nel caso della scala EBU FS si conservano quindi 3 bit per campionare eventuali segnali di valore superiore al livello massimo espresso in dBu. Si consideri il caso in cui si deve registrare un segnale proveniente da un mixer analogico con livello operativo a 0,775V, su una DAW digitale. Bisogna regolare il livello di registrazione in modo tale che, quando il livello di uscita del mixer è di 0dBu, l'indicatore della DAW indichi -18dBFS. In questo caso si otterranno 18dB di headroom digitale nel caso il livello del segnale analogico superasse 0,775V, condizione ancora accettabile a livello analogico ma distruttiva a livello digitale. Ovviamente anche in un sistema analogico 18dBu possono causare distorsione. Tale margine è quindi ampiamente sufficiente a rendere sicura la conversione di un segnale analogico in digitale. Questo non vuol dire che l'indicazione 0dBFS non sia mai visualizzabile su un meter. Quando il segnale in ingresso non è analogico ma digitale, è possibile sfruttare tutta la gamma dinamica del dispositivo fino a 0dBFS.

La scala dBFS SMPTE fa riferimento alle apparecchiature professionali con livello operativo a +4dBu. In questo caso un livello di 0dB, corrispondente a 1,23V verrà indicato come -20dBFS. In fig. 3.10 sono rappresentate rispettivamente a sinistra la scala dBu, al centro la scala dBFS EBU, a destra la scala dBFS SMPTE.

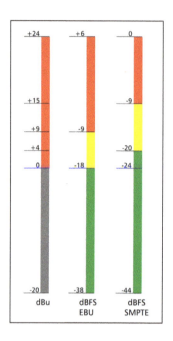

fig. 3.10 Tabella di comparazione tra dBu e dBFS

In fig 3.11 notate come la scala dBFS riesca a creare una *headroom artificiale*.

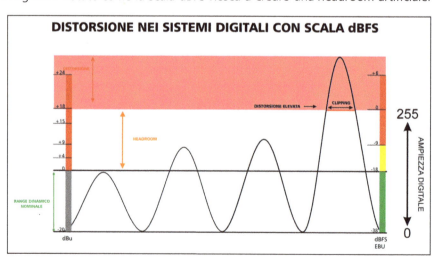

fig.3.11 Distorsione con scala dBFS

3.6 PEAK METER

Durante una sessione di registrazione, è necessario misurare in modo accurato il livello del segnale in ingresso. Il **preamplificatore** è il primo circuito che controlla il segnale elettrico in una catena elettroacustica. Il livello del segnale al suo ingresso deve essere regolato in modo molto preciso tramite il controllo **gain**, che stabilisce la quantità di attenuazione o amplificazione da applicare al segnale in ingresso, vedi fig. 3.12.

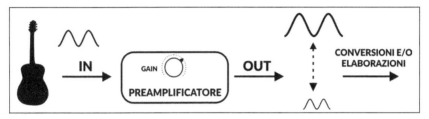

fig. 3.12 Preamplificatore e controllo gain

In questa fase si deve ottimizzare al meglio il rapporto tra segnale e rumore per evitare distorsioni pericolose. Se il livello di registrazione fosse troppo basso la qualità del segnale verrebbe compromessa dalla presenza del rumore di fondo del preamplificatore. Se invece il livello fosse troppo alto, si genererebbe distorsione nel preamplificatore e quindi anche nel segnale. Il meter più adatto per misurare il livello del segnale, in questa situazione è il Peak meter. Esso è in grado di mostrare valori in modo veloce e accurato, visualizzando anche le più piccole e istantanee variazioni del livello del segnale. Generalmente vengono usate due tipologie di peak meter

PPM, Peak Program Meter
Indica il valore dell'ampiezza del segnale indipendentemente dalla durata del segnale.

QPPM, Quasi Peak Program Meter
Definito anche UK PPM. Indica il valore di picco reale solo se quest'ultimo è superiore a una durata prestabilita. Se la durata del picco è inferiore al tempo prestabilito, l'indicazione del valore sarà inferiore. La sua scala non comprende valori negativi e indica numeri da 1 a 7. Il numero 4 corrisponde a 0dBu

I peak meter possono presentarsi sotto forma di barre fluorescenti, visualizzazioni grafiche su computer, schermi LCD, barre di LED, indicatori ad ago. A volte sono semplicemente dei singoli LED rossi che si accendono al superamento di un livello massimo prestabilito. Quest'ultima versione è spesso associata ai VU meter ad ago.

Il METER, INDICATORE DI LIVELLO, presente in Wavelab 10 Pro è di altissima precisione e può visualizzare valori con un'accuratezza di 1/1000 di dB, vedi fig. 3.13.

fig. 3.13 Meter di Wavelab

È possibile configurarne l'interfaccia grafica, la balistica e la modalità operativa. Per ora si inizierà a utilizzarlo e conoscerlo misurando i valori di picco di un segnale.
Come nelle attività precedenti, per ora lasciate disattivate le funzioni VU meter e l'indicatore di panorama nelle impostazioni del meter, vedi fig. 1.15.

La scala del meter indica i dBFS e non dovrebbe contenere valori positivi. Sebbene sia possibile configurare il meter in questo modo, la visualizzazione standard prevede la presenza di valori positivi oltre 0dB. Questi valori indicano il superamento del livello di picco massimo indicandone l'entità e utilizzano il sovracampionamento e il calcolo floating point per calcolarli. (vedi capitolo 4). Ovviamente il livello massimo del segnale non deve mai superare il valore di 0 dBFS e i valori positivi servono a calcolare la tipologia e l'entità dell'intervento da applicare per riportare il segnale al valore nominale.

· ·

ATTIVITÀ

-   Ascoltate ora un brano a vostra scelta e osservare i picchi istantanei. Sono indicati sia con la barra colorata blu, sia con una piccola linea verticale alla fine della barra colorata. A destra della linea trovate l'indicazione numerica in dBFS che si sposta insieme alla linea stessa, vedi fig. 3.1.

Fig. 3.14 Indicazione del livello di picco

Tutti i colori del meter sono personalizzabili nel relativo menu delle impostazioni. Nel libro verranno comunque utilizzati gli schemi di colori standard per descrivere le funzioni e i parametri.

- Nell'area destra del meter è indicato il valore di picco massimo raggiunto dall'inizio della riproduzione. Tale funzione, definita **Hold** aggiorna i valori solo quando questi sono superati da un valore più alto del precedente, vedi fig. 3.15.

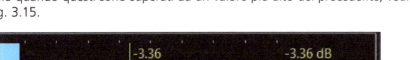

fig. 3.15 Indicazione Hold

- Il valore hold e tutti i valori del meter possono essere azzerati in qualsiasi momento utilizzando la funzione Reset, attivabile col click destro del mouse all'interno della finestra del meter, vedi fig. 3.16.

fig. 3.16 Reset dei meter

3.7 VU METER

Viene sviluppato negli anni '30 per essere usato principalmente in ambito telefonico e broadcast. Il termine **VU** sta per **Volume Unit** e fa chiaramente intendere che questo strumento è adatto alla misurazione di valori medi e non istantanei. Ciò è dovuto al fatto che il suo tempo di risposta è di 300 ms. Non adatto quindi a intercettare rapide variazioni di livello, ma ideale per avere un'indicazione approssimativa del valore RMS. In ambito audio questo valore si traduce in effetti in volume percepito. La classica forma di un VU meter è quella di un indicatore ad ago su una scala di valori, vedi fig. 3.17.

fig. 3.17 VU meter

L'indicazione 0VU corrisponde a +4dBu ossia 1,23V. In uno studio di mastering sono presenti sia indicatori di picco che RMS. Di seguito una tabella riassuntiva delle varie scale e meter in rapporto al dBu, vedi fig. 3.18.

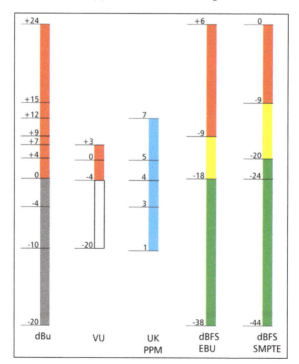

fig. 3.18 Varie tipologie di meter rispetto al dBu

3.8 TEMPI DI INTEGRAZIONE

Ogni indicatore ha una propria caratteristica balistica caratterizzata dal tempo di salita o tempo di integrazione e tempo di discesa.

Il VU meter, per esempio, ha un tempo di integrazione di 300 ms e un tempo di discesa pressoché identico. Questo comportamento è dovuto all'inerzia dell'ago collegato a una molla meccanica.

Il PPM ha un tempo di integrazione praticamente nullo che permette di visualizzare valori di segnali di brevissima durata. Il tempo di discesa può essere invece più o meno lento, per permettere la lettura del dato. Si misura in dB/secondo e può eventualmente essere regolato su infinito (funzione hold) per permettere la visualizzazione del valore più alto raggiunto durante l'ascolto. Il meter di Wavelab può essere configurato liberamente sia nei tempi di integrazione che in quelli di discesa.

Il QPPM ha un tempo di integrazione di 10 ms. I segnali con durata inferiore a tale valore vengono rappresentati con valori più bassi. Il tempo di discesa è 8,6 dB/s.

3.9 RMS METER

Come detto in precedenza, durante il mastering si analizzano e correggono i livelli istantanei e il loudness. Il concetto di loudness è molto complesso e comprende molti fattori come il contenuto in frequenza, la fase, il livello medio, quello di picco. Tutti questi fattori influenzano la sensazione di volume sonoro percepita, considerando inoltre che ogni individuo può reagire in modo diverso a un determinato loudness[9]. Ovviamente il livello RMS di un segnale influenza, anche se non completamente, il loudness percepito. Per poter avere una rappresentazione del loudness, bisogna utilizzare strumenti in grado di misurare il livello medio RMS di un segnale. Lo strumento più semplice è il VU meter ad ago che però possiede una bassa precisione e risoluzione della scala di valori rappresentata. Non è possibile quindi utilizzare tale dispositivo in uno studio di mastering dove, molto spesso, è richiesta una precisione di decimi o centesimi di dB. Inoltre le ultime normative per la misurazione del loudness in ambito broadcast, audio e cinematografico, prevedono l'uso di algoritmi complessi. Questi utilizzano il calcolo integrale per la misurazione effettiva del volume di ascolto soggettivo percepito. Infatti lo stress acustico che il sistema uditivo sopporta dopo 2 ore di ascolto a intenso volume, non è semplicemente il doppio di quello relativo a 1 ora. È molto maggiore, per via del fatto che alle sollecitazioni meccaniche del timpano dopo 1 ora di loudness elevato vanno aggiunte minuto per minuto quelle successive. Il tutto ricalcolando ogni volta la media. Unitamente ai vari algoritmi di misurazione, sono state implementate varie scale di rappresentazione dei valori. Si può quindi analizzare il prodotto in base all'utilizzo finale che ne verrà fatto: CD, web, broadcast, cinema.

---

[9] Il loudness non va confuso con il valore RMS o di potenza. Infatti se il rapporto in dB raddoppia l'incremento in potenza è di 3dB mentre l'incremento in loudness è di 10dB. Tuttavia all'interno del testo spesso nell'analisi dei livelli si definisce, per comodità, il valore RMS come loudness in senso letterario e non tecnico.

ATTIVITÀ

- Nella finestra File→Preferenze→Globale→Formati, disattivate la funzione AES17, vedi fig. 3.19.

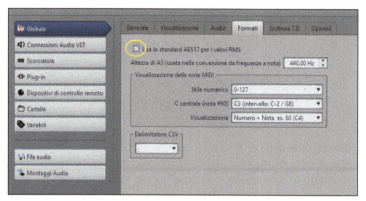

fig. 3.19 Disattivazione AES17

- Nel menu Impostazioni del meter, vedi fig. 1.15, attivate la funzione VU. A questo punto si aggiungeranno altre due barre colorate nel meter. Quelle all'esterno rappresentano i dBFS in modalità peak meter per i canali sinistro e destro. Quelle all'interno rappresentano tramite il VU meter, il valore RMS espresso in dBFS per i canali sinistro e destro. La media dei valori è calcolata ogni secondo. Anche se questo parametro può essere cambiato nelle impostazioni, per il momento è opportuno lasciarlo impostato su questo valore. Ascoltate un brano dalla vostra discografia e osservate il meter. All'estremità destra delle barre esterne è indicato numericamente il valore dei picchi (il livello) in dBFS e all'estremità destra delle barre interne è indicato il valore RMS (il volume) in dBFS, vedi fig. 3.20.

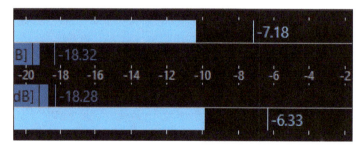

Fig.3.20 Valori di picco e RMS

- Notate che il valore di picco è sempre superiore al valore RMS. Dal punto di vista psicoacustico il loudness percepito è inversamente proporzionale alla differenza tra valore di picco e RMS, vedi paragrafo 4.10. Minore è tale differenza, maggiore è il loudness.

- All'interno della barra interna trovate, tra parentesi, la differenza tra i valori massimi e minimi RMS in un intervallo di 3 secondi. Anche questo valore può essere modificato nelle impostazioni del meter. Questo parametro rappresenta l'ampiezza, il range dinamico del loudness nell'arco di 3 secondi, vedi fig. 3.21.

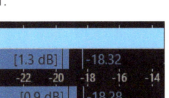

fig. 3.21 Range di variazione dinamica

- A destra si trovano le indicazioni dei valori massimi raggiunti dall'inizio della riproduzione sia per i valori di picco, sia per quelli RMS, vedi fig. 3.22.

fig. 3.22 Valori Hold

- È proprio quest'ultima indicazione che è di grande importanza nell'analisi del loudness. Pochissimi meter hanno questo tipo di indicazione poiché aggiornano continuamente il valore RMS senza memorizzarne il valore massimo. Nel meter di Wavelab l'indicazione media è situata a fianco della barra e la parte destra del meter può essere utilizzata per memorizzare i valori massimi del loudness dall'inizio della riproduzione. Alla fine della riproduzione del brano sarà visualizzato il valore massimo RMS raggiunto. Come si vedrà in seguito questo valore non rappresenta in modo assoluto il valore medio del loudness, ma è di fondamentale importanza per avere subito un'idea del volume di un brano.

- Ascoltate ora vari brani e confrontate i valori di picco e RMS massimi. Effettuate l'ascolto senza mai modificare il volume dell'amplificatore. Noterete che più i valori RMS sono alti, più il volume è elevato. Un valore di -9dB RMS produce più volume di un valore di -12dB RMS.

- Potrete notare che con la musica classica i valori saranno di circa -15dB RMS, per il jazz e musica acustica di circa -13dB RMS e per la musica pop di circa -9 dB RMS. Ovviamente questi valori sono indicativi e non possono essere usati come riferimento assoluto. È infatti possibile avere produzioni pop a -6dB RMS o produzioni jazz a – 9dB RMS etc.

3.10 LA SCALA AES17

Nel 1991, con successive modifiche fino al 1998, l'**AES Audio Engineering Society**, stabilisce una serie di direttive per la misurazione delle caratteristiche dei dispositivi digitali. Oltre che i livelli operativi di ingresso e uscita, la distorsione massima consentita, la deviazione di Jitter e molti altri fattori, si stabilisce anche uno standard per il calcolo del valore RMS di un segnale. Viene anche utilizzata una differente unità di misura per rappresentare i valori VU. Normalmente un segnale sinusoidale a 1kHz di ampiezza 0dBFS viene visualizzato come 0dB PPM con RMS a -3dB. Se si analizza lo stesso segnale in base alla direttiva AES17 la rappresentazione sarà 0dB PPM e 0dB RMS. Quindi la scala AES 17 introduce un aumento di 3dB nella visualizzazione dei valori RMS. Non tutti i costruttori di dispositivi digitali e studi di mastering utilizzano questo standard di misurazione. Molti anzi preferiscono la visualizzazione classica dei valori RMS. Quest'ultima infatti sebbene indichi un valore più basso rispetto alla AES17 rappresenta realisticamente il livello medio del segnale, vedi fig. 3.23.

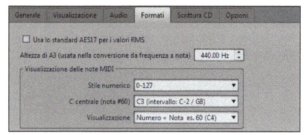

fig. 3.23 Opzione AES17 in Wavelab

ATTIVITÀ

- Nella finestra File→Strumenti di utility→Generatore di segnale selezionate **Seno** nella sezione Sorgente. Nella sezione Frequenza inserite il valore **1000** nelle 4 finestre delle frequenze, vedi fig. 3.24.

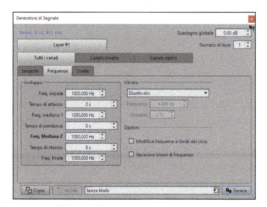

fig. 3.24 Generatore di segnali

- Premete <u>Genera</u> per generare un'onda sinusoidale con livello di 0dBFS.

- Riducete il livello di ascolto, i segnali sinusoidali hanno un valore RMS molto alto.

- Ascoltate il segnale generato.

- Analizzate sul meter i valori di picco e RMS.

- Nella finestra <u>File</u>→<u>Preferenze</u>→<u>Globale</u>→<u>Formati</u>, attivate la funzione AES17, vedi fig. 3.19.

- Ascoltate il segnale sinusoidale generato in precedenza.

- Analizzate sul meter i valori di picco e RMS.

- Nella finestra <u>File</u>→<u>Preferenze</u>→<u>Globale</u>→<u>Formati</u>, disattivate la funzione AES17, vedi fig. 3.19.

• •

3.11 LA SCALA K-SYSTEM

Ideata dall'ingegnere del suono Bob Katz questa serie di scale di valori è stata concepita come un sistema integrato di misurazione e calibrazione dei monitor dello studio, per ottenere dagli altoparlanti il massimo volume percepito possibile, conservando una discreta gamma dinamica del suono. Questo standard di misurazione prevede una calibrazione molto accurata del sistema di ascolto, in modo diverso per ogni scala. I valori indicano il valore RMS. Come nella scala EBU digital dBFS, si crea una headroom virtuale per i segnali più forti. Il sistema prevede tre diversi tipi di meter. Tutte le scale identificano il valore 0 con 85dBSPL emessi dagli altoparlanti (83dBSPL per ogni singolo altoparlante) e misurati con pesatura C. Il segnale di misura è un **rumore rosa**, un **segnale di tipo casuale composto da tutte le frequenze dello spettro udibile, e filtrato in base alle caratteristiche del sistema uditivo umano**. Il **rumore** deve essere **decorrelato**, utilizzando **un generatore diverso per ogni altoparlante**. Questa scala, sebbene si riferisca a contenuti digitali, comprende dei valori positivi in rosso, che stanno a indicare il superamento del livello ideale di ascolto di 85dBSPL. La massima indicazione del meter corrisponde comunque sempre al valore 0dBFS riferiti alla media RMS, vedi fig. 3.25.

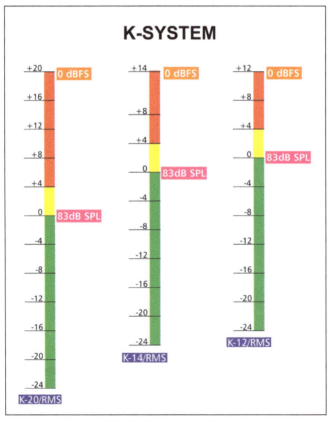

fig. 3.25 Rappresentazione dei valori con scala K-system

I tipi di scala sono tre:

K-12
Da utilizzare per misurazioni in ambito broadcast, prevede una headroom di 12dB

K-14
Da utilizzare per misurazioni in ambienti home e musica pop, prevede una headroom di 14dB

K-20
Da utilizzare per misurazioni in grandi sale cinematografiche, prevede una headroom di 20dB

La cifra che segue la lettera K sta a indicare la headroom disponibile al di sopra di 85dBSPL.

Il meter di Wavelab può essere configurato come K-Meter nel menu Impostazioni del meter, vedi fig. 3.26.

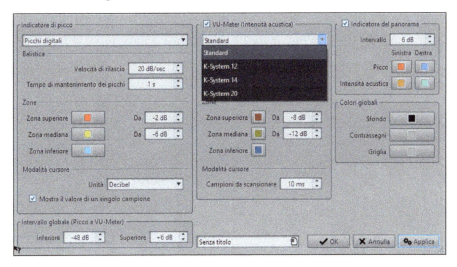

fig. 3.26 Impostazioni per K-Meter

Il K-Meter è un valido sistema per l'allineamento dei livelli di ascolto ai valori ideali di range dinamico. È molto utile durante il mix e mastering cinematografico. È anche vero però, che per la misurazione accurata del loudness assoluto nel mastering e in ambito broadcast, vengono attualmente utilizzati meter con caratteristiche avanzate di calcolo integrale, finestre temporali variabili e gating di misurazione, (vedi paragrafo 3.12). Sebbene negli ultimi tempi il fenomeno della loudness war si sia leggermente ridotto, va considerato comunque il fatto che in alcune produzioni pop, techno e house attuali, l'uso di questo sistema di misurazione indicherebbe sempre valori in rosso a fondo scala…

3.12 LA SCALA EBU R128

Nel 2006 la **ITU International Communications Union** elabora un documento per la misurazione del loudness in ambito broadcast, la raccomandazione **BS1770**. Il documento si riferisce in particolare al calcolo del loudness nei segnali digitali definendo anche il concetto di **dBTP** ossia **dB True Peak**. In un segnale digitale si possono avere più campioni consecutivi con valore assoluto inferiore alla risoluzione massima del convertitore digitale. Se però si considerano la ricostruzione del segnale e l'interpolazione nei processi D/A, le conversioni di frequenza di campionamento e i vari processi digitali applicabili a un segnale numerico, molto spesso il valore risultante è superiore al valore dei campioni stessi. Il dBTP rappresenta appunto questo valore reale e si ottiene sovracampionando il segnale da misurare, vedi fig. 3.27.

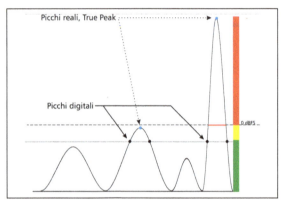

figura 3.27 Valore del campione e valore dBTP di onde con frequenze diverse

• •

ATTIVITÀ

- Ascoltate l'esempio **03A**. (Da questo punto viene omessa l'indicazione del percorso del file, ormai superflua)

• •

ESEMPIO INTERATTIVO 03A • VISUALIZZAZIONE dBTP

• •

- Osservate il meter.
- Notate che i livelli di picco istantanei non superano 0dBFS. Allo stesso modo, i livelli massimi di picco raggiunti nella sezione hold, seppur di poco, sono anch'essi inferiori a 0dBFS, vedi fig. 3.28.

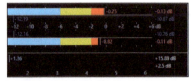

fig. 3.28 Rappresentazione picchi digitali

- La misurazione effettuata potrebbe far pensare che non ci siano picchi superiori a 0dBFS. In effetti il meter sta misurando il segnale basandosi esclusivamente sui valori numerici dei campioni. Nelle impostazioni del meter questa visualizzazione è definita Picchi digitali, vedi fig. 3.29.

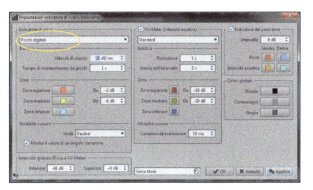

fig. 3.29 Impostazione del meter per visualizzazione picchi digitali

- È possibile configurare il meter per effettuare una misurazione che tenga conto dei processi effettuati durante la conversione D/A, come pure nella compressione dei dati, per individuare dei picchi reali, **Inter-sample peak**, che possono superare il valore di 0dBFS. In questo caso il meter misura i valori dBTP. Nella configurazione del meter attivate l'opzione Picchi Reali, vedi fig. 3.30.

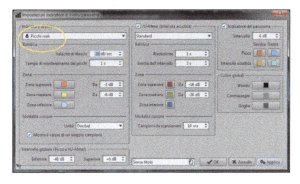

fig. 3.30 Impostazioni per Picchi reali

- Ascoltando di nuovo l'esempio **03A** notate che questa volta il meter indica un valore positivo su entrambi i canali. Questo valore corrisponde in dBTP al valore reale dei picchi, vedi fig. 3.31.

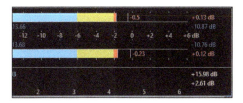

fig. 3.31 Picchi reali

- Nel dominio digitale, quello dei numeri, ogni valore superiore a 0dBFS rappresenta una distorsione che può generare clipping. Ciò può avvenire durante i calcoli numerici digitali, o nello stadio analogico di un convertitore D/A. Questi valori sono da evitare in modo assoluto. Si vedrà in seguito (vedi paragrafo 7.10) come prevenire ed evitare gli inter-sample peak durante il mastering. Per ora si possono eliminare i valori positivi riducendo il livello del file di un valore di poco superiore all' inter-sample peak più alto. Per fare ciò si utilizzerà la funzione di analisi off-line di Wavelab.

- Premete il tasto Y sulla tastiera. Avrete accesso alla sezione ANALIZZA. Selezionate l'opzione Analisi globale, vedi fig. 3.32.

fig. 3.32 Analisi globale

- Analizzate l'intero file premendo Analizzare, vedi fig. 3.33.

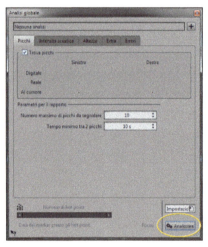

fig. 3.33 Avvio analisi off-line

- Il file verrà analizzato e nella finestra risultante sarranno mostrate molte informazioni su livelli, volumi, picchi digitali, picchi reali, sia in modalità istantanea, sia media, sia alla posizione del cursore. L'analisi off-line mostra molte altre informazioni ma, per il momento, sarà considerata esclusivamente la sezione Picchi.

- Notate che i picchi massimi nel dominio digitale non superano 0dBFS,
mentre quelli reali relativi al canale destro mostrano un valore positivo di
+0,1204dBTP, e quelli del sinistro di +0,1346dBTP, vedi fig. 3.34.

fig. 3.34 Inter-sample peak su entrambi i canali

- A questo punto riducete il livello globale del file di 0,2dBFS.
- Premete (P) sulla tastiera del computer e nel menu PROCESSA selezionate Livello.
- Si aprirà la finestra relativa alla **Normalizzazione**. La normalizzazione di un
segnale corrisponde a una **modifica del guadagno per raggiungere il
livello fissato di normalizzazione**. Se per esempio si deve normalizzare a –
6dB un segnale di -2dB, si dovrà ridurre il guadagno (il livello del segnale) di 4dB.
La normalizzazione può avvenire anche aumentando il guadagno. Nei segnali
analogici la normalizzazione non modifica mai il range dinamico ma solo il
livello del picco massimo del segnale. Nei segnali digitali la normalizzazione
tramite aumento del guadagno non modifica il range dinamico. Tuttavia la
normalizzazione tramite riduzione del guadagno modifica il range dinamico in
modo direttamente proporzionale alla riduzione del guadagno. Nell'esempio
il range dinamico viene diminuito in modo trascurabile, di qualche centesimo
di dB. Ciò non avviene nel caso dell'uso di calcolo floating point, dove il range
dinamico rimane invariato, (vedi paragrafo 4.5).
- Normalizzate il file a -0,3dBFS premendo Applica, vedi fig. 3.35.

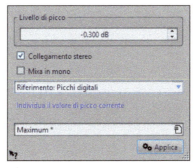

fig. 3.35 Normalizzazione

- Ripetete l'analisi globale e osservate i valori relativi ai picchi reali, vedi fig. 3.36.

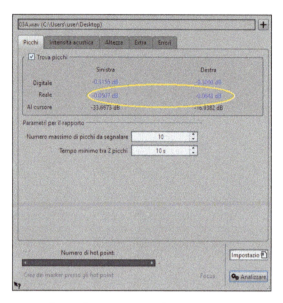

fig. 3.36 Inter-sample peak non presenti

- Notate che ora tutti I valori dei picchi, sia quelli digitali, sia quelli reali, sono inferiori a 0dBFS.
- Effettuate ora una analisi dei picchi in brani della vostra discografia personale. Noterete che molti di essi hanno un numero elevato di inter-sample peaks. Imparate a valutare la qualità tecnica di un prodotto musicale anche dalla cura dei singoli elementi, come per esempio la presenza di inter-sample peaks superiori a 0dBFS.

• •

Oltre al dBTP, La ITU definì un'unità di misura del loudness definendola **LKFS**, **Loudness K-Weighted relative to Full Scale**. La misurazione veniva effettuata sull'intero contenuto audio, tramite un algoritmo molto complesso di calcolo integrale definito appunto **pesatura K**. In un brano con una lunga introduzione a basso volume, la misurazione del loudness non era però attendibile. La media calcolata comprende infatti sia i passaggi a basso volume che quelli con loudness elevato restituendo un valore che non consentiva di rappresentare in modo adeguato il loudness per tutta la durata del programma.

Nel 2008, la EBU **European Broadcasting Union**, crea il gruppo PLUOD, con lo scopo di analizzare, recepire ed elaborare la raccomandazione BS1770. Nel 2010 viene quindi pubblicata la raccomandazione **R128** e viene creata una nuova unità di misura del loudness, il **LUFS**.

3.13 LUFS LOUDNESS UNIT RELATIVE TO FULL SCALE

Anche il LUFS rappresenta il loudness tramite la pesatura K. Tale valore è visualizzabile come valore integrato, a breve termine e momentaneo. La differenza tra valori LUFS si misura in **LU loudness unit** quindi la differenza tra un valore di -23LUFS e uno di -21LUFS è di 2LU. Ogni LU è riferita a 1dB quindi un valore di -23LUFS equivale a un livello medio di -23dB RMS misurato con pesatura K.

- Il valore **I, PL, Program loudness, Integrato, a lungo termine** si riferisce al loudness durante il periodo totale di ascolto, dall'inizio alla fine. È il valore di loudness medio calcolato su tutto il brano, programma, trasmissione.

- Il valore **S, Short time, media a breve termine** si riferisce al loudness calcolato in un intervallo di 3 secondi.

- Il valore **M, Momentaneo** si riferisce a un intervallo di 400 ms

- Il valore **LRA, Loudness Range**, indica in LU l'ampiezza delle variazioni del loudness nella media a breve termine

- Il valore **PLR, Peak to Loudness Ratio**, può essere definito come il fattore di cresta del loudness, ma non del livello. Rappresenta la differenza tra picco e loudness integrato espressa in LU

- Alcuni loudness meter, per esempio il Dynameter[10], implementano il parametro **PSR, Peak to Short term Ratio**, che indica in LU la differenza tra picco e loudness a breve termine.

---

[10] http://meterplugs.com/dynameter

In fig. 3.37 il meter R128 di Wavelab

fig. 3.37 Meter R128

La EBU ha stabilito per il LUFS un sistema di filtraggio molto complesso dei valori del loudness (gating), per evitare, come accadeva per la BS1770, che valori troppo bassi di loudness venissero presi in considerazione nel calcolo medio. Il sistema aggiorna ogni 100ms la media di **S**, calcolata ogni 400ms. Quindi, nella prima versione, venivano sottratti 8 LU al valore **S**. Questa è la soglia relativa che **S** deve superare per essere considerato nella misurazione. Il valore ottenuto è definito **I**. In seguito ITU e EBU convennero sul valore di gating attuale di 10 LU. Oggi di fatto, il termine LKFS e LUFS si equivalgono e sono utilizzati sia in Europa che nel resto del mondo. La R128 fissa a -23LUFS Il **Target level** per il program loudness con un massimo true peak di -1dBTP. Sebbene in ambito broadcast la R128 sia ormai accettata, non si può dire lo stesso per la produzione musicale. Qui è la loudness war a dettare legge e -23LUFS oggi sarebbero (purtroppo) considerati ridicoli.

Nell'attività successiva si effettueranno alcune misurazioni con il meter R128 di Wavelab.

ATTIVITÀ

- Selezionate INDICATORE DELL'INTENSITÀ ACUSTICA nel menu dei meter, vedi fig. 3.38.

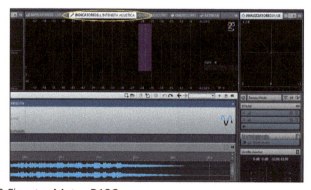

fig. 3.38 Finestra Meter R128

- Ascoltate ancora l'esempio **03A**.

ESEMPIO INTERATTIVO 03A • METER R128

- Notate che tutte le scale, la **I**, la **S** e la **M**, indicano valori in rosso. Anche l'istogramma in color giallo indica picchi ampiamente al di fuori dell'area rosa, quella del target level, vedi fig. 3.39.

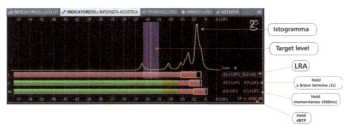

fig. 3.39 Valori fuori scala

- Ovviamente questo brano, sebbene rientri in una categoria di loudness relativa ai prodotti commerciali, non rispetta gli standard broadcast. Per rientrare in tali valori, dato che il valore massimo di **I** è -11,2LUFS, bisognerebbe ridurre il guadagno di circa 12LU. In quel caso l'istogramma mostrerebbe valori all'interno dell'area rosa e non sarebbero presenti indicazioni in rosso. Ridurre il livello di 12LU significa però perdere 2 bit di risoluzione. Per questo motivo è opportuno masterizzare i prodotti in base all'uso di destinazione per avere sempre la massima risoluzione digitale disponibile. L'esempio **03A** è adatto per la commercializzazione, ma se viene richiesta una versione per una trasmissione televisiva, non basta ridurre il livello di 12dB. Bisogna effettuare una nuova masterizzazione in base allo standard R128, a partire dal mix originale, per non perdere i bit di risoluzione inutilizzati dopo la riduzione del guadagno.

- Sebbene il parametro LRA si riferisca esclusivamente alla misurazione **I**, Integrata, il meter è configurabile per mostrare LRA invece di Hold nelle scale **S** e **M**. Questa indicazione è utile per valutare il livello del loudness durante la riproduzione, senza aspettare la fine del brano. Cliccando con il tasto destro del mouse nel meter R128 si accede al menu di impostazioni, vedi fig. 3.40.

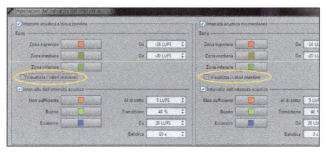

fig. 3.40 Impostazioni LRA

- Disattivando l'opzione Visualizza i valori massimi nelle sezioni **S** e **M** il meter visualizzerà LRA su tutte le scale, vedi fig. 3.41.

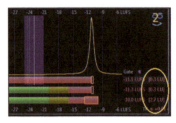

fig. 3.41 LRA

- Wavelab è in grado di visualizzare i valori di loudness anche in modalità off-line. Per fare ciò selezionate l'opzione Intensità acustica nell'editor audio, vedi fig. 3.42.

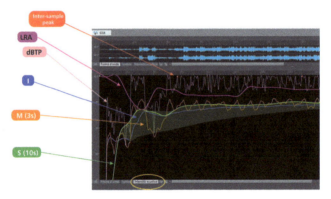

fig. 3.42 Visualizzazione intensità acustica

- In questa modalità di visualizzazione i parametri **M** e **S** hanno finestre temporali diverse dallo standard R128. Tale scelta è stata adottata per facilitare la visualizzazione dei parametri su tutta la durata del brano. I valori di **M** e **S** sono rispettivamente di 3 secondi e 10 secondi, ma possono essere modificati nel menu di impostazioni dell'editor attivabile cliccando sul relativo simbolo, vedi fig. 3.43.

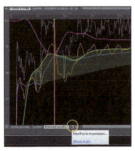

fig. 3.43 Impostazioni visualizzazione editor

Conclusioni del capitolo 3

Le unità di misura e i relativi sistemi di misurazione esposti in questo capitolo rappresentano gli strumenti essenziali per l'analisi dell'ampiezza del segnale. In un ambiente ITB l'unità di misura è sempre il dBFS, che può rappresentare sia valori di picco, sia RMS. Le scale che lo utilizzano possono a loro volta essere utilizzate per vari scopi.

- Se per esempio iTunes richiede un valore I di -16 LUFS, la scala da utilizzare è la R128

- Se volete misurare il loudness nel mastering di un CD potete usare la scala standard RMS.

- Se il CD deve essere trasmesso in TV potete effettuare un mastering utilizzando la R128.

- Se volete avere l'esatta sensazione del loudness percepito in una sala cinematografica dopo un mastering surround potete utilizzare il K-Meter.

- Se volete controllare il livello di registrazione durante il tracking digitale da sorgente analogica con una scheda audio con livello operativo di 0dB dovete utilizzare la scala EBU dBFS.

- Se volete controllare il livello di registrazione durante il tracking digitale da sorgente analogica con un dispositivo con livello operativo di +4dB dovete utilizzare la scala SMPTE dBFS.

In tutte queste attività. Il meter standard e quello R128 presenti in Wavelab vi forniranno sempre una misurazione accurata e una rappresentazione chiara e precisa dei valori.
Nei capitoli successivi saranno trattati in modo approfondito il loudness, il livello, la dinamica, in relazione ai vari supporti e mezzi di fruizione.

VERIFICA • TEST A RISPOSTE BREVI (max 30 parole)

1) Il dBSPL misura pressione o potenza?

2) Qual è il logaritmo in base 2 di 8? **$Log_2\ 8=?$**

3) Un amplificatore che eroga 100dBm è collegato a un altoparlante che genera 120dBSPL. Quanti dBm deve erogare l'amplificatore affinché l'altoparlante generi 126dBSPL?

4) Un mixer con livello di uscita di 0dBu è collegato a un amplificatore che eroga 93dBm. Qual è il livello in dBu di uscita del mixer se l'amplificatore eroga 90dBm?

5) Il dBFS misura volt, numeri o watt?

6) Per controllare i livelli del segnale durante la registrazione usereste un VU meter o un PPM?

7) Quando si parla di loudness si intende il livello istantaneo o quello RMS?

8) Per misurare in modo approssimato il loudness bisogna utilizzare tempi di integrazione lenti o veloci?

9) In quale caso la normalizzazione di un segnale nel dominio digitale non produce una riduzione del range dinamico?

10) Un valore alto di LRA indica un loudness elevato o basso?

11) Definire un LU

12) Definire la funzione Hold di un meter

13) Per quale scopo è stato applicato un gate sul loudness nella R128?

GLOSSARIO

AES17
Sistema di misurazione del loudness che visualizza un valore più alto di 3dB rispetto alla media matematica RMS

Clipping
Schiacciamento della forma dell'onda derivante da distorsione eccessiva. Può generare armoniche e tensione continua

dB, Decibel
Decima parte di un Bel. Unità di misura e rappresentazione dei valori numerici in formato logaritmico. In campo audio è utilizzato per rappresentare valori in volt, watt, pascal, numeri

dBFS
Scala di valori utilizzata per rappresentare l'ampiezza nei sistemi digitali. Il valore massimo è 0

dBSPL, Sound Pressure Level
Tipologia di dB utilizzata per rappresentare il livello di pressione sonora. L'unità di misura utilizzata è il pascal, Pa. Il livello di riferimento è 20µPa e rappresenta la minima variazione di pressione, o suono, percepibile mediamente dall'udito umano

dBTP, True Peak
Modalità di misurazione dei valori digitali del segnale. Permette di calcolare l'ampiezza effettiva dell'onda sonora dopo i processi di conversione D/A, ricampionamento, processamento digitale, indipendentemente dal valore dei singoli campioni

dBm
Tipologia di dB utilizzata per rappresentare potenza. L'unità di misura utilizzata è il watt, W. Il livello di riferimento è 1mW e rappresenta la potenza ottenuta con 0,775V su un carico di 600 Ω

dBu
Tipologia di dB utilizzata per rappresentare tensioni. L'unità di misura utilizzata è il volt, V. Il livello di riferimento è 0,775V RMS e rappresenta la massima tensione presente in un circuito audio analogico

Fonometro
Dispositivo analogico o digitale che consente la misurazione della pressione acustica. È formato da un microfono, un circuito elettronico e un meter di tipo analogico o digitale

Gain
È il controllo di guadagno presente in un preamplificatore o in un plugin software. Se il guadagno è negativo il livello del segnale viene attenuato, se è positivo viene amplificato

Gating del loudness
Algoritmo di misurazione che prende in considerazione solo valori superiori a una soglia assoluta e una relativa del loudness

Headroom
Tolleranza di un dispositivo nel sopportare livelli più alti del livello operativo

Hold
Funzione dei meter. Permette di mantenere visualizzato il valore più alto raggiunto dall'inizio della misurazione

I, program loudness, loudness integrato
Nel sistema di misurazione R128 corrisponde al loudness misurato in LUFS su tutta la durata del programma

Impedenza
La resistenza che un circuito o un dispositivo oppone al transito della corrente alternata. Si misura in Ohm Ω

Inter-sample peak
Ampiezza del picco di un'onda dopo la ricostruzione del segnale nel processo D/A, di ricampionamento o processamento. Il valore del picco compreso tra due campioni può essere maggiore del valore dei singoli campioni

K-System
Sistema di misurazione del loudness sviluppato da Bob Katz. Utilizza tre scale di valori in base al tipo di materiale sonoro. È un sistema integrato che prevede la misurazione RMS e l'allineamento del sistema di ascolto

Livello operativo
Rappresenta il voltaggio massimo in uscita o in entrata su un dispositivo analogico. Apparecchiature con livello operativo di -10dBV lavorano con un voltaggio massimo di 0,316V, quelle con livello operativo di 0dBu lavorano con un voltaggio massimo di 0,775V, quelle con livello operativo di +4dBu lavorano con un voltaggio massimo di 1,23 V

LKFS, Loudness K-weighted relative to Full Scale
Sistema di misurazione e unità di misura del loudness sviluppato dalla ITU. Prevede l'uso di calcolo integrale

Logaritmo
È la potenza a cui bisogna elevare la base per ottenere il risultato.
$\mathrm{Log}_{10}\ 1000=3$ il logaritmo in base 10 di 1000 è 3

LRA, Loudness Range
Si misura in LU. Corrisponde alla differenza tra il loudness massimo e quello minimo raggiunto durante tutto il programma

LU, Loudness Unit
Nel sistema di misurazione LUFS corrisponde a 1dB RMS misurato con pesatura K. La differenza tra -23LUFS e -21LUFS è di 2LU

LUFS, Loudness Unit relative to Full Scale
Unità di misura del loudness sviluppato dalla EBU. Prevede l'uso di calcolo integrale

M, momentary loudness
Nel sistema di misurazione R128 corrisponde al loudness misurato in LUFS in un intervallo di 400ms

Meter
Dispositivo elettrico, hardware o software che consente la misurazione e la visualizzazione dell'ampiezza di un segnale

MSB, Most Significant Bit, Bit più significativi
In un numero in formato binario, decimale, esadecimale rappresentano le cifre relative ai valori più grandi. Per esempio nel numero decimale 1345 il bit più significativo è 1. Portando il suo valore a 2 infatti, si ottiene una grande variazione. Il numero 5 invece è poco significativo. Portandolo a 6 non si ottiene una grande variazione di valori

Normalizzazione
Modifica del guadagno del segnale per ottenere un valore di picco prestabilito. Per normalizzare un segnale con picco massimo di -2 dB, a -6 dB, bisogna ridurre il guadagno di 4 dB. La normalizzazione non modifica il range dinamico

Peak amplitude
È il livello massimo del segnale in uscita da un dispositivo analogico in presenza di un'onda sinusoidale. Si differenzia dal livello di picco, che è relativo a un segnale di tipo complesso

Pesatura, curva di ponderazione
Modalità di filtraggio del segnale da misurare. Esistono pesature che attenuano le basse frequenze, le alte frequenze o entrambe. Alcune pesature prevedono l'amplificazione di frequenze specifiche. Le pesature più comuni sono la A la B e la C

PLR, Peak to Loudness Ratio
Rapporto tra il picco massimo del segnale e il loudness I, calcolato sull'intera durata del programma

PPM, Peak Program Meter
Dispositivo di misurazione dell'ampiezza del segnale. Ha un tempo di risposta molto rapido e consente di visualizzare il livello del segnale in modo istantaneo

Preamplificatore
È il circuito che consente la regolazione del livello di ingresso del segnale in un circuito analogico, tramite il controllo del gain, guadagno del segnale

PSR, Peak to Short term Ratio
Rapporto tra il picco massimo del segnale e il loudness **S**, a breve termine

R128
Sistema di misurazione del loudness sviluppato dalla EBU. Prevede l'uso di calcolo integrale e di un gating sul loudness

RMS, Root Mean Square
Rappresenta il valore medio di un segnale alternato, o il valore medio di potenza assorbita o fornita da un dispositivo. Si ottiene effettuando la radice quadrata della somma dei quadrati dei valori misurati in un intervallo di tempo

RMS meter
Indicatore di livello medio, come il VU meter. Permette la visualizzazione del loudness o del volume grazie a un tempo di integrazione lento

Rumore decorrelato
Segnale di misura ottenuto utilizzando un generatore di rumore diverso per ogni canale audio

Rumore rosa, Pink noise
Segnale composto da tutto lo spettro di frequenze udibili. L'ampiezza è inversamente proporzionale alla frequenza

S, Short term loudness
Nel sistema di misurazione R128 corrisponde al loudness misurato in LUFS in un intervallo di 3s

Sound check
Procedura di calibrazione dei livelli, di ottimizzazione timbrica e di allineamento degli impianti. Precede sempre una esibizione live o una sessione di registrazione

Target level
Nel sistema R128 rappresenta il valore di -23LUFS. È il loudness medio che un segnale broadcast deve avere

Tempo di integrazione, tempo di salita

Il tempo impiegato da un meter a visualizzare il livello del segnale. Si misura in ms. I PPM hanno un tempo di integrazione breve, i VU meter hanno un tempo di integrazione lungo

Volt

Unità di misura del potenziale elettrico

VU meter, Volume Unit meter

Dispositivo di misurazione dell'ampiezza del segnale. Ha un tempo di risposta molto lento e consente di visualizzare il livello medio RMS del segnale

4
ANALISI DEL MATERIALE DA MASTERIZZARE

CONTRATTO FORMATIVO

PREREQUISITI PER IL CAPITOLO
• CONTENUTI DEI CAPITOLI 1-3

OBIETTIVI
CONOSCENZE
• CONOSCERE LE TIPOLOGIE DI SUPPORTI DA ACQUISIRE
• CONOSCERE I CONCETTI FONDAMENTALI DEL CAMPIONAMENTO
• CONOSCERE GLI STRUMENTI DI ANALISI DI WAVELAB

ABILITÀ
• ORGANIZZARE NEL MODO CORRETTO IL MATERIALE DA ELABORARE ALL'INTERNO DI UNA DAW
• ANALIZZARE IL MATERIALE SVILUPPANDO CAPACITÀ CRITICHE E COMPRENSIONE DEI VARI PARAMETRI DI MISURAZIONE

CONTENUTI
• STRUTTURA DI FILE E CARTELLE
• FREQUENZA DI CAMPIONAMENTO
• PROFONDITÀ DI BIT
• CALCOLO IN VIRGOLA MOBILE
• DC OFFSET
• LIVELLO, VOLUME, DINAMICA
• ANALISI SPETTRALE

TEMPI - Cap. 4
AUTODIDATTI
PER 200 ORE GLOBALI DI STUDIO INDIVIDUALE: CA. 9 ORE
CORSI
PER UN CORSO GLOBALE DI 40 ORE IN CLASSE + 80 DI STUDIO INDIVIDUALE:
CA. 2 ORE FRONTALI + 1 ORA DI FEEDBACK - CA. 3 ORE DI STUDIO INDIVIDUALE

ATTIVITÀ
• ESEMPI INTERATTIVI

VERIFICHE
• TEST CON ASCOLTO E ANALISI
• TEST A RISPOSTE BREVI

SUSSIDI DIDATTICI
• GLOSSARIO

4.1 ACQUISIZIONE DA SUPPORTO ANALOGICO

Anche se sempre più raramente, a uno studio di mastering ITB può essere fornito un supporto analogico da acquisire su hard disk. Potrebbe essere un nastro magnetico oppure un disco in vinile. In questa fase è indispensabile usare una risoluzione di almeno 24 bit per l'acquisizione. In seguito sarà trattato meglio l'argomento, (vedi paragrafo 4.4).

Nella finestra di registrazione di Wavelab sono presenti molte opzioni di indicizzazione automatica o di partenza e arresto automatiche. Tutte queste funzioni sono molto utili, per esempio durante l'acquisizione di più tracce provenienti dallo stesso supporto. Il classico esempio è il disco in vinile o un nastro magnetico. Per assegnare automaticamente un marker all'inizio di ogni brano si può usare l'apposita funzione, vedi fig. 4.1.

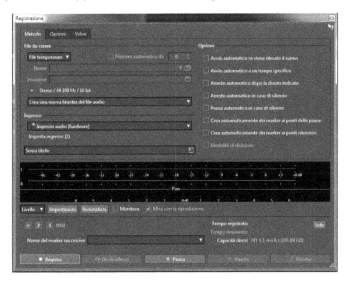

fig. 4.1 Registrazione in Wavelab

Nella finestra di opzioni <u>Valori</u> potete anche impostare un tempo di *pre-record* tramite la funzione <u>Registra campioni precedenti</u>. Se per esempio impostate 2 secondi, la registrazione comprenderà anche i due secondi precedenti alla pressione del tasto Record. Questa funzione è utilissima nell'acquisizione dei vinili, quando è difficile stabilire l'inizio effettivo di un brano, vedi fig. 4.2.

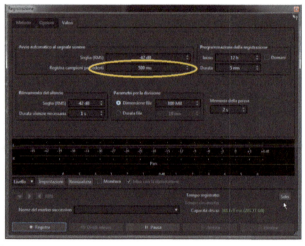

fig. 4.2 Opzione pre-record

• •

ATTIVITÀ

- Per questa attività avete bisogno di una sorgente audio analogica. Può essere un giradischi collegato a un amplificatore con ingresso phono, (vedi paragrafo 14.3), un lettore multimediale, un ricevitore televisivo, o un CD player purché dotati di uscita audio analogica.

- Premete il tasto Record sulla barra di trasporto, vedi fig. 4.3.

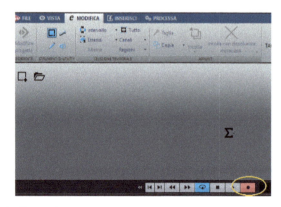

fig. 4.3 Tasto Record

- Apparirà il menu di registrazione, vedi fig. 4.1.

- Il meter della finestra di registrazione è anch'esso configurabile nella stessa modalità del meter principale. Può indicare picchi, valori RMS e può essere utilizzato come K-meter. Premendo Impostazioni si accede alla relativa finestra di configurazione, vedi fig. 4.4.

fig. 4.4 Impostazioni meter di registrazione

- Nella finestra di registrazione potete scegliere il formato del file che verrà registrato. Come si vedrà in seguito, è consigliabile una frequenza di 44.1kHz o multipli per produzioni su CD, e una frequenza di 48kHz o multipli per produzioni video. Il numero dei bit in registrazione deve essere assolutamente 24. Come specificato in seguito, non esistono convertitori A/D con risoluzione maggiore di 24 bit. Registrare a 32 bit una sorgente analogica, porterebbe solo a un inutile spreco di spazio sull'hard disk. Tutti i bit da 25 a 32 avrebbero infatti valore zero.[11]

- In basso a destra è indicata la capacità del disco riferita alla frequenza di campionamento e al numero dei bit scelto.

- Nella sezione File da creare è possibile selezionare il tipo di documento da creare. Temporaneo, per creare un file temporaneo che potrà essere nominato e salvato in seguito, o File con nome, per creare un file definitivo con il nome impostato nella relativa finestra.

- Attivando l'opzione Monitora, sarà possibile ascoltare il segnale durante la registrazione.

- Collegate l'uscita del dispositivo analogico all'ingresso della scheda audio e iniziate la riproduzione.

---

[11] In caso di utilizzo di strumenti virtuali software è comunque possibile registrare a risoluzioni maggiori di 24 bit. In questo caso, in assenza di conversione A/D, tutta la risoluzione disponibilie sarà utilizzata per i calcoli numerici del generatore di suono software e il file risultante sarà generato alla massima risoluzione possibile.

- Regolate il gain della scheda audio per avere un valore massimo di -18dBFS nel meter di registrazione. In questa fase il riferimento sarà il meter esterno, quello in modalità PPM. In questo modo si otterrà una precisa misurazione dei valori istantanei del segnale e si eviteranno distorsioni.

- Sperimentate le varie opzioni disponibili nel menu di registrazione come:

  Creazione automatica di marker

  Funzione di pre-record

  Divisione automatica in base alla grandezza del file etc.

  facendo eventualmente riferimento al manuale operativo di Wavelab.

- Se usate la funzione di attivazione automatica della registrazione o di creazione di marker in modalità automatica, fate riferimento al meter RMS, quello interno. Infatti, specialmente durante l'acquisizione da vinile, possono essere presenti rumori impulsivi dovuti alla polvere o ai solchi rovinati che possono trarre in inganno l'algoritmo di analisi del software. Questi rumori però pur avendo un livello di picco alto, hanno una durata brevissima. Analizzando quindi il valore medio, il software non tiene conto di tali segnali nell'analisi relativa alle funzioni automatiche di attivazione e arresto della registrazione, di creazione dei marker, di divisione dei file. Se comunque volete utilizzare dei segnali impulsivi per le funzioni automatiche, selezionate come soglia di intervento un valore RMS basso.

- I parametri relativi alle funzioni automatiche di registrazione, sono disponibili nella sezione Valori, vedi fig. 4.2.

· ·

4.2 ACQUISIZIONE DA SUPPORTO DIGITALE

Nella maggior parte dei casi il materiale da masterizzare è rappresentato da file provenienti da vari studi, che possono essere consegnati su hard disk, o USB key o inviati tramite internet. In ogni caso, una volta che questi supporti entrano in uno studio di mastering hanno bisogno di essere acquisiti e catalogati. In questo caso la regola imperativa è **Non lavorare mai con i file originali**! Create subito una copia del materiale originale che vi è stato consegnato e tenete il supporto originale in un luogo sicuro. Ciò potrebbe esservi utile anche in caso di controversie legali. A tale scopo è possibile utilizzare dei generatori di codici a barre gratuiti. Possono generare etichette da applicare sui vari supporti e rappresentano inoltre un buon sistema per non rendere immediatamente leggibili le informazioni del supporto stesso. Sul web se ne trovano molti[12]. Tramite un economico lettore, o addirittura uno smartphone, potrete gestire il vostro catalogo in modo agevole.

4.3 ORGANIZZAZIONE DEL PROGETTO E DELLE CARTELLE

È importante organizzare i progetti sull'hard disk della DAW in modo che ci sia uno stile globale che caratterizzi tutto il lavoro dello studio. In questa fase è opportuno utilizzare un codice di suffissi e prefissi per il nome del brano. Si può decidere di indicare la frequenza di campionamento, il numero dei bit o lo stato della lavorazione. Per esempio *Song 01 44-24 UNPR.wav* indica il brano Song 01 con frequenza di campionamento di 44.1kHz, 24 bit, in stato *non processato*, quindi ancora da masterizzare. Potete creare la vostra lista di suffissi e prefissi personalizzata, ma ricordate di usare sempre lo stesso tipo di nomenclatura nel catalogare i file. Per quanto riguarda l'ordinamento alfabetico dei file usate sempre un formato di data e numerazione che facilitino la creazione di elenchi di file di tipo alfabetico. Per esempio per le date usate lo stile anglosassone. Per indicare il 2 gennaio 2016 scrivete 2016-01-02. In questo modo, se nella DAW è utilizzato l'ordinamento alfabetico, si avrà allo stesso tempo anche l'ordinamento cronologico. Per quanto riguarda i numeri progressivi di versione o di traccia utilizzate almeno uno 0 prima del valore numerico. In tal caso eviterete per esempio che la sequenza di brani *Song1, Song2, Song10*, venga ordinata alfabeticamente come: *Song1, Song10, Song2*. Il formato di numerazione corretto è dunque: *Song01, Song02, Song10*.

• •

ATTIVITÀ

- Creare una cartella con il nome dell'artista o del cliente.

- Creare una cartella con il nome dell'album nella cartella artista.

- Creare una cartella per ogni brano dell'album, all'interno della cartella album.

---

[12] www.virtual-sound.com/MITB/links/Barcode

- All'interno della cartella album creare una cartella *Original* dove copiare i file originali. Questi file non andranno mai modificati per nessun motivo. All'interno della cartella album creare una cartella *UNPR* dove copiare i file originali. Questa è la cartella in cui si si troveranno i file da processare e masterizzare.

- All'interno della cartella Album creare una cartella *Master* dove copiare i file masterizzati.

- All'interno della cartella Master creare altre cartelle in base al tipo di elaborazione da effettuare, per esempio MP3, AAC, DDP (vedi capitoli 15 e 16), etc.

- Utilizzare il menu <u>Progetto</u> di Wavelab per definire i gruppi di file e averli disponibili ogni volta che il progetto viene aperto (Pag.77 del manuale di Wavelab).

4.4 ANALISI DELLA FREQUENZA DI CAMPIONAMENTO E DELLA PROFONDITÀ DI BIT

I parametri fondamentali relativi al campionamento di un segnale sono la **Frequenza di campionamento** e il **Numero dei Bit** o **Risoluzione in Bit** o **Bit depth**. Quando aprite un file nell'editor standard di Wavelab il programma mostra istantaneamente tali parametri indicandoli in basso a destra della finestra dell'editor, vedi fig. 4.5.

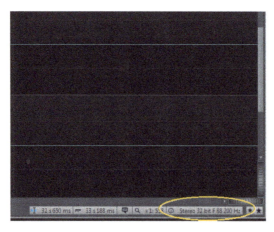

fig. 4.5 Valori di campionamento

Qualsiasi segnale analogico possiede un andamento formato da infiniti valori successivi. Quando viene campionato un segnale, questo flusso continuo viene trasformato in una *scala* con gradini tanto più piccoli, quanto la risoluzione sarà alta. Più piccolo è il gradino, migliore sarà il livello di conversione.

La frequenza di campionamento determina la lunghezza del gradino dell'ipotetica scala, il numero dei bit rappresenta l'altezza del gradino, vedi fig. 4.6.

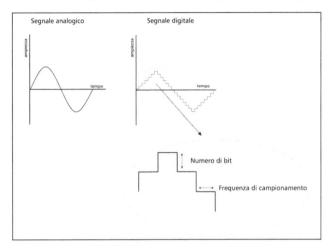

fig. 4.6 Frequenza di campionamento e bit

La frequenza di campionamento indica il **numero di misurazioni al secondo** compiute dal convertitore sul segnale in ingresso. Stabilisce quindi la frequenza più alta del segnale campionabile, che corrisponde alla metà di tale valore. Per esempio con una frequenza di campionamento di 44.100Hz è possibile campionare correttamente un segnale con frequenza massima di 22.050Hz. Questo valore è definito **frequenza di Nyquist** e corrisponde alla **metà della frequenza di campionamento**, vedi fig. 4.7.

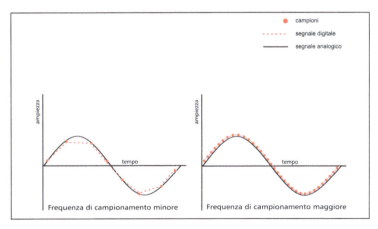

fig. 4.7 Frequenza di campionamento

Teoricamente qualsiasi valore superiore a 40.000Hz è utilizzabile per registrare digitalmente tutta la gamma di frequenze che l'orecchio umano percepisce. La risposta in frequenza di un sistema uditivo umano sano infatti non supera i 20.000Hz.

Da un punto di vista elettronico, però non è esattamente così. L'uso di una frequenza di campionamento di 40.000Hz per campionare segnali da 20.000Hz, richiede la costruzione di **filtri anti alias** con pendenza elevatissima. Questi filtri **servono a eliminare tutte le frequenze spurie e armoniche che si generano durante il campionamento**. Sono utilizzati sia durante la conversione A/D, sia durante la fase di ricostruzione del segnale analogico, nella conversione D/A. Costruire filtri con pendenza molto ripida è molto costoso e difficile rispetto a quelli con pendenza meno elevata, vedi fig. 4.8.

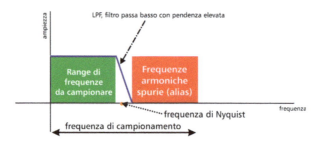

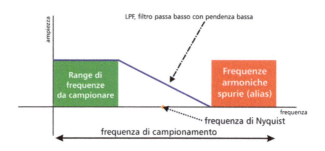

fig. 4.8 Filtro anti aliasing in base alla frequenza di campionamento

In fondo però non è neanche vero che in una produzione ITB *più è, meglio è,* ossia maggiore è la frequenza di campionamento, più alta sarà la qualità del prodotto finale. Nella fase di tracking, in una produzione ITB per Compact Disc, il prodotto finale dovrà avere una frequenza di campionamento di 44.100Hz. Molti credono che utilizzare in questa fase una frequenza di campionamento di 48.000Hz migliori il risultato finale. Da un punto di vista matematico 48.000Hz offrono una risposta in frequenza leggermente migliore di 44.100Hz. Bisogna però considerare il fatto che ogni elaborazione del segnale numerico può introdurre una perdita di qualità più o meno elevata. Uno dei processi più dannosi per un segnale digitale è la **SRC, Sample Rate Conversion**, la **conversione di frequenza di campionamento**. Registrando a 48.000Hz sarà necessario, in qualche fase della produzione, convertire il segnale a 44.100Hz per adattarlo al prodotto finale, il CD. Ognuno dei 48.000 campioni al secondo è già una approssimazione del segnale originale stesso. Esso occupa, in ampiezza e tempo, una posizione *arrotondata*, **quantizzata** ai parametri di campionamento scelti.

Durante la SRC questi valori andranno ricalcolati e arrotondati di nuovo generando ulteriori approssimazioni. È vero che con una frequenza di campionamento più alta la qualità è più elevata. È anche vero però che il piccolo miglioramento in risposta in frequenza guadagnato in fase di tracking viene ampiamente perso, con ulteriori errori aggiunti, in fase di SRC, vedi fig. 4.9.

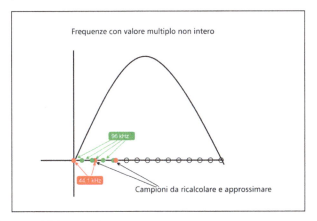

fig. 4.9 Valore multiplo non intero

Tornando quindi all'approccio matematico, nelle produzioni ITB, è meno dannoso campionare direttamente alla frequenza di campionamento del prodotto finale, senza effettuare SRC. In fondo, ciò che non c'è non crea problemi...

Esiste anche la possibilità di registrare a frequenze più alte di quella del prodotto finale, utilizzando una frequenza di campionamento che sia un **multiplo intero** del prodotto finale stesso. Nel caso del CD, 88.200Hz o addirittura 176.400Hz. In questo caso durante la SRC, i campioni relativi a 44.100Hz non vengono spostati e ricalcolati. Sono infatti quelli già presenti nel segnale. Nella conversione da 88.200Hz a 44.100 ne verranno considerati uno ogni 2 e in quella da 176.400Hz a 44.100 uno ogni 4, vedi fig. 4.10.

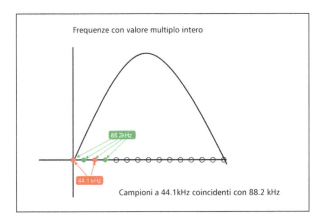

fig. 4.10 Valore multiplo intero

Se il tracking è relativo alla traccia di un CD dal quale verrà prodotto un videoclip, si presenta un problema. La frequenza di campionamento dell'audio da utilizzare nelle produzioni video deve essere di 48.000Hz (vedi paragrafo 14.6). Questo vale anche nel mastering surround per il cinema, (vedi capitolo 12) Cosa sacrificare quindi? La qualità audio del CD o quella del video clip? La risposta è abbastanza semplice. L'audio di un videoclip è generalmente compresso e quindi degradato. A questo punto tenete intatto il suono del CD effettuando il tracking a 44.100Hz. Sul video si sarebbe avuta in ogni caso una perdita di qualità...

Analizzate sempre il parametro di frequenza di campionamento dei supporti che vengono acquisiti per il mastering. Se viene fornito un brano a 48.000Hz per una produzione CD chiedete per prima cosa allo studio di mix se può fornirvene una versione a 44.100 o 88.200 o 176.400Hz. In queste fasi il dispositivo più utile in fase di mastering è...*Il telefono*... Se però non è possibile ottenere un'altra versione potete per esempio convertire subito il file con Wavelab a 176.400Hz, effettuare il mastering con una risoluzione più accurata e alla fine convertire il file a 44.100Hz. Anche in questo caso, quanto detto all'inizio riguardo l'integrità del segnale trova un'applicazione pratica. Ogni errore non commesso, ogni calcolo superfluo eliminato, ogni conversione evitata rappresenta un piccolo miglioramento che porta, alla fine di una produzione ITB, a un grande incremento della qualità.

La risoluzione in ampiezza di un segnale digitale **PCM, Pulse Code Modulation**, è rappresentata dal numero dei bit. La codifica PCM è la più usata nel campionamento dei segnali audio. Consiste nel **misurare a intervalli di tempo regolari, il livello, l'ampiezza di un segnale**. Le **due fasi principali** avvengono: **nel tempo**, con il **campionamento a frequenza costante**, e **in ampiezza**, con la **quantizzazione in bit**. La quantità di bit utilizzati indica il numero di valori con cui è possibile rappresentare l'ampiezza del segnale campionato. Questo valore è rappresentato con un sistema binario che utilizza solo due cifre: 0 e 1, vedi fig. 4.11.

Decimale	Binario	Numero di bit
0	0	1
1	1	1
2	10	2
3	11	2
4	100	3
5	101	3
6	110	3
7	111	3
8	1000	4

fig. 4.11 Comparazione tra valori decimali e binari

Il **bit** (con la b minuscola), non va confuso col **Byte** (con la B maiuscola). Il Byte rappresenta un gruppo di 8 bit. Ogni bit rappresenta circa **6dB** di escursione dinamica. Nei dB che misurano pressione, ogni raddoppio della pressione o del voltaggio corrisponde a un incremento di **6,02dB**. In modo analogo in campo digitale ogni bit aggiunto, raddoppia il numero di combinazioni numeriche possibili e incrementa di **6,02dB** il range dinamico.

APPROFONDIMENTI

In un sistema a **1 bit** le combinazioni possibili sono **2**, ma il numero decimale più grande rappresentabile è **1**, dovendo iniziare a contare da **0**. Il numero decimale più grande rappresentabile si ricava dalla formula 2^n **-1** dove **n** è il numero di bit. In un sistema a **3 bit** il numero decimale più grande è 2^3 **-1= 8-1=7**

Il range dinamico in dB di 1 bit è ricavabile dalla formula:

$$\text{Valore in dB} = 20 \log_{10}(2) = 6{,}02\text{dB}$$

Il **range dinamico di un convertitore** è ricavabile dalla formula:

$$\text{Range dinamico in dB} = 20\log_{10}(2n) = 6{,}02n \text{ dove } n \text{ è il numero di bit}$$

Il range dinamico di un convertitore a 16 bit è **6,02 x 16=96.32dB**

La **risoluzione** di un convertitore è rappresentata dalla più piccola variazione di voltaggio misurabile ed è ricavabile dalla seguente formula:

$$\text{Risoluzione in Volt} = \frac{\text{massimo segnale del livello in ingresso}}{\text{Numero di valori}} = \frac{\text{Volt}}{2^n}$$

dove **n** rappresenta il numero di bit.

La risoluzione di un convertitore a 16 bit con segnale massimo di 0,775 Volt è

$$\frac{0{,}775}{2^{16}} = 0{,}0000118 \text{ Volt}$$

La **percentuale di errore** è definita **precisione** ed è ricavabile dalla formula:

$$\text{precisione} = \frac{1}{2^n - 1} \text{ x } 100 \quad \text{dove } n \text{ è il numero di bit}$$

La precisione di un convertitore a 16 bit è:

$$\frac{1}{2^{16} - 1} \text{ x } 100 = \frac{1}{65535} \text{ x } 100 = 0{,}00152\%$$

La precisione di un convertitore a 24 bit è:

$$\frac{1}{2^{24} - 1} \text{ x } 100 = \frac{1}{16777215} \text{ x } 100 = 0{,}0000059\%$$

È chiaro il motivo per cui bisogna sempre usare la massima risoluzione in bit per il campionamento del segnale. Effettuando il tracking a 24 bit la precisione e la risoluzione sono molto più elevate. Anche se il supporto finale della produzione sarà un CD a 16 bit, tutti i calcoli in fase di produzione saranno comunque effettuati con maggiore precisione.

Il compact disc utilizza una codifica PCM a 16 bit e può quindi riprodurre suoni con un range dinamico di circa 96dB. Nonostante il sistema uditivo umano abbia una gamma dinamica di circa 140dB i 16 bit del CD sono in grado di rappresentare in modo accurato ogni sfumatura e passaggio musicale a qualsiasi volume. Nella vita reale infatti, come si vede in fig. 3.4, è difficile trovare una stanza silenziosa con un livello di rumore ambientale inferiore a 30dBSPL. Oltretutto a 120dBSPL si manifestano danni al sistema uditivo e quindi 96dB di dinamica sono sufficienti per esprimere ogni contenuto sonoro e musicale. Senza considerare poi il fenomeno della loudness war. Sembra strano, ma l'evoluzione tecnologica e digitale dei sistemi audio ha visto parallelamente una involuzione dei contenuti sonori. Un brano pop attuale esprime un range dinamico non superiore a 12dB.. È come se dei 16 bit disponibili sul Compact Disc, ne usasse solo 2....

Si consideri un ipotetico convertitore A/D a 4 bit. Il numero di combinazioni possibili sarà 2^4 ossia 16 e i valori possibili vanno da 0 a 15. Come spiegato in precedenza, i segnali audio analogici sono di natura bipolare, ossia oscillano tra valori positivi e valori negativi. Per campionare un segnale analogico con un convertitore a 4 bit, le 16 combinazioni possibili descriveranno sia la parte negativa che quella positiva dell'onda. Si deve quindi identificare il livello negativo minimo con **0** e il livello positivo massimo con 15, vedi fig. 4.12.

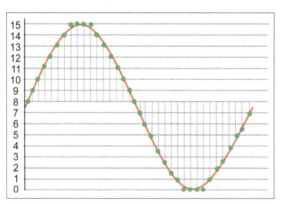

fig. 4.12 Campionamento a 4 bit

La risoluzione massima in bit è quindi utilizzata per metà per descrivere la parte negativa e per l'altra metà la parte positiva di un segnale. Se all'ingresso del convertitore a 4 bit non ci fosse nessun segnale il valore fornito in uscita dal convertitore sarebbe 8, in binario 1000.

In una produzione ITB qualsiasi elaborazione audio consiste in una serie di calcoli effettuati dal computer del sistema DAW. La quantità e la precisione di tali calcoli influenzano direttamente la qualità del prodotto finale.

Quante volte si sente dire: *"Il CD utilizza 16 bit. Quindi nel tracking, nel mix e nel mastering è sufficiente utilizzare 16 bit"*. Non c'è niente di più inesatto... La risoluzione di 16 bit del CD è adatta alla riproduzione, all'ascolto e non alla produzione. In fase di produzione c'è bisogno di altissima precisione di calcolo. Si può facilmente capire che i calcoli effettuati con una calcolatrice a 24 cifre sono molto più precisi di quelli fatti con una a 16. Allo stesso modo i 16.777.216, ossia 2^{24} valori di un convertitore a 24 bit offrono una precisione di calcolo maggiore dei 65.536, 2^{16}, di un convertitore a 16 bit. Inoltre in base alla normativa dBFS è necessario riservare almeno 3 bit (18dB) al campionamento di segnali che accidentalmente potrebbero superare il valore di 0,775V. Come detto in precedenza 1 bit rappresenta 6dB di dinamica. Se si usa in acquisizione una risoluzione di 24 bit riservandone 3 alla creazione della headroom, i bit effettivi disponibili sono 21. Il range dinamico risultante è quindi 126dB, un valore ampiamente sufficiente a effettuare elaborazioni molto precise e superiore a quello del CD. Se invece si usa un convertitore a 16 bit i bit utili diventano 13 con dinamica disponibile di 78dB, ampiamente inferiore a quella del CD, appena paragonabile a quella di un buon registratore a nastro. La quantità di errori di calcolo sarà in questo caso molto elevata. Certo è vero che alla fine della produzione di un CD si dovranno ridurre i valori a 16 bit e 44.100Hz, ma fino a quel momento tutti i calcoli saranno stati effettuati in modo molto accurato e la perdita di qualità sarà minima.

Insomma, dover commettere obbligatoriamente un errore alla fine della catena di produzione non autorizza a commetterne all'inizio e durante il processo.

Non esistono convertitori A/D con risoluzione superiore a 24 bit. È però imperativo utilizzare sempre questa profondità di bit in fase di tracking o di acquisizione di materiale analogico per il mastering.

Talvolta può accadere che un file identificato dal software come 24 bit sia di fatto 16 bit. Ciò può essere dovuto a un uso errato o involontario del dither (trattato in seguito) o a un errore di salvataggio. È infatti possibile salvare un file 16 bit in formato 24 bit. In questo caso però, oltre a occupare inutile spazio sull'hard disk, i bit da 17 a 24 non conterranno informazioni e tutti i loro valori saranno 0. Wavelab possiede un bitmeter in grado di analizzare la profondità in bit di un segnale digitale e identificare subito eventuali problemi. L'indicatore mostra inoltre l'utilizzo dei bit a livello istantaneo e medio.

Il **Bitmeter** di Wavelab indica in verde i bit da 1 a 32. L'indicazione 32F si illumina quando sono presenti dati a 32 bit floating point. L'indicazione 64F si illumina quando sono presenti dati a 64 bit floating point. Nelle impostazioni del meter è possibile visualizzare i bit in due modalità.

Modalità intuitiva. Il numero dei bit cresce in base al livello del segnale. In questa modalità, viene rappresentata la densità, ossia il numero di volte che il bit cambia valore, con la variazione della dimensione della barra orizzontale.

Modalità reale. In questa modalità viene mostrato il numero effettivo dei bit utilizzati, indipendentemente dal livello del segnale e dal loro valore assoluto, vedi fig. 4.13.

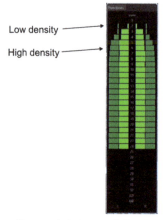

fig. 4.13 Bitmeter di Wavelab in modalità intuitiva

· ·

ATTIVITÀ

- Scorrete il mouse sulla scritta BITMETER, apparirà la finestra del bitmeter, vedi fig. 4.14.

fig. 4.14 Bitmeter in modalità reale

- Normalmente la finestra del bitmeter si attiva e disattiva al passaggio del mouse. Se si desidera mantenerla fissa sullo schermo si può attivare l'opzione <u>Fluttua da solo</u> nel menu opzioni della finestra, vedi fig. 4.15.

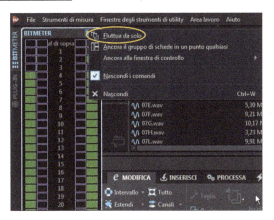

fig. 4.15 Finestra fissa

- Aprite l'esempio **04A**.

. . . .

ESEMPIO INTERATTIVO 04A • BITMETER

. . . .

- In basso a destra, nella finestra principale verranno visualizzati i parametri di campionamento, vedi fig. 4.16.

fig. 4.16 Numero di bit e Frequenza di campionamento

- Ascoltate l'esempio **04A**.

- La barra esterna del bitmeter mostra la memoria dei bit usati recentemente. La barra interna, quella in verde chiaro, mostra i valori istantanei.

- In questa modalità di visualizzazione, quella intuitiva, il bitmeter mostra il numero di bit utilizzati in base all'ampiezza del segnale. Se il livello del segnale non raggiunge il massimo, i relativi bit, quelli MSB, rimarranno spenti, vedi fig. 4.17.

fig. 4.17 Bitmeter in modalità intuitiva

- In questo caso, come indicato nei parametri di campionamento, i bit di codifica del file sono 24. Infatti anche se alcuni bit non vengono visualizzati, l'ampiezza massima del meter si estende fino a 24 bit. Se volete visualizzare il numero di bit utilizzati, indipendentemente dall'ampiezza del segnale, potete attivare la visualizzazione in modalità reale nel menu Funzioni →Impostazioni della finestra del bitmeter, vedi fig. 4.18.

fig. 4.18 Modalità reale

- La modalità di visualizzazione reale consente di capire subito il formato effettivo del file digitale. Infatti anche se il livello del segnale non raggiunge il massimo, i bit MSB utilizzati rimangono gli stessi, ma di valore 0.

- In fig. 4.19 vedete lo stesso esempio **04A** analizzato in modalità reale.

fig. 4.19 Bitmeter in modalità reale

- Lasciate il bitmeter impostato in modalità reale e aprite l'esempio **04B**.

. . . .

ESEMPIO INTERATTIVO 04B • 16 BIT

. . . .

- Ascoltate il file e osservate il bitmeter, ora la risoluzione del file è di 16 bit, vedi fig. 4.20. Tale valore è indicato anche in basso a destra nelle informazioni di campionamento.

fig. 4.20 16 bit

- Aprite ora l'esempio **04C** e osservate le informazioni di campionamento. Indicano 24 bit e 44,1kHz come frequenza di campionamento.

· ·

ESEMPIO INTERATTIVO 04C • MISURAZIONE EFFETTIVA

· ·

- Ascoltate l'esempio e osservate il bitmeter. Sebbene le informazioni indichino 24 bit, il bit meter mostra solo 16 bit di risoluzione. Ciò accade spesso nell'acquisizione di materiale digitale in fase di mastering. Può accadere infatti che lo studio di mix abbia salvato come 24 bit un file a 16 bit. L'intestazione del file indica 24 bit, ma i bit di codifica del file sono in effetti 16.

- **Controllate sempre con il bitmeter la risoluzione effettiva dei file che acquisite per il mastering!** Masterizzare un file a 16 bit non è assolutamente consigliabile. La precisione di calcolo sarà molto ridotta e il prodotto finale di qualità scadente.

- Impostate di nuovo il bitmeter in modalità intuitiva.

- Ascoltate l'esempio **04B** e regolate il livello generale tramite i fader del master section, vedi fig. 4.21. Per tornare con i fader a 0dB cliccate sul fader tenendo premuto il tasto CTRL sulla tastiera.

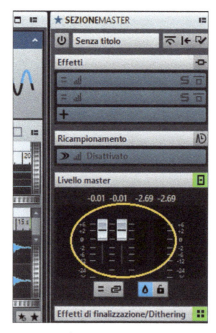

fig. 4.21 Fader della master section

- Ogni volta che modificate il livello, sia in alto, sia in basso, il bitmeter indica 64F, vedi fig. 4.22.

fig. 4.22 Calcolo in virgola mobile.

Ciò indica che Wavelab sta usando il calcolo floating point per aumentare la precisione di elaborazione, (vedi paragrafo successivo). Ovviamente il file originale è codificato sempre a 16 bit e la precisione aggiunta non può creare informazioni che non esistevano. Ora inserite nella master section un plugin dither per limitare la risoluzione a 16 bit, (vedi paragrafo 13.2). In questo modo la risoluzione in uscita sarà sempre 16 bit, indipendentemente dai calcoli effettuati precedentemente in virgola mobile.

- Nel menu opzioni della finestra della master section selezionate <u>Fluttua da solo</u>, vedi fig. 4.23.

fig. 4.23 Finestra Master section fissa

- Cliccate nel primo slot libero (l'area azzurra rettangolare), nella sezione <u>Effetti di finalizzazione/Dithering</u> della master section e selezionate <u>Steinberg→Mastering: UV22HR</u> vedi fig. 4.24.

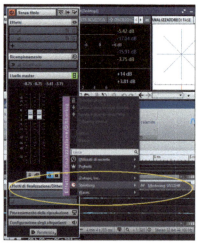

fig. 4.24 Inserimento plugin dither

- Selezionate la risoluzione di uscita a 16 bit, vedi fig. 4.25.

fig. 4.25 Dither a 16 bit

- Lo scopo della prossima attività è analizzare il modo in cui si riduce la  risoluzione in bit e la precisione di calcolo non utilizzando il calcolo floating point con segnali campionati a basso numero di bit o con un livello di picco troppo basso. L'uso del dither serve a simulare il calcolo con un numero di bit ridotto.

- Ascoltate l'esempio **04B** e abbassate il livello dei fader nella master section. Osservate come si riduce la risoluzione in bit sul bitmeter. Potete notare come il livello massimo influenza la quantità di bit utilizzati. A livelli molto bassi la risoluzione e la precisione di calcolo sono molto ridotti vedi fig. 4.26.

fig. 4.26 Scarsa risoluzione in bit

4.5 CALCOLO IN VIRGOLA MOBILE

In una produzione ITB ogni volta che si muove un fader, che si comprime un segnale, che si usa un equalizzatore in attenuazione o amplificazione, si effettuano calcoli numerici. È il processore del computer che effettua questi calcoli, simulando a livello matematico il comportamento di resistenze, condensatori, transistor e interi circuiti analogici. È vero che la potenza di calcolo della CPU determina la quantità di calcoli che si possono compiere in un secondo. È anche vero però, che i processori di fascia media, hanno ormai una potenza di calcolo più che sufficiente per applicazioni audio professionali. In ambito ITB, non è tanto la quantità di calcoli che può incidere sulla qualità audio, quanto la precisione con cui questi calcoli sono effettuati. La natura dei segnali audio è casuale, incostante e poco prevedibile. In fase di conversione A/D, a ogni misurazione effettuata si assegna un numero tra quelli disponibili in base al numero dei bit. In un sistema a 16 bit i numeri disponibili sono 65.536, in un sistema a 24 bit sono 16.777.216. In ogni caso, che siano migliaia o milioni, il valore assegnato è arrotondato al numero più vicino disponibile. In fase di mix e mastering, durante il calcolo numerico, si elaborano tutti i numeri per generare poi risultati con un numero di bit stabilito dal progetto nella DAW.

Questi risultati provengono dai calcoli effettuati dai plugin di elaborazione e verranno arrotondati a loro volta in base al numero di bit disponibili. Ecco perché in fase di produzione bisogna usare la maggior risoluzione possibile in bit. Molti software sono in grado di gestire progetti a 32 bit. Praticamente anche se i bit presenti nei file registrati sono 24, i calcoli verranno effettuati con una precisione di 32 bit.

Ciò produrrà risultati di maggiore precisione a tutto vantaggio della qualità del segnale. Il file risultante dal mix finale ITB deve essere comunque generato alla risoluzione più alta possibile. Se il software di mix consente la produzione di file a 32 bit, utilizzate questa opzione per la generazione di file da consegnare allo studio di mastering. In questo caso tutti i 32 bit conterranno informazioni generate dai calcoli effettuati con risoluzione maggiore. Questo tipo di calcolo è definito **Integer** ossia **rappresentazione tramite numeri interi**. Nel calcolo integer l'intera parola di 32 bit rappresenta un determinato livello di ampiezza del segnale e utilizza tutte le 32 cifre binarie per indicarlo, con 4.294.967.296 combinazioni possibili.

Nel dominio digitale si può anche usare un tipo di rappresentazione dei valori definito **Floating point**, ossia a **virgola mobile**. I vantaggi del calcolo floating point sono:

- un elevatissimo range dinamico
- una precisione di calcolo molto accurata
- una headroom molto grande da poter utilizzare durante i calcoli nelle varie fasi della produzione, prima della riduzione al formato di bit finale.

Il principale svantaggio del calcolo in virgola mobile è rappresentato dall'utilizzo di una grande quantità di memoria, ma ciò non rappresenta un problema per le attuali DAW.

APPROFONDIMENTI

Il calcolo floating point consente di elaborare numeri molto grandi o molto piccoli esprimendoli come un numero decimale elevato a un esponente.

Per esempio per scrivere il numero **456.000.000** potremmo utilizzare anche il formato **456 x 10^6**, oppure **0,456 x 10^9**. Analogamente per scrivere il numero **0,000000456** potremmo esprimere **0,456 x 10^{-6}**.

Nel calcolo floating point il numero di bit disponibile viene suddiviso in varie sezioni. Una rappresenta la mantissa, la base del numero, l'altro l'esponente a cui elevare la mantissa. Per esempio una parola di 32 bit può essere suddivisa in 24 bit di mantissa e 8 di esponente. A volte si usa una terza sezione per indicare il segno positivo o negativo, in questo caso una parola di 32 bit è suddivisa in 23 bit di mantissa, 8 di esponente e 1 di segno.

Lo standard **IEEE (Institute of electrical and electronic engineers) 754** è utilizzato per rappresentare in floating point i valori binari. Prevede vari livelli di precisione. I più utilizzati in campo audio sono:

Precisione singola, Single precision

Utilizza una parola di 32 bit suddivisa in 3 sezioni: **23 bit di mantissa, 8 bit di esponente e 1 di segno**. Viene definita come **32 bit floating point**, vedi fig. 4.27.

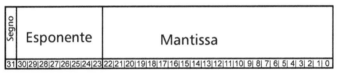

fig. 4.27 32 bit floating point

Nel calcolo floating point, il range dinamico è definito dall'**esponente**, secondo la seguente formula: **(2^E-1) x 6,02dB** dove **E** è il numero di bit dell'esponente

Il range dinamico di un numero single precision è **(2^8-1) x 6,02dB=1.535,1dB**

La precisione è definita dalla mantissa in base alla formula: $\dfrac{1}{2^M - 1}$ **x 100**

dove **M** è il numero di bit della mantissa

La precisione di un calcolo single precision è **0,000011 %**

Precisione doppia, Double precision

Utilizza una parola di 64 bit suddivisa in 3 sezioni: **52 bit di dati (mantissa), 11 bit di esponente** e **1 di segno**. Viene definita come **64 bit floating point,** vedi fig. 4.28.

fig. 4.28 64 bit floating point

Da un punto di vista matematico, il calcolo 24 bit integer possiede una precisione più elevata del 32 bit float (vedi approfondimenti precedenti). Sebbene questa sia una differenza puramente teorica e trascurabile rispetto all'incremento di range dinamico, Wavelab implementa anche la modalità di calcolo double precision a **64 bit floating point**. Il range dinamico supera in questo caso i **12.000dB** e la precisione di calcolo è di **0,00000000000000222%** poiché utilizza 52 bit di mantissa invece dei 23 del single precision. Alcuni software di produzione possono generare file in uscita con precisione a 32 bit float o addirittura a 64 bit float. È inutile dire che in questi casi è sempre consigliabile consegnare allo studio di mastering un file floating point.

Nel mix in modalità ibrida a volte vengono usati dei **sommatori analogici**. Sono dei **mixer molto semplici** ma **dotati di circuitazione di altissima qualità**, vedi fig. 4.29.

fig. 4.29 Sommatore SPL Mixdream[13]

L'utilizzo di tali dispositivi serve ad evitare la perdita di risoluzione in bit derivante dalla somma di più segnali. Se per esempio nella DAW sono presenti due tracce con livello di 0dBFS da sommare su un bus di uscita, bisogna per forza ridurre il livello di entrambe le tracce di 6dB, altrimenti si avranno sul bus di uscita +6dBFS, con conseguente distorsione. In questo caso però, la riduzione di livello causa la perdita di 1 bit di risoluzione su ogni traccia, a discapito della qualità. Nel caso, molto comune, in cui le tracce siano più di due, il danno sarebbe ancora maggiore. Con l'utilizzo di un sommatore analogico si possono indirizzare le due tracce su due uscite separate della scheda audio per poi sommarle in modo analogico, lasciando la loro risoluzione in bit invariata. Se da un punto di vista teorico la soluzione sembra efficace, dal punto di vista pratico non lo è.

Essa infatti aggiunge due passaggi di conversione D/A e A/D al percorso del segnale e ogni conversione digitale non è mai indolore.

È posssibile invece utilizzare un software di produzione e mixing in grado di utilizzare il floating point. Usando il calcolo in virgola mobile in fase di mixing si eviteranno due conversioni e non si verificherà perdita di risoluzione in bit su nessuna traccia, qualsiasi sia il loro numero nel progetto.

---

[13] https://spl.info/en/products/summing/mixdream/overview.html

Il calcolo floating point è molto utile in fase di mastering, specialmente nelle prime fasi della lavorazione del file. Immaginate di ricevere un brano con bit depth di 24 bit e livello di picco di 0dBFS. Qualsiasi elaborazione dinamica, spettrale e spaziale effettuata sul file genererà quasi sicuramente distorsione digitale, dato che il livello di partenza è già 0dBFS, il massimo. A questo punto sarà necessario ridurre il livello di picco modificando il gain prima di iniziare a lavorare sul brano. Ciò consentirà di avere una headroom di alcuni dB da utilizzare per le varie elaborazioni. Per esempio, per creare una headroom di 12dB bisogna ridurre il guadagno di12dB.

Ogni bit corrisponde a 6dB di range dinamico. Ridurre il livello massimo di 12dB, trasforma di fatto il file da 24 a 22 bit con una perdita di qualità inaccettabile in fase di mastering. Con Wavelab è possibile convertire il file in formato 32 bit float o 64 bit float. Ovviamente la risoluzione effettiva iniziale del file rimane di 24 bit. Al momento della riduzione del guadagno però, grazie all'elevato range dinamico del calcolo floating point si evita la riduzione dinamica e la perdita di qualità.

· ·

ATTIVITÀ

- Nella sezione plugin della master section cliccate nella finestra dei preset e disattivate l'opzione Apri la finestra delle opzioni quando si seleziona un preset. Cliccate ancora e selezionate Organizza Preset nel menu a discesa, vedi fig. 4.30.

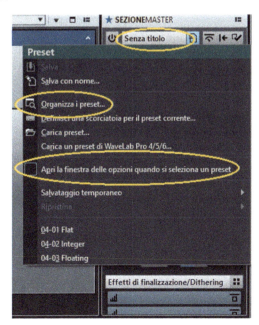

fig. 4.30 Organizzazione preset

- Riducete Wavelab a icona e vedrete una finestra che indica la posizione dei preset della master section sul vostro hard disk, vedi fig. 4.31.

fig. 4.31 Cartella dei preset della master section

- Scaricate i file 04-01 Flat.dat, 04-02 Integer.dat, 04-03 Floating.dat e copiateli nella cartella dei preset, vedi fig. 4.31.

- Ripristinate Wavelab a schermo intero, cliccate ancora nella sezione preset della master section e selezionate il preset 04-01 Flat, vedi fig. 4.32.

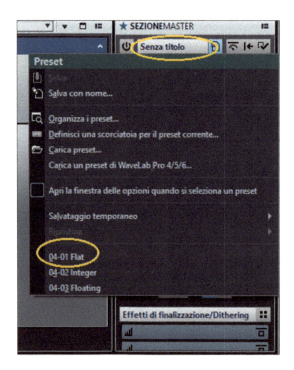

fig.4.32 Selezione preset

- Nella finestra del generatore di segnale selezionate Rumore rosa come forma 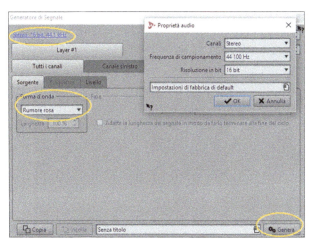 d'onda e 16 bit 44.1kHz stereo come proprietà audio e cliccate su Genera, vedi fig. 4.33.

fig. 4.33 Generazione di rumore rosa

- Riducete il livello di ascolto, il rumore rosa ha un loudness elevato.

- Ascoltate il rumore generato e osservate il bitmeter. Indica una risoluzione di 16 bit, quella che avete impostato durante la generazione del file, vedi fig. 4.34.

fig. 4.34 Risoluzione 16 bit

- Caricate il preset <u>04-02 Integer</u>. In questo preset si riduce il guadagno del segnale di circa 25dB con calcolo integer. Notate che la risoluzione in bit si riduce di 4 bit e il range dinamico diminuisce, vedi fig. 4.35.

fig. 4.35 Risoluzione ridotta

- Potete commutare i preset durante l'ascolto e verificare le differenze in tempo reale. Ora caricate il preset <u>04-03 Floating</u>. In questo caso la riduzione del guadagno di 25dB viene effettuata in virgola mobile. Notate che il range dinamico rimane identico e la risoluzione è ancora di 16 bit, vedi fig. 4.36.

fig. 4.36 Risoluzione e range dinamico intatti.

Lo stesso discorso vale per quei calcoli che in fase di elaborazione numerica intermedia, all'interno di un plugin, producono risultati di valore superiore alla risoluzione in bit del file. Il calcolo floating point permette di elaborare tali valori senza causare clipping né riduzione del range dinamico, vedi fig. 4.37.

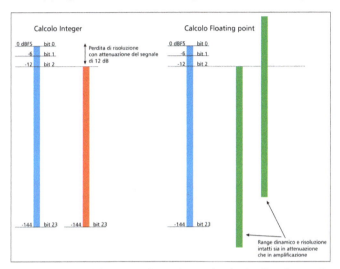

fig. 4.37 Conservazione del range dinamico nel calcolo floating point

Per quanto riguarda i sistemi di ascolto in uno studio ITB, è interessante capire cosa accade quando si modifica il volume del sistema di ascolto. Come viene effettuata questa modifica? Via software, con un potenziometro elettrico? Con una manopola che controlla un software?
In queste situazioni il calcolo floating point può migliorare la qualità dell'ascolto nella control room. È ovvio che se si collegano le casse acustiche all'uscita della scheda audio della DAW, l'unico modo per regolare il volume di ascolto, è quello di agire sul software utilizzato. Non si può sempre operare con il livello di uscita a 0dBu, altrimenti il volume di ascolto sarebbe assordante. Attenuare l'uscita del software di 6dB significa però perdere un bit di risoluzione di calcolo del convertitore D/A. Attenuarla di 12dB significa perderne due, e così via. Più basso sarà il livello di ascolto, peggiore sarà la qualità del segnale.

In qualsiasi fase della produzione non si può rinunciare alla qualità dell'ascolto. Non si può fornire a un cliente una qualità superiore a quella del sistema di ascolto.

Nei grandi mixer da studio OTB il controllo del volume avviene in modo elettrico, con una manopola del volume che controlla il voltaggio da fornire al sistema di ascolto. In questo modo non si ha degrado del segnale poiché il controllo non è di tipo digitale ma appunto elettrico, dotato di una risoluzione teoricamente infinita. Alcune schede audio hanno un controllo dell'uscita principale di tipo elettrico e non creano problemi. Per quelle che ne sono sprovviste, si può sempre acquistare un controllo di volume elettrico da inserire tra scheda audio e casse acustiche.

Oppure si può utilizzare il calcolo floating point per risolvere il problema.

Una delle soluzioni da adottare in questo caso, è l'utilizzo di una scheda audio dotata di DSP interno a virgola mobile, vedi fig. 4.38.

fig. 4.38 Scheda audio RME MADI FX, 384[14] canali audio con DSP floating point

Queste schede hanno un proprio mixer interno indipendente dal software della DAW. Questo mixer processa i dati in modalità virgola mobile, permettendo la regolazione del livello di uscita senza perdita di qualità.

Un'altra soluzione è quella di utilizzare un software di produzione in grado di lavorare in floating point. Alcuni software, tra cui Wavelab, possiedono una sezione control room in virgola mobile dedicata all'ascolto. È possibile selezionare diversi sistemi di altoparlanti, gestire le comunicazioni talk back o fornire un ascolto personalizzato in cuffia per i musicisti, vedi fig. 4.39 e fig. 4.40.

fig. 4.39 Control Room Nuendo, di Steinberg con calcolo 32 bit float

fig. 4.40 Control room di Wavelab Pro 10, con selezione degli altoparlanti e controllo volume a 64 bit floating point

---

[14] https://www.rme-audio.de/en/products/hdspe_madi_fx.php#2

4.6 RILEVAMENTO BILANCIAMENTO STEREO

Un brano musicale stereofonico possiede un contenuto sonoro diverso sui canali sinistro e destro. Questa differenza può essere timbrica o dinamica e nella maggior parte dei casi è normale che, durante l'ascolto, ci siano delle variazioni di livello tra i due canali. Questo è dovuto all'arrangiamento, al posizionamento degli strumenti durante il mix e all'evoluzione nel tempo del brano stesso. A volte però il livello di un canale è sempre più alto, o più basso dell'altro. In questo caso, durante l'ascolto, si verifica uno spostamento del centro virtuale tra i due altoparlanti. Si crea quindi una situazione di disagio che porta a spostare la propria posizione di ascolto rispetto ai diffusori nel tentativo di bilanciare le differenze di livello. In fase di mastering queste differenze possono essere corrette. C'è bisogno però di appositi strumenti di misurazione in grado di identificare tali differenze.

Il **Pan Meter** di Wavelab è lo strumento ideale per compiere tali misurazioni. Esso **mostra, in valori istantanei e medi, le differenze di livello tra i canali sinistro e destro** memorizzando i valori più alti dall'inizio della riproduzione, vedi fig. 4.41.

fig. 4.41 Pan meter di Wavelab

· ·

ATTIVITÀ

- Nelle impostazioni del meter attivate la sezione <u>Indicatore del panorama</u>, vedi fig. 4.42.

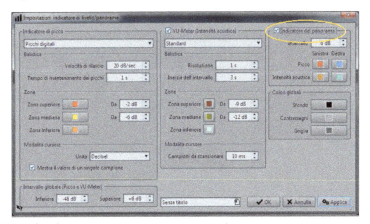

fig. 4.42 Attivazione pan meter

ESEMPIO INTERATTIVO 04D • PAN METER

- Aprite il file **04D** e ascoltatelo.

- Osservate il pan meter, notate che la barra celeste, quella che indica la differenza di RMS tra i canali, indica un valore positivo costante, vedi fig. 4.43.

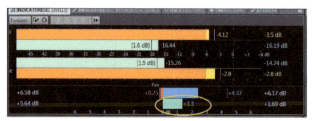

fig. 4.43 Differenza di volume trai canali

- Le barre Rossa e Blu del pan meter indicano differenze istantanee e non possono essere usate per determinare uno sbilanciamento del segnale stereo. Infatti è normale che in un programma stereofonico i picchi sui due canali siano sempre diversi. Se invece lo sbilanciamento è prolungato nel tempo (RMS), determina una variazione di volume. Se questo sbilanciamento dura per tutto il brano, deve essere corretto.

- Nella sezione dei plugin Steinberg → Tools caricate il plugin Stereo Tools nella master section, vedi fig. 4.44.

fig. 4.44 Selezione del plugin Stereo Tools

- Riducete il gain del canale destro fino a quando le barre Marrone e Celeste hanno una lunghezza minima, idealmente nulla, vedi fig. 4.45.

fig. 4.45 Regolazione del bilanciamento

- Potete muovere il fader con la rotellina del mouse o cliccando sul relativo controllo. Per cambiare i valori in decimi di dB tenete premuto contemporaneamente il tasto shift.

- È importante utilizzare un tipo di approccio sottrattivo. Si potrebbero bilanciare i livelli aumentando il gain del canale sinistro, generando però distorsione e riducendo la headroom. In questa fase è quindi preferibile ridurre il gain. Il calcolo floating point eviterà la riduzione del range dinamico.

• •

Con il pan meter è possibile analizzare la correlazione di livello tra i due canali. Per verificare la mono-compatibilità, bisogna invece misurare la correlazione di fase tra il canale sinistro e quello destro. Durante l'ascolto mono, i segnali sinistro e destro vengono sommati ed inviati su un'unica uscita, vedi fig. 4.46.

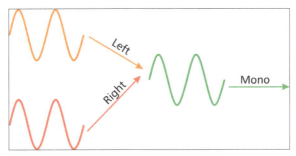

fig. 4.46 Segnale mono

Se due segnali hanno la stessa ampiezza, la stessa frequenza, lo stesso timbro e lo stesso inviluppo sono identici dal punto di vista elettroacustico. Se si posiziona ognuno di questi segnali rispettivamente sul canale sinistro e sul canale destro di un bus stereofonico e si ritarda o anticipa di pochi millisecondi l'uno rispetto all'altro, si crea una variazione di fase tra i due canali. Quando si parla di fase, implicitamente si parla di tempo, in particolare dell'istante in cui un segnale è generato o misurato rispetto a un altro. In campo audio due segnali si definiscono in fase quando si trovano in una posizione temporale reciproca in cui a ogni valore positivo di un segnale corrisponde un valore positivo dell'altro. Lo stesso vale per i valori negativi, se due segnali sono in fase ad ogni valore negativo dell'uno, corrisponde un valore negativo dell'altro. Se questi valori positivi o negativi sono sempre identici si parla di segnale mono, identico sui due canali, vedi fig. 4.47.

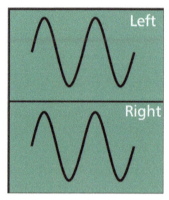

fig. 4.47 Due suoni identici in fase, segnale mono in fase

Nel caso in cui la correlazione tra tali segnali non sia sempre costante, si parla di segnali **fuori fase**. La variazione in fase può essere tale che i valori reciproci siano sempre totalmente opposti. Quando ad ogni valore positivo di un segnale corrisponde sempre lo stesso valore, ma negativo, dell'altro si parla di segnali in **opposizione di fase** o in **controfase**. Due segnali sfasati di centottanta gradi, 180° sono in controfase, vedi fig. 4.48.

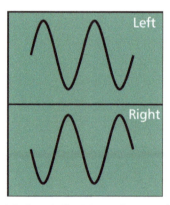

fig. 4.48 Due suoni identici sfasati di 180 gradi, segnale mono controfase

APPROFONDIMENTI

Sommare due segnali in controfase nell'aria, riproducendoli tramite due altoparlanti, non produce lo stesso effetto che sommarli elettricamente in un mixer o digitalmente in un sistema DAW. È il caso di due segnali in controfase, riprodotti da due altoparlanti posizionati nello stesso ambiente. Quando un altoparlante si trova spostato in avanti, l'altro si trova spostato indietro nella stessa misura. Quando il primo produce una certa pressione, l'altro produce una depressione della stessa quantità. A livello matematico due valori opposti si annullano e danno come risultato 0, es. 2-2 = 0. Ciò non accade però in questo caso. L'aria è un gas, le sue molecole si trovano in uno stato di perenne movimento e quindi è molto difficile che la zona di aria davanti ad un altoparlante abbia esattamente lo stesso valore di pressione, ma inversa, rispetto all'altra. Inoltre la distanza tra i due diffusori modifica enormemente i valori di pressione reciproci. È come pretendere che l'acqua sia immobile in una vasca con un rubinetto che immette 1lt al secondo ed un tappo che aspira 1lt al secondo.

Cosa accade quindi ascoltando due segnali in controfase rispetto all'ascolto di due segnali in fase?

Il sistema uditivo umano è in grado di misurare differenze di intensità, di tempo e di fase tra le due orecchie. Nel caso di segnali in controfase acustica, l'effetto psicoacustico percepito è quello di una carenza di immagine centrale. Tutti i suoni sembrano provenire dai lati o addirittura posteriormente all'ascoltatore. Si nota anche una certa attenuazione delle basse frequenze. Bisogna imparare a riconoscere queste sensazioni per individuare subito problemi di correlazione di fase durante l'ascolto.

Per quanto riguarda i segnali elettrici e digitali il discorso cambia. Se si somma una tensione di +5V a una di -5V il risultato è 0. Allo stesso modo se si somma il numero 1 al numero -1 il risultato è ancora 0. In questi casi quindi due segnali in controfase si annullano completamente. Esistono però condizioni in cui lo sfasamento tra due segnali non è esattamente 180°. La mono-compatibilità è assicurata fino ad uno sfasamento di 90°. Oltre questo valore si verificano fenomeni più o meno udibili derivanti dalla cancellazione di fase reciproca tra le due onde. Questi fenomeni compromettono la mono-compatibilità. Si possono quindi generare frequenze che non esistevano, annullare frequenze esistenti, come pure modificare l'ampiezza di altre frequenze.

Il fenomeno più comune è il **comb filtering**, **filtraggio a pettine**, un **filtraggio del segnale derivato dalla cancellazione di fase**, vedi fig. 4.49.

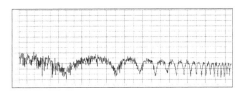

fig. 4.49 Filtraggio a pettine

Uno degli strumenti che non devono mai mancare in uno studio di mastering è il tasto **mono**. Esso permette, tramite confronto A-B, di identificare subito la presenza di comb filtering o di cancellazioni di fase tra i canali di un segnale stereo. È anche importante saper riconoscere il comb filtering ascoltando un segnale.

Uno strumento indispensabile per misurare la correlazione in fase tra due o più segnali è il **Phase Meter** o **Correlatore di fase**. Nella versione stereo, è rappresentato come un sistema di assi cartesiani ruotato di 45°. A sinistra sono indicate le ampiezze del canale sinistro e a destra quelle del canale destro. Al centro appare la funzione risultante dai valori presenti sui due assi rappresentata in formato grafico. In fig. 4.50 è rappresentato un Phase meter che indica due segnali mono in fase (a sinistra), due segnali mono sfasati di 90° (al centro) e due segnali in controfase mono, sfasati di 180°, a destra.

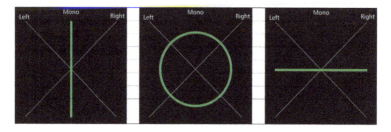

fig. 4.50 Figure tipiche su un phase meter

Queste sono le condizioni tipiche di misurazione osservabili sul phase meter:

- Linea retta verticale: due segnali identici in fase, segnale mono, mono compatibile

- Linea retta orizzontale: due segnali identici in controfase, segnale mono controfase, non mono compatibile

- Cerchio: due segnali identici sfasati di 90°, segnale stereo, mono compatibile.

La regola è che quando la figura è orizzontale i segnali sono in controfase, quando è verticale i segnali sono in fase, quando è una linea retta i segnali sono identici. Durante il mix e il mastering lo scopo principale è quello di ottenere un'immagine stereo più ampia possibile. In questo caso la figura del phase meter dovrà somigliare il più possibile ad un cerchio, evitando accuratamente che si trasformi in un'ellisse orizzontale. Un'ellisse verticale, pur rappresentando un segnale mono compatibile, indica un'immagine stereo ridotta.

A volte oltre all'indicazione grafica, il phase meter mostra anche un valore numerico che va da **-1** a **+1**. Con -1 si indica uno sfasamento di 180°, con 0 uno di 90°, con 1 uno sfasamento di 0° (segnali identici). Il phase meter di Wavelab possiede anche questo tipo di indicatore, anch'esso in grado di memorizzare i valori estremi raggiunti.

ATTIVITÀ

- Generate un segnale sinusoidale stereo di 1kHz a 0dBFS, 16 bit, 44.100Hz, vedi fig. 3.24.

- Riducete il livello del sistema di ascolto. Fatelo sempre, in presenza di segnali sinusoidali.

- Fate doppio click sul canale sinistro della forma d'onda principale, quello in alto, e selezionate l'onda relativa al canale sinistro, vedi fig. 4.51.

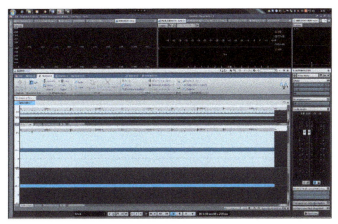

fig. 4.51 Selezione di un canale

- Per commutare la selezione sull'altro canale o l'intera forma d'onda si può premere il tasto TAB ⟮→|⟯ sulla tastiera.

- Eliminate la selezione premendo il tasto ⟮Canc⟯ sulla tastiera, sul canale sinistro avrete solo silenzio, vedi fig. 4.52.

fig. 4.52 Silenzio a sinistra, Onda sinusoidale a destra

- Ascoltate il segnale e osservate il phase meter. Notate che è presente solo una linea sull'asse del canale destro, vedi fig. 4.53. Ciò significa che in uscita è presente un solo segnale.

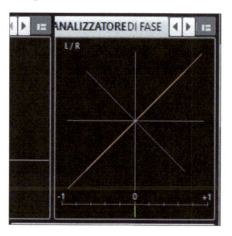

fig. 4.53 Segnale solo sul canale destro

- Annullate la cancellazione del canale sinistro premendo contemporaneamente i tasti (CTRL) e (Z) sulla tastiera. Ora entrambi i canali contengono lo stesso segnale sinusoidale.

- Ascoltate il segnale e osservate il phase meter.

- Questa volta vedrete una linea verticale tra i due assi, vedi fig. 4.54. Notate anche che l'indicazione numerica si è spostata su +1. Significa che sono presenti due segnali, che sono uguali, e che sono in fase.

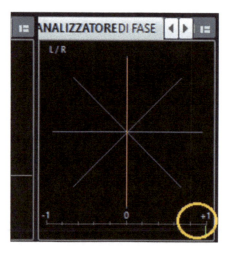

fig. 4.54 Segnale mono in fase

- Selezionate di nuovo l'onda del canale sinistro, vedi fig. 4.51.

- Nel menu dell'editor selezionate <u>PROCESSA</u> → <u>Altro</u> → <u>Inverti fase</u>, vedi fig. 4.55.

fig. 4.55 Inversione di fase

- Nel menu di selezione dei meter selezionate <u>OSCILLOSCOPIO</u>, vedi fig. 4.56.

fig. 4.56 Selezione dell'oscilloscopio

- Ascoltate il segnale. Percepirete una strana sensazione, imparate a riconoscerla. Sembra che il suono arrivi dai lati estremi dei diffusori. Non si percepisce la sensazione del suono centrale. Questa volta i segnali sono uguali ma sono sfasati di 180 gradi.

- Osservate l'oscilloscopio. Vedrete chiaramente che le onde sono speculari. Quando una è al massimo positivo, l'altra è al minimo negativo, vedi fig. 4.57.

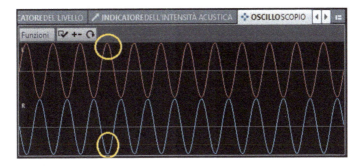

fig. 4.57 Onde in controfase

- Osservate ora il phase meter. Questa volta la linea è orizzontale. Ciò indica che i segnali sono sfasati di 180°. L'indicatore numerico indica -1, vedi fig. 4.58.

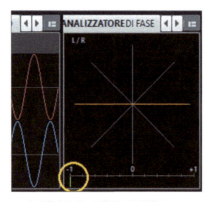

fig. 4.58 Phase meter con segnali in controfase

- Questo segnale non è mono compatibile. Provate a sommare il segnale del canale sinistro con quello del canale destro.

- Nella master section selezionate l'ascolto mono, vedi fig. 4.59. L'indicatore relativo diventerà verde lampeggiante.

fig. 4.59 Ascolto mono

- Ora, sebbene il segnale sia in riproduzione, non percepirete alcun suono e tutti i meter indicheranno assenza di segnale. I due segnali infatti, se sommati in mono si annullano a vicenda.

- Scaricate il preset <u>04-04 Phase 90.dat</u> e caricatelo nella master section.

- Ripristinate l'ascolto stereo selezionando <u>Canali di default</u>, vedi fig. 4.59.

- Ascoltate il segnale e osservate il phase meter. Indica un cerchio. Il valore numerico indica 0, vedi fig. 4.60. Significa che i segnali sono sfasati di 90°. Il segnale è alla sua massima ampiezza stereo ed è mono compatibile. Se provate a commutare l'ascolto mono continuerete a sentire il segnale.

fig. 4.60 Canali sfasati di 90°. Segnale mono compatibile

- Le figure analizzate finora sul phase meter sono relative a segnali sinusoidali. In presenza di segnali complessi i disegni saranno più articolati. La regola principale rimane però la stessa:

Se le figure sono di tipo lungo verticale, il segnale è in fase, mono compatibile, ma con ampiezza stereofonica ridotta.

Se le figure sono di tipo lungo orizzontale, il segnale è in controfase, non mono compatibile.

Se le figure sono di tipo circolare, il segnale è in fase, mono compatibile e con ampiezza stereofonica massima.

In fig. 4.61 vedete il phase meter nella rappresentazione di un segnale complesso di ampiezza stereofonica corretta.

fig. 4.61 Segnale complesso stereo

4.7 RILEVAMENTO DC OFFSET

I segnali analogici sono bipolari, elettrici e sono rappresentabili tramite voltaggi. Per voltaggio si intende una differenza di potenziale rispetto ad una grandezza di riferimento. Non ha senso parlare di voltaggi più o meno elevati senza specificare rispetto a cosa lo sono. I 220V di potenziale presenti nelle prese di corrente domenstiche sono riferiti alla terra, che ha un potenziale di 0V. Anche le linee ad alta tensione da 100.000V riferiscono il loro potenziale a terra. Questo è il motivo per cui gli uccelli possono tranquillamente poggiarsi sui cavi dell'alta tensione senza rimanere folgorati. Essi infatti non toccano contemporaneamente la terra e il traliccio metallico e quindi non possono essere attraversati dalla tensione. Insomma per parlare di voltaggio c'è bisogno di due elementi.

Nei segnali bipolari tutti i voltaggi sono in genere riferiti a 0V e assumono di volta in volta valori positivi o negativi rispetto a 0V, vedi fig. 4.62.

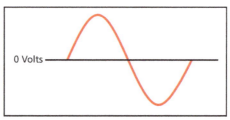

fig. 4.62 Segnale bipolare rispetto a 0V

APPROFONDIMENTI

Un voltaggio può anche essere riferito a un altro voltaggio. In questo caso il valore in volt sarà la differenza tra i due voltaggi. Per esempio la differenza di potenziale tra +5V e -5V è 10V.

Nei dispositivi audio un ruolo fondamentale è svolto dal circuito di alimentazione. Esso deve fornire uno zero di riferimento accuratissimo, oltre al voltaggio per alimentare i componenti elettronici. Tutti i circuiti di alimentazione destinati ad apparecchiature audio sono duali, cioè forniscono tensioni sia positive, sia negative rispetto allo 0. Ciò è necessario per poter operare sia sulla semionda positiva, sia su quella negativa di un segnale, vedi fig. 4.63.

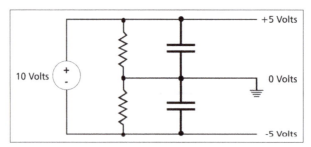

fig. 4.63 Schema di un semplice alimentatore duale

Sia in campo elettrico che digitale, l'accurata rappresentazione di un segnale bipolare richiede l'assoluta coerenza tra lo zero, il punto di energia nulla dell'onda, e lo zero elettrico o numerico. Se questi valori non coincidono si verifica uno **spostamento dell'onda in alto o in basso rispetto allo zero di riferimento**. Questo fenomeno è definito **DC offset**, vedi fig. 4.64.

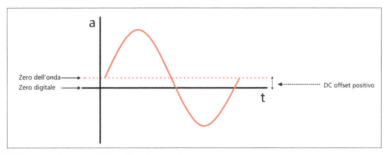

fig. 4.64 segnale con DC offset positivo

La presenza di DC offset:

- riduce il range dinamico

- distorce i segnali in prossimità dello zero, specialmente le basse frequenze

- produce affaticamento di ascolto

- genera risultati poco precisi nel calcolo digitale effettuato dai plugin

- a volte può attivare i circuiti di protezione dei dispositivi audio, specialmente quelli degli amplificatori.

Con Wavelab è possibile rilevare la presenza di DC offset grazie all'analisi off-line. La finestra di analisi di Wavelab mostra la quantità di DC offset in percentuale e la dinamica disponibile per l'elaborazione audio, in questo caso l'ampiezza del segnale più debole registrabile, vedi fig. 4.65.

fig. 4.65 Valori DC offset

Esistono diversi modi per la correzione di DC offset. Si tratterà l'argomento in seguito, (vedi paragrafo 5.1).

4.8 RILEVAMENTO INTER-SAMPLE DISTORTION

Nel capitolo 3 è stato definito il dBTP. Il suo utilizzo è destinato a rilevare il livello effettivo di un segnale digitale indipendentemente dal suo valore numerico. Può infatti verificarsi che due o più campioni consecutivi abbiano un valore numerico inferiore al livello massimo consentito dalla risoluzione in bit ma identico tra loro. In questo caso, sebbene i livelli dei singoli campioni non raggiungano 0dBFS, la loro rappresentazione consecutiva origina un picco superiore al valore assoluto dei singoli campioni, vedi fig. 4.66.

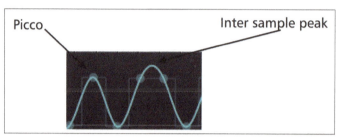

fig. 4.66 Inter-sample peak

Con Wavelab è possibile misurare e visualizzare i valori dBTP, vedi fig. 4.67. Ciò è possibile sia in tempo reale, tramite il meter della master section sia in modalità off-line, tramite l'analisi, (vedi paragrafo 3.12). Grazie alla funzione di zoom avanzata, nella finestra di editing è possibile visualizzare sia il valore FS che quello TP contemporaneamente. Digitale indica i valori FS, Reale i valori TP.

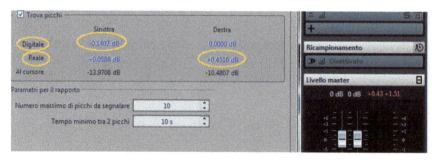

fig. 4.67 Indicazione di picchi inter-sample off-line e real-time in Wavelab

4.9 ANALISI DEL LIVELLO, VOLUME E DINAMICA

Nel capitolo relativo ai meter è stato spiegato come misurare e rappresentare i valori di ampiezza sia in modo medio che istantaneo. In base al tipo di misurazione effettuata è possibile definire i concetti di livello, volume e dinamica. Molto spesso queste grandezze vengono confuse tra loro o considerate in modo errato. Nel mastering è invece importante conoscerle ed utilizzarle in modo appropriato.

Osservate i due segnali A e B rappresentati in fig. 4.68 rispettivamente dal segnale blu e dal segnale rosso.

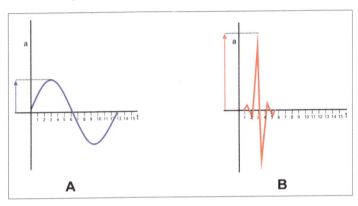

fig. 4.68 Livello

Analizzate l'ampiezza dei segnali nell'istante t3. Le relative frecce indicano il livello dei segnali in quell'istante. In questo caso l'ampiezza del segnale rosso B è superiore a quella del segnale blu A. La misurazione è stata effettuata solo nell'istante t3 e rappresenta il **livello** del segnale. Si può affermare che il livello corrisponde a un **valore misurato in un istante del tempo**.

Continuando ad analizzare i segnali A e B, misurate ora la media dei valori rilevati nell'intervallo di tempo t0 – t6 indicato dalle frecce, vedi fig. 4.69.

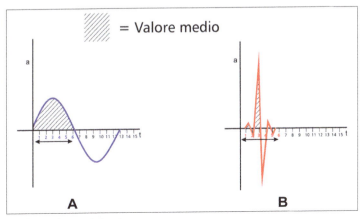

fig. 4.69 Misurazione del volume

In questo caso il segnale A ha un valore medio maggiore del segnale B. Quest'ultimo infatti raggiunge un valore elevato solo in un istante, rimanendo per il resto del tempo ad un livello quasi nullo. Il sistema uditivo umano, misura il volume di ascolto in base alla media e non al valore istantaneo. Si può definire il **volume** come un **valore misurato in un intervallo di tempo**. Il volume influenza in modo determinante il loudness percepito. Infine si può affermare che il segnale A ha un livello minore del segnale B, pur avendo un volume maggiore di B.

. . . .

ATTIVITÀ

- Disattivate il VU meter e il Pan Meter nel meter standard di Wavelab, vedi fig. 1.15.

- Ricordate di disattivare la visualizzazione in modalità AES17, (vedi paragrafo 3.10). Da ora in avanti questa funzione deve rimanere disattivata.

- Caricate e ascoltate l'esempio **04F** e regolate il livello di ascolto ad un valore confortevole.

. . . .

ESEMPIO INTERATTIVO 04F • LIVELLO 0dBFS

. . . .

- Da ora in poi, in questa attività, non modificherete mai il livello di ascolto. Osservate il meter. Il livello di picco massimo è 0dBFS. Il massimo possibile. Questo valore rappresenta il livello del segnale, la misurazione istante per istante dell'ampiezza, vedi fig. 4.70.

fig. 4.70 Livello massimo 0dBFS

- Memorizzate la sensazione del loudness percepito durante l'ascolto. La confronterete con quella del file successivo.

- Caricate e ascoltate l'esempio **04G**.

. . . .

ESEMPIO INTERATTIVO 04G • LIVELLO -3dBFS

. . . .

- Osservate il meter. Il meter indica un livello massimo di – 3dBFS, vedi fig. 4.71.

fig. 4.71 Livello massimo -3dBFS

- Sebbene il livello di picco sia inferiore a quello dell'esempio **04F**, il loudness percepito è più alto rispetto al file precedente. Quindi l'esempio **04F** ha un livello superiore e un volume inferiore rispetto al **04G**. Al contrario, l'esempio **04G** ha un livello inferiore ma un volume superiore allo **04F**.

- Attivate ora la sezione VU del meter di Wavelab, vedi fig. 1.15.

- Ascoltate di nuovo entrambi gli esempi e osservate il meter. Notate che il valore RMS dell'esempio **04F** è inferiore a quello dello **04G**, vedi fig. 4.72.

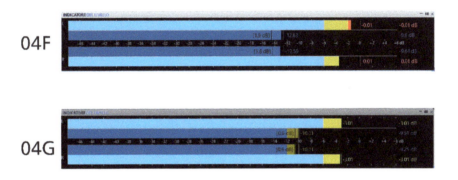

fig. 4.72 Differenza RMS

- A questo punto è chiaro che il livello non rappresenta necessariamente il loudness e che per misurare il volume non è sufficiente utilizzare un peak meter. La maggior parte dei software di produzione audio utilizza peak meter. Per effettuare il mastering, oltre a un peak meter, occorre anche un meter in grado di visualizzare, oltre ai valori istantanei, anche i valori medi, quelli RMS in modo accurato.

Quando si parla di **dinamica** o **range dinamico**, si considerano sempre due valori. Nella fig. 4.73 sono rappresentati i valori minimi e massimi in dBSPL rilevati durante un ipotetico concerto Rock.

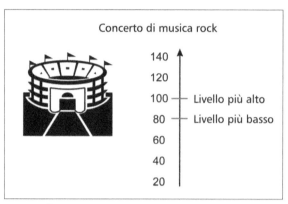

fig. 4.73 Concerto rock

Ovviamente si parla di valori ipotetici ma si tratta di livelli di pressione sonora molto elevati.

Nella fig. 4.74 sono invece indicati i valori minimi e massimi rilevati durante un concerto di musica classica.

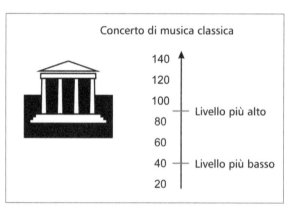

fig. 4.74 Concerto classico

Nel concerto di musica classica i valori assoluti SPL sono notevolmente più bassi. Neanche un grande organico orchestrale può competere in dBSPL con un impianto audio di decine di migliaia di watt.

Quello che però si nota subito, è che la differenza tra il valore massimo e quello minimo sia maggiore nel concerto classico, rispetto a quello rock, vedi fig. 4.75.

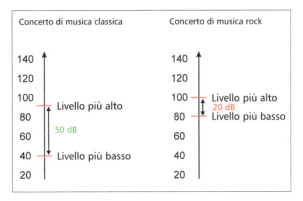

fig. 4.75 Range dinamico

La differenza in dBSPL tra il *Pianissimo* e il *Fortissimo* è molto più ampia nel concerto di musica classica. Nel concerto rock, con decine di migliaia di spettatori, il valore più basso, il Pianissimo, non può essere inferiore al brusio del pubblico. Inoltre la natura stessa del genere musicale comporta modeste variazioni di livello nella struttura stessa del brano.

Come **dinamica** o **range dinamico**, si definisce quindi **la differenza tra il livello più alto e quello più basso di un segnale**. In questo caso il concerto di musica classica ha un range dinamico maggiore di quello rock, pur avendo rispetto a quest'ultimo un livello SPL più basso. Un range dinamico alto, non affatica il sistema uditivo e consente di apprezzare le differenze tra i passaggi a basso volume e quelli forti. Restituisce la sensazione dell'esecuzione originale, ad un volume corretto. Al contrario un range dinamico basso causa affaticamento all'ascolto e colloca tutti i passaggi musicali allo stesso livello, con volume molto alto. È chiaro che i dispositivi destinati a contenuti con alto range dinamico richiedono una costruzione e progettazione molto accurata. Devono infatti essere in grado di riprodurre passaggi a basso volume senza introdurre rumore di fondo. Allo stesso tempo devono poter riprodurre passaggi ad alto volume senza causare distorsione. Di fatto la *loudness war* sta riducendo sempre di più il range dinamico delle produzioni musicali anche a causa della scarsa qualità dei dispositivi di ascolto utilizzati nella fruizione dei contenuti. Un basso range dinamico non richiede infatti dispositivi di ascolto sofisticati.

Per riassumere i concetti si può dire che:
Se due segnali hanno lo stesso livello massimo, quello con dinamica inferiore ha il volume più alto.

Nell'analisi di materiale già masterizzato, da voi o da altri, vanno tenuti in considerazione molti fattori di estrema importanza.

- **Livello massimo di picco dBFS**

    Il valore di 0dBFS non è teoricamente sinonimo di distorsione. Molti convertitori D/A però, specialmente quelli a bordo di dispositivi economici, non sono perfettamente lineari ai massimi livelli di uscita. Lo stesso si può dire degli amplificatori degli stadi di uscita. È consigliabile, non superare mai il valore di picco massimo di -0,2dBFS sul prodotto finale masterizzato.

- **Livello massimo dBTP**

    Non esiste un limite sicuro per la distorsione inter-sample. Essa può verificarsi anche a livelli di picco molto bassi e dipende essenzialmente dalla quantità di limiting e compressione usata nel mastering (vedi capitolo 7), come pure dai processi di compressione digitale del segnale (vedi capitolo16). In ambito broadcast si raccomanda di non superare i -1dBTP. Per quanto riguarda le produzioni pop, si può affermare con sicurezza che il livello in dBTP non deve mai essere positivo, cosa che purtroppo accade molto spesso. Un valore negativo, anche se prossimo a 0 è il minimo accettabile, ma è comunque consigliabile non superare mai il valore massimo del livello in dBFS.

- **Volume massimo**

    Sebbene le ultime normative prevedano per il broadcasting dei livelli LUFS molto bassi, in produzione e commercializzazione di prodotti musicali, difficilmente sono rilevati volumi di -23 LUFS, come previsto dalla EBU R128. I volumi effettivi sono molto più alti e si possono riassumere in questo modo:

    Musica classica: da -20 a -15 LUFS
    Musica jazz e acustica da -15 a -12 LUFS
    Musica pop – rock – dance da -11 a -8 LUFS

    Ovviamente questi valori sono indicativi e rappresentano la media riscontrata nelle attuali produzioni. Un buon ingegnere mastering deve comunque fare il possibile per convincere la produzione a non sacrificare troppo la qualità e il range dinamico originali in favore di un elevato volume percepito, anche se ciò è sempre più difficile.

- **Effetto Brick Wall**

    Anche quando i livelli di picco e dBTP sono corretti, l'uso esasperato di limiter (vedi paragrafo 7.4) in fase di mastering, può portare all' effetto muro. Dal punto di vista dell'ascolto è percepibile come il classico **effetto** di **pompaggio del suono con brusche variazioni del rapporto tra suono diretto e ambiente**. Dal lato strumentale, il meter di picco rimane sempre fermo sullo stesso valore massimo, senza mai discostarsi da tale valore. Purtroppo questo problema è sempre più frequente nelle produzioni pop e spesso degrada la qualità del segnale a tal punto da rendere ininfluente il lavoro svolto nelle fasi precedenti della produzione. Non è vero che per aumentare il volume si deve obbligatoriamente ricorrere a compressioni e limiting esagerati. Come si vedrà più avanti, un buon ingegnere di mastering riesce sempre a ottenere il volume richiesto tramite l'applicazione di tecniche e conoscenze specifiche di tutti i processi di elaborazione del segnale.

4.10 ANALISI FATTORE DI CRESTA

Il valore RMS e il valore di picco di un segnale sono riferiti ai livelli di ampiezza effettivi del segnale stesso. Per conoscere il reale range dinamico di un segnale non è però sufficiente indicare il valore RMS.

Per esempio un segnale A con RMS di -9dB e un picco di 0dB e un segnale B con RMS di -12dB e picco di -3dB hanno di fatto lo stesso range dinamico. Diminuendo il volume dell'amplificatore di 3dB infatti il segnale A diventa di -9dB RMS e -3dB di picco, come quello B. Per avere un valore assoluto della dinamica, c'è bisogno quindi di un'unità di misura che tenga conto dell'effettivo rapporto tra RMS e picco, indipendentemente dal livello massimo del segnale o dal volume di ascolto.

Il **fattore di cresta** esprime appunto il **rapporto tra il valore di picco e quello RMS di un segnale**.

$$\text{Crest (volt)} = \frac{VPeak}{VRMS}$$

e si esprime con un valore numerico riferito all'unità di misura utilizzata. In questo caso il volt, vedi fig. 4.76.

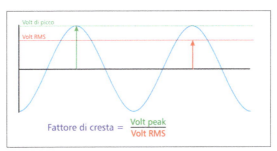

fig. 4.76 Crest factor in volts

In campo audio il crest factor viene espresso in dB. Il dB esprime valori logaritmici. Il **crest factor espresso in dB** rappresenta quindi **la differenza tra il valore di Picco e quello RMS**.

Crest (dB) = dB Peak − dB RMS, vedi fig. 4.77.

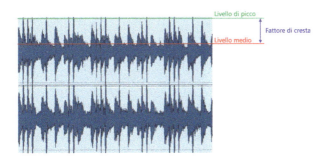

fig. 4.77 Crest factor in dB

Usando il crest factor per analizzare i segnali nell'esempio precedente, si ottiene quindi un valore di 9 per entrambi i segnali, indipendentemente dal loro livello di picco. Nel meter di Wavelab si può ricavare il crest factor di un segnale calcolando la differenza tra i valori di picco e RMS memorizzati a destra del meter, vedi fig. 4.78.

fig. 4.78 Crest factor con meter Wavelab

Per quanto riguarda le applicazioni pratiche, è importante analizzare i livelli prima e dopo l'intervento di mastering. Se per esempio viene consegnato un file da masterizzare con livello di picco di -6dBFS e -15dB RMS, si può fare ben poco. Il fattore di cresta è 9. In pratica, se si normalizzasse a 0dB, il brano avrebbe già un livello RMS di -9. È sempre consigliabile, quindi, chiedere allo studio di mix di non inserire processori di dinamica (vedi capitolo 7) sul bus master prima di consegnare il mix allo studio di mastering.

• •

ATTIVITÀ

- Analizzate un brano della vostra discografia personale utilizzando l'analisi globale di Wavelab. Osservate il livello del picco digitale sul canale sinistro, vedi fig. 4.79.

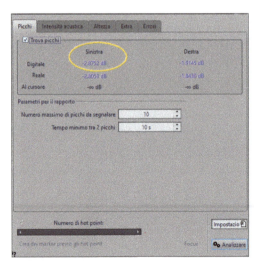

fig. 4.79 Livello di picco del canale sinistro

- Ora, nella sezione <u>Intensità acustica</u>, osservate il valore medio RMS del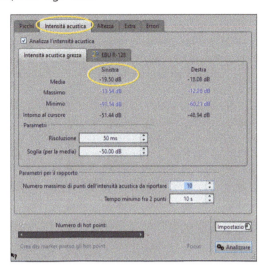
  canale sinistro, vedi fig. 4.80.

fig. 4.80 Media RMS del canale sinistro

- Calcolate il fattore di cresta del canale sinistro effettuando la differenza tra il picco e la media. In questo caso **-2,8 – (-19,5) = -16,7**. Il fattore di cresta si esprime come un valore assoluto, senza il segno. Il fattore di cresta del canale sinistro è **16,7**.

- Calcolate il fattore di cresta di altri brani della vostra discografia. Notate che a fattori di cresta più bassi corrispondono loudness più elevati.

4.11 ANALISI DELLO SPETTRO

Wavelab dispone di vari strumenti per analizzare il contenuto in frequenza di un segnale. Alcuni strumenti operano in modalità **real-time** ossia **durante la riproduzione**, altri in modalità **off-line**, **quando l'ascolto o il trasporto non sono attivi**. **L'analizzatore di spettro** o **spettroscopio**, è il più comune tra questi. Consiste in una **serie di barre verticali su un grafico nel dominio della frequenza**. Ad ogni barra è associata una frequenza fissa e l'altezza della barra indica il livello della frequenza. Lo spettroscopio di Wavelab visualizza 60 bande per ogni canale audio. Le barre sono colorate dal rosso al blu, indicando, come per la luce, in rosso le frequenze basse e in blu quelle alte. Ogni barra è dotata di una memoria di picco che mantiene visualizzato il valore più alto sotto forma di trattino al di sopra della barra. Questo strumento analizza il segnale in modalità real-time e consente già con una rapida osservazione, di valutare il contenuto timbrico del brano, vedi fig. 4.81.

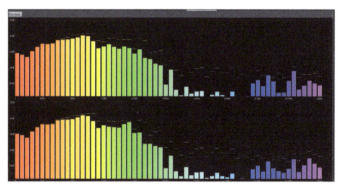

fig. 4.81 Spettroscopio di Wavelab

Per misurazioni più precise si può utilizzare lo spettrometro di Wavelab. Questo strumento utilizza l'analisi FFT per la scomposizione e l'analisi del segnale. Può visualizzare i valori sia in formato grafico, sia a barre utilizzando una scala lineare oppure logaritmica. È possibile scattare delle istantanee del grafico per confrontare i valori real-time e quelli off-line, oltre a poter scegliere un intervallo specifico di frequenze da analizzare, vedi fig. 4.82.

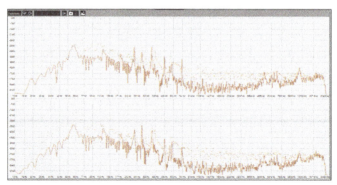

fig. 4.82 Spettrometro di Wavelab

ATTIVITÀ

- Nel menu degli strumenti di misura selezionate lo <u>Spettroscopio</u>, vedi fig. 4.83.

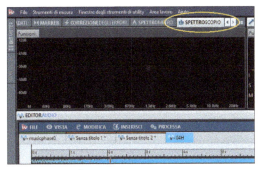

fig. 4.83 Selezione spettroscopio

- Riducete il livello del sistema di ascolto. Il prossimo segnale può essere fastidioso.
- Ascoltate l'esempio **04H** e osservate lo spettroscopio.

• •

ESEMPIO INTERATTIVO 04H • SWEEP DI FREQUENZA

• •

- Il segnale è un'onda sinusoidale con frequenza variabile da 20 a 20.000Hz. Sullo spettroscopio vedrete le barre relative alle varie frequenze illuminarsi progressivamente. Notate che, oltre i 16.000Hz ci saranno frequenze inudibili. Ciò può dipendere sia dal sistema di ascolto, sia dal vostro sistema uditivo...

- Ora selezionate lo <u>Spettrometro</u>, vedi fig. 4.84.

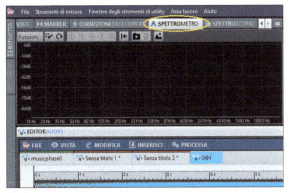

fig. 4.84 Selezione Spettrometro

- Ripetete l'ascolto di **04H**. Ora vedrete una curva spostarsi sull'asse orizzontale. La curva rappresenta l'effettiva ampiezza in frequenza del segnale generato.

• •

4.12 ANALISI FFT 3D

Uno strumento indispensabile per l'analisi off-line del contenuto in frequenza di un segnale, è l'analisi 3D tramite **FFT Fast Fourier Transform**. L'analisi FFT **prevede la scomposizione dello spettro in centinaia o migliaia di frequenze, il cui numero è sempre una potenza di 2**. I valori ottenuti sono poi rappresentati su un grafico a 3 assi X, Y, Z per ampiezza, frequenza e tempo. L'analisi può essere effettuata sia in real-time, durante la riproduzione del segnale, sia off-line senza riprodurre il segnale. Per un'osservazione accurata dei valori è però sempre raccomandabile l'analisi off-line. Wavelab possiede uno strumento di analisi FFT 3D molto accurato e ampiamente configurabile. Oltre a poter osservare il contenuto in frequenza di un segnale, si può anche capire la tipologia di filtri utilizzati nella elaborazione, osservando la rappresentazione grafica della funzione del filtro (vedi capitolo 5). La rappresentazione grafica può inoltre essere ruotata per osservare i valori da diverse prospettive. Per esempio in fig. 4.85 il grafico è ruotato orizzontalmente di 180 gradi ponendo le frequenze basse a destra.

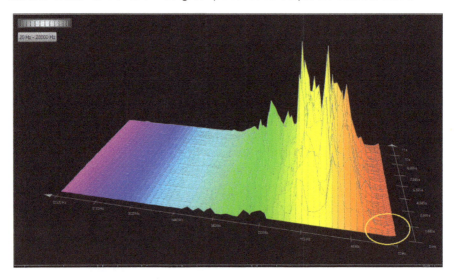

fig. 4.85 FFT di un filtro risonante

Osservando l'immagine in corrispondenza della selezione gialla, si nota un leggero avvallamento nella zona rossa. Questo tipo di figura indica chiaramente l'uso di un filtro risonante, sulla parte bassa dello spettro. Un filtro peak, o risonante, o parametrico, influenza sia le frequenze più basse che quelle più alte intorno alla frequenza di taglio e la sua rappresentazione grafica è la tipica figura a campana (vedi paragrafo 5.10).

In fig. 4.86 si vede lo stesso contenuto sonoro senza l'avvallamento presente in fig. 4.85. In questo caso sulla parte bassa è stato usato un filtro passa alto, (vedi paragrafo 5.5).

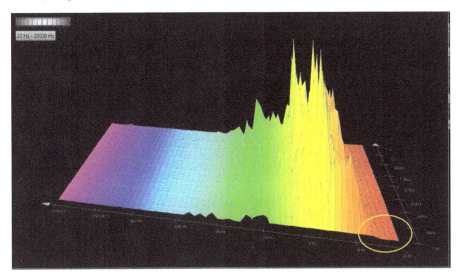

fig. 4.86 FFT di un filtro passa alto

In conclusione, si può affermare che solo tramite un'accurata analisi del materiale da elaborare è possibile operare in modo corretto. Più informazioni si ricavano dall'analisi, tanto più preciso ed efficace sarà l'intervento sul suono, a tutto vantaggio della qualità del prodotto finale.

· ·

ATTIVITÀ

- Caricate dei brani dalla vostra discografia personale.

- Premete il tasto Y sulla tastiera e selezionate l'opzione <u>Analisi delle frequenze in 3D</u>, vedi fig. 4.87.

fig. 4.87 Selezione analisi 3D

- Otterrete dei grafici 3D simili a quelli di fig. 4.85 e fig. 4.86.

- Ora ruotate a destra e a sinistra la rotellina in alto a sinistra e osservate le nuove prospettive, vedi fig. 4.88.

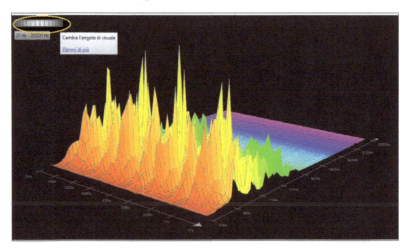

fig. 4.88 Rotazione della prospettiva

- Caricate l'esempio **04H** e analizzatelo in 3D, otterrete una rappresentazione delle frequenze che cambiano nel tempo, vedi fig. 4.89.

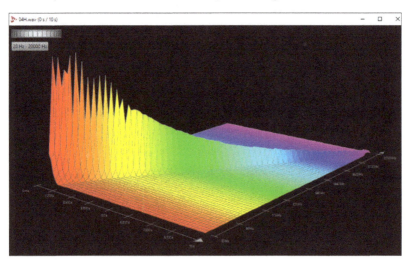

fig. 4.89 Analisi dello sweep

- Ruotate la prospettiva e osservate la disposizione delle frequenze. È possibile aprire più finestre di analisi con prospettive diverse sullo stesso file, per osservare contemporaneamente vari aspetti del contenuto spettrale.

VERIFICA • TEST A RISPOSTE BREVI (max 30 parole)

1) Quale valore di picco massimo in dBFS deve indicare il meter di registrazione di Wavelab durante l'acquisizione da fonte analogica?

2) Per aumentare il range dinamico bisogna aumentare la frequenza di campionamento o il numero dei bit?

3) Per ridurre l'aliasing bisogna aumentare la frequenza di campionamento o il numero dei bit?

4) Se la frequenza di Nyquist è 10.000Hz, qual è la frequenza di campionamento?

5) Il Bitmeter misura dB, volt o numeri?

6) Per abbassare il livello di un segnale digitale senza ridurre il range dinamico utilizzereste un processamento integer oppure floating point?

7) In un sistema di ascolto con controllo digitale del volume, se si riduce di 6dB il livello, quanti bit di risoluzione si perdono?

8) Un convertitore A/D a 4 bit fornisce in uscita il numero 8 (binario 1000). Qual è il livello di ingresso in volt?

9) Il pan meter indica uno sbilanciamento a sinistra. Per bilanciare il segnale cosa fate? Abbassate il livello del canale sinistro o aumentate il livello del canale destro?

10) La presenza di DC offset riduce la risposta in frequenza o il range dinamico?

11) Che succede se il livello in dBTP supera il valore di 0dBFS?

12) Calcolare il fattore di cresta di un segnale con picco di -3dBFS e RMS di -11dBFS

13) Il range dinamico e il volume sono direttamente proporzionali?

GLOSSARIO

Analisi FFT, Fast Fourier Transform
Prevede la scomposizione dello spettro in centinaia o migliaia di frequenze, il cui numero è sempre una potenza di 2

Analisi off-line
Analisi del segnale effettuata sui dati numerici del file digitale, senza riprodurre il segnale

Analisi real-time
Analisi del segnale effettuata durante la riproduzione del segnale

Analizzatore di spettro Spettroscopio
Meter per la misurazione spettrale. Consiste in una serie di barre verticali su un grafico nel dominio della frequenza

Bit depth, risoluzione in bit
Numero di bit utilizzati nella quantizzazione del segnale digitale. Determina il range dinamico

Bit meter
Indicatore del numero di bit di risoluzione del segnale digitale

Comb filtering, Filtraggio a pettine
Modifica del contenuto spettrale di un segnale, originato da variazioni di fase

Crest factor, Fattore di cresta
Quando è riferito ai volt è il rapporto tra il valore di picco e quello medio. Quando è riferito ai dB è la differenza tra il valore di picco e quello medio

DC Offset
Spostamento dell'onda in alto o in basso rispetto allo zero di riferimento

Dinamica, Range dinamico, Dynamic Range
Differenza tra il livello più alto e quello più basso di un segnale

Effetto Brick Wall
Effetto di *pompaggio* del suono con brusche variazioni del rapporto tra suono diretto e ambiente. È causato da uso eccessivo di compressione dinamica

Filtro anti alias
Filtro utilizzato nel campionamento e nella conversione D/A

Floating point, Virgola mobile
Rappresentazione dei dati in forma binaria. Utilizza una parte dei bit come base, una come esponente, un'altra come segno. A parità di bit permette di rappresentare numeri molto più grandi e molto più piccoli rispetto alla modalità Integer

Frequenza di campionamento
Numero di misurazioni effettuate dal convertitore A/D in un secondo. Deve essere almeno il doppio della frequenza più alta del segnale da campionare

Frequenza di Nyquist
Frequenza più alta del segnale campionabile. Corrisponde alla metà della frequenza di campionamento

IEEE (Institute of Electrical and Electronic Engineers) 754
Standard di calcolo floating point utilizzato in campo audio. Il livello single precision a 32 bit floating point prevede 23 bit di mantissa, 8 di esponente e 1 di segno. Il livello double precision a 64 bit floating point prevede 52 bit di mantissa, 11 di esponente e 1 di segno

Integer

Rappresentazione di dati in forma binaria. Utilizza tutti i bit disponibili per definire l'ampiezza del segnale

Inter-sample distortion

Distorsione causata da inter-sample peak con valore superiore a 0dBTP

Livello

Valore di picco dell'ampiezza di un segnale, misurato in un istante

Pan meter

Mostra, in valori istantanei e medi, le differenze di livello tra i canali sinistro e destro memorizzando i valori più alti dall'inizio della riproduzione

PCM, Pulse Code Modulation

Modalità di campionamento lineare. Prevede la misurazione a intervalli di tempo regolari, del livello, l'ampiezza di un segnale. Le due fasi principali avvengono: nel tempo, con il campionamento a frequenza costante, e in ampiezza, con la quantizzazione in bit

Sommatore analogico

Mixer con numero di ingressi ridotto ma con circuitazione di alta qualità. È utilizzato per sommare i segnali in uscita dalla scheda audio del sistema DAW

Spettrometro

Analizzatore di spettro che utilizza analisi FFT

SRC, Sample Rate Conversion, Conversione della frequenza di campionamento

Processamento del segnale digitale per modificare la frequenza di campionamento. Prevede una nuova quantizzazione di ogni campione del segnale. È un processo che degrada la qualità del segnale

Volume

Valore medio dell'ampiezza di un segnale misurato in un intervallo di tempo

5
FILTRAGGIO, ELIMINAZIONE DC OFFSET E MODIFICHE TIMBRICHE

CONTRATTO FORMATIVO

PREREQUISITI PER IL CAPITOLO
- CONTENUTI DEI CAPITOLI 1-4

OBIETTIVI
CONOSCENZE
- CONOSCERE LE TIPOLOGIE DI FILTRI
- CONOSCERE I CONCETTI FONDAMENTALI DEL FILTRAGGIO
- CONOSCERE LE VARIE TIPOLOGIE DI EQUALIZZATORI

ABILITÀ
- UTILIZZARE I SINGOLI FILTRI E GLI EQUALIZZATORI NEI PROCESSAMENTI SPETTRALI SPECIFICI PER IL MASTERING
- ANALIZZARE IL MATERIALE SVILUPPANDO CAPACITÀ CRITICHE NELL'INDIVIDUAZIONE DELLE FREQUENZE DA PROCESSARE
- CONOSCERE LA STRUTTURA E LE FUNZIONALITÀ DELLA MASTER SECTION

CONTENUTI
- TIPOLOGIE DI FILTRI
- TIPOLOGIE DI EQUALIZZATORI
- DC OFFSET
- TIPOLOGIE DI EQUALIZZAZIONE

TEMPI - Cap. 5
AUTODIDATTI
PER 200 ORE GLOBALI DI STUDIO INDIVIDUALE: CA. 20 ORE

CORSI
PER UN CORSO GLOBALE DI 40 ORE IN CLASSE + 80 DI STUDIO INDIVIDUALE: CA. 3 ORE FRONTALI + 2 ORE DI FEEDBACK - CA. 5 ORE DI STUDIO INDIVIDUALE

ATTIVITÀ
- ESEMPI INTERATTIVI

VERIFICHE
- TEST A RISPOSTE BREVI

SUSSIDI DIDATTICI
- GLOSSARIO

5.1 CAUSE DI DC OFFSET

Come spiegato nel capitolo precedente, la presenza di DC offset in un segnale può creare problemi di natura acustica, psicoacustica o elettronica. Per l'eliminazione di DC offset si possono effettuare interventi sia di tipo dinamico che spettrale. È prima necessario però individuarne le cause e le tipologie.

Le cause di DC offset possono essere molteplici quali:

- Circuiti di alimentazione non perfettamente simmetrici. La tensione di riferimento di 0V non ha realmente valore 0, quindi i voltaggi positivi e negativi non avranno la stessa differenza di potenziale.

- Convertitori A/D a bassa risoluzione in bit. Il circuito di misurazione dei valori in ingresso non effettua una rilevazione perfettamente simmetrica tra la semionda positiva e quella negativa, poiché i valori disponibili sono potenze di 2, quindi numeri pari.

- Algoritmi poco accurati nei plugin. I calcoli all'interno dei plugin sono effettuati tramite una programmazione poco efficiente e precisa.

- Presenza di sintesi sonora in AM. Nella sintesi in modulazione di ampiezza si introduce una tensione di DC offset. Normalmente questa tensione non fa parte del suono generato. Tuttavia può accadere che errori nella programmazione di algoritmi di sintesi software introducano DC offset nel segnale audio.

5.2 ELIMINAZIONE TRAMITE TENSIONE INVERSA

Tramite l'analisi off-line di Wavelab è possibile misurare la quantità di DC offset presente nel segnale. Il risultato di tale analisi rappresenta il livello medio di DC offset in tutto il brano. Spesso si dà per scontato che all'interno del file, dall'inizio alla fine, il livello di DC offset sia sempre costante. Se ciò si verifica effettivamente, si può eliminare DC offset generando una tensione inversa a quella DC presente. Se per esempio nel brano si misura DC offset positivo del 1%, equivalente a +0.007V, si può sommare al segnale una tensione di -0,007V portando a 0 il livello della tensione positiva presente.

In Wavelab, questo tipo di intervento si effettua sui valori numerici tramite la funzione Rimuovi DC offset, vedi fig. 5.1.

fig.5.1 Rimozione di DC offset tramite tensione inversa in Wavelab

5.3 ELIMINAZIONE TRAMITE FILTRAGGIO

Indipendentemente dalla causa, il fenomeno di DC offset può rappresentare una componente incostante all'interno di un segnale. Durante il mix di un brano può essere presente DC offset in modo e ampiezza differenti, nelle tracce. Se queste vengono sottoposte ad automazione di volume, se cioè il loro livello viene modificato durante il mix, il livello di DC offset sarà variabile. Tramite l'analisi off-line si misura solo il livello medio di DC offset. Se si applica una tensione inversa in base al valore medio si otterrà la correzione di DC offset solo in alcuni punti. Oltretutto ne verrà generato dell'altro, di segno opposto, nei punti dove questo non era presente. In questo caso, anche se il livello medio di DC offset risulterà nullo, all'interno del file ci saranno zone dove invece è ancora presente. In fig. 5.2 il file originale a sinistra e quello *corretto* a destra. Invece di eliminare completamente DC offset ne è stato prodotto dell'altro, di segno opposto.

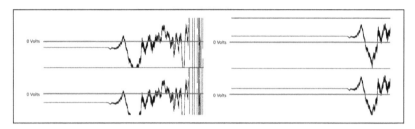

fig. 5.2 Errore di eliminazione di DC offset tramite tensione inversa

Per eliminare DC offset di livello incostante non è possibile utilizzare un processamento dinamico. Si deve pensare a una soluzione in grado di filtrare la componente di tensione continua presente nel segnale. Da un punto di vista spettrale la tensione continua ha un valore in frequenza di 0Hz. Infatti il suo livello in volt è costante e non oscilla tra valori positivi e negativi. A questo punto, visto che lo spettro effettivamente utilizzato in campo audio si estende tra 20 e 20.000Hz, si può inserire un filtro passa alto con frequenza inferiore a 20Hz ed eliminare totalmente la presenza di DC offset, indipendentemente dal livello, vedi fig. 5.3.

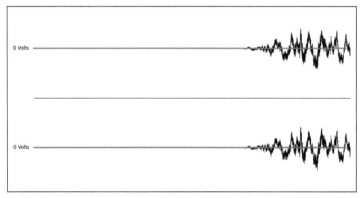

fig. 5.3 Eliminazione di DC offset tramite filtraggio

ATTIVITÀ

- Caricate l'esempio **05A**, potete riprodurre in loop l'esempio attivando la relativa funzione sulla barra di trasporto, vedi fig. 5.4.

fig. 5.4 Loop

• •

ESEMPIO INTERATTIVO 05A • DC OFFSET 0 %

• •

- Effettuate l'analisi globale del file, vedi fig. 3.33, e osservate la sezione Extra, vedi fig. 5.5.

fig. 5.5 DC offset assente

- Notate il valore 0,0000%. Nel file non è presente DC offset e lo zero dell'onda coincide perfettamente con lo zero digitale. Il simbolo -∞ indica il livello minimo del segnale utilizzabile con tale DC offset, praticamente infinitamente basso. Ciò non significa ovviamente che l'esempio **05A** ha un range dinamico infinito, ma solo che in assenza di DC offset è possibile ottenere un range dinamico elevatissimo, cioè quello massimo disponibile nel sistema che si sta utilizzando.

- Sebbene il valore di DC offset 0 sia la condizione ideale, non sempre è possibile ottenere un livello così basso di deviazione dallo zero. Un valore di DC offset accettabile deve essere comunque proporzionale al range dinamico del supporto audio. Nel caso del CD audio 96dB.

- Caricate l'esempio **05B** e analizzatelo.

ESEMPIO INTERATTIVO 05B • DC OFFSET 0,0016 %

- Il canale sinistro contiene 0,0016% di DC offset. Tale valore indica un range dinamico massimo del segnale di 95.99dB, adatto al supporto CD audio. In questo caso un valore dopo il secondo zero delle cifre decimali è accettabile, vedi fig. 5.6.

fig. 5.6 DC offset 0,0016 %

- Caricate l'esempio **05C** e analizzatelo.

ESEMPIO INTERATTIVO 05C • DC OFFSET 0,15 %

- Il livello di DC offset è 0,16 % e il range dinamico disponibile è circa 56dB, vedi fig. 5.7.

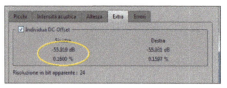

fig. 5.7 DC offset 0,15%

- Con tale valore di DC offset, il range dinamico finale del brano non potrà superare 56dB, indipendentemente dalla qualità dell'hardware utilizzato durante il tracking e il mixing.

- A questo punto è necessario intervenire per eliminare la componente DC del segnale.

- Effettuate l'operazione su un segnale con un elevatissimo DC offset.

- Caricate l'esempio **05D**.

ESEMPIO INTERATTIVO 05D • DC OFFSET 50 %

- Osservate la forma d'onda complessiva, vedi fig. 5.8.

fig. 5.8 DC offset positivo 50%

- Notate lo spostamento di tutto il segnale in alto rispetto allo zero digitale. Nella realtà è praticamente impossibile ricevere un file da masterizzare in queste condizioni. L'esasperazione dei valori servirà però a comprendere i metodi utilizzati per la correzione.

- Osservate i valori dell'analisi globale. Il livello più basso del segnale non può scendere sotto -6dB. Tutto il resto è tensione continua, vedi fig. 5.9.

fig. 5.9 DC offset 50% e range dinamico

- Con i tasti **G** e **H** della tastiera potete ingrandire o ridurre orizzontalmente la visualizzazione dell'onda. Confrontate alternativamente l'onda dell'esempio **05A** con quella dell'esempio **05D** e osservate lo spostamento dovuto alla presenza di DC offset.

- Riducete il livello di ascolto al minimo. Il livello elevato di DC offset può essere stressante per gli altoparlanti.

- Ascoltate l'esempio e osservate il meter standard. Noterete un livello RMS molto elevato dovuto non al segnale audio, ma alla componente in tensione continua. Confrontatelo con quello dell'esempio **05A** e osservate la differenza.

- Osservate il Phase meter e notate come tutto il disegno sia spostato verso l'alto a causa di DC offset positivo, vedi fig. 5.10.

fig. 5.10 DC offset su Phase meter

- Oltre a sottoporre i vostri altoparlanti a un notevole livello di stress, un valore di DC offset elevato rende tutti i calcoli dei plugin imprecisi, generando segnale di bassa qualità.

- Effettuate ora l'analisi FFT off-line e osservate la parte relativa alle basse frequenze. Notate la presenza di un *muro* rosso. È appunto la tensione continua, DC, presente nel segnale, vedi fig. 5.11.

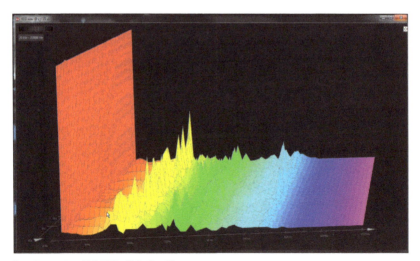

fig. 5.11 Analisi FFT di DC offset

- Ruotate la prospettiva dell'immagine e osservate bene la zona relativa alle basse frequenze. L'energia è elevatissima e dipende solo dalla tensione continua. Questo spiega il valore RMS elevato mostrato dal meter.

- Effettuate ora una correzione tramite tensione inversa, utilizzando la funzione relativa di Wavelab.

- Nel menu <u>PROCESSA</u> dell'editor audio, selezionate l'opzione <u>Rimuovi DC offset</u> e premete OK alla richiesta di conferma, vedi fig. 5.12.

fig. 5.12 Rimozione DC offset

- Osservate ora la forma d'onda, vedi fig. 5.13.

fig. 5.13 Onda corretta

- Nel segnale era presente DC offset costante. Della stessa ampiezza per tutta la durata del brano. La generazione di valori inversi ha permesso la rimozione del difetto. Ora lo zero dell'onda coincide con lo zero digitale e la figura è tornata al centro dell'immagine. Ascoltate, e osservate il meter. I valori RMS ora sono molto più bassi, sono quelli reali relativi al segnale audio. Anche la figura del phase meter è tornata al centro degli assi.

- I valori dell'analisi globale indicano la rimozione di DC offset e il ripristino del range dinamico, vedi fig. 5.14.

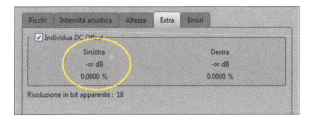

fig. 5.14 Valori corretti di DC offset

- Ora utilizzerete alcuni segnali particolari, anch'essi del tutto teorici, per sperimentare altre modalità di correzione e rimozione di DC offset.

- Caricate l'esempio **05E**.

ESEMPIO INTERATTIVO 05E • DC OFFSET VARIABILE

- Osservate la forma dell'onda. Stavolta l'errore di DC offset non è costante e si sposta progressivamente dal valore negativo a quello positivo, vedi fig.5.15.

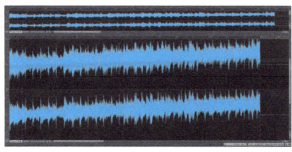

fig.5.15 DC offset incostante

- Effettuate l'analisi off-line. Il risultato indica assenza di DC offset. Sebbene la presenza di DC offset sia evidente dal punto di vista grafico, i valori dell'analisi mostrano un segnale ideale, privo di DC offset. Questo accade perché, a livello medio, il DC offset negativo della prima parte del brano compensa quello positivo della parte restante. È chiaro che in questo caso non è sufficiente generare una tensione inversa per eliminare colmpletamene ogni forma di DC offset.

- Osservate l'analisi 3D. La tensione continua è ancora presente, ma con un livello che aumenta e diminuisce progressivamente. Questo è il motivo per cui l'analisi globale non individua DC offset. Infatti i valori negativi compensano quelli positivi e, nella media, il livello di tensione continua è 0, vedi fig. 5.16.

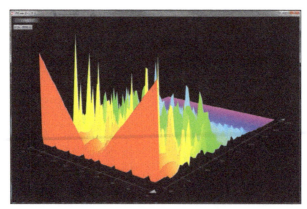

fig. 5.16 DC offset variabile

- Caricate l'esempio **05F**.

· ·

ESEMPIO INTERATTIVO 05F • DC OFFSET VARIABILE 2

· ·

- Osservate la forma dell'onda. Neanche stavolta l'errore di DC offset è costante e si sposta progressivamente dal valore negativo a quello positivo
- Osservate la forma dell'onda. Lo spostamento dallo zero non è costante, ma variabile con andamento sinusoidale, vedi fig. 5.17.

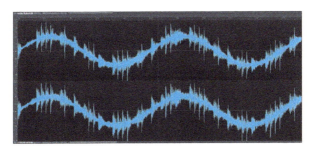

fig. 5.17 DC offset variabile 2

- Anche questo segnale, come il precedente, rappresenta un esempio esasperato di un problema che però si verifica realmente durante la fase di mix. Quando è presente DC offset in una delle tracce del mix, le variazioni di livello effettuate durante le automazioni di volume generano nel mix finale DC offset di livello e fase variabile. In questo caso l'eliminazione per generazione inversa è inefficace. Wavelab analizza la presenza di DC offset su tutto il brano calcolando il valore medio. Anche in questo caso il valore medio è nullo poiché ogni variazione positiva è compensata da quella rispettiva negativa, come si vede in figura.

- Analizzate il file. I valori di DC offset sembrano ideali, come quelli in fig. 5.14. La presenza di DC offset variabile è comunque osservabile ad occhio.

- Osservate l'analisi FFT 3D. Anche questa volta il muro rosso ha un livello variabile, vedi fig. 5.18.

fig. 5.18 Analisi FFT 3D di DC offset variabile

- Provate ora, come già premesso nel paragrafo 4.7 a utilizzare un processamento spettrale. Caricate nella master section il plugin MasterRig, vedi fig. 5.19.

fig.5.19 Plugin MasterRig

- Nell'equalizzatore parametrico, (vedi paragrafo 5.13), inserite un filtro passa alto, HPF (vedi paragrafo 5.5), nella prima banda selezionante la tipologia Cut 48 con frequenza di taglio a 20Hz, vedi fig. 5.20.

fig. 5.20 Filtro per eliminazione DC offset

- Tutti i plugin inseriti nella master section agiscono in tempo reale durante la riproduzione. Tuttavia, se volete applicare il processamento dei plugin al file, per analizzarlo e salvarlo nella versione modificata, dovete usare la funzione Renderizza, vedi fig. 5.21.

fig.5.21 Renderizzazione del plugin

- Nella finestra di renderizzazione sono disponibili molte opzioni. Potete scegliere il formato del file in uscita, i parametri digitali, il numero dei canali da renderizzare. Tra le varie opzioni potete scegliere di modificare il file che state utilizzando o di crearne un altro con un nome diverso. Per questa prova si può modificare direttamente il file utilizzato tramite l'opzione Sul posto e quindi Avvia, vedi fig. 5.22.

fig. 5.22 Avvio renderizzazione

Osservate l'immagine della forma d'onda risultante. Ora non c'è traccia di DC offset, vedi fig. 5.23.

fig.5.23 DC offset assente

- Anche I dati dell'analisi globale mostrano valori ideali. L'uso del filtro ha eliminato la presenza del DC offset. In conclusione si può affermare che, anche se la generazione inversa può eliminare DC offset, ciò accade soltanto se la tensione continua è costante su tutto il file. In presenza di DC offset variabile, l'unico rimedio efficace è il processamento spettrale tramite filtro passa alto.

- Ripetete l'operazione di filtraggio anche sull'esempio **05E** e osservate i valori dell'analisi e il grafico 3D.

- Analizzate dei brani della vostra discografia personale e misurate il livello di DC offset. Correggete il segnale sperimentando entrambi i metodi descritti finora e ascoltate le differenze. In assenza di DC offset il range dinamico del brano può essere restituito nella sua integrità. Notate la maggior definizione delle basse frequenze ai bassi livelli. Ovviamente sono sottili differenze, ma fanno parte di una serie di particolari che, nel loro insieme, contribuiscono alla creazione di un prodotto di qualità.

5.4 EQUALIZZAZIONE PER IL MASTERING

Prima di parlare di *equalizzazione* o *equalizzatori*, è importante conoscere il concetto che è alla base di tali definizioni: il **filtro**. Un filtro è un **dispositivo che elabora il segnale modificando determinate frequenze, lasciando invariate le altre**. Esso può essere passivo, attivo, analogico, digitale. Un filtro può attenuare o aumentare il guadagno delle frequenze più alte, più basse o intorno alla frequenza di taglio, **cut off frequency**, f_C la **frequenza sulla quale il filtro è impostato**, o può operare sull'intero range di frequenze modificandone la fase. I **filtri passivi** possono solo **attenuare il segnale**. Quelli **attivi possono anche amplificarlo**. Quelli **analogici** operano **su segnali elettrici** e quelli **digitali** su **valori numerici**. Esistono varie tipologie di filtri, classificati in base alla modalità di intervento sul segnale. Il funzionamento di gran parte dei filtri, sia analogici, sia digitali, si basa sul principio della variazione di fase, ossia della creazione di un ritardo applicato sul segnale. Il segnale ritardato viene poi sommato o sottratto al segnale originale per ottenere l'attenuazione o l'amplificazione di una determinata zona dello spettro, in base alla differenza di fase tra i due segnali.

5.5 FILTRO PASSA ALTO, HI-PASS FILTER, LOW CUT FILTER, HPF

È un filtro che **lascia invariate le frequenze al di sopra della frequenza di taglio e attenua le frequenze al di sotto di essa**. La quantità di attenuazione dipende dalla modalità di costruzione del filtro. Questo tipo di filtro è utilizzato per esempio, per l'eliminazione del DC offset. In fase di mixing è molto importante usare filtri passa alto sulle varie tracce. In questo caso, oltre a rimuovere il DC offset su ogni singola traccia, si possono eliminare rumori superflui o delimitare in modo preciso il range di frequenze degli strumenti. Per esempio un violino non produce frequenze al di sotto dei 100Hz. L'uso di un filtro passa alto a 90Hz, quindi, pur non modificando il timbro dello strumento riuscirà a rendere il segnale più definito. In fig. 5.24 la rappresentazione grafica nel dominio della frequenza di un filtro passa alto. In ciano è rappresentato il range di frequenza filtrato. Con f_C è indicata la frequenza di taglio[15].

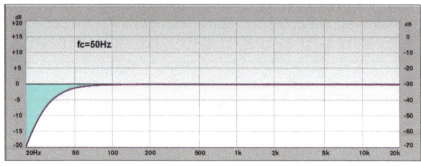

fig. 5.24 Filtro passa alto

---

[15] Nei filtri passa basso, passa alto e shelving, f_C è calcolata a 3dB di variazione di gain.

ATTIVITÀ

- Caricate un brano dalla vostra discografia.

- Caricate il plugin MasterRig nella master section.

- Disattivate tutte le bande dell'EQ ad eccezione della prima, vedi fig. 5.25.

fig. 5.25 Disattivazione bande e selezione filtro

- Selezionate la modalità HPF a 48dB/ottava, si parlerà in seguito di questo valore, vedi fig. 5.25.

- Ascoltate il brano e ruotate il controllo della frequenza per modificare f_C, vedi fig. 5.26.

fig. 5.26 Controllo di f_C

- Notate come si attenuano progressivamente le basse frequenze, in base all'aumento del valore di f_C. Potete modificare il valore di f_C anche con il mouse, agendo sul piccolo cerchio colorato del grafico, contrassegnato dal numero 1.

- Con valori molto bassi di f_C non si nota differenza nel suono filtrato rispetto a quello originale. Questo può dipendere dal range di frequenze del brano, dall'assenza di un sub woofer nel sistema di ascolto, o dal range di frequenze specifico dello strumento ascoltato. In ogni caso, utilizzate sempre un valore f_C ideale per lo scopo prefissato. Se dovete eliminare DC offset usate il valore più basso possibile. Se volete eliminare il rumore del vento captato da un microfono, usate il valore più alto possibile che consenta però di non modificare il timbro del suono ripreso dal microfono stesso.

5.6 FILTRO PASSA BASSO, LOW-PASS FILTER, HI CUT FILTER, LPF

In modo esattamente opposto e complementare al filtro passa alto, il **filtro passa basso lascia passare tutte le frequenze al di sotto della frequenza di taglio e attenua le frequenze al di sopra di essa**. Questo filtro è usato, per la ricostruzione del segnale analogico nei convertitori D/A. In questo caso il suo scopo è eliminare le frequenze armoniche superiori alla frequenza di Nyquist. Nel mastering può essere usato per ridurre il contenuto di alte frequenze di un mix eccessivamente *brillante*, o per ottenere un suono *Vintage* tipico di alcune produzioni degli anni '70. Nel mixing può essere usato per attenuare il rumore di fondo o, come per il HPF, per delimitare un range di frequenze tipiche di uno strumento. Per esempio la cassa della batteria non genera frequenze superiori a 3.000 – 4.000Hz. Un filtro passa basso a 5.000Hz attenuerà le frequenze che in ogni caso non avrebbero fatto parte del suono dello strumento. Spesso i filtri passa alto e passa basso sono usati contemporaneamente, sia in fase di mix che di mastering per definire in modo accurato il timbro globale del suono.

In fig. 5.27 la rappresentazione grafica nel dominio della frequenza di un filtro passa basso. Il range filtrato è rappresentato in azzurro.

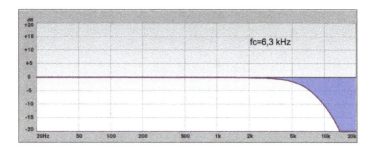

fig. 5.27 Filtro passa basso

Come si vede nella figura 5.27, la frequenza di taglio non costituisce una linea di confine netta, verticale, tra le frequenze attenuate e quelle inalterate. Un filtro con una tale selettività è irrealizzabile e viene definito ideale, teorico. Nel mondo reale i filtri hanno quindi una **pendenza**, **slope**, detta anche **ordine**. L'ordine di un filtro indica, in base al tipo di filtro, la **quantità di attenuazione delle frequenze sotto, sopra o intorno alla frequenza di taglio**. In campo audio, l'ordine viene comunemente espresso in **dB/ottava**. Per **ottava**, sia in fisica che in musica, si intende il **raddoppio della frequenza**. Un filtro del **primo ordine** ha una pendenza di **6dB/ottava**. Ciò significa che se f_C è 100Hz, e il filtro è un LPF del 1° ordine, la frequenza di 200Hz sarà attenuata di 6dB. Ogni incremento di ordine aggiunge 6dB alla pendenza del filtro. In Wavelab sono presenti filtri precisi ed efficaci fino al 16° ordine, 96dB/ottava. In ogni caso, maggiore è la pendenza, più ampie saranno le variazioni di fase e le risonanze intorno a f_C, quindi filtri di ordine molto elevato vanno usati solo se strettamente necessario.

Nel mastering per esempio, gli interventi timbrici devono essere minimi e graduali, quindi raramente si usano filtri *aggressivi* con pendenza elevata. In fase di mixing si può invece essere più *creativi*. In fig. 5.28 la rappresentazione della pendenza di un filtro passa basso.

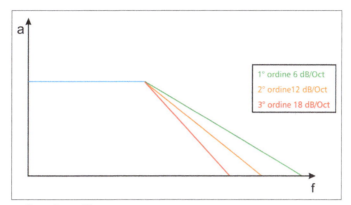

fig. 5.28 Ordine di un filtro

. . . .

ATTIVITÀ

- Caricate un brano dalla vostra discografia.

- Caricate il plugin MasterRig nella master section.

- Disattivate tutte le bande dell'EQ ad eccezione dell'ultima, vedi fig. 5.29.

fig. 5.29 Disattivazione bande e selezione filtro

- Selezionate la modalità LPF a 48dB/ottava, vedi fig. 5.29.

- Ascoltate il brano e ruotate il controllo della frequenza per modificare **f_c**, vedi fig. 5.30.

fig. 5.30 Controllo di **f_c**

- Notate come si attenuano progressivamente le alte frequenze, in base alla diminuzione del valore di **f_c**.

- Con valori di **f_c** molto bassi il suono diventa cupo, quasi irriconoscibile. Questo valore è utile, per esempio, per filtrare il segnale da inviare a un sub woofer, impostando **f_c** alla frequenza di incrocio dell'altoparlante[16]. Valori intermedi possono essere utilizzati per emulare il suono vintage delle apparecchiature di vecchia generazione o per filtrare il rumore di fondo.

5.7 FILTRO SHELVING, SHELF

I filtri LPF e HPF possono solo attenuare le frequenze a cui sono riferiti. Ci sono altre tipologie di filtri che **possono sia amplificare sia attenuare un determinato range di frequenze**. Alcuni sono definiti **Shelf** o **Shelving**. In questo caso, oltre ai parametri di ordine e **f_c**, è indicato anche il valore in dB relativo all'attenuazione o all'amplificazione. I filtri shelf sono utili sia in fase di mixing che di mastering. Possono rinforzare la parte bassa di un mix poco incisivo, oppure possono conferire brillantezza ad un segnale eccessivamente scuro, oltre ad effettuare le classiche attenuazioni possibili con i filtri HPF e LPF. Un filtro **Low shelf attenua o amplifica le frequenze inferiori a f_c**, vedi fig. 5.31.

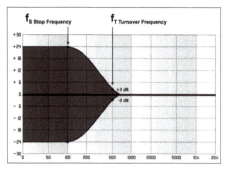

fig. 5.31 Filtro Low shelf

---

[16] Un diffusore acustico è in genere composto da più altoparlanti. Ognuno di essi riproduce un range di frequenze specifico. Il Tweeter le alte frequenze, il midrange le medie, il woofer le basse, il sub woofer le basse al di sotto di 80-100Hz o più in basso. Per dividere lo spettro del segnale nei vari range si usa un filtro, detto cross-over, per ogni banda. Per il Tweeter si usa un HPF, per il midrange un BPF, per il woofer un LPF o un BPF, per il subwoofer un LPF.

Un filtro **High shelf attenua o amplifica le frequenze superiori a f_C**, vedi fig. 5.32.

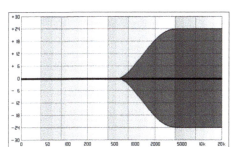

fig. 5.32 Filtro high shelf

Alcuni filtri shelving, come quello dell'EQ del plugin MasterRig, possiedono il controllo del valore Q, (vedi paragrafo 5.8), che rappresenta il livello di selettività del filtro. Se si usano valori di Q molto elevati, il filtro genera una risonanza opposta al guadagno del filtro, intorno a f_C, dovuta alle grandi variazioni di fase. In questo caso la risonanza genera un'amplificazione intorno a f_C. In fig. 5.33 la risonanza indicata con il cerchio giallo.

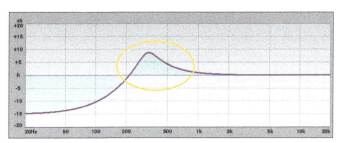

fig. 5.33 Filtro Low shelving con attenuazione di 15dB, Valore Q elevato e risonanza

---

APPROFONDIMENTI

Nel filtro shelving sono definiti anche i seguenti parametri:

- **f_T, Turnover frequency, Shelf point**, rappresenta la frequenza a una **variazione positiva o negativa di 3dB rispetto a f_C**, vedi fig. 5.31.

- **f_S, Stop frequency**, rappresenta la frequenza oltre la quale l'amplificazione o l'attenuazione rimangono a un valore costante.

- **R_T, Transition Ratio, Rapporto di Transizione**, rappresenta la pendenza del filtro.

La formula è $R_T = \dfrac{f_S}{f_T}$

- In un filtro shelving ideale R_T è uguale a 1. Ciò rappresenta una pendenza assolutamente verticale. Come detto in precedenza, i filtri ideali sono irrealizzabili. Nella realtà un filtro shelving con R_T inferiore a 1 è un Low shelving, mentre un filtro shelving con R_T superiore a 1 è un High shelving.

🖱 ATTIVITÀ

- Caricate un brano dalla vostra discografia.

- Caricate il plugin MasterRig nella master section.

- Disattivate tutte le bande dell'EQ ad eccezione della prima e dell'ultima.

- Impostate la modalità <u>Low Shelf</u> sul filtro 1 e <u>High Shelf</u> sul filtro 8. Impostate su entrambi i filtri **Q=0,5** e **Gain=0dB**. Impostate f_c **=150Hz** sul filtro 1 e f_c **=3000Hz** sul filtro 8, vedi fig. 5.34.

fig. 5.34 Impostazione parametri dei filtri shelf

- Iniziate a modificare il gain del filtro 1 sia in positivo, sia in negativo e notate la visualizzazione della curva di equalizzazione. Riproducete il brano e ascoltate la modifica del timbro. Modificate anche il valore f_c, osservate la curva e ascoltate. Aumentate il valore Q. Notate come con valori alti, il Q generi una risonanza. Questa risonanza non rappresenta sempre un problema. A volte può essere utilizzata per filtrare le frequenze inferiori a f_c allo stesso tempo amplificare f_c. Per esempio, in fase di mix si può utilizzare la risonanza per eliminare il rumore ambientale dal microfono della cassa della batteria e contestualmente amplificare la parte bassa dello spettro dello strumento. In fase di mastering può essere utilizzata per eliminare DC offset e modificare l'ampiezza di una particolare frequenza bassa. Lo stesso vale per le risonanze in attenuazione. Si può quindi amplificare un range di frequenze attenuando contemporaneamente quelle in prossimità di f_c. In fig. 5.35 notate le risonanze dei filtri sia in amplificazione, nel filtro Low shelf, sia in attenuazione, nel filtro High shelf.

fig. 5.35 Risonanze

- Ripetete la stessa procedura con il filtro 8. Questa volta le modifiche
avvengono sulla parte alta dello spettro. Imparate a distinguere il timbro in
base alle frequenze modificate. Osservate contemporaneamente il grafico
per visualizzare ciò che accade a livello sonoro. Anche in questo caso
potete utilizzare la risonanza del Q per eliminare un rumore di fondo ad
alta frequenza e contemporaneamente conferire più brillantezza al suono.
In questa fase la pratica e l'esperienza sono di fondamentale importanza.
Utilizzate tutto il tempo necessario per abituare il vostro orecchio al
riconoscimento dei valori modificati. Questa attività rappresenta per un
ingegnere del suono l'equivalente delle ore di volo per un pilota. Più
esperienza viene accumulata, migliore sarà la vostra preparazione.

5.8 FILTRO PASSA BANDA, BAND PASS, BPF

Se si collegano **in serie un filtro passa alto e uno passa basso** si ottiene un filtro **passa banda**[17], vedi fig. 5.36.

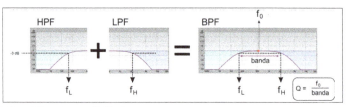

fig. 5.36 Combinazione di filtri

Un BPF agisce su una banda di frequenze compresa tra **due valori, uno più basso e uno più alto** di f_C. **L'attenuazione avviene sulle frequenze all'esterno della banda**. Il resto delle frequenze rimane allo stesso livello del segnale in ingresso. Il BPF, come tutti i *filtri passa frequenza* LPF, BPF, HPF, BSF, attenua il livello del segnale filtrato. Il livello massimo in uscita non può superare il livello di ingresso, diversamente da quanto accade nei filtri shelving.

APPROFONDIMENTI

La **frequenza di intervento più bassa** è definita f_L, la frequenza **di intervento più alta** è definita f_H. La **frequenza centrale, center frequency**, f_0 **è la frequenza con la massima ampiezza tra** f_H **e** f_L.

Per **Banda, B, Banda assoluta**, del filtro si definisce la **differenza tra** f_H **e** f_L **ad un livello di attenuazione in potenza di 3,01dB rispetto a** f_0.

La formula per calcolare la banda è **B= $f_H - f_L$**

La formula per calcolare f0 è: $F_0 = \sqrt{f_L \cdot f_H}$ ossia la radice quadrata della frequenza più bassa moltiplicata per quella più alta.

Le frequenze all'esterno di f_L e f_H saranno attenuate in base al **fattore di merito, Quality factor** del filtro. Per Q si intende il **rapporto tra f_0 e la banda**.

La formula per calcolare Q è: $Q = \dfrac{f_0}{B}$

La Banda relativa, Br, è definita come $B_r = \dfrac{f_H - f_L}{f_0}$

L'utilizzo di **Br** consente di ottenere sempre la stessa ampiezza nei grafici nel dominio della frequenza con scala logaritmica. Per esempio, la banda relativa tra f_H a **200Hz** e f_L a **100Hz**, è la stessa che tra f_H a **2000Hz** e f_L a **1000Hz**, Sebbene **B**, la banda assoluta, sia differente nei due casi.

Q a volte è definito anche come $Q = \dfrac{1}{B_r}$

---

[17] Per costruire un BPF si può anche utilizzare un LPF con pendenza uguale o superiore al 2° ordine. In questo caso si crea una risonanza intorno a f_C. In ambito elettronico è più semplice costruire un BPF collegando in serie un HPF e un LPF. In ambito numerico e digitale è comune l'uso di filtri IIR risonanti con architettura Butterworth

Il fattore di merito è un rapporto e quindi si esprime solo con valori numerici, senza unità di misura e segno. A valori Q elevati corrispondono pendenze ripide e bande strette, a valori bassi pendenze basse e bande larghe.

I BPF vengono in genere classificati in due tipologie:

Wide-Band, Banda larga

- Con **Q, fattore di merito, inferiore a 10 e differenza tra f_H e f_L di almeno una decade**. In questo caso la differenza in Hz tra **f_0** e gli estremi della banda 0 è minima e la banda del filtro appare quasi lineare, vedi fig. 5.37.

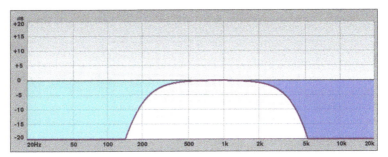

fig. 5.37 BPF Wide-Band

Narrow, Banda stretta

- Con **fattore di merito superiore a 10** e differenza tra **f_H e f_L inferiore a una decade**. In questo caso la differenza tra **f_0** e gli estremi della banda è elevata e cresce con l'aumentare di Q, creando un picco su **f_0**, vedi fig.5.38.

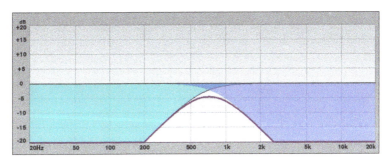

fig. 5.38 BPF Narrow

Il BPF è molto usato in radiofrequenza sia nei sintonizzatori, sia nei trasmettitori RF. È anche utilizzato nella costruzione di filtri cross-over per casse acustiche. Nel mixing può essere usato per creare effetti speciali o per isolare un suono in particolare. Nel mastering è spesso usato per fornire un segnale di controllo più accurato ai processori di dinamica che agiscono su frequenze specifiche.

🖱ATTIVITÀ

- Caricate un brano dalla vostra discografia.

- Caricate il plugin MasterRig nella master section.

- Disattivate tutte le bande dell'EQ ad eccezione della prima e dell'ultima.

- Impostate la modalità <u>Cut 48</u> (HPF dell'8° ordine a 48dB/ottava) sul filtro 1.

- Impostate la modalità <u>Cut 48</u> (LPF dell'8° ordine a 48dB/ottava) sul filtro 8.

- Impostate f_C del filtro 1 a 200Hz.

- Impostate f_C del filtro 8 a 2400Hz.

- Attivate il <u>Link</u> dei parametri in modalità <u>REL</u>ativa. In questa modalità la variazione del parametro di un filtro verrà effettuata nella stessa quantità, anche sull'altro. Avete appena costruito un BPF Wide Band utilizzando un HPF e un LPF, vedi fig. 5.39.

fig. 5.39 Costruzione BPF Wide Band

- Muovete lentamente verso sinistra e verso destra uno dei due cerchi colorati 1 e 2. La banda di frequenze si sposterà verso le basse o le alte frequenze. Ascoltate attentamente l'effetto della variazione. Sebbene vi capiterà raramente l'uso di un BPF nel mastering, potrete usare questo filtro in modalità creativa in fase di mixing.

- Costruite ora un filtro BPF Narrow variando la pendenza, la banda e i valori di f_H e f_L.

- Disattivate il link <u>REL</u> dei parametri.

- Disattivate tutte le bande dell'EQ ad eccezione della prima e dell'ultima.

- Impostate la modalità <u>Cut 12</u> (HPF dell'2° ordine a 12dB/ottava) sul filtro 1.

- Impostate la modalità <u>Cut 12</u> (LPF dell'2° ordine a 12dB/ottava) sul filtro 8.

- Impostate f_c del filtro 1 a 1000Hz.

- Impostate f_c del filtro 8 a 2000Hz.

- Attivate di nuovo il <u>Link</u> dei parametri in modalità <u>REL</u>ativa. In questa modalità la variazione del parametro di un filtro verrà effettuata nella stessa quantità, anche sull'altro. Avete appena costruito un BPF Narrow, vedi fig. 5.40.

fig. 5.40 BPF Narrow

- Modificate la pendenza dei filtri selezionando Cut 24 e Cut 48 e osservate le variazioni del grafico.

- Muovete lentamente verso sinistra e verso destra uno dei due cerchi colorati 1 e 2. La banda di frequenze si sposterà verso le basse o le alte frequenze. Ascoltate attentamente l'effetto della variazione.

5.9 FILTRO ELIMINA BANDA, BAND STOP FILTER, BAND REJECT FILTER, BSF

Il **filtro elimina banda**, come il BPF, agisce su un range specifico di frequenze. È anch'esso caratterizzato da una banda, un Q e una frequenza centrale ma, diversamente dal passa banda **attenua i segnali all'interno della banda**. All'esterno della banda il livello del segnale è invariato rispetto all'ingresso. Si può considerare il BSF come il **collegamento in parallelo di un LPF e un HPF**, e come il perfetto opposto di un BPF, vedi fig. 5.41.

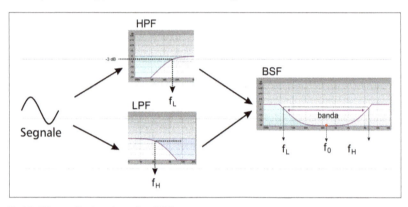

fig. 5.41 Filtro elimina banda, BSF

Un **BSF** con **Q=∞**, è definito **Notch**. Nella realtà è impossibile costruire un filtro con **Q=∞**, quindi per notch si intende un filtro passivo con banda piccolissima, vicinissima a 0, dove il segnale rimane inalterato all'esterno della banda. Vedi fig. 5.42.

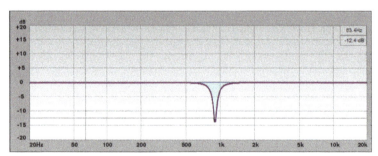

fig. 5.42 Filtro notch

Il filtro BSF e il filtro notch sono utilizzati per attenuare una precisa frequenza o range di frequenze. Nel mixing si usa spesso per eliminare risonanze captate durante il tracking degli strumenti acustici. In ambito live è utilizzato soprattutto nel monitoraggio sul palco, per minimizzare l'effetto larsen su alcune frequenze di risonanza specifiche di diffusori o microfoni. Nel mastering può essere usato per *modellare* la parte bassa e medio-bassa dello spettro che a volte rende il mix confuso.

ATTIVITÀ

- Caricate un brano dalla vostra discografia.

- Caricate il plugin MasterRig nella master section.

- Disattivate tutte le bande dell'EQ ad eccezione della prima.

- Impostate la modalità <u>Notch</u> sul filtro 1.

- Impostate Q a 0,5.

- Impostate f_C a 500Hz.

- Impostate Gain a -15dB. Ora il filtro sta operando come un BSF, vedi fig. 5.43.

fig. 5.43 Filtro BSF

- Cambiate il valore di f_C tramite il controllo <u>FREQ</u> o trascinando il cerchio colorato a destra e sinistra, con il mouse. Osservate la curva di equalizzazione. Ascoltate il brano, e notate le variazioni timbriche.

- Impostate Q a 20. Il filtro 1 lavora ora in modalità notch, vedi fig. 5.44.

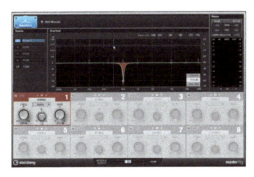

fig. 5.44 Impostazione filtro notch

- Cambiate molto lentamente il valore di f_C tramite il controllo <u>FREQ</u> o trascinando a destra e sinistra il cerchio colorato. Ascoltate il brano, e notate le variazioni timbriche.

5.10 FILTRO PEAK, BELL FILTER, PARAMETRICO, RISONANTE

Come i filtri HPF e LPF, i filtri BPF e BSF possono solo attenuare il livello del segnale. Il loro guadagno è sempre inferiore o uguale a 1. Se si inserisce un amplificatore tra la sezione HPF e LPF, si ottiene un filtro peak, vedi fig. 5.45.

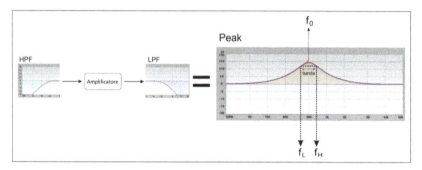

fig. 5.45 Filtro peak

In questo caso, come nei filtri shelf, è possibile sia amplificare, sia attenuare il segnale della banda. Il filtro è quindi di tipo attivo, vedi fig. 5.46.

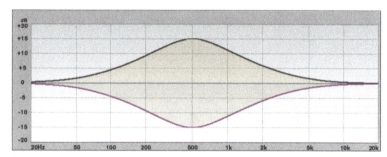

fig. 5.46 Curve di attenuazione e amplificazione del filtro peak

Questo tipo di filtro è utilizzabile praticamente in ogni contesto. Grazie alla molteplicità di parametri e funzioni è uno strumento indispensabile in tutte le fasi della produzione sonora. Se utilizzato insieme a filtri HPF e LPF permette di modificare il timbro in modo molto preciso. Il filtro peak è anche definito **parametrico**. Permette infatti di modificare **Q**, **f$_C$**, gain in modo completo e ottenere la curva di equalizzazione ideale per ogni intervento spettrale e timbrico sul segnale.

5.11 FILTRO PEAK A Q COSTANTE, CONSTANT Q EQ

Il fattore di merito di un filtro passa banda è riferito ad una specifica zona della banda. Quella che si trova a -3dB dall'ampiezza massima di **f$_0$**. A valori di attenuazione o di amplificazione diversi, il Q cambia in base al guadagno[18], vedi fig. 5.47.

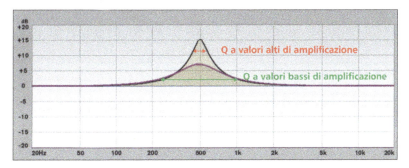

fig. 5.47 Filtro a Q variabile

Quando più filtri sono utilizzati in parallelo, nei filtri peak degli equalizzatori parametrici e negli equalizzatori grafici (vedi paragrafo 5.13), non è possibile utilizzare filtri a Q variabile poiché la banda varia in base al livello di attenuazione o esaltazione. Sebbene questo sia un comportamento normale dei filtri, in questo tipo di applicazioni si preferisce l'uso di filtri a Q costante. In questi filtri, indipendentemente dal guadagno, la pendenza rimane costante e assicura sempre la necessaria separazione tra le bande e la precisione di intervento a qualsiasi fattore di guadagno, vedi fig. 5.48.

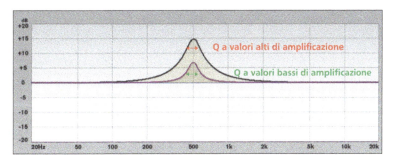

fig. 5.48 Filtro a Q costante

---

[18] Nei filtri parametrici a Q costante il valore Q è liberamente impostabile. Ciò che rimane costante è la pendenza del filtro a qualsiasi variazione di gain come pure l'ampiezza di banda. Nelle immagini 5.47 e 5.48 si indica con le frecce la banda, per dimostrare il Q costante

ATTIVITÀ

- Caricate un brano dalla vostra discografia.

- Caricate il plugin MasterRig nella master section.

- Disattivate tutte le bande dell'EQ ad eccezione della prima.

- Impostate la modalità <u>Peak</u> sul filtro 1, **f_c** a 500Hz, **Q** a 0,5 e **Gain** a +6dB, vedi fig. 5.49.

fig. 5.49 Impostazione filtro peak

- Cambiate il valore **f_c** sia in amplificazione che in attenuazione e osservate il grafico.

- Ora modificate Q e gain e osservate il grafico.

- Riproducete il brano e cercate di individuare il range di frequenze di strumenti specifici, attenuandoli o amplificandoli.

- Esiste un buon sistema per allenare l'orecchio al riconoscimento delle frequenze che si vogliono attenuare. Usate un valore Q abbastanza elevato e un gain di almeno +6dB. Modificate **f_c** fino a quando la frequenza che cercate risulterà amplificata e fastidiosa. A questo punto avete individuato la frequenza o il range di frequenze che volete attenuare. Modificate quindi il gain su valori di attenuazione senza toccare l'impostazione di **f_c**.

5.12 FILTRO PASSA TUTTO, ALL PASS FILTER, APF

Il filtro **APF lascia passare tutte le frequenze modificando il rapporto di fase tra di esse**. È utilizzato per variare la fase di un segnale tramite un ritardo (delay). Viene definito in base alla frequenza che ha uno sfasamento di 90 gradi. Per rappresentarlo graficamente si usano in genere due grafici. Sul primo è visualizzata l'ampiezza sull'asse verticale, sul secondo la fase sull'asse verticale, vedi fig. 5. 50.

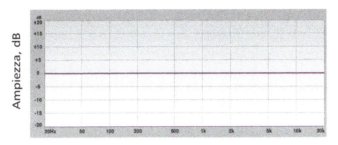

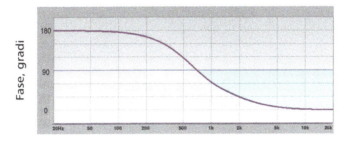

fig. 5.50 All pass filter

L'APF è utilizzato nella progettazione di codificatori e decodificatori surround, dove è necessario sfasare di 90 gradi i segnali posteriori. Nel mixing ITB possono essere usati plugin basati su APF per riallineare in fase tracce audio che presentano problemi di cancellazione di fase o comb filtering, vedi fig. 5.51. In ambito mastering è raramente usato.

fig. 5.51 Filtro APF Voxengo PHA 979

5.13 EQUALIZZATORI

Un equalizzatore è un insieme di filtri di varie tipologie. La definizione deriva dall'uso principale a cui erano destinati i primi dispositivi di questo genere: l'ottimizzazione della risposta in frequenza in un ambiente di ascolto. Oggi con questo termine si definiscono dispositivi utilizzati in tutte le fasi della produzione e della post produzione audio, come pure nel campo delle telecomunicazioni.

Controllo di tono, Tone control

Questa tipologia molto semplice di equalizzatore è utilizzata spesso in amplificatori Hi-Fi casalinghi, autoradio e semplici dispositivi di riproduzione portatili. In genere **è costituito da due filtri shelving, uno per le basse frequenze ed uno per le alte frequenze**. A volte è anche disponibile un filtro peak a frequenza fissa per le medie frequenze, vedi fig. 5.52.

fig. 5.52 Controlli di tono su amplificatore integrato Hi-Fi

Equalizzatore grafico, Graphic Equalizer, GEQ

È un dispositivo molto complesso **dotato in genere di 30 filtri peak con frequenza di taglio e Q fissi**. I filtri sono di tipo Peak a Q costante collegati in parallelo. A volte sono presenti un HPF e un LPF collegati in serie. È molto usato in ambito live per ottimizzare la risposta in frequenza degli altoparlanti in base all'ambiente, sia sul palco, sia nel luogo della performance. A volte viene anche definito *Equalizzatore di ambiente*, vedi fig. 5.53 e fig.5.54.

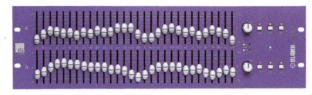

fig. 5.53 Equalizzatore grafico hardware Klark Teknik SQ1 (Per gentile concessione di MUSIC Group IP Ltd)

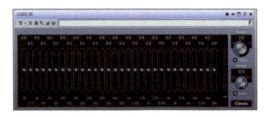

fig. 5.54 Equalizzatore grafico software Steinberg

Anche se in ambito live l'equalizzatore grafico rappresenta uno strumento indispensabile, in fase di produzione è raramente usato, poiché intorno a ogni frequenza di taglio si verificano variazioni di fase e risonanze. Negli equalizzatori hardware ciò avviene sempre su tutte le bande, anche se queste non vengono utilizzate per modificare il gain. In ogni caso il segnale transita nel filtro. In quelli software questo problema non si presenta. Se una banda non è utilizzata, non viene effettuato nessun calcolo sul segnale. È inoltre possibile che tra le frequenze disponibili non ci sia quella specifica necessaria in quel momento. Tutte le f_c sono fisse, così come il **Q**. L'equalizzatore grafico non si può certo definire flessibile. In fase di produzione si preferiscono quindi equalizzatori con numero di bande, f_c, tipologia, guadagno e **Q** completamente configurabili.

Equalizzatore parametrico o Parametric Equalizer o PEQ

Consiste nell'insieme di più filtri i cui **parametri** sono completamente configurabili per tipologia, frequenza, guadagno e **Q**. È lo strumento ideale per interventi di alta precisione sul segnale audio. In genere è in configurazione a 4 bande ma può anche comprenderne di più.
È utilizzabile in ogni contesto di produzione audio: live, studio mixing, mastering. In fig. 5.55 l'equalizzatore per mastering di Wavelab **MasterRig**. Comprende 8 bande completamente parametriche attivabili separatamente per ottimizzare le funzioni di calcolo.

fig. 5.55 Equalizzatore parametrico a 8 bande MasterRig di Wavelab

Non tutti gli EQ parametrici contengono filtri completamente configurabili. In alcuni casi le bande relative alle alte e basse frequenze sono di tipo shelving con **Q** e f_c fissi, mentre quelle relative alle medie frequenze sono parametriche. Questo tipo di equalizzatore si definisce semi-parametrico, vedi fig. 5.56.

fig. 5.56 Equalizzatore semi parametrico realizzato con MasterRig

Equalizzatori a fase lineare

Gli **equalizzatori che usano il ritardo e lo spostamento della fase per filtrare il segnale**, sono definiti **Regular EQ** oppure **Minimum Phase EQ, MPEQ**. Un **MPEQ**, per via del suo stesso principio di funzionamento, crea variazioni di fase, anche udibili, in base all'amplificazione o attenuazione, specialmente nei pressi di f_C, la frequenza di taglio. Questa caratteristica conferisce ai MPEQ un loro *suono* che non necessariamente è da considerare *sbagliato*, ma che sicuramente non è trasparente al filtraggio e che modifica anche il timbro delle frequenze non filtrate. L'elevata potenza di calcolo dei nuovi processori digitali, consente di realizzare filtri definiti **Linear Phase** o a **Fase lineare**. Questa tipologia di filtri è **realizzabile solo nel dominio digitale** e prevede, un ulteriore **ritardo sul segnale non filtrato, per eliminare le variazioni di fase intorno a f_C**. La loro caratteristica è quella di non avere un *suono proprio* e di essere praticamente trasparenti. Neanche questa caratteristica è però sempre desiderabile. A volte si usano i MPEQ proprio per colorare il suono, anche nel mastering. Un equalizzatore a fase lineare è ideale quando si vuole filtrare un segnale senza aggiungere colorazioni timbriche, come per esempio per l'eliminazione del DC offset. Da un punto di vista pratico gli equalizzatori a fase lineare sono caratterizzati da una latenza[19] molto elevata, necessaria al rifasamento del segnale. Sono quindi poco utili nel caso di processamenti real-time o live. Insomma la scelta di un tipo di EQ va effettuata di volta in volta in base alle effettive necessità.

Tutte le bande dell'equalizzatore MasterRig possono lavorare in modalità fase lineare selezionando la funzione LIN, vedi fig. 5.57.

fig. 5.57 Funzione fase lineare

Tra i plugin di Wavelab è presente Voxengo CurveEQ, un equalizzatore che può operare sia in modalità MPEQ che Linear Phase, vedi fig. 5.58.

fig. 5.58 Equalizzatore a fase lineare CurveEQ

---

[19] La latenza in un sistema audio digitale è il ritardo tra il segnale in ingresso e quello processato. Si misura in ms. È direttamente proporzionale al buffer misurato in campioni e inversamente proporzionale al valore di frequenza di campionamento misurato in Hz. Per esempio la latenza di un sistema con frequenza di campionamento 96.000Hz e 512 campioni di buffer, è di 5,3 ms.

5.14 MASTER SECTION

Ora si procederà a inserire processori software nel percorso del segnale digitale in Wavelab.

Wavelab possiede una **Master section, SEZIONE MASTER** che permette di elaborare e misurare il segnale in diverse modalità. Le caratteristiche principali della master section sono:

- possibilità di inserire molti plugin di elaborazione, utilizzabili in modalità stereo, multicanale, a canali singoli, in M/S in modalità seriale o parallela

- possibilità di misurare o ascoltare il segnale in qualsiasi punto di qualsiasi plugin

- meter in grado di visualizzare valori di picco digitali e dBTP

- conversione della frequenza di campionamento real-time

- generazione dither e noise shaping

- control room floating point per la gestione del livello e dei sistemi di ascolto

- possibilità di inserire plugin post process dedicati solo all'ascolto, vedi fig. 5.59.

fig. 5.59 Master section

5.15 PLUGIN MASTERRIG

Uno dei plugin più versatili e potenti di Wavelab 10 è **MasterRig**. È in effetti un Host per plugin nativi, cioè un processore all'interno del quale possono essere inseriti altri processori concepiti in modo specifico per il mastering, vedi fig. 5.60.

fig. 5.60 MasterRig e relativi moduli

MasterRig consente di creare catene di processori in qualsiasi ordine e quantità, utilizzando i plugin nativi per mastering di Wavelab 9.5. MasterRig può essere considerato come una ulteriore master section da inserire nella master section vera e propria di Wavelab. Ogni plugin di MasterRig ha opzioni avanzate di routing, di processamento e metering che lo rendono uno strumento indispensabile per il processo di mastering. Nella maggior parte dei plugin MasterRig è possibile processare l'intero segnale stereo, il canale sinistro, il destro, il centrale M, il laterale S in modo indipendente, come illustrato in seguito.

● ●

 ATTIVITÀ

- Ora si procederà alla configurazione della master section per una sessione di mastering. Ricordatevi di creare una struttura in cartelle organizzata in modo appropriato per ospitare tutti i file che vi verranno consegnati e che creerete, (vedi paragrafo 4.3).
- Inserite MasterRig nella master section di Wavelab. Nella configurazione standard MasterRig si apre con un equalizzatore al suo interno. È proprio ciò che serve per iniziare a configurare la catena di effetti.
- Nel mastering, l'equalizzatore si colloca in genere all'inizio di tutta la catena di processori, per vari motivi:

    Eliminare DC offset.

    Filtrare frequenze eccessivamente basse che non fanno parte del contenuto sonoro del brano.

Fornire ai processori di dinamica un segnale di controllo più accurato. Le frequenze molto basse hanno lunghezze d'onda molto grandi. Per i circuiti di un processore dinamico diventa molto difficile identificare il livello di picco di un'onda lunga. Ciò richiede più tempo e può generare misurazioni poco precise.

- In fig. 5.61 l'equalizzatore MasterRig con la prima banda configurata come low cut a 40Hz dell'8° ordine, utilizzato come filtro passa alto per l'eliminazione del DC offset.

fig. 5.61 DC offset filter

- Il valore di 40Hz scelto in questo caso è puramente indicativo. Teoricamente per l'eliminazione di DC offset è sufficiente un valore di f_C superiore a 0Hz.

- Salvate questa semplice catena di effetti. Essa rappresenta il primo passo nel processo di mastering ITB. Cliccate sulla scritta senza titolo nella master section. Cliccate su Salva con nome e nominate il vostro preset. Potreste chiamarlo **DC offset**, oppure **Mastering 01**, oppure **Test01**, a voi la scelta, vedi fig. 5.62.

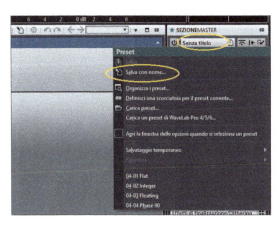

fig. 5.62 Salvataggio preset

Per quanto riguarda le correzioni timbriche, nel mastering sono da evitare tutti gli interventi aggressivi. Elevati livelli di attenuazione o amplificazione, o pendenze dei filtri troppo ripide, possono compromettere il contenuto spettrale di tutto il brano e, a parte gravi errori in fase di mixing, non sono consigliabili. Anche in questo caso l'analisi del segnale riveste un ruolo di fondamentale importanza. Tramite l'utilizzo dello spettroscopio, dello spettrometro e dell'analisi off-line FFT 3D di Wavelab è possibile identificare le caratteristiche del segnale e decidere la natura e la qualità degli interventi. Ovviamente l'orecchio del professionista costituisce uno strumento altrettanto utile e attendibile per la valutazione del suono. Di seguito sono elencate alcune indicazioni da seguire in fase di elaborazione spettrale nel mastering.

- **Approccio sottrattivo**. Cercate sempre di identificare le frequenze in eccesso e non quelle carenti. Per esempio se un brano è eccessivamente brillante, non aggiungete i bassi ma attenuate gli alti. Ove possibile usate sempre un approccio sottrattivo e non additivo, vedi fig. 5.63.

NO   SI

fig. 5.63 Approccio sottrattivo

- **Interventi complementari**. Se ci sono grossi sbilanciamenti timbrici sulla parte bassa o alta dello spettro, cercate di ottenere un equilibrio adeguato modificando entrambi gli estremi dello spettro con piccoli fattori di attenuazione o amplificazione. Evitate di attenuare o esaltare esageratamente una sola banda. Per esempio se nel brano c'è un'importante carenza di frequenze alte, oltre ad esaltare le alte frequenze, attenuate anche quelle basse, vedi fig. 5.64.

NO   SI

fig. 5.64 Interventi complementari

- **Fattori di merito bassi.** Usare pendenze dei filtri molto basse, specialmente in amplificazione. Riservare i valori alti di Q solo per interventi in attenuazione. In ogni caso evitare sempre interventi estremi di guadagno o pendenza, vedi fig. 5.65.

NO   SI

fig. 5.65 Fattori di merito bassi

- **Usare solo le bande necessarie.** Avere a disposizione un equalizzatore parametrico professionale a 8 bande come il MasterRig, non vuol dire essere obbligati a utilizzarle tutte e sempre. Valutate con attenzione le frequenze da elaborare. A volte scegliendo la frequenza giusta, la pendenza adeguata e la giusta tipologia di filtro si ha un risultato analogo a quello ottenuto utilizzando molti filtri, vedi fig. 5.66.

NO   SI

fig. 5.66 Usare solo le bande necessarie

ATTIVITÀ

- Caricate un brano che apprezzate per qualità e timbro dalla vostra discografia. Usatelo come riferimento e modello da imitare.

- Caricate un file mixato da voi o che vi è stato consegnato per il mastering.

- Caricate il preset della master section salvato in precedenza.

- Utilizzate una o più delle bande da 2 a 8 di MasterRig per sperimentare interventi sulle basse, medie, alte frequenze.

- Usate le varie tipologie di filtri. Per rendere più definito il range basso provate ad attenuare di 0,5 o 1dB le frequenze intorno ai 130 – 180Hz con un filtro Peak.

- Per donare brillantezza alla parte alta usate un High Shelf a +1dB da 8kHz in su.

- Per enfatizzare o attenuare la parte media dello spettro usate un filtro peak intorno a 600 – 800Hz.

- Ovviamente questi valori sono del tutto indicativi. Ogni brano ha il suo timbro, range dinamico, stile che lo distinguono da ogni altro. Gli esempi appena indicati servono però come riferimento e punto di partenza per allenare il vostro udito al riconoscimento del range di frequenza di strumenti musicali, effetti, stili di mixaggio. Non fate economia di tempo in questa fase. Effettuate sempre un confronto con il vostro file di riferimento. Se avete difficoltà nell'individuare una particolare frequenza, usate un filtro peak con Q elevato e amplificate di volta in volta varie zone dello spettro per capire quale sia il valore in Hz della frequenza che cercate. L'equalizzatore può anche essere utilizzato come strumento di analisi... Ricordate che per gli interventi di correzione timbrica è sempre preferibile un approccio sottrattivo ed effettuare processamenti con piccole quantità di attenuazione o esaltazione.

- Una volta raggiunto un risultato che considerate soddisfacente salvate il preset della master section con lo stesso nome o con un nome diverso a vostra scelta.

VERIFICA • TEST A RISPOSTE BREVI (max 30 parole)

1) In che modo eliminereste DC offset di tipo incostante e variabile?

2) Inserendo sul percorso del segnale un LPF del primo ordine con **f**c a 100Hz, quale sarà il livello in uscita della frequenza di 200Hz?

3) L'ordine di un filtro è direttamente proporzionale alla pendenza?

4) Un filtro HPF è attivo o passivo?

5) Un brano da masterizzare ha un timbro eccessivamente scuro. Che tipo di equalizzazione usereste per correggere il problema?

6) Il fattore di merito è direttamente proporzionale alla banda?

7) Un filtro shelving è attivo o passivo?

8) Un filtro notch ha Q elevato o basso?

9) In un equalizzatore grafico è possibile variare Q?

10) In genere, un equalizzatore parametrico ha un numero di bande superiore a uno grafico?

11) Se la banda di un filtro peak è di 100Hz e Q è 10, qual è il valore di **f**c?

12) Se la banda di un BPF è 100Hz e **f**L è 100Hz, qual è il valore di **f**H?

13) Per rendere un filtro più selettivo bisogna aumentare o diminuire Q?

14) Nel mastering è preferibile usare i filtri in amplificazione o in attenuazione?

GLOSSARIO

Banda, B, Banda assoluta

Nei filtri passa banda, è la differenza tra f_H e f_L ad una variazione in potenza di -3dB rispetto a f_0.
La formula per calcolare la banda è
$$B = f_H - f_L$$

Banda relativa, B_r

Nei filtri pasa banda è il rapporto tra Banda e Frequenza centrale

$$B_r = \frac{f_H - f_L}{f_0}$$

Consente di ottenere sempre la stessa ampiezza nei grafici nel dominio della frequenza con scala logaritmica

Cut Off Frequency, f_C, Frequenza di taglio

Frequenza sulla quale il filtro è impostato. In base alla tipologia del filtro, al di sopra, al di sotto o intorno a f_C, avvengono le modifiche spettrali

Equalizzatore, EQ

Insieme di filtri di varie tipologie. La definizione deriva dall'uso principale a cui erano destinati i primi dispositivi di questo genere: l'ottimizzazione della risposta in frequenza in un ambiente di ascolto

Equalizzatore a Fase Lineare, Linear Phase, LPEQ

Realizzabile solo nel dominio digitale. Prevede, un ritardo sul segnale non filtrato per eliminare le variazioni di fase intorno a f_C

Equalizzatore a Variazione Minima di fase, Regular EQ, Minimum Phase EQ, MPEQ

Usa il ritardo e lo spostamento della fase per filtrare il segnale.
Crea variazioni di fase intorno a f_C

Equalizzatore Grafico, GEQ, Graphic EQ

EQ dotato in genere di 30, 31 o meno, filtri peak con frequenza di taglio e Q fissi. I filtri sono di tipo Peak a Q costante collegati in parallelo. A volte sono presenti un HPF e un LPF collegati in serie

Equalizzatore parametrico o Parametric Equalizer o PEQ

Insieme di più filtri i cui parametri sono completamente configurabili per tipologia, frequenza, guadagno e Q. In genere è in configurazione a 4 bande ma può comprenderne di più

Filtro

Dispositivo, circuito o software, che modifica il contenuto spettrale e timbrico del segnale. Elabora il segnale eliminando, attenuando o amplificando determinate frequenze e lasciando invariate le altre

Filtro analogico

Filtro che opera sul segnale elettrico. È costruito con componenti elettronici

Filtro attivo

Filtro il cui guadagno in uscita può essere superiore a 1. Può sia attenuare, sia amplificare il segnale

Filtro digitale

Filtro che opera su valori numerici. È realizzato tramite algoritmi e routine software

Filtro Elimina Banda, Band Reject Filter, Band Stop Filter, BSF, BRF

Filtro che attenua i segnali all'interno della banda. All'esterno della banda il livello del segnale è invariato rispetto all'ingresso

Filtro High Shelf

Filtro che attenua o amplifica il segnale al di sopra di f_C. È un filtro attivo

Filtro Low Shelf

Filtro che attenua o amplifica il segnale al di sotto di f_C. È un filtro attivo

Filtro Passa Alto, HPF, High Pass Filter, Low Cut Filter

Filtro che lascia invariate le frequenze al di sopra della frequenza di taglio e attenua le frequenze al di sotto di essa

Filtro Passa Basso, LPF, Low Pass Filter, Hi Cut Filter

Filtro che lascia passare tutte le frequenze al di sotto della frequenza di taglio e attenua le frequenze al di sopra di essa

Filtro Passa Banda, BPF

Filtro che agisce su una banda di frequenze compresa tra due valori, uno più basso e uno più alto di f_C. L'attenuazione avviene sulle frequenze all'esterno della banda. È un filtro passivo

Filtro Passa Banda a banda larga, BPF wide band

BPF con **Q**, fattore di merito, inferiore a 10 e differenza tra f_H e f_L di almeno una decade

Filtro Passa Banda a banda stretta, BPF narrow

BPF con Q, fattore di merito, superiore a 10 e differenza tra f_H e f_L inferiore a una decade.
Diversamente dall'ottava, che corrisponde al raddoppio della frequenza, la decade corrisponde a 10 volte il valore della frequenza

Filtro Passa Tutto, All Pass Filter, APF

Lascia passare tutte le frequenze modificando il rapporto di fase tra di esse. È utilizzato per variare la fase di un segnale tramite un ritardo (delay)

Filtro passivo

Filtro con guadagno in uscita inferiore o uguale a 1. Può solo attenuare il segnale

Filtro Peak, Bell Filter, Parametrico, Risonante

Filtro che consente sia di attenuare, sia di amplificare la banda. È anche possibile modificare il fattore di merito. È un filtro attivo

Filtro Shelving, Shelf

Filtro che attenua o amplifica il segnale al di sopra o al di sotto di f_C. È un filtro attivo

Frequenza centrale, f_C, Center frequency, f_0

La frequenza con la massima ampiezza tra f_H e f_L
La formula per calcolare f_0 è:
$$F_0 = \sqrt{f_L \cdot f_H}$$ ossia la radice quadrata della frequenza più bassa moltiplicata per quella più alta

Limite di banda inferiore, f_L

Frequenza più bassa della banda di un filtro. Si calcola alla differenza di 3dB di ampiezza rispetto alla frequenza centrale

Limite di banda superiore, f_H

Frequenza più alta della banda di un filtro. Si calcola alla differenza di 3dB di ampiezza rispetto alla frequenza centrale

Notch

Filtro con banda piccolissima, vicinissima a 0, dove il segnale rimane inalterato all'esterno della banda

Ordine, Pendenza, Slope

La quantità di attenuazione o amplificazione delle frequenze sotto, sopra o intorno alla frequenza di taglio

Ottava

In musica corrisponde al raddoppio o dimezzamento dell'altezza di un suono, a una distanza di 12 semitoni. In fisica corrisponde al raddoppio o dimezzamento della frequenza in Hz

Q, Quality factor, fattore di merito

Il rapporto tra f_0 e la banda.
La formula per calcolare Q è:

$$Q = \frac{f_0}{B}$$

Rappresenta la selettività di un filtro. A Q alti corrispondono bande di intervento strette e viceversa. A volte è espresso come il reciproco della banda relativa

$$Q = \frac{1}{B_r}$$

Q costante

In un filtro a Q costante la banda non varia al variare dell'attenuazione o dell'amplificazione

Q variabile

In un filtro a Q variabile la banda varia al variare dell'attenuazione o dell'amplificazione

Stop frequency, f_S

In un filtro shelving rappresenta la frequenza oltre la quale l'amplificazione o l'attenuazione rimangono a un valore costante

R_T, Transition Ratio, Rapporto di Transizione

In un filtro shelving rappresenta la pendenza del filtro.

La formula è $R_T = \dfrac{f_S}{f_T}$

Tone Control, Controllo di tono

Tipologia molto semplice di equalizzatore. È costituito da due filtri shelving, uno per le basse frequenze ed uno per le alte frequenze

Turnover frequency, f_T, Shelf point

In un filtro shelving rappresenta la frequenza a una variazione positiva o negativa di 3dB rispetto a f_C

6
ELABORAZIONI SPAZIALI

CONTRATTO FORMATIVO

PREREQUISITI PER IL CAPITOLO
- Contenuti dei capitoli 1-5

OBIETTIVI
Conoscenze
- Conoscere il concetto di correlazione e mono-compatibilità
- Conoscere il concetto di somma e differenza di segnali
- Conoscere gli strumenti di analisi del contenuto spaziale

Abilità
- Utilizzare i plugin specifici per la correzione e regolazione del bilanciamento
- Utilizzare la codifica e decodifica m/s
- Utilizzare riverberi e equalizzatori per l'elaborazione spaziale

CONTENUTI
- Analisi del contenuto spaziale
- Utilizzo avanzato del phase meter
- Matrici di codifica e decodifica m/s
- Tipologie di riverberi per il mastering

TEMPI - Cap. 6
Autodidatti
Per 200 ore globali di studio individuale: ca. 20 ore
Corsi
Per un corso globale di 40 ore in classe + 80 di studio individuale:
ca. 3 ore frontali + 2 ore di feedback - ca. 4 ore di studio individuale

ATTIVITÀ
- Esempi interattivi

VERIFICHE
- Test a risposte brevi

SUSSIDI DIDATTICI
- Glossario

6.1 ANALISI DEL BILANCIAMENTO E DELLA CORRELAZIONE DELLA FASE

Bilanciamento

Tramite il Pan meter di Wavelab è possibile identificare le differenze di livello e volume tra i canali. È normale che vi siano continue variazioni di intensità tra i canali, ma quando queste sono costanti, e durano per tutto il brano, rappresentano uno sbilanciamento del fronte stereo e vanno corrette. In fig. 6.1 è visibile in celeste uno sbilanciamento RMS costante sul canale destro. Il valore rappresentato sulla barra inferiore del pan meter è quello che più indica un problema di livello tra i canali. La riga superiore indica infatti variazioni istantanee, tipiche di un contenuto stereo.

fig. 6.1 Sbilanciamento a destra

Per correggere lo sbilanciamento si può decidere di attenuare il livello del canale destro, di amplificare quello del canale sinistro o entrambe le cose. Lo strumento ideale per queste correzioni è <u>Stereo Tools</u> di Wavelab. Con questo plugin è possibile effettuare tutti gli interventi sul livello e sulla fase del segnale, vedi fig. 6.2.

fig. 6.2 Stereo Tools

• •

ATTIVITÀ

- Caricate un brano dalla vostra discografia.

- Osservate il pan meter e verificate se nella barra inferiore ci sono variazioni di intensità costanti su uno dei canali. Se la barra marrone o quella celeste rimangono stabilmente sulla stessa posizione, è necessario intervenire modificando il livello di uno dei due canali. La condizione ideale per un corretto bilanciamento stereo è quella in cui non si vedono né la barra marrone, né quella celeste. Attenzione però, anche **in caso di segnale mono** i livelli sono perfettamente uguali. Neanche in quel caso appariranno le barre, ma ciò non rappresenta certamente una condizione ideale in un brano stereo.

- Anche il Pan meter, come tutti gli strumenti di misura di Wavelab ha una precisione elevatissima, in grado di individuare variazioni di millesimi di dB e di rappresentarle alle estremità del meter. Noterete che, specialmente nei brani più datati, le differenze di livello tra i canali possono essere notevoli. Ciò non rappresenta un errore di mix o mastering ma è semplicemente dovuto al fatto che all'epoca non esistevano strumenti di misura così precisi.

- Caricate il preset della master section salvato nel paragrafo 5.15. Nel secondo slot della master section inserite il plugin Stereo Tools, vedi fig. 6.3.

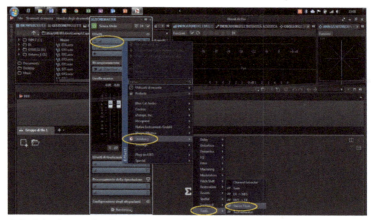

fig. 6.3 Selezione plugin Stereo Tools

- Salvate anche questo preset della master section. Costituirà un ulteriore punto di partenza per le prossime elaborazioni.

- Osservando il pan meter attenuate il livello del canale con RMS più alto utilizzando i controlli gain e lasciando invariati quelli pan, vedi fig. 6.2. Cercate di ottenere variazioni piccolissime dell'ampiezza delle barre marrone e celeste. Anche in questa fase è importante utilizzare un approccio sottrattivo. Amplificando il canale più debole potreste infatti generare distorsioni o inter-sample peaks superiori a 0dBTP.

Fase

Per identificare problemi di correlazione si utilizza il **Phase meter**. Il Phase meter di Wavelab è uno strumento di misura molto evoluto. Comprende sia la rappresentazione vettoriale dei valori dei canali sinistro e destro, sia un misuratore della correlazione di fase sotto forma di barra orizzontale con valori numerici. È proprio quest'ultima indicazione che fornisce un valore attendibile sulla mono-compatibilità del segnale. La barra indica tra due trattini rossi i valori minimi e massimi di sfasamento che si sono verificati tra i due canali e con un trattino verde il valore istantaneo, vedi fig. 6.4.

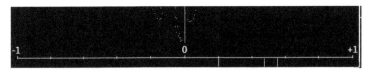

fig. 6.4 Correlatore di fase

Il valore +1 Indica due segnali identici sui canali sinistro e destro, L e R, quindi un programma mono con i segnali perfettamente in fase. Il phase meter indicherà una linea retta verticale.

I valori tra +1 e 0 Indicano uno sfasamento tra 0 e 90 gradi. Il valore 90 gradi corrisponde al massimo sfasamento possibile tra i canali di un programma stereo, affinché sia mono-compatibile. Tutti i processori di ambiente in grado di generare riverberazioni hanno in uscita 90 gradi di sfasamento tra i canali destro e sinistro.

I valori tra 0 e -1 Indicano uno sfasamento tra 90 e 180 gradi. Tutti i valori minori di 0 indicano, in caso di ascolto mono, possibili effetti di cancellazione di fase o di filtraggio a pettine. Questo tipo di problema è spesso causato da un uso esagerato di processori di spazializzazione. Può anche derivare dalla pratica, molto diffusa in fase di mix, di creare un'immagine stereo ritardando di pochi millisecondi o addirittura campioni, uno dei due segnali di un programma mono, rispetto all'altro. I due segnali vengono poi inviati a L e R e vengono percepiti come un segnale stereo. Ovviamente il contenuto spettrale e dinamico dei segnali è lo stesso e l'ascolto mono genera evidenti filtraggi a pettine.

Il valore -1 Corrisponde a due segnali identici, quindi ad un programma mono con i segnali perfettamente in opposizione di fase. Il phase meter indicherà una linea retta orizzontale. In questo caso, la pressione del tasto *mono* causerà, in uscita, la cancellazione totale del segnale somma dei due segnali. Dagli altoparlanti non verrà prodotto alcun suono.

Verificate sempre la compatibilità mono usando l'apposita funzione della master section o il vostro controllo degli ascolti dello studio. Tramite le scorciatoie da tastiera in Wavelab si possono per esempio configurare i tasti F11 e F12 per commutare tra ascolto stereo e mono, vedi fig. 6.5.

fig. 6.5 Ascolto mono

Effettuate questa comparazione ogni volta che avete dei dubbi sul contenuto stereofonico. In questo modo allenerete anche il vostro udito a riconoscere i fenomeni di cancellazione di fase e di filtraggio a pettine.

6.2 AMPIEZZA DEL FRONTE STEREOFONICO

Come visto in precedenza nel capitolo sull'analisi, la figura ideale da leggere su un phase meter per ottenere il fronte stereofonico più ampio possibile è un cerchio. Il correlatore di fase indicherà 0 e le barrette rosse saranno distanziate tra loro, vedi fig. 6.6.

fig. 6.6 Fronte stereo ampio

Se l'immagine del phase meter si presenta come un'ellisse verticale, la maggior parte del contenuto sonoro si trova al centro con poche componenti ai lati. In questo caso le barrette rosse del correlatore sono molto vicine tra loro e spostate verso il valore +1.

Il fronte stereofonico è molto ridotto, vedi fig. 6.7.

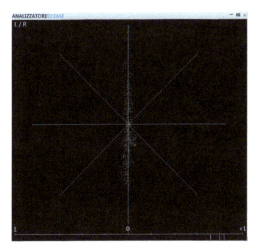

fig. 6.7 Fronte stereo ridotto

Se la figura è un'ellisse orizzontale, rappresenta un segnale con grande sfasamento tra i canali. Questa è una situazione da evitare assolutamente. Il segnale non è mono compatibile e la somma tra i canali in mono cancellerebbe gran parte del contenuto sonoro, vedi fig. 6.8.

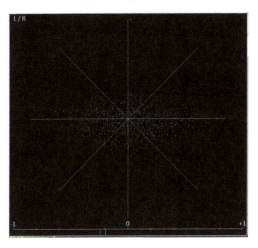

fig. 6.8 Segnale non mono-compatibile

La regola principale nell'analisi della componente spaziale di un brano è quella di evitare sempre figure orizzontali o valori del correlatore inferiori a 0.

Per la regolazione e la correzione del fronte stereofonico è possibile usare il plugin **Imager** MasterRig di Wavelab, vedi fig. 6.9.

fig. 6.9 Imager MasterRig

Il processore può operare su quattro bande di frequenza diverse. La suddivisione in bande è utile soprattutto nel mastering per vinile, dove le frequenze basse devono restare mono. In caso contrario, infatti la testina di lettura salterebbe in corrispondenza dei solchi con frequenze basse in opposizione di fase. Tuttavia, escludendo le bande non richieste, l'Imager può funzionare come processore singolo full band. I controlli disponibili sono:

Width: Ampiezza del fronte stereo, un valore di 100 corrisponde a nessuna variazione del segnale. Valori minori di 100 corrispondono al restringimento del fronte stereo. Valori maggiori di 100 corrispondono all'allargamento del fronte stereo. Per valori superiori a 100 è necessaria un'accurata analisi della correlazione di fase e della mono-compatibilità al fine di evitare cancellazioni di fase e filtraggio a pettine.

Pan: Questo controllo sposta il bilanciamento a destra o a sinistra, variando contemporaneamente il livello dei due canali L e R. Spostando il pan a destra viene aumentato il livello del canale destro e diminuito quello del canale sinistro e viceversa.

Output: Regola il livello di uscita in dB.

ATTIVITÀ

- Caricate l'esempio **06A**.

• •

ESEMPIO INTERATTIVO 06A – BILANCIAMENTO E FRONTE STEREO

• •

- Ascoltate il brano, osservate il meter, il pan meter e il phase meter. Nel meter si nota uno sbilanciamento a sinistra sia nei livelli di picco, sia in quelli RMS. Il pan meter indica un livello RMS costantemente più alto a sinistra. Il phase meter mostra una figura spostata verso sinistra e una correlazione sempre inferiore a 0, vedi fig. 6.10.

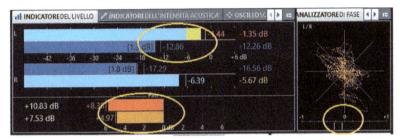

fig. 6.10 Sbilanciamento dei segnali

- Lo sbilanciamento è evidente anche all'osservazione della forma d'onda. Quella del canale sinistro è visibilmente più spessa di quella del canale destro, vedi fig. 6.11.

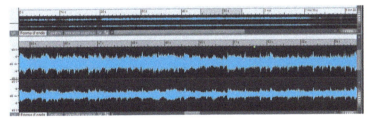

fig. 6.11 Forme d'onda sbilanciate

- Questo brano presenta problemi di bilanciamento dei segnali e di mono-compatibilità dovuta a eccessiva differenza di fase tra i canali sinistro e destro. Utilizzate Imager MasterRig per correggere il problema. Caricate MasterRig e disattivate l'equalizzatore chiudendo il relativo modulo, vedi fig. 6.12.

fig. 6.12 Disattivazione Equalizzatore

- Cliccate su Add Module e selezionate il modulo Imager, vedi fig. 6.13.

fig. 6.13 Selezione Imager

- Anche se finora è stato utilizzato un modulo per volta, in MasterRig è possibile selezionare più moduli contemporaneamente e collegarli in modo seriale realizzando di fatto una seconda master section all'interno del plugin.

- Nell'imager disattivate tutte le bande, ad eccezione della prima, premendo il tasto **meno** ⊖, vedi fig.6.14.

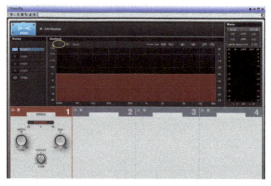

fig. 6.14 Utilizzo di Imager a banda singola

- Procedete alla regolazione del bilanciamento spostando il controllo Pan verso destra, fino a ridurre al minimo la lunghezza delle barre RMS del pan meter. Osservare il bilanciamento per tutta la durata del brano. È normale che ci siano momenti in cui il segnale è sbilanciato, l'importante è che siano distribuiti equamente tra il canale sinistro e quello destro, vedi fig.6.15.

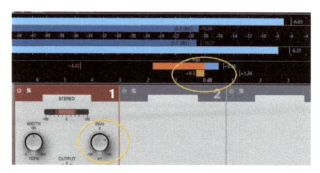

fig. 6.15 Correzione del bilanciamento

- Ora procedete alla regolazione della correlazione di fase e del fronte
stereofonico. Il fronte stereo originale è troppo ampio, con deviazione di fase
tra i canali superiore a 90°. Spostate quindi il controllo <u>Width</u> verso sinistra
per ridurre l'ampiezza stereofonica. Osservate il phase meter, cercate di
ottenere una figura circolare e valori di correlazione tra 0 e +1. Non importa
se occasionalmente, per qualche istante, il valore scende al di sotto di 0.
L'importante è che le due barre rosse si trovino prevalentemente nell'area
tra 0 e +1, vedi fig. 6.16.

fig. 6.16 Correzione del fronte stereo

- Renderizzate il file salvandolo con un nome diverso. Ricordate sempre di
renderizzare i file per applicare le modifiche in modo definitivo, vedi fig. 6.17.

fig. 6.17 Renderizzazione con nome diverso

- Effettuate sempre degli ascolti comparativi Stereo-Mono per verificare la
mono-compatibilità, vedi fig. 6.5.

- Caricate dei brani dalla vostra discografia personale e verificate il bilanciamento
e la correlazione di fase tra i canali.

6.3 PROCESSAMENTO SPAZIALE M/S

Di solito si considerano i canali di un segnale stereo come sinistro e destro. Molti interventi ed elaborazioni possono essere effettuati modificando l'ampiezza o lo spettro di questi due canali. C'è anche la possibilità di scomporre o generare un segnale stereo in base alle componenti centrali e laterali del segnale stesso. Questo tipo di tecnica si basa sul principio matematico della somma e differenza. È utilizzabile sia in registrazione, sia nel mix, sia nel mastering e viene definita **M/S** oppure **Mid-Side** oppure **Mono-Stereo**.

M/S nella registrazione microfonica

Si tratta di una tecnica di codifica **M/S** che prevede l'utilizzo di due microfoni. Uno ha un diagramma polare cardioide, cioè in grado di captare prevalentemente i suoni frontali[20] ed è orientato verso il centro della scena da riprendere, vedi fig. 6.18.

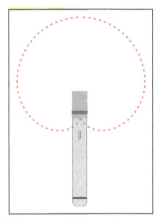

fig. 6.18 Microfono cardioide

L'altro ha un diagramma polare bidirezionale o figura otto, vedi fig. 6.19.

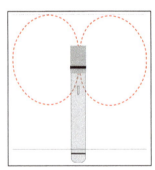

fig. 6.19 Microfono bi-direzionale

---

[20] Le curve tratteggiate in rosso indicano il **Diagramma Polare, Polar Pattern**. Rappresentano, in base alla tipologia, l'area di sensibilità del microfono ai suoni proveniente lateralmente, intorno, posteriormente o fontalmente.

Il microfono con figura polare a 8 è in grado di riprendere solo i suoni laterali escludendo quelli frontali e posteriori ed è orientato in modo perpendicolare al cardioide, vedi fig. 6.20.

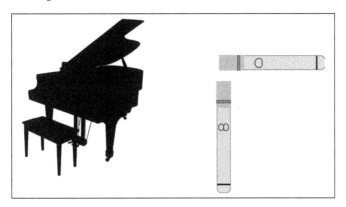

fig. 6.20 Microfonazione **M/S**

La distanza dei microfoni dalla sorgente sonora dipende dall'ambiente, dal contenuto sonoro, dal rapporto tra suono diretto e suono riflesso che si vuole ottenere. Se volete cimentarvi in registrazioni M/S, sperimentate vari posizionamenti spostando avanti e indietro i microfoni, ricordando sempre di porre il set di microfoni al centro della scena sonora. Ogni microfono fornisce un segnale mono.
Il microfono cardioide capta tutto ciò che si trova al centro della scena. Si tratta di suoni che sono presenti sia sul lato sinistro, sia sul lato destro e che a livello psicoacustico vengono percepiti al centro. Questo segnale è quindi definito **Mid = L+R**, ed è considerato la componente **mono** del segnale
Il segnale del microfono bidirezionale è rappresentato da suoni che non sono presenti al centro e che sono in rapporto di fase inversa reciproca. Infatti se sul lato sinistro è presente una pressione, questa corrisponderà ad una depressione sul lato destro. Questo segnale è definito **Side = L-R**, ed è considerato la componente **stereo** del segnale.

M corrisponde alla somma dei canali **L** e **R** mentre **S** corrisponde alla differenza. Questo procedimento viene definito **matrice di codifica M/S**
Una volta registrati **M** (il microfono cardioide) e **S** (il microfono bidirezionale) su due tracce di un registratore o di un sistema DAW, è necessaria una **matrice di decodifica M/S** per ascoltare il contenuto della registrazione. Non si possono inviare i canali **M** e **S** ai diffusori acustici, poiché questi segnali non rappresentano il canale sinistro e destro ma la loro somma e differenza. Per ottenere **L** e **R** si esegue il procedimento matematico inverso. Dato che **M** e **S** rappresentano una somma, (tra valori positivi o negativi), il livello del segnale sommato sarà doppio rispetto a quello delle componenti originarie. Il vantaggio di utilizzare un sistema di registrazione M/S consiste nella possibilità di variare, dopo aver registrato, l'ampiezza dell'immagine stereo variando il rapporto tra **M** e **S**. Ciò non è possibile con altre tecniche di microfonazione dove l'angolo di ripresa è deciso prima della registrazione e non è modificabile.

APPROFONDIMENTI

Sommando **M** e **S** e attenuando il segnale risultante si ottiene **L**.

$$\frac{(M+S)}{2}=\frac{(L+R)+(L-R)}{2}=\frac{(L+R+L-R)}{2}=\frac{(2L)}{2}=L$$

Sottraendo **S** a **M** e attenuando il segnale risultante si ottiene **R**

$$\frac{(M-S)}{2}=\frac{(L+R)-(L-R)}{2}=\frac{(L+R-L+R)}{2}=\frac{(2R)}{2}=R$$

In campo audio sommare due segnali significa inviarli alla stessa uscita o bus, sottrarli significa inviarli alla stessa uscita invertendo la fase di quello da sottrarre. Ci sono molti plugin che effettuano codifica e decodifica **M/S**, tra cui Stereo Tools di Wavelab. Si può comunque realizzare una semplice matrice **M/S** tramite un mixer dotato di tasto di inversione di fase sui canali, vedi fig. 6.21.

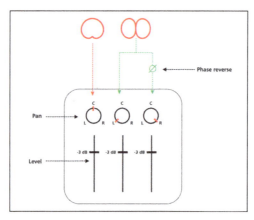

fig. 6.21 Matrice di decodifica **M/S** tramite mixer

Il processo di codifica e decodifica **M/S** è simmetrico. Ciò significa che se si sommano e sottraggono i segnali **L** e **R** e li si divide per 2 si ottiene di nuovo **M** e **S**. In questo caso è stata realizzata una **matrice di codifica M/S**.

$$\frac{(L+R)}{2}=\frac{(M+S)+(M-S)}{2}=\frac{(M+S+M-S)}{2}=\frac{(2M)}{2}=M$$

$$\frac{(L-R)}{2}=\frac{(M+S)-(M-S)}{2}=\frac{(M+S-M+S)}{2}=\frac{(2S)}{2}=S$$

Questo è vero dal punto di vista pratico. Dal punto di vista matematico invece, considerando le misure logaritmiche usate in campo audio, accade che:

$\frac{(M+S)}{2}$ corrisponde a $\frac{(M+S)}{\sqrt{2}}$ etc. e ogni matrice di codifica o di decodifica modifica il guadagno della somma dei segnali di 3 dB.

M/S nel broadcasting

Un altro campo di applicazione della tecnica **M/S** è quello delle trasmissioni radio televisive. Fino alla fine del 1950 il segnale trasmesso era mono. Agli inizi degli anni '60, con l'introduzione della tecnica **MPX**, che **consente di inviare più segnali contemporaneamente su un singolo segnale radio**, è stato possibile trasmettere programmi stereofonici. Per rendere compatibile il segnale stereo con i vecchi ricevitori mono, viene appunto utilizzata una codifica **M/S**, vedi fig. 6.22.

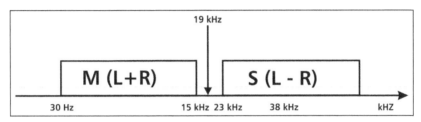

fig. 6.22 FM stereo

Sui primi 15kHz del segnale viene trasmesso il segnale **M**. Tutti i ricevitori mono riceveranno solo questo segnale, che è praticamente identico a quello utilizzato fino agli anni '50. A 19kHz viene trasmesso un segnale pilota che serve a comunicare ai ricevitori stereo la presenza di un altro segnale a 23kHz. Questo segnale è la **S**. Quando il ricevitore stereo intercetta il segnale a 19kHz effettua una matrice **M/S** tra il segnale da 30Hz a 15 kHz e quello a 23kHz ricavando i segnali **L** e **R**. In caso di ricezione di un segnale di scarsa qualità, il ricevitore stereo ignora il segnale **S** a 23kHz e utilizza quello **M**. Quanto detto finora conferma quindi il fatto che un segnale stereo deve essere mono-compatibile, poiché in molti sistemi elettroacustici e in radiofrequenza, si utilizza una tecnica di codifica e decodifica **M/S**.

Elaborazione del fronte stereo in M/S

Utilizzando Stereo Tools o altri plugin per la scomposizione del segnale in **M/S**, è possibile regolare con precisione l'ampiezza del fronte stereofonico. Variando il segnale **S** si può aumentare o diminuire il livello della componente stereo. Variando il segnale di **M** si controlla la componente mono. Regolando il livello di questi due segnali varia l'ampiezza del fronte stereo. Se si elimina il segnale **S**, il phase meter mostrerà un grafico mono in fase (**L+R**), vedi fig. 6.23.

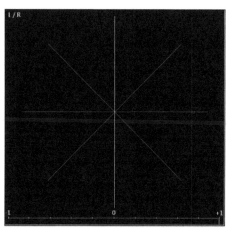

fig. 6.23 **M** su phase meter

Se si elimina il segnale **M**, si ottiene un grafico mono in controfase (L – R), vedi fig. 6.24.

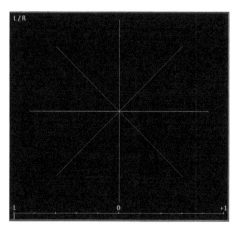

fig. 6.24 **S** su phase meter

La somma e la differenza tra questi due segnali mono produce il suono stereofonico, vedi fig. 6.6.

ATTIVITÀ

- Caricate l'esempio **06B**.

ESEMPIO INTERATTIVO 06B – ELABORAZIONE IMMAGINE STEREO M/S

- Caricate nella master section il plugin Stereo Tools, vedi fig. 6.3. Nel menu Transform selezionate la modalità **M/S**, vedi fig. 6.25.

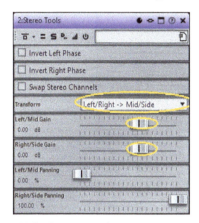

fig. 6.25 Modalità **M/S** in Stereo Tools

- Ora Stereo Tools agisce come matrice di codifica **M/S**. In questo caso il fader in alto regola il livello di **M** e quello sottostante il livello di **S**. All'uscita del plugin sarà presente **M** a sinistra e **S** a destra. Per ascoltare il segnale in modalità stereo è necessario effettuare una matrice di decodifica.

- Inserite nello slot successivo della master section il plugin M/S->LR, vedi fig. 6.26.

fig. 6.26 Matrice di decodifica

- Ora è possibile modificare i valori di **M** e **S** in Stereo Tools ascoltando il risultato stereo.

- Cercate di ottenere una figura circolare sul phase meter, mantenendo il valore di correlazione intorno a 0. Verificate sempre il risultato effettuando un ascolto comparativo mono. Utilizzate l'approccio sottrattivo. Se per esempio volete aumentare l'immagine stereo attenuate **M**, non amplificate **S**. Potreste generare distorsioni.

- Per la gestione dell'immagine stereo in **M/S**, è anche possibile usare il plugin MasterRig Limiter di Wavelab.

- Eliminate tutti i plugin caricati in precedenza effettuando il reset della master section, vedi fig. 6.27.

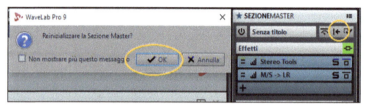

fig. 6.27 Reset Master Section

- Caricate MasterRig inserendo il modulo Limiter.

- Sebbene il plugin sia in effetti un limiter, la sezione a sinistra contiene un processore di immagine **M/S** per la regolazione di livelli del canale centrale e laterale, vedi fig. 6.28.

fig. 6.28 Limiter MasterRig con processore **M/S**

Regolando la sezione Limit su Brickwall con Output a 0.0dB e Release a 3 ms, il limiter verrà disattivato. È possibile disattivare le sezioni Transients e Harmonics (trattate in seguito), lasciando in grigio il relativo pulsante di attivazione. Rimarrà quindi attiva la sezione Balance, con i controlli del livello di **M** e **S**. Sono disponibili anche i pulsanti Solo sui due segnali. In questo modo è possibile ascoltare, su entrambi i diffusori il suono del canale centrale o laterale separatamente.

6.4 RIVERBERI MASTERING

La gestione del fronte stereofonico tramite **M** e **S** è possibile solo se esiste una componente **S**. Nel caso di file mono questo segnale è assente e quindi risulta impossibile ottenere o gestire l'immagine stereo. Sul mercato sono disponibili molti processori e plugin che svolgono la funzione di *Stereoizer*, cioè trasformare un file mono in uno stereo. La maggior parte degli algoritmi utilizzati in questi dispositivi consiste nello sfasamento temporale tra i due segnali identici di un file mono. A volte a questi interventi si aggiunge anche una piccola variazione del pitch, dell'intonazione di uno dei due canali, per minimizzare l'effetto di filtraggio a pettine derivante dalle piccole variazioni di fase tra due segnali in origine identici. In ogni caso il risultato finale è sempre di discutibile qualità e risulta raramente mono-compatibile. Spesso si discute anche sul fatto che certi interventi siano o meno necessari o appropriati al contenuto sonoro. Indipendentemente da tutti questi fattori si può affermare che la creazione di un'immagine stereo consiste nel generare un ambiente virtuale da riprodurre tramite i diffusori acustici. Il processore ideale per questo tipo di elaborazione è quindi un processore di ambiente in grado di generare riverberazioni. Esso è in grado di generare suoni non presenti nel segnale originale e di inviarli all'uscita con uno sfasamento di 90°, la massima ampiezza mono-compatibile. Ovviamente non si tratta di classiche riverberazioni per strumenti o voci ma di un processamento ambientale con caratteristiche tipiche del mastering. In questo tipo di processo bisogna evitare che il segnale aggiunto sia percepito come un riverbero. I parametri da usare saranno quindi:

- assenza di pre-delay e early reflections
- tempi di riverberazione molto corti
- ambienti non troppo grandi
- assenza del damping (attenuazione delle alte frequenze nel tempo).
- filtraggio del segnale in ingresso al processore di ambiente per evitare di riverberare frequenze alle quali l'orecchio è più sensibile.
- usare il riverbero in percentuali ridotte rispetto al segnale diretto.

Questo tipo di elaborazione può essere effettuata in modalità **insert** o **parallela**. Nella Master Section di Wavelab è possibile utilizzare, indipendentemente per ogni effetto, le due modalità sia sul segnale stereo che sui singoli canali, vedi fig. 6.29.

fig. 6.29 Processamento dei canali

Nella modalità **insert il processore di ambiente elabora tutto il segnale in ingresso**. Tramite il parametro mix è possibile scegliere la percentuale di segnale riverberato rispetto a quello originale. In questo modo la percentuale di segnale originale varierà sempre in base a quella del segnale riverberato. Se per esempio si usa il 10% di riverbero, si avrà il 90% di segnale diretto. Se si usa il 5% di riverbero si avrà il 95% di segnale diretto. Il vantaggio del collegamento insert è che, oltre a gestire l'immagine stereofonica, si può anche gestire la simulazione di avvicinamento o allontanamento dell'ascoltatore rispetto alla sorgente sonora, all'interno dell'ambiente. Lo svantaggio è che tutto il segnale, anche quello non processato, transita all'interno del processore ed è sottoposto a calcoli inutili. Oltretutto, il livello del segnale diretto non è mai costante e dipende dalla percentuale di riverberazione, vedi fig. 6.30.

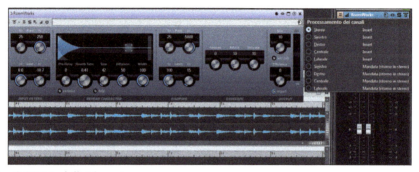

fig. 6.30 Modalità insert

Nella modalità parallela **il segnale originale non viene processato e rimane sempre a livello costante**. Infatti **viene creata una copia del segnale originale e viene inviata al processore (send)**. Normalmente in una configurazione parallela, il parametro mix è impostato su 100% Wet. In questo caso particolare invece, grazie al routing evoluto della master section, il parametro mix del processore determina la sola quantità di segnale riverberato aggiunto al canale non processato, che resta invariato. In seguito saranno trattate le caratteristiche del processamento parallelo *Dry/Wet* e *True parallel*. Il vantaggio di questo tipo di elaborazione è che il percorso del segnale originale verso l'uscita rimane costante e non vengono effettuati calcoli su di esso. Lo svantaggio è che quando si crea una copia di un segnale, sia in ambito digitale che analogico, bisogna essere certi della assoluta coerenza di fase tra il segnale originale e la copia stessa. In caso contrario possono verificarsi fenomeni di cancellazione di fase e comb filtering.

Questo tipo di elaborazione è consigliata quando si vuole preservare al massimo la qualità del segnale originale senza variare mai il livello del segnale diretto, vedi fig. 6.31.

fig.6.31 Processamento parallelo

Nella figura si può notare che il segnale in ingresso al processore è solo il sinistro, poiché i canali **L** e **R** sono identici, inoltre in un segnale mono, **S** non esiste. La master section effettua automaticamente la divisione dei segnali **L** e **R** e invia al processore il segnale **L** per poi elaborare la riverberazione stereo e inviare il segnale agli eventuali effetti successivi. Il processore quindi, genera riflessioni diverse su **L** e **R** a partire dal segnale **M** fornendo un'immagine stereofonica da sommare al segnale mono.

• •

ATTIVITÀ

- Caricate l'esempio **06C**.

• •

ESEMPIO INTERATTIVO 06C – RIVERBERO MASTERING

• •

- Caricate nella master section il preset 06-01 MAST-REV. Il plugin RoomWorks è utilizzato come riverbero per mastering, vedi fig. 6.32.

fig. 6.32 Mastering reverb

- Procedendo da sinistra verso destra notate che:
- nella sezione INPUT FILTERS sono stati attenuati tutti i segnali al di sopra di 1kHz.
- il pre-delay è assente.
- il tempo di riverberazione è ridottissimo.
- nella sezione DAMPING non è stato effettuato alcun filtraggio.

- Nella parte sinistra dello slot del plugin appare il simbolo **L=**. Ciò sta a indicare che solo il segnale del canale sinistro viene processato dal riverbero e che l'uscita stereo del plugin viene inviata sia all'uscita **L** che a quella **R**.

- L'esempio **06C** è un file mono. Ascoltatelo e osservate il phase meter. Notate la linea verticale. Ora aumentate gradualmente il parametro Mix di Roomworks e osservate il phase meter. Osservate come la linea del phase meter si trasforma in una figura dinamica circolare. Variate i parametri del filtro di ingresso, del tempo di riverberazione, del pre-delay e ascoltate il risultato. Cercate di ottenere un'immagine stereo più ampia possibile minimizzando la percezione dell'effetto riverbero, vedi fig. 6.33.

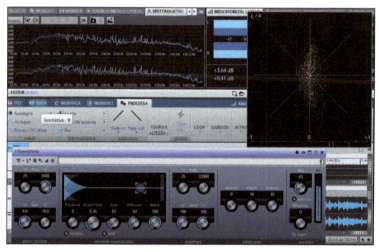

fig. 6.33 Ricostruzione immagine stereo

- Potete eventualmente inserire Stereo Tools e M/S->LR negli slot successivi della master section e rifinire ulteriormente, in **M/S**, l'immagine stereo creata.

- Ricordate sempre di renderizzare il risultato salvando il file con un nome diverso. Salvate anche il preset della master section.

6.5 EQUALIZZAZIONE SPAZIALE

Un'ulteriore tecnica per generare la componente **S** da un segnale mono, consiste nella equalizzazione separata e con parametri diversi tra il canale **L** e **R**. Sebbene anche in questo caso possano presentarsi problemi di mono-compatibilità e comb filtering, a volte questo tipo di processamento viene utilizzato in modalità parallela aggiungendo il segnale risultante stereo filtrato, al segnale **M** in adeguata percentuale. In questo tipo di processamento non bisogna usare la stessa frequenza di taglio nei filtri del canale sinistro e destro. Ciò causerebbe comb filtering e cancellazione di fase. L'equalizzatore MasterRig è in grado di operare sia sul segnale stereo che su **L** e **R** separatamente. In fig. 6.34 un esempio di equalizzazione spaziale in insert.

fig. 6.34 Equalizzazione spaziale con MasterRig

· ·

ATTIVITÀ

- Caricate l'esempio **06C**.

· ·

ESEMPIO INTERATTIVO 06C – EQUALIZZAZIONE SPAZIALE

· ·

- Come nell'attività precedente l'esempio è mono.

- Ora verrà utilizzato MasterRig per generare differenze di contenuto timbrico tra i canali e per processare l'immagine stereo in **M/S**. Ciò è possibile caricando in MasterRig i moduli Equalizzatore e Limiter.

- Caricate nella master section il preset 06-02 STEREO-EQ.

- Notate che i filtri dell'equalizzatore sono regolabili in modo diverso per i canali L e R. Questa modalità è selezionabile tramite le frecce bianche nell'area della banda, vedi fig. 6.35.

fig. 6.35 Parametri indipendenti per L e R

- Notate che ogni filtro opera delle piccole variazioni su frequenze differenti per L e R. Ciò genera una differenza di segnale tra i canali creando un'immagine stereo artificiale, vedi fig. 6.36.

fig. 6.36 Equalizzazione spaziale

- Notate anche il secondo modulo <u>Limiter</u> utilizzato per processare il segnale in **M/S**, vedi fig. 6.37.

fig. 6.37 Limiter

- Ascoltate prima la versione originale dell'esempio **06C** selezionando il bypass della master section, vedi fig. 6.38.

fig. 6.38 Bypass

- Ora attivate la master section e ascoltate il risultato.

- Sperimentate valori diversi in attenuazione o amplificazione su bande diverse e canali diversi senza stravolgere troppo il contenuto del mix. Effettuate sempre il confronto mono.

- Utilizzate i controlli **M/S** del limiter solo dopo aver trovato una regolazione ottimale dell'equalizzatore.

VERIFICA • TEST A RISPOSTE BREVI (max 30 parole)

1) Se un segnale stereo è sbilanciato a destra, per bilanciarlo attenuereste il canale destro o amplifichereste il sinistro?

2) Cosa bisogna variare per riallineare in fase due segnali sfasati di 180° L'ampiezza, la frequenza, la posizione temporale di uno dei due segnali?

3) Qual è la maggiore deviazione di fase, in gradi, tra due segnali affinché sia assicurata la mono-compatibilità?

4) Un segnale **M/S** in cui è assente la componente **S** è mono-compatibile?

5) Un segnale **M/S** in cui è assente la componente **M** è mono-compatibile?

6) Un segnale stereo visualizzato sul phase meter come una linea orizzontale, è mono-compatibile?

7) Se un segnale stereo ha un'immagine stereofonica ridotta, aumentereste **M** o **S** per allargare il fronte stereo?

8) Sommando **M** e **S** e attenuando di 3dB il segnale risultante, che segnale si ottiene?

9) Sottraendo **R** a **L** e attenuando di 3dB il segnale risultante, che segnale si ottiene?

10) Per effettuare processamenti di mastering reverb, può essere utilizzato qualsiasi tipo di plugin di riverberazione?

11) Come deve essere regolato il parametro *Damping* di un riverbero utilizzato nel mastering?

12) Nell'equalizzazione differenziata spaziale che valore di Q è preferibile impostare nei vari filtri? Grande o piccolo?

GLOSSARIO

Diagramma Polare, Polar Pattern
Riferito generalmente a un microfono rappresenta, in base alla tipologia dello stesso, l'area di sensibilità del microfono ai suoni proveniente lateralmente, intorno, posteriormente o frontalmente

Equalizzazione spaziale
Tecnica di spazializzazione che consiste nel filtrare in modo differente i canali identici L e R di un segnale mono, per ottenere un'immagine stereo

Insert
Tipologia di collegamento di un dispositivo in serie al segnale. Il segnale viene processato interamente dal dispositivo

Mastering Reverb, Riverbero per Mastering
Processore di ambiente utilizzato per creare, a partire dal segnale mono, un'immagine stereo da sommare al segnale mono. La caratteristica del mastering reverb è quella di non essere utilizzato come riverbero ma come dispositivo di spazializzazione

Pan
Posizionamento di un segnale nell'immagine stereofonica da sinistra a destra

Parallel, Send
Tipologia di collegamento di un dispositivo in parallelo al segnale. Il segnale originale non viene processato. Il dispositivo processa una copia del segnale ottenuta tramite una mandata, send. L'uscita del segnale processato dal dispositivo è poi miscelata al segnale originale

M, Mid, Mono
Segnale presente nella codifica M/S. Rappresenta la parte centrale dell'immagine stereo e corrisponde alla metà della somma di L e R

MPX, Multiplex
Tecnologia che consente di modulare più segnali contemporaneamente su un singolo segnale radio, cavo o fibra ottica

M/S, Mid-Side, Mono-Stereo
Codifica di un segnale stereo basata sulla somma e differenza di segnali. Si può scomporre il segnale in componente mono e stereo o ricavare i canali L e R da un segnale M/S

S, Side, Stereo
Segnale presente nella codifica M/S. Rappresenta la parte laterale dell'immagine stereo e corrisponde alla metà della differenza tra L e R

Width
Ampiezza dell'immagine stereofonica

7
PROCESSAMENTO DINAMICO

CONTRATTO FORMATIVO

PREREQUISITI PER IL CAPITOLO
- Contenuti dei capitoli 1-6

OBIETTIVI
Conoscenze
- Conoscere le caratteristiche del processamento dinamico e i relativi parametri
- Conoscere i procedimenti di discriminazione di ampiezza e inviluppo
- Conoscere le tipologie di elaborazione dinamica: attiva, passiva
- Conoscere le tipologie di processori dinamici: compressori, expander, limiter, gate, transient designer
- Conoscere i procedimenti di trattamento dinamico multibanda e di equalizzazione dinamica

Abilità
- Saper analizzare e valutare il tipo di trattamento dinamico da utilizzare nel mastering
- Utilizzare i plugin di elaborazione dinamica downward e upward
- Utilizzare i transient designer
- Utilizzare i processori dinamici per ottenere il livello di loudness desiderato minimizzando il degrado del segnale

CONTENUTI
- Analisi del range dinamico
- Processori downward e upward
- Processori multibanda
- Applicazioni specifiche del processamento dinamico

TEMPI - Cap. 7
Autodidatti
Per 200 ore globali di studio individuale: ca. 20 ore
Corsi
Per un corso globale di 40 ore in classe + 80 di studio individuale:
ca. 6 ore frontali + 2 ore di feedback - ca. 8 ore di studio individuale

ATTIVITÀ
- Esempi interattivi

VERIFICHE
- Test a risposte brevi

SUSSIDI DIDATTICI
- Glossario

Premessa e concetti di base

Uno degli interventi più delicati e complessi in fase di mastering è la gestione del range dinamico. Molto spesso ciò si traduce in un grossolano aumento del volume percepito, trascurando completamente il rapporto tra i vari momenti dell'esecuzione. Anche se necessario, il trattamento dinamico dovrebbe rispettare gli equilibri dinamici del brano pur consentendo un ascolto ottimale su gran parte dei sistemi di riproduzione. Gli strumenti utilizzati per queste elaborazioni sono definiti processori di dinamica e agiscono controllando il livello del segnale in ingresso e variando il rapporto tra il livello in ingresso e il livello in uscita. Questa operazione è effettuata variando il gain, il guadagno di un amplificatore di segnale. Se il guadagno è negativo, il segnale viene attenuato. Se il guadagno è positivo il segnale viene amplificato. La funzione di un processore dinamico è rappresentata su un sistema di assi cartesiani in cui viene rappresentato il livello di uscita sull'asse verticale e quello di ingresso sull'asse orizzontale, vedi fig. 7.1.

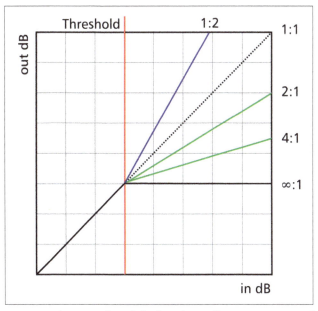

fig. 7.1 Rappresentazione grafica della funzione di un processore dinamico

Il compito di un processore dinamico è quello di modificare la differenza tra il livello più alto e quello più basso del segnale, la dinamica, appunto. Come visto nei capitoli precedenti, a parità di livello, dinamica e volume sono inversamente proporzionali. Cioè, il segnale con dinamica minore ha il volume maggiore, vedi fig. 4.75.

Si possono utilizzare vari tipi di elaborazioni per modificare la dinamica di un segnale, i principali sono:

Compressione

La compressione della dinamica determina la **riduzione della differenza di livello tra il valore più alto ed il valore più basso di un segnale**. Come tutti i processamenti dinamici, viene utilizzata in molti ambiti come: mixing, mastering, broadcasting, noise reduction. Nel caso del mastering è usata per controllare il volume percepito, il livello RMS del suono. In fig. 7.2, è rappresentato un segnale e il relativo picco più alto (Highest Peak), picco più basso (Lowest Peak), e dinamica (Dynamic Range). In rosso, un picco più elevato rispetto alla media degli altri picchi (High Peak Average). In giallo viene rappresentato il volume medio (RMS). Questo corrisponde alla superficie occupata dall'onda. Maggiore è l'area, maggiore è l'energia dell'onda e il valore RMS.

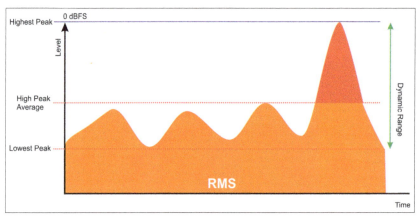

fig.7.2 Segnale non compresso

Effettuando una riduzione del guadagno (Gain Reduction) nell'area del picco rosso, si ottiene una riduzione della dinamica, vedi fig. 7.3.

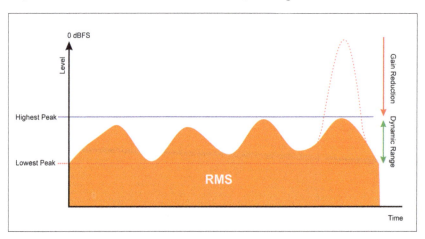

fig. 7.3 Segnale compresso

Il segnale originale aveva un livello massimo uguale al picco rosso. Dopo la compressione è possibile aumentare di nuovo il guadagno fino a tale valore, ottenendo un aumento del valore RMS, l'area gialla, vedi fig. 7.4.

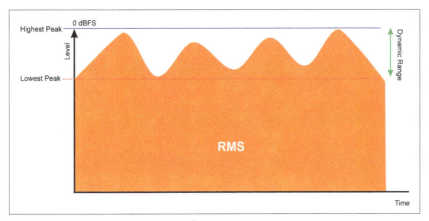

fig. 7.4 Segnale compresso e amplificato

• •

ATTIVITÀ

- Caricate l'esempio **07A**.

• •

ESEMPIO INTERATTIVO 07A – SEGNALE NON COMPRESSO

• •

- Anche in questa attività il livello di regolazione del sistema di ascolto deve rimanere invariato durante l'ascolto dei vari esempi.
- Ascoltate il brano, osservate i meter e prendete nota del livello di picco e RMS. Potete anche usare l'opzione di analisi globale off-line per acquisire dati più precisi. Cercate di memorizzare il loudness percepito. L'esempio **07A** proviene da un mix effettuato senza l'uso di compressione e può essere paragonato al segnale di fig. 7.2.
- Caricate l'esempio **07C**.

• •

ESEMPIO INTERATTIVO 07C – SEGNALE COMPRESSO

• •

- Non modificate il livello del sistema di ascolto.
- Ascoltate il brano, osservate i meter e prendete nota del livello di picco e RMS. Potete anche usare l'opzione di analisi globale offline per acquisire dati più precisi. Confrontate il loudness percepito rispetto a quello dell'esempio **07A**. Potete aprire contemporaneamente i due esempi e passare da uno all'altro durante l'ascolto. L'esempio **07C** proviene da un mix effettuato con l'uso di compressione e può essere paragonato al segnale di fig. 7.4. È evidente l'incremento del loudness generato dal processamento dinamico.

Espansione

L'espansione della dinamica **determina l'aumento della differenza tra il valore più alto e il valore più basso di un segnale**. È un processo molto utilizzato nel restauro audio per la riduzione del rumore di fondo, come pure in ogni elaborazione dedicata al controllo della componente ambientale del suono rispetto a quella diretta. A parità di livello, dinamica e volume sono inversamente proporzionali. È chiaro quindi che l'espansione della dinamica determina, in questo caso, una diminuzione del volume percepito. In fig. 7.5 è mostrato un processo di espansione per la riduzione del rumore di fondo. È rappresentato il range dinamico del segnale prima (Original) e dopo l'espansione (Expanded). In grigio è rappresentato il livello del rumore di fondo (Noise). L'esempio si riferisce al caso in cui il rumore è mascherato, (vedi paragrafo 9.1).

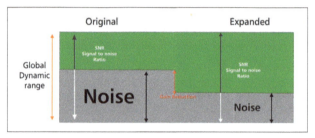

fig. 7.5 Segnale espanso

• •

ATTIVITÀ

- Caricate l'esempio **07D**.

• •

 ESEMPIO INTERATTIVO 07D – SEGNALE CON RUMORE

• •

- Anche in questa attività il livello di regolazione del sistema di ascolto deve rimanere invariato durante l'ascolto dei vari esempi.

- Ascoltate il brano. Notate che è presente del rumore di fondo su tutto il brano. Il rumore è più evidente all'inizio e alla fine del brano, dove c'è silenzio.

- Regolate il volume del sistema di ascolto per rendere percepibile il rumore.

- Potete usare la funzione Loop , tasto ⌷⃥ , per selezionare la parte dell'onda con il solo rumore e ascoltarla in ciclo continuo, vedi fig. 7.6.

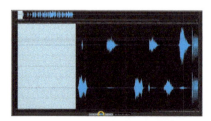

fig. 7.6 Funzione Loop

- Caricate l'esempio **07E**.

ESEMPIO INTERATTIVO 07E – SEGNALE ESPANSO

- Ascoltate il brano. Notate che il rumore di fondo è assente. Per ottenere questo risultato è stato usato un expander nel processamento del suono. In seguito verranno trattati e approfonditi i particolari relativi al routing e alla regolazione dei parametri. In effetti il rumore è ancora presente nei passaggi forti ma è mascherato dal suono. Durante i passaggi a basso livello l'expander riduce il guadagno del segnale minimizzandone la percezione.

I parametri principali di un processore dinamico sono:

Threshold, Soglia

Questo valore **rappresenta il livello di discriminazione del processore. In base al tipo di processore, se il segnale in ingresso si trova al di sopra o al di sotto di tale valore, avviene la modifica del guadagno**. Per analizzare il livello di ingresso, si usa un circuito definito **peak detector**, vedi fig. 7.7.

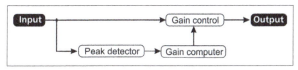

fig. 7.7 Circuiti di base di un processore dinamico

ATTIVITÀ

- Caricate l'esempio **07B**.

ESEMPIO INTERATTIVO 07B – THRESHOLD

- Modificate le proprietà del file da 24 bit a 32 float tramite l'opzione in basso a destra della finestra, vedi fig. 7.8.

fig. 7.8 Modifica proprietà

- Salvate il file con un nome a vostra scelta, per esempio **07B** 32 bit. L'aumento di bit in questa fase non modifica la qualità del segnale. I bit di risoluzione del file sono 24, tuttavia le operazioni di calcolo all'interno di Wavelab sono effettuate in virgola mobile. Da questo momento in poi tutte le volte che il file verrà salvato e modificato conserverà la risoluzione 32 bit floating point con precisione più elevata.

- Tutti gli esempi utilizzati in questo capitolo, costiuiscono un riferimento puramente indicativo. In questo campo, il processamento del suono, non esistono valori e regolazioni dei parametri standard. Ogni brano, ogni segnale, ogni suono registrato o riprodotto ha caratteristiche uniche e particolari. La stessa regolazione dei parametri di un compressore può migliorare il suono di un brano, e allo stesso modo distruggere quello di un altro. Non esistono quindi trucchi o regolazioni di riferimento. L'analisi, l'ascolto, l'esperienza e la conoscenza dei concetti sono l'unico metodo valido per il raggiungimento di buoni risultati.

- Caricate nella master section il preset <u>07-02 THRS</u>, vedi fig. 7.9.

fig. 7.9 Threshold

- Variate il valore del controllo <u>Threshold</u> del compressore. Osservate il meter principale di Wavelab. Notate la diminuzione del segnale direttamente proporzionale all'abbassamento del livello di soglia.

- Usate il controllo <u>Make-Up</u> per portare il segnale compresso allo stesso livello del segnale non processato, quello con Threshold a 0.0.

- Osservate i meter IN (ingresso), GR (gain reduction) e OUT (uscita) del compressore. Notate come il GR aumenta al variare del valore Threshold. Notate come il livello OUT diminuisce al variare del valore Threshold.

- Usate la funzione <u>Bypass</u> della master section per confrontare il livello del segnale compresso rispetto a quello del segnale non compresso.

- Notate come al variare del valore di soglia si creano differenze nel rapporto tra suono diretto e suono ambientale.

- Notate come al variare del parametro vengono modificati i suoni con attacco rapido come cassa, rullante etc.

- Osservate il meter di Wavelab. Notate come, a parità di livello di picco, il segnale compresso ha un livello RMS maggiore di quello non compresso.

- Finora è stato variato un solo parametro, la soglia. Immaginate quindi come sia complesso il processamento dinamico quando molti parametri interagiscono nella modifica del suono. La variazione di uno solo di essi porta a riconsiderare le regolazioni di tutti gli altri.

Ratio, Rapporto

Il rapporto è espresso come una frazione, o una divisione in dB, **tra il segnale in ingresso (Input) e quello in uscita (Output)**. Un rapporto di **4:1** indica che, se il segnale in ingresso supera in alto, o in basso, il valore di soglia, **ogni 4dB in ingresso si avrà 1dB in uscita**[22]. In questo caso si effettua una **riduzione del guadagno**. Con ratio di **1:2**, se il segnale è oltre il valore di soglia, **per ogni dB in ingresso si avranno 2dB in uscita**. In questo caso si effettua un **aumento del guadagno**. Quando il peak detector ha calcolato il livello del segnale in ingresso, il **gain computer** lo confronta con il livello di soglia, e **calcola la quantità di amplificazione o attenuazione da applicare al segnale in base al ratio**, vedi fig. 7.7.

. . . .

ATTIVITÀ

-   Caricate l'esempio **07B**.

. . . .

ESEMPIO INTERATTIVO 07B – RATIO

. . . .

-   Modificate le proprietà del file da 24 bit a 32 float e salvatelo con un nuovo nome.
-   Caricate nella master section il preset <u>07-03 RATIO</u>, vedi fig. 7.10.

fig. 7.10 Preset 07-03 RATIO

-   Variate il valore del controllo <u>Ratio</u> del compressore. Osservate il meter principale di Wavelab. Notate la diminuzione del livello del segnale direttamente proporzionale all'aumento del ratio.
-   Usate il controllo <u>Make-Up</u> per portare il segnale compresso allo stesso livello del segnale non processato, quello con Threshold a 0.0.
-   Osservate i meter IN (ingresso), GR (gain reduction) e OUT (uscita) del compressore. Notate come il GR aumenta aumentando il valore ratio. Notate com il livello OUT diminuisce aumentando il ratio.
-   Usate la funzione <u>Bypass</u> della master section per confrontare il livello del segnale compresso rispetto a quello del segnale non compresso.

---

[22] Un ratio di 2:1 non dimezza il segnale in uscita. Fa semplicemente transitare 1 dB ogni 2 dB in ingresso. La metà di un segnale è infatti -6 dB. Se il ratio è 2:1 il dimezzamento del segnale avviene solo se il livello di ingresso supera di 12 dB il livello di threshold.

- Variate il parametro threshold. Provate a sperimentare valori bassi di threshold (-50dB), insieme a bassi livelli di ratio (1,5:1). In questo modo il compressore inizierà a lavorare a livelli molto bassi di segnale ma con un ratio minimo. Usate sempre il make-up gain per portare il livello del segnale compresso allo stesso livello dell'originale. Il risultato sarà una compressione che interessa l'intero range dinamico ma molto graduale, minima e poco percepibile.

- Usate la funzione <u>Render</u>, <u>Renderizza</u> per salvare un nuovo file che contenga i processamenti applicati, vedi fig. 7.11.

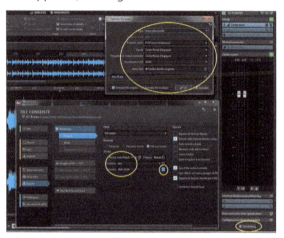

fig. 7.11 Renderizzazione

- Tramite la renderizzazione è possibile scegliere il nome del file da creare, la posizione sul disco, il formato e tutti i dati accessori alla catalogazione del file. È importante ricordare che solo la renderizzazione consente di applicare il processamento al file creato. Il salvataggio del file con un altro nome consente solo di salvare una copia del file originale senza le modifiche apportate tramite la master section. È comunque possibile salvare il preset della master section unitamente al file. In questo caso quando il file viene aperto verrà caricato nella master section il relativo preset, vedi fig. 7.12.

fig. 7.12 Salvataggio del preset insieme al file

- Ora usate alti livelli di threshold (-8dB), e alti livelli di ratio (7:1). Usate il make- up gain per portare il livello del segnale compresso allo stesso livello dell'originale. Cercate di ottenere lo stesso livello di loudness del caso precedente. In questo caso la compressione interesserà una piccola parte del range dinamico, ma sarà elevata, improvvisa e percepibile. Renderizzate il file con un nuovo nome e confrontatelo con quello creato in precedenza.

- Entrambi i procedimenti sperimentati rappresentano aspetti diversi del processamento dinamico. L'uno non è migliore dell'altro e la loro applicazione dipende dal materiale di partenza e dal risultato desiderato. Per la compressione di un brano di musica classica o in tutti i casi in cui si vuole minimizzare la percezione dell'intervento dinamico si può usare il primo sistema. Per il mastering di una produzione pop in cui si vuole ottenere un suono vintage, che ricorda l'uso di hardware analogico e registratori a nastro, con elevati livelli RMS, si può usare il secondo.

• •

Attack, Tempo di attacco

Il tempo di attacco indica **la velocità con cui il processore effettua la modifica del guadagno**. In caso di compressione, con tempi di attacco lenti, i suoni percussivi o molto brevi transiteranno pressoché intatti verso l'uscita del processore. Il processore non sarà abbastanza rapido da modificare l'ampiezza dei transienti. Tempi di attacco veloci modificheranno invece il guadagno dei suoni con inviluppo molto rapido, come per esempio gli strumenti a percussione. In questo caso la modifica del guadagno avviene velocemente dopo il superamento della soglia, vedi fig. 7.13.

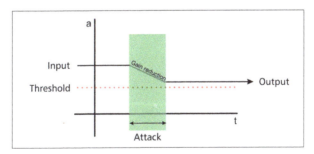

fig. 7.13 Esempio di compressione nella fase di attacco

Nella figura 7.13 è rappresentata in verde la durata del tempo di attacco. Tempi di attacco molto rapidi sono usati in fase di mix per il trattamento dei suoni percussivi o per comprimere efficacemente la dinamica della voce. In fase di mastering, tuttavia, si preferisce l'uso di tempi lunghi. La modifica rapida del guadagno in un brano già mixato e completo di tutti gli strumenti, porta facilmente alla comparsa del già citato effetto pompaggio, *pumping*. Ciò causa sgradevoli e improvvise variazioni della componente ambientale (riverberi e suoni lunghi). Anche se con tempi molto rapidi è più facile ottenere un incremento del volume, in fase di mastering è opportuno utilizzare valori temporali lunghi e ottenere l'aumento del volume in modo graduale.

ATTIVITÀ

- Caricate l'esempio **07B**.

●●●

ESEMPIO INTERATTIVO 07B – ATTACK

●●●

- Modificate le proprietà del file da 24 bit a 32 float e salvatelo con un nuovo nome.
- Caricate nella master section il preset 07-04 ATTACK.
- Ascoltate l'esempio e modificate gradualmente il valore del parametro Attack, vedi fig. 7.14.

fig. 7.14 Parametro Attack

- Notate come si modifica il livello del suono ambientale, variando il valore di attacco. La variazione è più percepibile all'inizio del brano.
- Notate come varia il livello dei suoni percussivi, cassa, rullante, variando il valore di attacco. A parità di ratio e threshold il parametro attack può modificare in modo determinante il suono di questi segnali.
- Ancora una volta appare chiaro come con l'aumentare dei parametri in gioco, la complessità nell'analisi e la loro regolazione cresce in modo esponenziale. Spendete molto tempo nella sperimentazione e l'ascolto con gli esempi forniti. In seguito potrete utilizzare del materiale a vostra scelta, applicando le conoscenze e l'esperienza acquisita durante lo studio.

●●●

Release, Tempo di rilascio

Il release corrisponde al **tempo impiegato dal processore per interrompere la modifica del guadagno**. Quando il ratio è diverso da 1:1, il release modifica il comportamento del controllo del gain control sia quando il segnale va oltre il livello di soglia, sia quando rientra nei limiti. Nel caso di segnali che oltrepassano la soglia, il release modifica il modo in cui il gain control passa da una variazione alta ad una bassa del guadagno. Nel caso in cui il segnale rientri nei limiti di soglia, il release controlla il tempo necessario alla cessazione della modifica del gain. Per semplificare i concetti, nelle immagini seguenti sarà considerata solo quest'ultima eventualità, pur sapendo che il release estende la sua azione anche ai segnali che superano il livello di soglia. Release molto rapidi consentono un maggiore incremento del volume ma modificano in modo radicale il rapporto tra suoni in primo piano e suoni di ambiente.

Come per il tempo di attacco, in fase di mastering si preferiscono tempi lunghi. In caso di elaborazioni per la riduzione del rumore di fondo, si possono invece utilizzare tempi veloci, per attenuare immediatamente il rumore in assenza di segnale, vedi fig. 7.15.

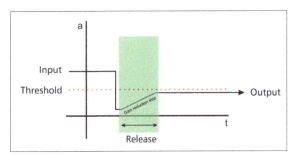

fig. 7.15 Esempio di compressione nella fase di rilascio

Se viene impostato un release lento, la riduzione della modifica del guadagno o il ritorno del guadagno al livello unitario (nessuna modifica del guadagno, gain reduction stop) sarà graduale e l'intervento del processore meno percepibile. Può accadere però che un segnale in ingresso molto rapido, oltre il livello di soglia, causi una modifica improvvisa del guadagno. In questo caso il release lento non consente al gain control di modificare subito il guadagno alla fine del picco. Quindi la modifica del guadagno proseguirà anche dopo che il segnale rapido in ingresso è cessato, causando una variazione percepibile del livello globale del segnale. Con segnali molto rapidi, sarebbe consigliato un tempo di rilascio rapido, in modo da non variare il guadagno dei segnali che non superano la soglia. Nel caso di segnali lenti e costanti che oltrepassano la soglia, il release rapido causa però una continua oscillazione del suono ambientale causando l'effetto pumping. In presenza di segnali dalla dinamica complessa, come quelli elaborati nel mastering e nella post-produzione di mix finali, la condizione ideale sarebbe utilizzare tempi di rilascio rapidi con segnali impulsivi in ingresso e utilizzare invece tempi di rilascio lunghi per quelli graduali e costanti. Molto spesso si opta per la scelta di un valore intermedio che consenta un degrado minimo del segnale. Alcuni processori possiedono una funzione di **Auto Release Time** o **Auto Recovery**. Il circuito di Auto Recovery **analizza l'inviluppo del segnale in ingresso** e **regola di conseguenza il tempo di rilascio** in modo continuo, impostando sempre il valore adatto alla natura del segnale in ingresso. In fig. 7.16 il compressore di Wavelab con la funzione Auto release

fig. 7.16 Auto release

ATTIVITÀ

- Caricate l'esempio **07B**.

 ESEMPIO INTERATTIVO 07B – RELEASE

- Modificate le proprietà del file da 24 bit a 32 float e salvatelo con un nuovo nome.
- Caricate nella master section il preset <u>07-05 RELS</u>.
- Selezionate una parte dell'introduzione e attivate la funzione <u>Loop</u> per ascoltarla in ciclo continuo, vedi fig. 7.17.

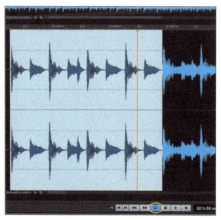

fig. 7.17 Riproduzione in loop

- Modificate gradualmente il parametro <u>Release</u>, vedi fig. 7.18.

fig. 7.18 Release

- Notate come il suono ambientale viene modificato in livello e timbro in base alla regolazione effettuata. In unione al parametro attack il release può essere utilizzato per *modellare* in modo accurato il suono, bilanciando nel modo desiderato il rapporto tra suoni percussivi e suoni ambientali.
- Notate che con tempi di release rapidi si ottiene un incremento di loudness maggiore rispetto all'uso di tempi lenti.

- Provate a utilizzare la funzione di auto-recovery e verificatene l'efficacia ponendo la vostra attenzione sui suoni percussivi (cassa e rullante) e su quelli continui (il suono synth pad di sottofondo).

- Provate ora a modificare tutti i parametri studiati finora e analizzate il modo in cui interagiscono.

- Con l'incremento del numero dei parametri aumentano le variabili da controllare e calcolare. In questa fase non bisogna essere frettolosi e approssimativi. Utilizzate tutto il tempo necessario per analizzare il suono, regolare i parametri, ascoltare i risultati.

• •

Knee, curva di intervento

In un processore dinamico, il circuito che si occupa della modifica del guadagno, il **gain control**, opera in modo costante in base ai parametri di threshold e ratio. Quando il segnale va oltre il livello di soglia, il gain control opera la modifica del guadagno in modo sempre costante. Se il ratio è 3:1 ogni qualvolta il segnale supera la threshold si avrà 1dB in uscita per ogni 3dB in ingresso. Se il ratio è molto alto, per esempio 6:1, ci sarà una notevole differenza di livello tra il segnale elaborato dal processore dinamico e quello in ingresso. Questa differenza può dar luogo a fenomeni indesiderati, come il pumping, oppure può far percepire in modo evidente la presenza del processore dinamico, cosa da evitare nel mastering. Alcuni dispositivi evoluti, oltre ai classici parametri di ampiezza (ratio, threshold) e tempo (attack, hold, release) possiedono il controllo **Knee**. In base alla regolazione *soft* o *hard* di tale parametro, **si può modificare il modo in cui opera il gain control con segnali vicini al livello di threshold**. Se il parametro è impostato su hard, il processore opera in modalità classica, modificando il gain in modo costante. Con l'impostazione soft, invece, il gain control inizierà a comprimere con ratio inferiore a quella impostata i segnali vicini al livello di threshold ma che ancora non hanno superato tale soglia. Il ratio verrà gradualmente aumentato fino a raggiungere il livello impostato, solo dopo che il segnale ha superato la threshold. In questo modo l'intervento del processore è molto più graduale e il degrado del segnale è minimo. In fig. 7.19, in verde la curva Hard e in blu quella Soft.

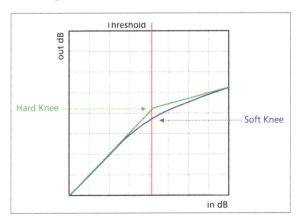

fig. 7.19 Knee

TIVITÀ

- Caricate l'esempio **07B**.

● ●

ESEMPIO INTERATTIVO 07B – KNEE

● ●

- Modificate le proprietà del file da 24 bit a 32 float e salvatelo con un nuovo nome.
- Caricate nella master section il preset 07-06 KNEE.
- Selezionate la parte finale del file, dove è presente solo il suono synth e una piccola coda del delay della voce, vedi fig. 7.20.

fig. 7.20 Selezione coda

- Attivate il parametro Soft Knee e ascoltate le differenze. Il valore di soglia è impostato su un valore vicino al livello del suono pad. Con il soft knee attivo il livello globale è più unifome senza brusche variazioni.
- Le sfumature di suono sono ora meno evidenti, più difficili da percepire, ma è proprio grazie a piccoli interventi, variazioni minime, che si creano sul risultato finale risultati evidenti. A questo punto il vostro udito e la vostra capacità di analisi saranno migliorati e sarete in grado di apprezzare le differenze.
- Provate a selezionare diverse regioni del brano e ascoltatele in loop. La parte iniziale con la sola batteria, la parte con la sezione ritmica senza voce, la parte con solo basso e batteria, la parte finale con delay e synth. Sperimentate tutto quanto avete appreso finora, applicando le vostre esperienze su tipi di segnali diversi.

● ●

Peak-RMS

Tramite questo parametro, si imposta la modalità di analisi del peak detector. In modalità peak, il peak detector analizza il livello di ingresso per ogni singolo istante di tempo. Ogni minima variazione rispetto all'impostazione di soglia, verrà quindi rilevata ed elaborata. Il processore dinamico controlla quindi il livello del segnale. Nella modalità RMS l'analisi avviene effettuando la media dei valori rilevati in un intervallo di tempo. In questo caso il processore controlla il volume del segnale. A volte è possibile anche variare l'ampiezza della finestra di tempo dell'analisi RMS tramite un controllo continuo del parametro. In fig. 7.21 il compressore di Wavelab con controllo continuo Peak-RMS

fig. 7.21 Peak-RMS

• •

ATTIVITÀ

- Caricate l'esempio **07B**.

• •

ESEMPIO INTERATTIVO 07B – PEAK-RMS

• •

- Modificate le proprietà del file da 24 bit a 32 float e salvatelo con un nuovo nome.
- Caricate nella master section il preset 07-07 PEAK.
- Ricordate di disattivare la visualizzazione in modalità AES17, vedi paragrafo 3.10.
- Selezionate in loop una piccola sezione dell'intro con la sola batteria e ascoltate.
- Il parametro Peak-RMS è impostato su 100, completamente a destra, sul valore RMS pieno. Ciò significa che il processore effettua la media dei valori per determinare se il segnale di ingresso è superiore o inferiore al livello di soglia. Il comportamento del processore sarà quindi molto lento e poco reattivo. In questo caso non ci saranno improvvise variazioni di livello. L'effetto del processamento sui segnali impulsivi sarà minimo, vedi fig. 7.22.

fig. 7.22 RMS 100%

- Ascoltate il brano. Anche se il segnale è compresso i suoni percussivi sono ancora ben percepibili.

- Osservate il meter di Wavelab, il fattore di cresta massimo raggiunto durante l'ascolto di questa sezione è circa 17, vedi fig 7.23.

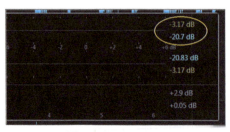

fig. 7.23 Fattore di cresta alto

- Impostate il parametro Peak-RMS su 0. Ora il processore analizza in modo continuo e istantaneo il segnale. Reagisce molto rapidamente alle variazioni di livello e fa sentire in modo evidente la sua presenza. I suoni percussivi sono attenuati e il loro livello non è molto diverso da quelli continui del pad e dell'ambiente. Il brano perde presenza e incisività.

- Osservate il meter. In questo caso il fattore di cresta è circa 14, vedi fig. 7.24.

fig. 7.24 Fattore di cresta basso

- Il loudness è quindi più elevato. Se effettuate due rendering del file con le diverse regolazioni e normalizzate il livello di picco a 0dBFS, percepirete una notevole differenza di volume tra l'uno e l'altro. Il file con la regolazione a 0 avrà un loudness maggiore di quello con l'impostazione a 100.

- Si può dedurre che tempi di analisi lenti rendono il processamento meno percepibile, più graduale, ma non consentono di raggiungere loudness elevato. Al contrario tempi di analisi brevi o nulli consentono il raggiungimento di loudness elevato, ma compromettono l'integrità dei segnali impulsivi e dei suoni percussivi.

- Unite questa esperienza alle precedenti. Cercate di individuare in ogni segnale o brano il compromesso più adatto nella regolazione dei parametri. Ricordate che non esiste un set di impostazioni valido per ogni situazione. Analizzate, valutate, operate, ascoltate. È solo questo il modo corretto per raggiungere i risultati desiderati.

Hold

Quando si utilizzano tempi di attacco e release molto rapidi, può accadere che le code dei suoni con frequenza molto bassa, e forma d'onda molto lunga, siano bruscamente attenuate. In questo caso si può inserire una quantità di **ritardo tra il ritorno del segnale entro i livelli di soglia e l'inizio del release**. Questa funzione è definita **Hold** e serve a minimizzare l'effetto pumping in caso di regolazioni estreme dei parametri temporali.

Il tempo di ritardo dovrà essere, in millisecondi, di poco superiore al periodo della frequenza più bassa presente nel segnale.

Il **periodo T** è il tempo impiegato da un'onda per compiere un ciclo completo $T = \dfrac{1}{f}$ in cui **f** è la frequenza in Hertz e **T** è il tempo in secondi. Se per esempio la frequenza più bassa del segnale è 100Hz, il parametro hold va impostato su un valore superiore a 0,01 secondi, cioè 10 millisecondi. In fig. 7.25 il compressore di Wavelab con parametro Hold.

fig. 7.25 Hold

. . . .

ATTIVITÀ

- Caricate l'esempio **07F**.

. . . .

ESEMPIO INTERATTIVO 07F – HOLD

. . . .

- Modificate le proprietà del file da 24 bit a 32 float e salvatelo con un nuovo nome.
- Caricate nella master section il preset <u>07-08 HOLD</u>.
- Ascoltate il brano e modificate gradualmente la regolazione del parametro <u>Hold</u>.
- Notate come la definizione e la presenza delle basse frequenze sia maggiore con regolazioni diverse da 0. Ovviamente, maggiore sarà la quantità di ritardo applicata e minore la riduzione della dinamica ottenuta. Compensate con il make-up gain le differenze di livello. Effettuate rendering di varie versioni e confrontate i risultati.

. . . .

Side chain

Il peak detector di un processore dinamico **analizza il segnale in ingresso al processore** stesso per determinare l'entità di modifica del guadagno (modalità **Self**). È possibile **inviare al peak detector il segnale di un'altra sorgente e fare in modo che la modifica del guadagno avvenga in base alle variazioni di livello della sorgente esterna**. Questo tipo di **routing** (**collegamento**) è definito **side chain**, vedi fig. 7.26.

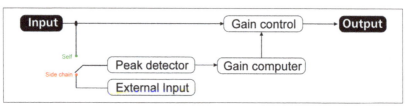

fig. 7.26 Collegamento side chain

Il collegamento side chain è usato spesso nel mixing, in presenza di tracce con contenuti in frequenza simili. Per esempio cassa e basso, oppure chitarra elettrica e voce. In questo caso c'è la possibilità che si crei del mascheramento tra i suoni diminuendone l'intelligibilità. Tramite il side chain è possibile, inserire un processore dinamico sul basso elettrico facendo in modo che il controllo del guadagno sia effettuato analizzando il livello della cassa della batteria (kick). In questo modo il suono della cassa sarà sempre definito poiché, ogni volta che basso e cassa suonano contemporaneamente, il livello del basso viene leggermente attenuato, vedi fig. 7.27.

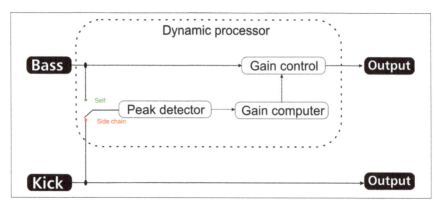

fig. 7.27 Collegamento side chain tra cassa e basso

Il side chain può essere effettuato utilizzando come segnale di controllo lo stesso segnale in ingresso, opportunamente filtrato. È il caso di un mix in cui si desidera che la modifica del guadagno avvenga in presenza dei picchi della voce e non della cassa della batteria. In questo caso si può filtrare il segnale eliminando le frequenze basse e usare il segnale risultante per controllare il guadagno. In fig. 7.28 il compressore MasterRig usato in configurazione full band con side chain regolato sulle frequenze medie.

fig. 7.28 Compressore MasterRig con side chain

Nel mastering il side chain è raramente usato poiché, tranne nel mastering con stem (vedi capitolo11), la traccia interessata è sempre una. In questo caso però, può essere utilizzato per preservare la parte ritmica e percussiva del brano.

• •

ATTIVITÀ

- Caricate l'esempio **07B**.

• •

ESEMPIO INTERATTIVO 07B – SIDE CHAIN

• •

- Modificate le proprietà del file da 24 bit a 32 float e salvatelo con un nuovo nome.

- Caricate nella master section il preset 07-09 SIDECHAIN.

- Nel primo slot della master section è inserito il plugin MasterRig con un modulo di compressore attivo, vedi fig. 7.29.

fig.7.29 Funzione side-chain

- Nella sezione impostazioni dei parametri si notano nella parte superiore i parametri di ampiezza e tempo di un classico processore dinamico. Nella parte inferiore è attiva la sezione SIDECHAIN in modalità self. Questa sezione può essere attivata o disattivata cliccando su SC.

- Le impostazioni dei parametri del compressore sono volutamente esagerate nei tempi, nella threshold e ratio. Ciò servirà a percepire meglio le variazioni in base alla modifica dei parametri. Una volta individuata la frequenza da utilizzare come riferimento potete diminuire i valori dei parametri dinamici.

- Variate gradualmente il parametro SC FREQ, Frequenza del Side Chain. Notate come il processore reagisce in base alla frequenza selezionata. Se volete individuare con precisione la frequenza potete utilizzare la funzione LISTEN. In questo modo potete ascoltare l'azione del filtro sul segnale di controllo.

- Potete utilizzare questa funzione anche per creare effetti particolari. In base alla frequenza scelta potete infatti creare pulsazioni del livello in base al BPM. Sperimentate questa funzione utilizzando, per esempio, la cassa della batteria o l'Hi-Hat come segnali di controllo.

• •

Feed Forward e Feed Back

Il segnale di controllo del peak detector può provenire da diversi punti del processore. Se il segnale è prelevato **prima dell'amplificatore di uscita** la circuitazione è definita **Feed Forward**. Se invece è prelevato **dopo l'amplificatore di uscita** è definita **Feed back**. In quest'ultimo caso il circuito è definito a **controreazione**. La regolazione del guadagno avviene infatti dopo l'uscita e non prima, vedi fig. 7.30.

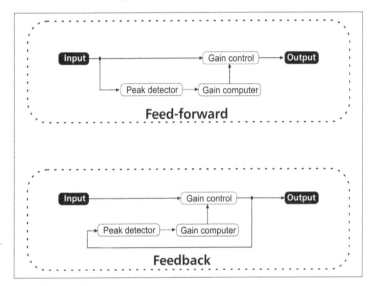

fig. 7.30 Configurazioni feed forward e feed back

La circuitazione feed forward consente un processamento rapido con tempi di risposta brevi. Quella feed back è tipica dei processori valvolari, offre tempi di risposta più lenti ma genera un processamento più graduale e meno percepibile. Nel compressore MasterRig di Wavelab la configurazione Standard emula il comportamento di un processore feed forward, quella Vintage quello di un processore feedback.

7.1 PROCESSORI DOWNWARD

I processori di dinamica con **Ratio superiore a 1**, per esempio 2:1, 3:1, etc. **attenuano il guadagno del segnale**. Infatti il segnale in uscita è sempre minore del segnale in ingresso. Vengono definiti **Downward** e svolgono funzioni diverse in base a come operano nei confronti della threshold.

7.2 COMPRESSORE DOWNWARD

Un processore dinamico downward che riduce il guadagno del segnale quando questo è **più alto del livello di soglia** è definito **Compressore downward**, vedi fig. 7.31.

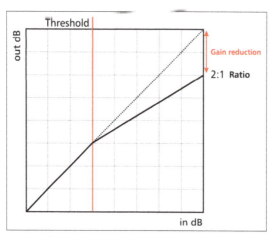

fig. 7.31 Compressore downward

Nel compressore downward la riduzione della dinamica avviene quando il segnale supera il livello di soglia. Questo tipo di intervento si verifica con i picchi più alti del segnale in ingresso, vedi fig. 7.32.

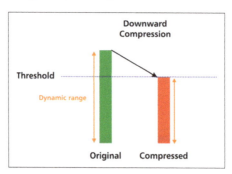

fig. 7.32 Riduzione della dinamica downward

In seguito alla riduzione downward della dinamica, si verifica un abbassamento del livello di picco del segnale. A questo punto, è possibile utilizzare il parametro make-up gain.

Make-up Gain

Tramite il make-up gain, è possibile aumentare il guadagno del segnale compresso e riportarlo al livello del picco massimo precedente alla compressione. In questo modo, a parità di picco, ma con una dinamica ridotta, si verificherà un aumento del volume. In fig. 7.33 in nero la curva di compressione downward prima del makeup gain e in verde quella dopo il make-up gain.

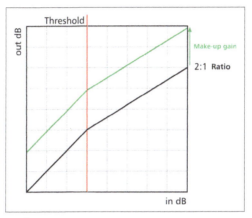

fig. 7.33 Make-up gain

Alcuni processori possiedono la funzione **Auto make-up gain**. In questo caso **il livello di make-up gain viene regolato automaticamente** in base al ratio e alla threshold, per ottenere, in uscita dal processore, lo stesso livello di picco del segnale in ingresso, prima della compressione. In fig. 7.34 il compressore downward di Wavelab con funzione di auto make-up gain.

fig. 7.34 Auto make-up gain

Nella figura è anche visibile il pulsante **live**. Questo parametro disabilita la funzione **look ahead**, che **consente al processore di analizzare in modo accurato il segnale prima di elaborarlo**. Il procedimento prevede l'aggiunta di un ritardo nel processamento e, in ambito live, questa condizione non è accettabile. Attivando la funzione live, il look ahead viene disabilitato e non verrà introdotto alcun ritardo, pur conservando una buona precisione di calcolo.

ATTIVITÀ

- Caricate l'esempio **07B**.

· ·

 ESEMPIO INTERATTIVO 07B – MAKEUP

· ·

- Modificate le proprietà del file da 24 bit a 32 float e salvatelo con un nuovo nome.
- Ricordate di disattivare la visualizzazione in modalità AES17, vedi paragrafo 3.10.
- Ascoltate il brano e notate i valori di picco e RMS del meter, vedi fig. 7.35.

fig. 7.35 Make-up gain

- Prendete come riferimento il canale sinistro. Notate un livello di picco di -0,16dBFS e un livello massimo RMS di -16,11dBRMS.
- Caricate nella master section il preset 07-10 MAKEUP.
- Come potete vedere in fig. 7.36 il compressore MasterRig è impostato con una threshold molto bassa, **-27,7dB**, e un basso valore di ratio, **1.92:1**. Anche i parametri temporali seppure abbastanza veloci sono impostati in modo da non sacrificare troppo i transienti. Il processore dinamico processa gran parte del segnale, ma in modo molto lieve. In fase di mastering questa configurazione è molto usata perché permette di ridurre la dinamica in modo graduale senza far percepire troppo la presenza del processore. Dedicate molto tempo alla scelta dei parametri ottimali di threshold e ratio. Cercate di indivuduare le zone del segnale dove le cose, i livelli, cambiano spesso e quelle in cui cambiano poco. Impostate il valore di soglia nei pressi del punto di transizione tra queste due zone. Usate i meter e l'ascolto per individuare queste differenze.

fig. 7.36 Impostazioni compressore

- Ascoltate e osservate il meter di Wavelab. Con il processamento dinamico downward la dinamica è stata ridotta, ma il livello di picco del segnale è diminuito, vedi fig, 7.37.

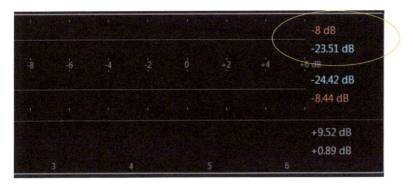

fig. 7.37 Livelli dopo la compressione

- Usate ora il controllo <u>OUTPUT</u> per applicare un make-up gain fino a raggiungere il livello di picco precedente alla compressione, circa -0,16dBFS. Impostando il guadagno a +7,8dB il livello di picco è ora pressochè uguale a quello originale.

- Osservate il meter. Ora il livello RMS è -15,71dBRMS, vedi fig. 7.38. L'incremento RMS è minimo ma sufficiente a dimostrare l'uso del make-up gain. Ricordate inoltre che sono i piccoli incrementi, le piccole e graduali modifiche che contribuiscono al risultato finale.

fig. 7.38 Incremento RMS

7.3 TIPOLOGIE DI COMPRESSORI DOWNWARD

L'elemento centrale di un processore dinamico è il **gain control**, il circuito che regola il guadagno del segnale. Nel caso dei processori downward il gain control riduce il livello del segnale e, in base alla circuitazione utilizzata per tale scopo, presenta caratteristiche e tipologie diverse. Queste tipologie sono emulate anche dai processori software e dai plugin, tramite algoritmi e processi di convoluzione[22].

VCA

VCA sta per **Voltage Controlled Amplifier, Amplificatore controllato in voltaggio**. La sua costruzione è basata su circuiti contenenti transistor, e offre la possibilità di controllare in modo molto rapido e preciso il segnale. Può presentare tutti i controlli descritti in precedenza. La maggior parte dei compressori analogici di fascia media sono di tipo VCA, vedi fig. 7.39.

fig. 7.39 Compressore downward VCA Alesis 3630 (Courtesy of inMusicBrands, LLC)

Vari MU

Questa tipologia di compressore utilizza le valvole termoioniche per controllare il guadagno. Il termine **MU** o **μ**, rappresenta il fattore di guadagno di una valvola. Un compressore Vari Mu non presenta il controllo ratio. È la tensione di bias, di polarizzazione, che, al variare del segnale in ingresso, viene modificata per ridurre il guadagno del circuito. **Più il segnale in ingresso è superiore al livello di soglia, più il ratio sarà elevato**. Si ottiene una riduzione graduale e variabile del guadagno con tempi di attacco e release abbastanza rapidi, anche se non così veloci come nel VCA. Il risultato finale è un suono ricco e corposo con una riduzione massima del guadagno di 15-20dB, vedi fig. 7.40.

fig. 7.40 Compressore Variable Mu® Manley

FET

FET sta per **Field Effect Transistor, Transistor a effetto di campo**[23]. Come indica la definizione, il FET è una tipologia di transistor. Le sue caratteristiche elettroniche e sonore lo rendono simile alle valvole. È spesso **usato per emulare il suono valvolare in una circuitazione a stato solido**. Un compressore FET ha un suono particolare, non si può certo definire trasparente, ma è proprio questa caratteristica che lo rende un dispositivo molto utilizzato, specialmente nel mixing.

---

[22] La convoluzione è un processo digitale che consiste nella moltiplicazione del valore del campione in ingresso per il valore del campione della risposta a un impulso, che rappresenta la caratteristica timbrica e l'inviluppo del dispositivo o dell'ambiente da emulare.

[23] La conduttività nel transistor è controllata da un campo elettrico, field.

Non è veloce come un VCA, ma è molto più veloce del Vari MU e può essere comunque usato su rullante e cassa con ottimi risultati. Il compressore FET più famoso è senz'altro l'UREI 1176, vedi fig. 7.41.

fig. 7.41 Compressore UREI 1176 (per gentile concessione di Universal Audio, Inc.)

OTA

Operational Transconductance Amplifier, è una tipologia di amplificatore operazionale che, diversamente da un VCA, **fornisce in uscita corrente anziché tensione**. La maggior parte dei compressori a pedale per chitarra è costruita con questo tipo di circuitazione. Anche in questo caso, come nel Vari Mu, **il Ratio dipende dal livello di ingresso**. Una caratteristica poco gradita dei compressori OTA è però quella di incrementare il rumore di fondo in assenza di segnale in ingresso. Per questo motivo sono citati solo a scopo didattico, vedi fig. 7.42.

fig. 7.42 Compressore per chitarra ROSS

Optical, Opto

Nei compressori ottici, **la riduzione del guadagno avviene tramite un circuito formato da una lampadina, o altra sorgente di luce, posta di fronte a una foto resistenza**. In genere tutta la struttura è formata da un cilindro che contiene i due componenti. La sorgente luminosa è alimentata dal segnale in uscita in configurazione feedback e la foto resistenza controlla il circuito di riduzione del guadagno. Il comportamento di un compressore opto è molto graduale con tempi lenti di attacco e release, dovuti appunto sia ai tempi con cui la luce viene emessa e interrotta dalla sorgente luminosa, sia alla configurazione feedback, vedi fig. 7.43.

fig. 7.43 Compressore ottico Teletronix LA 2A

Utilizzo del compressore downward

I picchi più alti del segnale corrispondono spesso ai suoni percussivi presenti nel brano. L'utilizzo di un compressore downward in fase di mastering, deve essere valutato accuratamente. Nei brani pop, rock, dance, c'è il rischio che la parte ritmica, specialmente cassa e rullante, siano attenuati in seguito all'uso non corretto di un compressore downward. Ogni produttore musicale pop, vorrebbe ottenere un volume molto alto in fase di mastering. La soluzione più semplice può sembrare quella di utilizzare ratio molto elevati per poter aumentare il volume. Ciò genera tutti quei problemi elencati finora riguardo all'uso eccessivo dei processori di dinamica. In questo caso nel mastering ITB, piuttosto che utilizzare un compressore downward con ratio elevato, threshold bassa e tempi rapidi, è preferibile usare più processori in cascata con parametri di regolazione meno esasperati, collegando l'uscita dell'uno all'ingresso dell'altro.

In fig. 7.44 due compressori in serie con ratio di rispettivamente **1,4:1** e **1,34:1** con tempi di attacco e release molto lenti, vedi fig. 7.44.

fig. 7.44 Compressori downward in serie

Questo tipo di elaborazione consente una riduzione progressiva della dinamica. Si possono usare anche più di 2 processori di dinamica per ottenere un aumento del volume in modo graduale, senza degradare troppo la qualità del segnale. In fig. 7.45 due compressori, A e B inseriti in serie nel MasterRig.

fig. 7.45 Compressori downward in serie nel MasterRig

Inserendo più processori nella catena di mastering, i calcoli da effettuare aumentano in modo esponenziale. È quindi indispensabile utilizzare sempre software e plugin in grado di lavorare in modalità floating point, come pure avere a disposizione dei file di partenza ad una risoluzione in bit molto elevata. A questo punto avrete capito che tutti i parametri di un processore dinamico sono strettamente correlati. Threshold, ratio, attack, release, knee, makeup gain sono talmente legati tra loro che qualsiasi variazione di ciascuno di essi ci obbliga a riconsiderare la regolazione di tutti gli altri. In questo campo i preset che spesso trovate nei setup dei plugin servono a poco. È solo tramite un'attenta analisi e una buona esperienza di ascolto che si potrà impostare in modo adeguato un processore dinamico.

• •

ATTIVITÀ

- Caricate l'esempio **07G**.

• •

ESEMPIO INTERATTIVO 07G – COMPRESSIONE SERIALE

• •

- Modificate le proprietà del file da 24 bit a 32 float e salvatelo con un nuovo nome.
- Ascoltate il brano e notate i valori di picco e RMS del meter, vedi fig. 7.46.

fig. 7.46 Livelli iniziali

- Questa volta considerate i valori del canale destro. Picco massimo **-0,17dBFS**, RMS **-13.18dBRMS**.
- Caricate nella master section il preset 07-11 COMP SER. Nel compressore MasterRig sono inseriti due moduli di compressione, vedi fig. 7.47.

fig. 7.47 MasterRig con due compressori

- Per ora lasciate il modulo B disattivato. In questa attività si userà un approccio diverso. La soglia è impostata a un livello alto, **-6,6**dBFS, e il ratio è abbastanza elevato **10.37:1**. Sono stati scelti questi valori in base all'analisi dell'esempio **07G**. I suoni impulsivi, percussivi, sono predominanti rispetto a quelli continui. Scegliendo questi valori verranno processati solo i suoni percussivi. Ciò non significa che non sia possibile utilizzare valori di soglia e ratio bassi per comprimere gradualmente il segnale. Questa scelta potrebbe essere utilizzata in una fase ulteriore di compressione collocata prima delle due precedenti.

- Osservate i meter di MasterRig. A sinistra sono indicati i livelli di ingresso e a destra quelli di uscita, dopo il processamento. Notate come, già con l'utilizzo del solo modulo A, ci siano piccoli incrementi del livello RMS, vedi fig. 7.48.

fig. 7.48 Differenze IN-OUT

- Sperimentate regolazioni diverse, cercate di ottenere nel modulo A il maggior valore RMS senza creare effetto pumping o attenuare troppo il livello dei suoni percussivi. Verificate nel meter di MasterRig le differenze con i livelli in ingresso. Usate il make-up gain, il controllo OUTPUT, per compensare le variazioni di livello.

- Salvate il preset della master section con le vostre impostazioni. Caricate di nuovo il preset 07-11 COMP SER. Attivate il modulo B tramite il pulsante relativo, vedi fig.7.49.

fig. 7.49 Attivazione modulo B

- Osservate i meter di MasterRig e di Wavelab, notate la differenza tra ingresso e uscita di MasterRig. Usate il tasto <u>BYPASS</u> della master section per confrontare la differenza di loudness percepito tra il segnale originale e quello processato, vedi fig. 7.50.

fig. 7.50 Bypass della master section

- Sperimentate regolazioni diverse del modulo B. Se necessario riconsiderate anche le impostazioni del modulo A. In questa esercitazione e in quelle successive capirete quanto sia complesso il processamento dinamico quando i processori e i parametri sono molti, e interagiscono tutti modificando il segnale.

7.4 LIMITER

Un compressore downward con un elevato rapporto di compressione, tipicamente da **20:1** a **∞:1** è considerato un Limiter, vedi fig. 7.51.

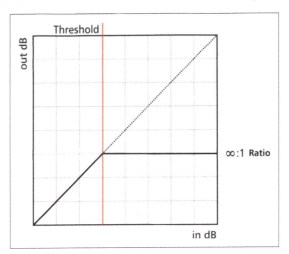

fig. 7.51 Limiter

In questo caso, ogni segnale che supera il livello di soglia viene attenuato in modo tale da raggiungere il livello stesso della soglia. In genere i limiter hanno tempi di attacco molto rapidi e tempi di release regolabili.[24]

---

[24] In effetti ha poco senso parlare di ratio nei limiter. I limiter non hanno il controllo ratio. Avendo un livello di uscita fisso il ratio sarà tanto più elevato quanto maggiore sarà il superamento della soglia.

L'uso di questo dispositivo era prima destinato principalmente alla protezione dei circuiti di ingresso e di uscita di amplificatori di potenza audio, in particolare quelli di alta frequenza radio e televisivi. Un picco improvviso di livello molto alto, può infatti causare la rottura delle valvole e dei transistor finali di potenza. Nel caso di un picco troppo elevato si genera anche una distorsione udibile del segnale e in ambito broadcast, specialmente nelle trasmissioni in diretta, ciò è da evitare assolutamente. Oltre ad essere un dispositivo di protezione, a partire dagli anni '60, il limiter è stato sempre di più utilizzato per la riduzione della gamma dinamica nel mix e soprattutto nel mastering. Le sue caratteristiche di velocità di intervento e elevato ratio lo rendono uno strumento molto efficace nel controllo del volume percepito.

Spesso anche nei limiter è presente la funzione di **Auto Makeup Gain**.
Come nei compressori, la funzione auto make-up gain dei limiter permette di aumentare automaticamente il guadagno del segnale limitato e riportarlo al livello massimo di picco prima della compressione con conseguente aumento del volume in uscita. In fig. 7.52 il limiter MasterRig.

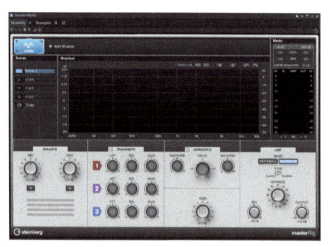

fig. 7.52 Limiter MasterRig

Nella sezione a destra, i controlli per operare in due modalità:

Maximizer
con rapporto di compressione 20:1 e auto make-up gain attivato, il parametro optimize indica il livello di soglia. Il release è impostato in modalità Auto

Brick wall
con rapporto di compressione ∞:1, soglia impostata a 0dB e tempo di release regolabile.

Le caratteristiche e la natura stessa del limiter non consentono di utilizzarlo come unico strumento per il controllo del loudness. L'elevato ratio, i tempi di attacco rapidi, generano facilmente effetto pumping e spesso causano una pesante attenuazione dei suoni percussivi, per esempio cassa e rullante. Il limiter può essere però usato come uno degli ultimi elementi di una catena di mastering.

Le regolazioni devono essere poco aggressive, con tempi di release lenti e soglia di 1 o al massimo 1,5dB inferiore al livello massimo. Va collocato dopo una serie di processori di dinamica che hanno già provveduto ad una graduale riduzione del range dinamico. Effettuare un aumento del loudness tramite un limiter con soglia a -15dB e tempi di release rapidi, equivale a distruggere completamente il segnale e il range dinamico.

· ·

ATTIVITÀ

- Caricate l'esempio **07G**.

· ·

ESEMPIO INTERATTIVO 07G – LIMITER

· ·

- Modificate le proprietà del file da 24 bit a 32 float e salvatelo con un nuovo nome.

- Ricordate di disattivare la visualizzazione in modalità AES17, vedi paragrafo 3.10.

- Caricate nella master section il preset 07-12 LIMITER. Questo preset corrisponde in pratica al preset 07-11 COMP SER, a cui è stato aggiunto un limiter. Il limiter, per ora è disattivato, vedi fig. 7.53.

fig. 7.53 Limiter inserito in MasterRig ma disattivato.

- Ascoltate il brano. Osservate i meter di MasterRig. Notate che sul canale destro è presente un valore in rosso che indica il superamento di 0dbFS di 1dBFS. Nel meter di Wavelab trovate le stesse indicazioni in modo più particolareggiato. Le indicazioni sono separate per i canali destro e sinistro, sono rappresentate in centesimi di dB e tra parentesi è indicato il numero di volte che il segnale ha superato il valore di 0dBFS, vedi fig. 7.54.

fig. 7.54 Indicazioni di overload

- La scala dBFS non prevede valori superiori a 0, ma tramite il calcolo floating point è possibile avere un range dinamico teorico che supera i 1500dB. Unitamente al sovracampionamento effettuato dai meter di Wavelab è quindi possibile visualizzare valori superiori al valore nominale di 0dBFS e ascoltare il suono senza distorsioni. Ciò accade finchè la struttura dei bit rimane in virgola mobile. Quando si tornerà in modalità integer a 16 o 24 bit non si avrà più la headroom generata dal calcolo floating point. In questo caso il valore di 0dBFS è insuperabile e in presenza di segnali troppo elevati si genererà distorsione. Questo accade alla fine del processo di mastering quando, tramite il dither (vedi capitolo 13) verrà ridotto il numero dei bit al valore del supporto utilizzato. Per esempio per un CD audio i bit saranno 16. Nella fase di processamento si possono però utilizzare i vantaggi del calcolo in virgola mobile e visualizzare e processare valori superiori a 0dBFS. Ciò è possibile solo in ambito digitale e solo con calcolo floating point. Nel dominio analogico il limiter viene impostato a una soglia inferiore al livello massimo nominale e successivamente si applica make- up gain per tornare al massimo livello nominale con l'incremento del loudness. Ovviamente è possibile agire in questo modo anche in ambito digitale. Il superamento dei livelli nominali digitali in questa attività è stato però scelto per dimostrare le caratteristiche del calcolo floating point nel processamento e quelle del sovracampionamento nell'analisi dei meter.

- Selezionate il modulo Limiter e attivatelo, vedi fig. 7.55.

fig.7.55 Attivazione del modulo Limiter

- Utilizzate la modalità MAXIMIZER con tipologia CLASSIC. In questa modalità non è presente il controllo del release, che opera in auto-recovery. Per ora lasciate il parametro OPTIMIZE impostato a 0. In questo modo il limiter interviene solo sui segnali più alti di 0dBFS.

- Ascoltate e osservate i meter di Wavelab e di MasterRig. Notate il meter centrale LIMIT di MasterRig che indica la riduzione del guadagno. Sui meter non compaiono più valori in rosso. Il limiter attenua il segnale in eccesso e compensa automaticamente con il make-up gain.

- Notate l'incremento del loudness, che raggiunge il valore di circa **-11**dBRMS, vedi fig. 7.56.

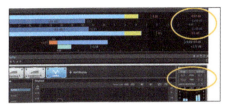

fig.7.56 Indicazioni limiting

- Ora provate a ruotare lentamente in senso orario il controllo OPTIMIZE. In questo modo abbasserete progressivamente il livello di soglia. Il limiter inizierà la riduzione del guadagno su segnali dal livello sempre più basso. Il loudness aumenterà progressivamente ma, allo stesso tempo, la qualità del suono diminuirà con la comparsa sempre più percepibile dell'effetto pumping. Sperimentate diversi valori a analizzate il risultato. Utilizzate il controllo OUTPUT per effettuare un *Make-down* gain. Attenuare di 2 o 3 decimi di dB il livello, ridurrà la presenza di inter-sample peaks e consentirà di creare un headroom per l'uso del dither nella fase finale (vedi capitolo 13).

- Utilizzate la tipologia MODERN e modificate i tempi di Release e la percentuale di Recover.

- In questa fase può risultare molto utile la funzione SMART BYPASS, Bypass Intelligente, della master section. Quando si usa il processamento dinamico per l'aumento del loudness è difficile capire le differenze di qualità tra il segnale originale e quello processato. Anche se si utilizza il bypass della master section, il loudness elevato del segnale processato non consente una valutazione accurata. SMART BYPASS consente di ascoltare il segnale processato e quello originale, allo stesso volume, compensando automaticamente le differenze di loudness tra i due segnali. Ciò consente di percepire subito il livello di degrado del segnale processato rispetto a quello originale. L'obiettivo finale sarà quello di minimizzare le differenze tra i due segnali.

- Attivate la funzione SMART BYPASS, avviate la riproduzione del brano e cliccate su Aggiorna i guadagni. Ora commutate alternativamente l'ascolto tra Audio originale e Audio processato + correzione del livello. In questo modo non percepirete variazioni di loudness tra il segnale originale e quello processato. Se volete ascoltare il segnale processato al loudness reale commutate su Audio processato, vedi fig. 7.57.

fig. 7.57 Smart Bypass, Bypass Intelligente

- Ora utilizzate la funzione <u>BRICKWALL</u> del limiter. La soglia è fissata a 0dBFS, il release è regolabile e può essere impostato su Auto. È disponibile la funzione <u>OVERSMPL</u>, sovracampionamento, per minimizzare la creazione di inter-sample peaks, e la funzione <u>ST LINK</u> che, se disattivata, consente l'analisi e il processamento indipendente dei canali **L** e **R**, vedi fig. 7.58.

fig. 7.58 Limiter Brickwall

- In questo caso non esiste il controllo di soglia e per *pilotare* il limiter dovete aumentare il livello al suo ingresso, amplificando il livello di uscita del compressore B, vedi fig. 7.59.

fig. 7.59 Uscita compressore B

- Quando la soglia del limiter è 0dBFS, è essenziale e utile il processamento floating point. I segnali all'ingresso del limiter saranno sicuramente superiori a 0dBFS e con un'architettura integer il degrado del segnale sarebbe subito evidente. Tornate nella finestra del limiter e regolate il controllo <u>REL</u>, release, per minimizzare l'effetto pumping. Con valori bassi di release otterrete più loudness ma anche effetto pumping e degrado del segnale. Provate diverse combinazioni di regolazioni. Usate il Bypass Intelligente per confrontare i segnali. Cercate di incrementare il loudness senza compromettere la qualità del segnale. Se necessario intervenite sui parametri dei compressori A e B. Noterete che, se la riduzione della dinamica tramite i compressori è stata eseguita accuratamente, la quantità di limiting necessaria non sarà elevata. Basta infatti una riduzione di 1,5 – 2dB per ottenere livelli RMS elevati senza sacrificare la qualità del suono.

7.5 EXPANDER DOWNWARD

Un processore dinamico downward che **processa il segnale quando questo è più basso del livello di soglia** è definito **Expander downward**, vedi fig. 7.60. Anche in questo caso il ratio è sempre superiore a 1. Per esempio con un rapporto di 3:1 si avrà 1dB in uscita per ogni 3dB in ingresso, ogni volta che il segnale scenderà sotto il livello di soglia.

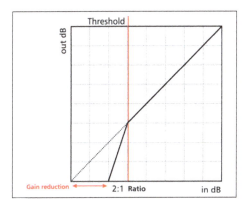

fig. 7.60 Expander downward

Riducendo il guadagno dei segnali più bassi del livello di soglia si verifica un aumento della dinamica e quindi una diminuzione del loudness. Questo tipo di processo viene utilizzato spesso per ridurre il rumore di fondo presente in un segnale, vedi fig. 7.61.

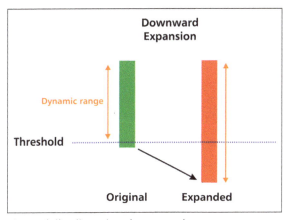

fig. 7.61 Espansione della dinamica downward

Un'altra tipica applicazione degli expander è relativa alla fase di mixing, sia in ambito live, broadcast o in studio. Riducendo il guadagno al di sotto della soglia, è possibile attenuare il rumore di ambiente, come pure la componente acustica di rientro sui microfoni, nel momento in cui questi non ricevono segnale diretto. È il caso del microfono di un cantante, su un palco molto rumoroso popolato da amplificatori, monitor, batteria etc.

Impostando il livello di soglia poco al di sotto del livello medio della voce, sarà possibile attenuare il rumore ambientale ogni qualvolta il cantante non canti, migliorando la pulizia del suono all'interno del mix. Anche in ambito broadcast gli expander sono molto utilizzati. Durante i talk show, per esempio, si possono avere numerosi microfoni aperti contemporaneamente in un dibattito con molti relatori. L'ingegnere del suono non sa quando ciascuno di loro parlerà e per non perdere nessun intervento dovrebbe tenere sempre aperti tutti i microfoni. Ciò porta nel mix un rumore ambientale pari alla somma di tutti i rumori captati dai singoli microfoni con relativo degrado della qualità del mix. Se si inserisce un expander in serie a ogni microfono, si potrà attenuare il rumore ambientale di ogni microfono in assenza della voce del relatore e migliorare il rapporto tra segnale e rumore nel mix. Anche in studio, specialmente nelle produzioni in stile anni '70, si utilizzano gli expander nel mix della batteria. Quando la batteria è ripresa con molti microfoni, si usano gli expander per minimizzare il rientro del suono tra i vari tamburi. Questo tipo di tecnica crea un suono molto definito, quasi asettico, tipico appunto degli anni '70. Oggi però la batteria non è più considerata un insieme di tamburi, ma un unico strumento e quindi anche il suono ambientale e degli altri componenti del set è considerato importante per la costruzione del suono finale.

Teoricamente un expander può essere anche usato per diminuire la compressione di un segnale con poca dinamica, o per aumentare le differenze di livello all'interno del brano. Ciò non è un processo semplice e prevede la conoscenza, almeno approssimativa, dei parametri di soglia e ratio utilizzati nella compressione. Nel mastering gli expander downward sono usati raramente e sempre in occasione di processi dedicati alla riduzione del rumore di fondo mascherato. In fig. 7.62 l'expander di Wavelab.

fig. 7.62 Expander downward di Wavelab

Il parametro **Fall** corrisponde al tempo di attacco, e rappresenta la velocità con cui avviene la riduzione del guadagno dopo che il segnale è sceso al di sotto della threshold. Il parametro **Rise** corrisponde al release, ossia alla velocità con cui il guadagno torna al livello uguale a quello di ingresso, dopo che il segnale è tornato al di sopra della soglia.

La sezione **Analysis** controlla la modalità di analisi del peak detector. In modalità **Peak** analizza i valori in modo istantaneo, controllando il livello. In modalità **RMS** analizza la media di valori in un intervallo di tempo, controllando il volume.

7.6 NOISE GATE, GATE

Un **expander con ratio molto elevato**, per esempio **20:1** oppure **40:1** o addirittura superiore a **100:1** viene definito **gate**, vedi fig. 7.63.

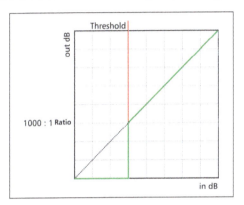

fig. 7.63 Gate

Con rapporti di espansione così elevati il processore si trasforma di fatto in un interruttore, che chiude il segnale quando questo scende al di sotto del livello di soglia, indipendentemente dal fatto che il superamento della soglia sia minimo o elevato. Il livello al quale il segnale viene attenuato è definito **Floor** o **Range** e spesso corrisponde a -∞. Le applicazioni pratiche di un gate sono le stesse dell'expander. Ovviamente il fatto di attenuare istantaneamente il segnale rende la presenza del processore percepibile e crea un'innaturale oscillazione del suono ambientale. I gate sono quindi dispositivi da usare con cautela in fase di mastering e solo in casi di effettiva necessità.
In fig. 7.64 il gate di Wavelab

fig. 7.64 Gate di Wavelab[25].

---

[25] Come per il limiter, anche per il gate ha poco senso parlare di ratio. In questo caso il livello di uscita del segnale è fisso e viene definito dal parametro Range o Floor. Il ratio varia in base alla differenza tra il livello del segnale al di sotto della soglia e l'uscita.

La sezione side chain può essere attivata per discriminare il livello di segnali in base a determinate frequenze. È possibile usare come filtro un passa basso LP, un passa banda BP, o un passa alto HP. In questo modo è possibile comandare la chiusura o l'apertura del gate solo in presenza di segnali di determinate frequenze. Il led rosso indica la chiusura del Gate. Quando il segnale supera il livello di threshold il gate si apre lasciando passare il segnale e il led diventa verde. I parametri temporali spesso sono nominati nello stesso modo dell'expander, anche se hanno funzioni diverse. L'attacco rappresenta il tempo impiegato a far transitare il segnale. Il release il tempo impiegato ad attenuarlo. Per evitare equivoci, alcuni costruttori usano nomenclature specifiche. Per esempio nell'expander multibanda di Wavelab il parametro **fall** rappresenta l'attacco e quello **rise** il release.

7.7 DUCKER

Un **processore dinamico può controllare la riduzione del guadagno del segnale in modo fisso, senza utilizzare il ratio**. In questo caso la variazione del gain avrà un valore fisso, per esempio -12dB, indipendentemente dalla quantità di segnale che oltrepassa la soglia. Il ducker non modifica la dinamica del segnale ma solo il livello. Un processore di questo tipo **agisce quando il segnale supera la soglia ed è controllato dal segnale proveniente da una sorgente esterna in side chain**, vedi fig. 7.26. Il processore viene definito **Ducker**, vedi fig. 7.65.

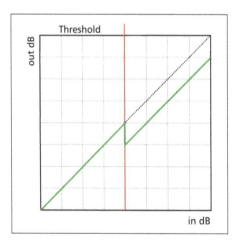

fig. 7.65 Ducker

Un ducker può essere utilizzato quando si vuole attenuare un segnale, in presenza di un altro segnale. Per esempio per gli annunci di servizio in un centro commerciale. Collegando al segnale della musica di sottofondo un ducker, e controllandolo tramite il livello del microfono degli annunci, sarà possibile attenuare automaticamente il livello della musica mentre si effettua un annuncio. Allo stesso modo un DJ radiofonico, può parlare insieme alla musica in onda senza bisogno di continue regolazioni del livello della musica stessa. Basterà infatti attivare il microfono, parlare, e automaticamente il livello della musica verrà attenuato.

Non appena il microfono cesserà di inviare segnale, la musica tornerà automaticamente al livello iniziale. Tramite i parametri temporali, Time parameter, di attacco e release sarà possibile definire i tempi di attenuazione e risalita del livello del segnale e stabilire un'eventuale rampa di intervento dell'attenuazione. In questo caso l'attenuazione non sarà istantanea ma progressiva. In fig. 7.66 è rappresentato lo schema a blocchi di un semplice ducker. Si può notare il segnale esterno External input, che controlla il livello di uscita tramite un collegamento side chain. Quando il segnale esterno supera il livello di threshold viene inserito un **attenuatore**, **pad** sul percorso del segnale processato.

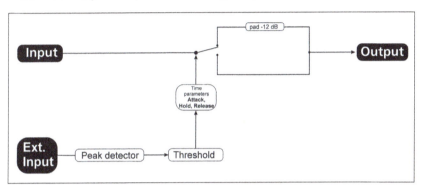

fig. 7.66 Schema di un ducker

ATTIVITÀ

- Caricate l'esempio **07H**.

ESEMPIO INTERATTIVO 07H – EXPANDER

- Modificate le proprietà del file da 24 bit a 32 float e salvatelo con un nuovo nome.

- Ricordate di disattivare la visualizzazione in modalità AES17, vedi paragrafo 3.10.

- Ascoltate il brano. Per tutta la durata dell'esempio è presente un rumore di fondo. Il rumore è più percepibile durante le pause di silenzio. Selezionate un'area all'inizio o alla fine del brano e ascoltatela in loop, vedi fig. 7.67.

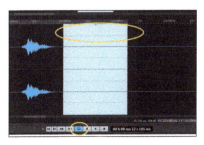

fig. 7.67 Selezione rumore.

- Usando il controllo di ingrandimento verticale, ingrandite la selezione per visualizzare il rumore. Per questa funzione potete tenere premuto il tasto ⌈Shift ▲⌉ e premere ⌈↑⌉ o ⌈↓⌉ per aumentare o ridurre lo Zoom verticale. Potete anche usare il controllo di ingrandimento in basso a destra, oppure creare una scorciatoia da tastiera a vostro piacimento tramite la funzione Scorciatoie nel menu Preferenze. Utilizzate sempre le funzioni di ingrandimento del programma. In questo caso vi permettono di capire se la linea retta all'inizio e alla fine dell'onda rappresenta il silenzio o il rumore a basso livello, vedi fig. 7.68.

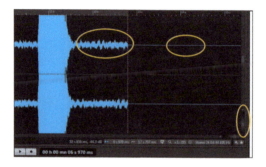

fig. 7.68 Zoom verticale.

- Selezionate una sezione con il solo rumore e ascoltatela in loop. Osservate i meter e individuate il livello del rumore. In questo caso è di circa -50dBFS, vedi fig. 7.69.

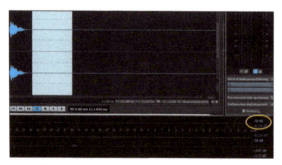

fig. 7.69 Livello del rumore

- Caricate nella master section il preset <u>07-01 EXP</u>. Modificate la soglia fino a
circa -50dB e cercate il punto esatto in cui il rumore si attenua, vedi fig. 7.70.

fig. 7.70 Regolazione soglia.

- Ascoltate il brano. Ora il rumore non è più percepibile. L'espansione
downward non ha eliminato il rumore ma lo ha attenuato durante il silenzio,
quando il segnale scende al di sotto della soglia. Durante il parlato il rumore
è ancora presente ma viene mascherato dal suono della voce.

- Ora caricate nella master section il preset <u>07-13 GATE01</u>. Stavolta verrà
utilizzato un gate per la riduzione del rumore. Diversamente dall'expander,
il gate porta il segnale di uscita a un livello costante e non proporzionale al
livello di ingresso. Normalmente questo valore corrisponde a -∞, ma tramite
il controllo **Floor** o **Range** è possibile stabilire di quanti dB verrà attenuato
il segnale che scende al di sotto del livello di soglia.

- Selezionate un'area con il solo rumore e ascoltatela in loop. Variate il valore
della soglia fino a quando il rumore non è più percepibile. In questo caso il
livello di uscita dei segnali al di sotto della soglia è -∞, come impostato nel
valore Range, vedi fig. 7.71.

fig. 7.71 Impostazioni soglia e range

- Ora ascoltate l'intero esempio. Anche il questo caso il rumore è assente
ma, diversamente da quanto accaduto con l'expander, il livello di uscita
del segnale al di sotto della soglia è sempre costante. Sperimentate
valori temporali diversi e cercate di rendere impercettibile la presenza del
processore.

- Caricate l'esempio **07L** .

ESEMPIO INTERATTIVO 07L – GATE

- Modificate le proprietà del file da 24 bit a 32 float e salvatelo con un nuovo nome.

- L'utilizzo del gate nel mastering è molto raro ma ora sperimenterete l'uso di questo processore in modo creativo.

- Caricate nella master section il preset 07-14 GATE02. L'impostazione del parametro RANGE è ora a 0dBFS. Ciò significa che il processore è inattivo. I segnali al di sotto della soglia non verranno attenuati. Il led sotto il controllo di soglia è verde e significa che ogni segnale può transitare, vedi fig. 7.72.

fig. 7.72 Gate aperto.

- Usate il gate per ridurre la quantità di segnale di ambiente. Ruotate lentamente il parametro RANGE in senso antiorario. Notate come il riverbero presente nel segnale viene progressivamente attenuato. Sperimentate valori differenti di soglia, range e parametri temporali. Notate come il segnale può essere modellato nel timbro e nell'inviluppo.

- Attivate la sezione SIDE CHAIN. Ora potete controllare l'azione del gate in base a determinate frequenze presenti nel segnale. Potete isolare componenti diverse come cassa, rullante, hi-hat e usarle come segnale di controllo. Per ascoltare temporaneamente l'azione del filtro e individuare con precisione lo spettro del segnale di controllo, usate la funzione MONITOR. Quando avrete impostato i parametri CENTER e Q-FACTOR nel modo desiderato, disattivate la funzione monitor e procedete alla regolazione degli altri parametri. Con le impostazioni mostrate in fig. 7.73 potete, per esempio, isolare il solo suono del rullante. Sperimentate ancora, variate i parametri, acquisite esperienza operativa e di ascolto.

fig. 7.73 Gate con side chain

7.8 PROCESSORI UPWARD

I processori di dinamica con **Ratio inferiore a 1**, per esempio **0,8:1**, **1:2**, etc. aumentano il guadagno del segnale[26]. Il segnale in uscita è sempre maggiore del segnale in ingresso. Vengono definiti **Upward** e sono la tipologia di processori meno conosciuta, ma molto usata in fase di mastering. Il fatto che amplifichino il segnale in uscita rispetto a quello in ingresso li rende strumenti molto potenti, ma anche molto complessi da utilizzare e impostare. Il calcolo in virgola mobile, specialmente con questa tipologia di processori, diventa un elemento essenziale. Il segnale amplificato causa sempre l'innalzamento del livello dei picchi. L'elaborazione in modalità upward necessita quindi di una headroom molto elevata per non causare distorsioni sul segnale finale elaborato. I sistemi digitali non possiedono headroom e si vuole crearla, l'unico sistema è quello di ridurre di molto il gain del segnale originale. L'uso del calcolo floating point, evita la perdita di risoluzione in bit e la riduzione di range dinamico. I processori Upward, proprio per la precisione richiesta nel calcolo con guadagno positivo e per la necessità dell'utilizzo del calcolo in virgola mobile, sono praticamente tutti di tipo software.

7.9 COMPRESSORE UPWARD

Un processore upward che **processa il segnale quando questo è più basso del livello di soglia**, è definito **Compressore Upward**, vedi fig. 7.74.

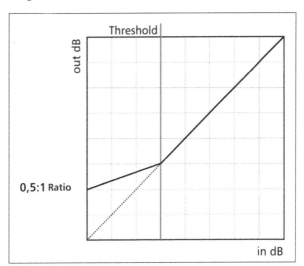

fig. 7.74 Compressore Upward

La riduzione della dinamica avviene amplificando il segnale quando questo è inferiore al livello di soglia e lasciandolo invariato se il suo livello è al di sopra di essa.

---

[26] Nei processori upward a volte il ratio viene indicato in modalità tradizionale. Ciò significa che un ratio di **1,5:1** corrisponde in effetti a **1:1,5**.

Ciò consente di non processare i picchi dei segnali impulsivi, come per esempio quelli delle percussioni, e di conservare il loro originale attacco, vedi fig. 7.75.

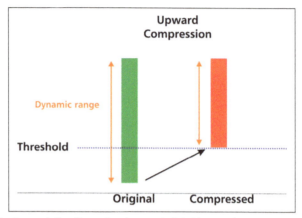

fig. 7.75 Riduzione della dinamica in modalità Upward

Anche in questo caso, un intervento esasperato della riduzione della dinamica può causare un degrado del segnale. L'uso di ratio elevati e tempi rapidi causa infatti una percepibile variazione del rapporto tra suoni ambientali e suoni in primo piano. Amplificando troppo bruscamente il segnale quando scende al di sotto del livello di soglia è possibile che il rumore di fondo e i fruscii prima impercettibili, siano portati in primo piano. È quindi preferibile utilizzare più processori in serie per ottenere una riduzione della dinamica graduale.
Non sono molti i processori software e hardware in grado di lavorare con ratio inferiori a 1. Per le esercitazioni si consiglia l'utilizzo del plugin MCompressor Meldaproduction[27], vedi fig. 7.76.

fig. 7.76 MCompressor

27 https://www.meldaproduction.com/downloads

In un processore upward il segnale in uscita sarà maggiore di quello in ingresso, quindi la regola che si può enunciare è *"Più volume si vuole ottenere, più basso deve essere il livello di picco di partenza"*. Ancora una volta è chiaro che tutto il processo deve essere effettuato in floating point. Anche in questo caso è opportuno utilizzare piccoli rapporti di amplificazione. Questi consentono una notevole riduzione della dinamica e un cospicuo aumento del loudness senza sacrificare la parte impulsiva dei picchi del segnale. È anche utile collegare più processori in cascata, come nel caso dei processori downward.

Come si può facilmente intuire i vantaggi di una compressione upward sono:

- la riduzione della dinamica avviene in modo meno percepibile
- conservazione dell'attacco dei suoni impulsivi
- effetto pumping ridotto o inesistente
- aumento del loudness efficace e con pochi effetti collaterali

Non è escluso comunque, che in fase di mastering si possano usare contemporaneamente processori downward e upward. Il tutto dipende solo dalla natura del materiale sonoro da processare e dal risultato che si vuole ottenere. Non è raro l'uso di una prima fase di compressione downward per ottenere un suono vintage, seguito da una compressione upward per aumentare il loudness. Il limite è solo il vostro gusto musicale e la vostra capacità di analisi.

● ●

ATTIVITÀ

- Caricate nella master section il preset <u>07-16 MC01</u>.
- Osservate i parametri del MCompressor. La parte superiore comprende i parametri utilizzati in un classico compressore downward.

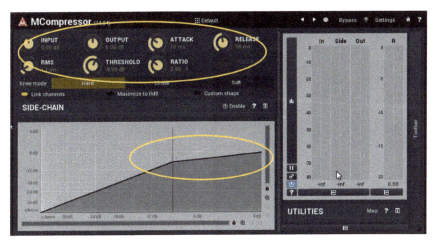

fig. 7.77 Controlli standard

- In questa modalità è possibile utilizzare le classiche tecniche di compressione downward. Provate a svolgere gli esercizi precedenti con questo processore utilizzando anche la configurazione in serie.

- Caricate il preset <u>07.17 MC02</u>. Notate l'opzione <u>Custom shape</u> attiva. Ora è possibile disegnare liberamente la curva dinamica. In questo caso è raffigurata una compressione upward, con soglia impostata a -6dB. Nella catena è inserito anche un limiter. Utilizzatelo sempre durante le prove.

fig. 7.78 Compressione upward

- Muovendo i nodi della curva si può disegnare qualsiasi tipo di curva. Cliccando due volte sulla curva è possibile creare altri nodi. passando il mouse sopra un nodo vengono mostrati i valori di in e out in dB.

- Cliccando con il tasto destro del mouse sulla curva, è possibile modificare il comportamento dei nodi. Nella figura 7.79 è stata disegnata una curva di compressione downward.

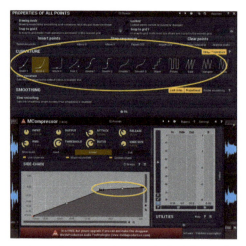

fig. 7.79 Compressione downward, proprietà dei punti, nodi

- Caricate l'esempio **07A**.

• •

 ESEMPIO INTERATTIVO 07A – UPWARD COMPRESSION

• •

- Modificate le proprietà del file da 24 bit a 32 float e salvatelo con un nuovo nome.

- Ricordate di disattivare la visualizzazione in modalità AES17, vedi paragrafo 3.10.

- Analizzate il file off-line. Il livello di picco massimo si trova sul canale sinistro,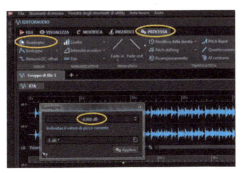
a -0,15dBFS. I processamenti upward prevedono l'amplificazione del segnale.
Un livello di picco così alto non fornisce una headroom sufficiente per un
processamento upward. È quindi necessario abbassare il livello di picco del
file di almeno 4dBFS tramite normalizzazione (vedi paragrafo 3.12), oppure
tramite il controllo Gain, Guadagno, nella sezione PROCESSA, vedi fig. 7.80.

fig. 7.80 Riduzione del guadagno

- La riduzione di -4dB non rappresenta un valore assoluto. In base al contenuto
sonoro e al loudness che si desidera ottenere, si possono scegliere valori
diversi. La regola è *"Più loudness si desidera, più basso deve essere il livello
di picco di partenza"*.

- Ancora una volta è importante ribadire la necessità di un processamento
floating point. Solo in questo modo si eviterà una perdita di risoluzione
dinamica dopo l'abbassamento del livello di picco.

- Caricate il preset 07-18 MC03 nella master section.

- Osservate la curva di compressione. Il segnale è amplificato al di sotto
della soglia. I segnali al di sopra del livello di soglia non vengono elaborati.
Osservate la forma della curva. Pur essendo una curva upward, non è simile
a quella di fig. 7.78. Qui c'è un limite all'amplificazione. Al di sotto di -6,0
dB, la variazione del guadagno rimane costante, evitando un'eccessiva
amplificazione dei segnali più bassi. Inoltre, notate un limitatore abilitato
nella barra degli strumenti. La barra degli strumenti include molte opzioni
di analisi ed elaborazione. Leggete la documentazione MCompressor per i
dettagli. Per abilitare la barra degli strumenti, cliccate sulla scritta verticale a
destra dei meter. vedi fig. 7.81.

fig. 7.81 Compressione upward

- Ascoltate il brano. Regolate i tempi di attacco e rilascio, i controlli RMS e Knee e osservate il modo in cui il processore reagisce al segnale di ingresso. Notate come i suoni percussivi siano rimasti quasi intatti o siano stati appena ridotti.

- Attivate la finestra Time Graph facendo clic sulla barra verticale a sinistra dei meter. Osservate la differenza tra le forme d'onda di input (blu scuro) e output (blu chiaro). Notare l'aumento del volume senza attenuazione dei transienti. Vedi fig. 7.82.

fig. 7.82 Time graph

- Usate la funzione smart bypass per confrontare il segnale originale e quello processato.

- Utilizzate ora dei brani dalla vostra discografia. Effettuate dei rendering e analizzate il risultato.

- Provate ad usare un compressore downward e collocatelo in serie al compressore upward. Sperimentate diverse configurazioni collocando nella master section prima l'uno dell'altro e viceversa.

7.10 EXPANDER UPWARD

Un processore dinamico upward che **processa il segnale quando questo è più alto del livello di soglia** è definito **Expander upward**, vedi fig. 7.83. Come tutti i processori upward, il ratio è sempre inferiore a 1 e il segnale in uscita è amplificato. Per esempio con un rapporto di 0,5:1 si avranno 2dB in uscita per ogni dB in ingresso, ogni volta che il segnale supererà il livello di soglia.

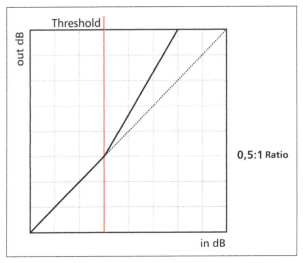

fig. 7.83 Expander Upward

L'espansione della dinamica avviene amplificando il segnale quando il suo livello è superiore alla soglia, vedi fig. 7.84.

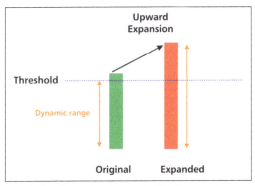

fig. 7.84 Espansione della dinamica in modalità Upward

Contrariamente a quanto accade negli expander downward, gli expander upward sono molto usati in fase di mastering, per correggere varie tipologie di errori presenti nel segnale.

Correzione effetto brick wall

Come già spiegato nel capitolo 4, l'uso eccessivo del limiter in fase di mastering, può causare la produzione, in uscita del convertitore D/A, di campioni consecutivi con valore identico. Questo valore è rappresentato dal picco massimo del segnale limitato. La sequenza di più valori consecutivi identici, causa la presenza in uscita di tensione continua e un notevole affaticamento in fase di ascolto. A livello grafico si nota sul meter la tendenza a indicare sempre il livello massimo, proprio come se il segnale si scontrasse contro un muro (brick wall) che non permette il superamento del livello impostato sul limiter, vedi fig. 7.85.

fig. 7.85 Effetto brickwall sul meter di Wavelab

Questo tipo di comportamento è tipico dei limiter digitali. Nei processori analogici i valori elettrici non producono mai valori identici in ampiezza su entrambi i canali. Tramite l'analisi off-line è facile capire se l'ultimo elemento della catena mastering è stato un limiter digitale. Basta analizzare il valore di picco. Se vengono rilevati valori identici sui due canali, con precisione al decimillesimo di dB (la risoluzione dell'analisi off-line di Wavelab), si può essere certi che quei valori indicano la presenza di un limiter digitale con impostazione brick wall, vedi fig. 7.86.

fig. 7.86 Limiter digitale nell'analisi off-line

In questo caso l'uso di un expander upward può essere utile per eliminare l'effetto brick wall e *emulare* il comportamento di un limiter analogico. Anche per questa funzione verrà usato il plugin Dynamics .

Questo processore è in grado di effettuare qualsiasi tipo di elaborazione: Compressione, Espansione, sia in modalità downward, sia upward. La sua caratteristica principale è appunto quella di avere 2 parametri ratio e 2 parametri threshold da utilizzare per i segnali che superano la soglia (Upper curve) e per quelli inferiori alla soglia (lower curve). È possibile quindi, effettuare contemporaneamente due interventi dinamici diversi sul segnale sia in modalità downward che upward. In fig. 7.87 l'uso del limiter MasterRig collocato immediatamente **prima** del Dynamics.

In questa configurazione il limiter non è l'ultimo elemento della catena di processamento. L'ultimo processore è infatti MCompressor.

fig. 7.87 Espansione Upward con MCompressor

Il limiter è impostato con un valore massimo di uscita (**ceiling**) di -0.5dB, un valore di poco inferiore al massimo livello consentito. Il nodo della soglia di MCompressor è impostato a circa -0.7dBFS. Notate che in modalità Custom shape, i controlli Threshold e Ratio sono inattivi. I loro valori vengono specificati dalla curva impostata. Il nodo superiore della curva mostra un'amplificazione di circa il 90% (in questo caso, un ratio di 1:1,8). Ogni volta che il segnale del limiter raggiunge il livello di -0.7dB, MCompressor amplifica di una piccolissima quantità il segnale. In questo modo, grazie ai tempi di attacco e release brevi, i picchi massimi del segnale saranno sempre diversi e non fissi su un valore costante, emulando il comportamento di un limiter analogico, vedi fig. 7.88.

fig. 7.88 Emulazione limiter analogico tramite upward expansion nell'analisi off-line

Correzione Inter-sample peaks

Come spiegato nel paragrafo 4.8, la presenza di più campioni consecutivi dello stesso valore in ampiezza, può causare sia distorsione, sia presenza di tensione continua in uscita. Ciò accade anche se il valore di ampiezza di un singolo campione è inferiore a 0dBFS. In fase di conversione A/D o di conversione di frequenza di campionamento, si possono ottenere valori superiori a 0dBFS generati da una serie di campioni consecutivi di valore assoluto inferiore a 0dBFS.

In fig. 7.89 si nota sia la produzione di picchi oltre 0dBFS, sia la generazione di tensione continua.

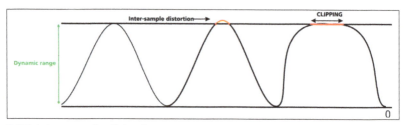

fig. 7.89 Inter-sample distortion

L'uso di limiter con funzione brick wall spesso causa la generazione di inter-sample peaks. Questo difetto può essere attenuato o eliminato in diversi modi. L'espansione upward è uno di questi. Come illustrato precedentemente, ponendo come ultimo elemento della catena di mastering l'expander upward, è possibile modulare la parte dell'onda tra i campioni di distorsione inter-sample eliminando così la componente in tensione continua.

Un altro modo per eliminare la distorsione inter-sample consiste nel sovracampionamento. Utilizzando nel processamento una frequenza di campionamento che sia un multiplo intero di quella del segnale, è possibile modulare la parte continua dell'onda grazie alla migliore risoluzione temporale. Questo tipo di processo è utilizzato nel limiter MasterRig di Wavelab. Nella configurazione brick wall è infatti presente l'opzione di sovracampionamento utilizzata appunto per questo scopo, vedi fig. 7.90.

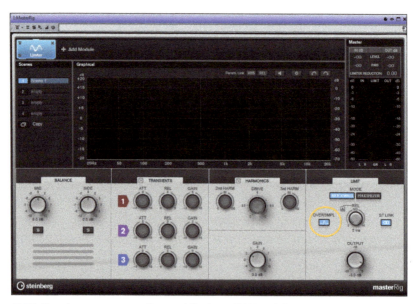

fig. 7.90 Funzione oversampling nel limiter di Wavelab

ATTIVITÀ

- Caricate l'esempio **07G**

....

ESEMPIO INTERATTIVO 07G – EXPANDER UPWARD

....

- Modificate le proprietà del file da 24 bit a 32 float e salvatelo con un nuovo nome.

- Caricate nella master section il preset <u>07-19 MC04</u>. Notate il limiter MasterRig in configurazione brickwall nel primo slot della master section e MCompressor in quello successivo. Il livello di uscita del limiter è impostato a -0,5dBFS. Nessun segnale in uscita potrà superare tale livello. MCompressor è temporaneamente disattivato, vedi fig. 7.91.

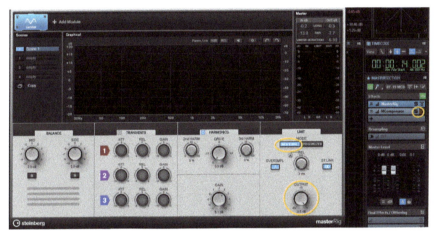

fig. 7.91 Limiter brickwall

- Questa è la tipica condizione di utilizzo di un limiter digitale. Viene collocato come ultimo elemento della catena di processamento dinamico e controlla il livello di picco del segnale.

- Ascoltate il brano e osservate il meter. Notate come il livello di picco massimo sia sempre lo stesso. Sembra che il segnale e il meter non possano superare un muro invalicabile. Quel muro è appunto l'impostazione del livello di uscita del limiter brickwall, vedi fig. 7.92.

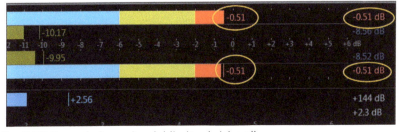

fig. 7.92 Segnale in uscita dal limiter brickwall

- Sia dall'osservazione del meter, sia dall'analisi off-line risulta evidente l'uso di un limiter digitale in modalità brickwall.

- Attivate ora MCompressor nel secondo slot, vedi fig. 7.93.

fig. 7.93 Attivazione plugin

- Osservate le impostazioni del processore. Sembra che non sia stata impostata alcuna modalità di processamento. Il grafico appare come una linea retta. In realtà i nodi nella parte superiore della curva sono usati per effettuare una upward expansion. I valori sono così bassi da far apparire il grafico lineare. Utilizzate la funzione di ingrandimento del grafico per visualizzare la curva. Il processore è utilizzato per emulare il comportamento di un limiter analogico, con valori di uscita sempre variabili.

- La soglia è impostata a -0,7dbFS, appena al di sotto del livello di uscita del limiter. Notate che in modalità <u>Custom shape</u>, i controlli Threshold e Ratio sono inattivi. I loro valori vengono specificati dalla curva impostata. Il valore ratio è circa 1:1.8. I tempi di attacco e rilascio sono molto rapidi, vedi fig. 7.94.

fig. 7.94 Upward expander

- Ascoltate il brano e osservate il meter. Ora i valori sono sempre diversi e dall'analisi off-line risultano livelli di picco diversi per i canali sinistro e destro. Proprio come accade in un dispositivo analogico, vedi fig. 7.95.

fig. 7.95 Valori di picco diversi

- Oltre all'aspetto visivo, la modulazione dei livelli di picco su valori sempre diversi migliora in modo minimo anche la qualità dell'ascolto. Sono piccolissime differenze, ma è l'insieme dei piccoli particolari che crea la differenza di qualità sul prodotto finale.

7.11 PROCESSORI MULTIBANDA, EQUALIZZAZIONE DINAMICA

I processori di dinamica trattati finora **processano tutto il range delle frequenze**. Sono definiti **Full Band** o **Broadband**. Se si collega un **processore dinamico all'uscita di un filtro**, si ottiene un **filtro dinamico**. Si tratta di un dispositivo che controlla il contenuto in frequenza del segnale in modo dinamico e non in modo costante, come accade con un normale equalizzatore. Un filtro attenua o amplifica una determinata frequenza in modo lineare, indipendentemente dal suo livello. Al contrario, un filtro dinamico modifica il guadagno all'uscita del filtro in base al livello del segnale in uscita dal filtro, vedi fig. 7.96.

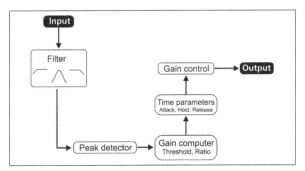

fig. 7.96 Filtro dinamico

Nella sua versione più semplice, un filtro dinamico controlla il guadagno del segnale in uscita dal filtro in modo simile a quello di un processore broadband. Non controlla i parametri del filtro, ma solo il livello del segnale processato dal filtro stesso tramite la sezione *Gain computer*, calcolo del guadagno, la sezione *Time parameters*, formata da attack, hold e release e la sezione *Gain control*, regolazione del guadagno. Se si utilizzano un filtro passa alto HPF e un filtro passa basso LPF insieme a due processori di dinamica si ottiene uno **Split-Band Compressor**, un **Compressore a due bande**[28], vedi fig. 7.97.

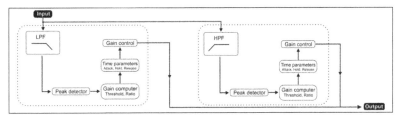

fig. 7.97 Compressore split band

---

[28] I filtri che compongono un equalizzatore possono operare sia in modalità seriale che parallela. Negli esempi seguenti viene utilizzata la modalità parallela.

Le bande possono essere anche più di due. In questo caso il primo filtro sarà un passa basso LPF, l'ultimo un passa alto HPF e quelli intermedi passa banda BPF, vedi fig. 7.98.

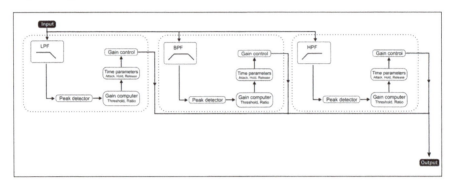

fig. 7.98 Compressore multibanda

Questo tipo di processore è definito **Multi Band Compressor, Compressore Multibanda**.

Un compressore multibanda è classificabile come **Equalizzatore Dinamico**, sebbene le caratteristiche di un **True Dynamic EQ**, un Equalizzatore Dinamico Reale, siano in effetti diverse, come si vedrà più avanti. L'aspetto interessante di questi dispositivi è quello di poter modificare il guadagno del segnale in range di frequenza diversi e in modo dipendente dal livello di ingresso. Nel mastering sono spesso usati per ottenere elevati valori di loudness. Si possono infatti utilizzare soglie, ratio e tempi di intervento diversi per ogni frequenza rendendo più semplice il controllo del loudness. Si deve comunque considerare che l'intervento avviene su tutto il brano. Un utilizzo esasperato di compressori multibanda in fase di mastering, può alterare l'equilibrio timbrico del segnale, modificando le intenzioni e le scelte operate in fase di mix. Sarebbe meglio utilizzare questi dispositivi per correggere piccole imperfezioni timbriche e ottenere l'incremento del loudness mediante l'utilizzo di altre tipologie di processi. In fig. 7.99 il compressore multibanda MasterRig di Wavelab.

fig. 7.99 Compressore multibanda MasterRig

Ogni banda di frequenze è attivabile, disattivabile ed escludibile. Escludendo tutte le frequenze ad eccezione di una, il compressore opera in full band, vedi fig. 7.99.

Per ogni banda di frequenze è possibile aumentare o ridurre il guadagno del segnale prima della compressione.

È possibile anche inserire un filtro sul segnale di controllo side chain, come spiegato in precedenza. Ogni compressore può utilizzare diverse modalità operative:

Standard: emulazione di circuiti VCA.
In questa modalità sono presenti tutti i controlli di ratio, threshold e tempi.

Tube: emulazione di circuiti valvolari Vari Mu.
In questa modalità è assente il controllo ratio. Il rapporto di compressione è proporzionale al livello del segnale di ingresso.

Vintage: emulazione di circuiti Opto.
È presente il controllo **Punch**. Agisce sul tempo di attacco e consente, tramite un ritardo prestabilito, di lasciar transitare i segnali rapidi e percussivi anche in presenza di tempi di attacco veloci. In pratica è paragonabile all'azione del parametro hold sul release.

Maximizer: limiter. Vedi le funzioni del limiter MasterRig.

Ogni banda ha un controllo Mix che consente l'utilizzo del processore in parallelo (vedi prossimo paragrafo).

È importante ricordare che in questo processore, come in tutti i processori di dinamica multibanda, il processamento dinamico avviene **dopo il filtro**. Non vi è infatti nessuna possibilità di modificare i parametri del filtro in modo dinamico.

• •

ATTIVITÀ

- Caricate l'esempio **07G**.

• •

ESEMPIO INTERATTIVO 07G – COMPRESSIONE MULTIBANDA

• •

- Modificate le proprietà del file da 24 bit a 32 float e salvatelo con un nuovo nome.

- In questa attività verrà usato il compressore multibanda di Wavelab sia per aumentare il loudness del brano, sia per modificare il timbro del segnale. Per fare ciò saranno utilizzate diverse tipologie di compressione per ogni banda.

- Caricate nella master section il preset 07-22 MBC2. Notate che la banda 1 utilizza la modalità Tube. Questa tipologia di compressione emula i processori a Mu variabile. Questo tipo di processore è ideale per trattare le frequenze basse. Non è presente il controllo threshold e il ratio varia in proporzione al segnale di ingresso. La banda 2 opera in modalità Standard emulando un circuito VCA. La banda 3 opera in modalità Vintage emulando un compressore ottico con ratio regolabile.

- La banda 4 opera in modalità Standard, vedi fig. 7.100.

fig. 7.100 Compressione multibanda con algoritmi diversi

- Visualizzate la sezione side chain cliccando sulla scritta SC. Ora potete vedere i parametri del filtro utilizzato per pilotare il compressore. Ricordate che la frequenza utilizzata per controllare il compressore può essere diversa da quella che il compressore processa. In questo modo si possono creare utilizzi particolari processando una frequenza in base alla presenza di un'altra. In genere è preferibile utilizzare la stessa frequenza per il controllo e il processamento. Per modificare la frequenza di processamento della banda è sufficiente trascinare la linea verticale che delimita due bande diverse. È presente anche la funzione LISTEN, rappresentata dal simbolo di un altoparlante. Questa funzione permette di ascoltare il segnale filtrato che controlla il compressore. Cliccando sul simbolo dell'altoparlante è possibile regolare in modo preciso la frequenza di controllo, vedi fig. 7.101.

fig. 7.101 Sezione SC, Side Chain

- Ascoltate il brano. Il preset utilizzato consente già un notevole incremento del loudness e modifica il timbro del brano. Attivate la funzione LISTEN alternativamente sulle bande. Individuate la frequenza che volete trattare e impostatela nella sezione relativa al compressore, trascinando le linee verticali. Cercate di creare timbri e stili diversi. Agite anche sui controlli dei compressori variando i parametri: Drive, Threshold, Ratio. La funzione del parametro Mix verrà approfondita nel paragrafo successivo. Ripetete le operazioni su brani della vostra discografia.

- Le tipologie di filtri del compressore multibanda non sono modificabili. La prima è LPF, l'ultima HPF e le altre BPF. Se volete avere un controllo più accurato su tutti i parametri dei filtri dinamici, dovrete utilizzare un equalizzatore dinamico, che verrà trattato nel prossimo paragrafo.

Il processamento multi banda può essere effettuato con molti tipi di processori di dinamica. In fig. 7.102 l'expander downward multibanda di Wavelab.

fig. 7.102 Expander multi banda di Wavelab

Anche in questo caso la prima banda espande l'uscita di un filtro passa basso, l'ultima quella di un filtro passa alto, e quelle intermedie quella di un filtro passa banda. Questo processore è molto utile per la riduzione del rumore di fondo in specifiche bande di frequenza o per operare piccole correzioni timbriche su bande di frequenza occasionalmente invasive.

• •

ATTIVITÀ

- Caricate l'esempio **07H**.

• •

ESEMPIO INTERATTIVO 07H – ESPANSIONE MULTIBANDA

• •

- Modificate le proprietà del file da 24 bit a 32 float e salvatelo con un nuovo nome.

- Caricate nella master section il preset 07-21 MBE. Osservate i parametri del processore e ascoltate il brano. Ogni banda espande il segnale in modo diverso. La riduzione del rumore è meno percepibile e interessa di più le frequenze alle quali l'orecchio è più sensibile, vedi fig. 7.103.

fig. 7.103 Espansione multibanda

- Notate come ogni banda sia impostata in modo differente dalle altre. Ciò permette, in questo caso, di ridurre al minimo l'intervento dinamico.

- Sperimentate diverse regolazioni. Ascoltate in loop il rumore e, in base alla frequenza selezionata, regolate i parametri di threshold e ratio in modo appropriato.

- Potete anche attivare la funzione <u>SC</u> side chain e, utilizzando la funzione <u>MONITOR</u>, ascoltare il segnale filtrato. Potete quindi, in seguito, regolare l'impostazione del filtro della banda in base a quanto ascoltato in side chain, vedi fig. 7.104.

fig. 7.104 Analisi segnale side chain

- Anche in questo caso, non operate in fretta. Usate tutto il tempo necessario per l'analisi, le impostazioni, l'ascolto. Tutto il tempo speso in queste attività contribuirà a rendere il vostro orecchio sempre più sensibile e a rendere i vostri tempi operativi sempre più brevi e precisi.

Se si utilizza **un processore dinamico per controllare i parametri di un filtro**, si ottiene un **Equalizzatore Dinamico**, vedi fig. 7.105.

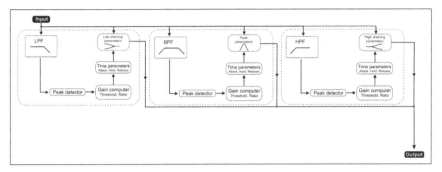

fig. 7.105 Equalizzatore dinamico

Diversamente dal compressore multibanda, un equalizzatore dinamico può utilizzare qualsiasi tipo di filtro su ogni banda di frequenza. Il segnale in ingresso viene analizzato, in base alle esigenze, tramite un filtro passa, alto, passa basso o passa banda centrato sulla stessa frequenza del filtro da controllare. In questo caso il comportamento del filtro viene direttamente influenzato dal segnale filtrato in ingresso. Le applicazioni di un equalizzatore dinamico sono molteplici e, specialmente in ambito mastering, consentono un controllo accuratissimo dell'intervento spettrale sia per correggere imperfezioni, sia per creare timbriche caratteristiche sul segnale. Si possono usare filtri dinamici per enfatizzare alcune frequenze solo nel caso in cui queste siano carenti, o attenuare la parte medio bassa dello spettro in presenza di picchi occasionali che creano *mood*, senso di confusione nel mix. Spesso gli equalizzatori dinamici sono utilizzati per il **De-essing**, ossia **la riduzione delle sibilanti della voce**. Sebbene dal punto di vista pratico il risultato sia quasi sempre accettabile, un **True De-esser** funziona su principi diversi, come spiegato in seguito. In un equalizzatore dinamico, i parametri di attacco e rilascio controllano la velocità con cui viene controllato il filtro dopo che il segnale filtrato ha oltrepassato il livello di soglia. Il parametro ratio controlla l'ampiezza dell'escursione del guadagno effettivo rispetto a quello impostato. Se il segnale supera di molto la threshold l'entità della modifica del guadagno sarà uguale alla curva impostata. In caso contrario sarà proporzionalmente inferiore.
In fig. 7.106 l'equalizzatore dinamico MasterRig di Wavelab

fig. 7.106 Equalizzatore dinamico MasterRig

Ogni banda può operare con filtri in modalità shelving o peak parametrici, attenuando o amplificando il segnale. Anche in questo caso è presente una sezione side chain per filtrare ulteriormente il segnale di controllo. Le curve chiare sovrapposte alle bande colorate, indicano l'intervento effettivo del filtro rispetto a quello impostato.

• •

ATTIVITÀ

- Caricate l'esempio **07L**.

• •

 ESEMPIO INTERATTIVO 07L – EQUALIZZAZIONE DINAMICA

• •

- Modificate le proprietà del file da 24 bit a 32 float e salvatelo con un nuovo nome.

- Ascoltate il brano. Durante i fill di batteria c'è un eccesso di frequenze medio-basse sul basso elettrico. Il fenomeno non si verifica sempre, ma solo in presenza di alcune note. Nel resto del brano però, i bassi sono al livello corretto. Lo stesso accade per i piatti crash. A volte la loro presenza è eccessiva, così come le frequenze alte del rullante. Il suono del timpano della batteria necessiterebbe inoltre di più incisività, ma solo durante i fill. Verrà quindi utilizzato l'equalizzatore dinamico MasterRig per correggere questi piccoli difetti.

- Caricate nella master section il preset 07-23 DYNEQ. Notate che le bande 1, 2 e 3 sono utilizzate per trattare rispettivamente le frequenze basse, quelle medio-basse e quelle medio-alte. Notate che sulla banda 1 è stato impostato un filtro parametrico, cosa impossibile da fare su un compressore multibanda. Notate anche la sezione SC, side chain, attivata sulle bande 2 e 3. Le curve di equalizzazione impostate rappresentano la massima quantità di modifica del filtro. Tuttavia, la quantità massima non verrà quasi mai raggiunta poiché il parametro ratio influenza il modo in cui il filtro agisce dinamicamente. Con il parametro threshold impostato al minimo e il parametro ratio impostato al massimo, il processore agisce come un normale equalizzatore, vedi fig. 7.107.

fig. 7.107 Equalizzazione dinamica

- Ascoltate il brano. Notate come la quantità di attenuazione o amplificazione del filtri varia in modo dinamico in base al segnale in ingresso.

- Attivate la funzione <u>LISTEN</u> nelle bande con side chain attivato. Variate la frequenza di controllo e individuate timbri o zone di frequenza che volete trattare. Il preset contiene già le corrette impostazioni per la correzione dei problemi indicati in precedenza, ma voi potete sperimentare diverse regolazioni e intervenire su parti dello spettro diverse.

- Ripetete l'operazione su brani della vostra discografia. Individuate frequenze specifiche di particolari strumenti e cercate squilibri timbrici occasionali, che non si ripetono per tutta la durata del brano. Usate quindi l'equalizzatore dinamico per processare il segnale.

• •

Una tipologia più avanzata di equalizzatore dinamico è la **Relative Threshold Dynamic EQ**, **Equalizzatore dinamico a soglia relativa**. In questo dispositivo, il segnale filtrato in ingresso viene confrontato con il segnale non filtrato per calcolare il livello effettivo della frequenza nel segnale, indipendentemente dal livello del segnale stesso, vedi fig. 7.108.

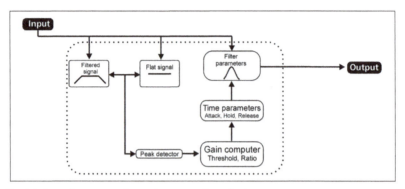

fig. 7.108 Equalizzatore dinamico a soglia relativa

Questo tipo di dispositivo è utilizzato in circuiti di true de-essing. Il processamento di de-essing prevede la compressione delle frequenze tipiche delle sibilanti **s**, **z**, **sh**, **ch** etc. Tipicamente le frequenze di tali suoni si trovano tra i 4.000 e 7.000Hz. Utilizzando per il de-essing un normale equalizzatore dinamico, il livello delle sibilanti sarà ridotto solo quando le frequenze interessate supereranno il livello di soglia impostato. Se però le sibilanti sono eccessive anche in passaggi a basso livello, al di sotto della soglia, l'attenuazione non avverrà. In fig. 7.109 in verde il segnale con le sibilanti, che supera la soglia e in blu il segnale con le sibilanti, al di sotto della soglia. Solo quello al di sopra della soglia viene processato. Le sibilanti rimangono invece intatte nel segnale blu.

fig. 7.109 De-essing con equalizzatore dinamico

Per avere un corretto bilanciamento tra suoni sibilanti e mix a qualsiasi livello del segnale, si può quindi utilizzare un Equalizzatore dinamico a **soglia relativa**. In questo caso il contenuto delle sibilanti sarà analizzato in rapporto al segnale originale, indipendentemente dal livello del mix, vedi fig. 7.110.

fig. 7.110 De-essing con equalizzatore dinamico a soglia relativa

In fig. 7.111 il De-esser di Wavelab. Notate il parametro <u>Auto</u> riferito alla soglia. Questo controllo, commuta la funzione del filtro da equalizzatore dinamico a equalizzatore dinamico a soglia relativa.

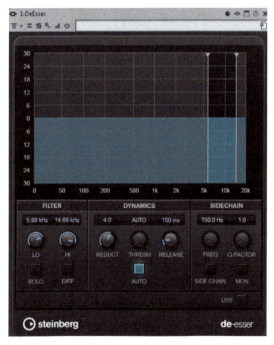

fig. 7.111 De-esser di Wavelab

ATTIVITÀ

- Caricate l'esempio **07M**.

ESEMPIO INTERATTIVO 07M – DE-ESSING A SOGLIA FISSA

- Modificate le proprietà del file da 24 bit a 32 float e salvatelo con un nuovo nome.

- In questa attività il de-esser verrà utilizzato per processare le frequenze del range medio-alto di un kit di batteria. La stessa operazione si compie comunemente sulle sibilanti della voce per attenuare le consonanti S, Z, SH etc.

- Ascoltate il brano. L'Hi-hat e il rullante presentano un eccesso di frequenze medio-alte. Questo eccesso è presente saltuariamente, nei momenti in cui hi-hat e rullante suonano. Se si utilizzasse un equalizzatore classico per attenuare le frequenze in eccesso, verrebbe processato anche il suono della cassa, che invece non ha bisogno di attenuazione sulle frequenze medio-alte.

- Caricate nella master section il preset 07-24 DSR. Notate che il de-esser inserito nel primo slot non è attivo e il pulsante bypass è attivato vedi fig. 7.112.

fig. 7.112 De-esser disattivato

- Ascoltate il brano e notate la finestra del range di frequenze impostata tra circa 3kHz e 7kHz. Notate che la quantità di attenuazione (la barra viola), non è costante, ma varia in base all'ampiezza delle frequenze interessate, vedi fig. 7.113.

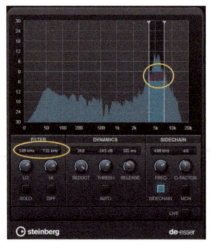

fig. 7.113 Impostazione del range

- Attivate il de-esser cliccando sul tasto bypass (vedi fig. 7.112). Ora il processore attenua il range selezionato in modo dinamico. Ascoltate la differenza del timbro attivando alternativamente la funzione bypass. Cliccando sul tasto SOLO della sezione FILTER potete ascoltare il range di frequenze che il de-esser sta processando. Cliccando il tasto DIFF potete ascoltare la quantità di attenuazione che il processore sta applicando, la differenza tra l'ampiezza in ingresso e quella in uscita.

- La funzione side chain è attivata, per identificare e selezionare in modo più preciso le frequenze che controllano il filtro dinamico. Cliccando sul tasto MON è possibile ascoltare il segnale di controllo filtrato. Variate il parametro FREQ e ascoltate le variazioni della frequenza di controllo. Ricordate che se volete attenuare un range di frequenze in base alla loro ampiezza, dovete sempre impostare nella finestra FILTER, valori che abbiano come frequenza centrale quella impostata nella sezione SIDECHAIN. Potete comunque effettuare processamenti complessi utilizzando come frequenza di controllo un valore diverso da quello delle frequenze da processare. In questo caso, per esempio, potreste attenuare le frequenze basse della cassa in base all'ampiezza di quelle medio-alte dell'hi-hat. Sperimentate queste possibilità utilizzando anche materiale della vostra discografia.

- Caricate l'esempio **07P**.

. . . .

ESEMPIO INTERATTIVO 07P – DE-ESSING A SOGLIA RELATIVA

. . . .

- Modificate le proprietà del file da 24 bit a 32 float e salvatelo con un nuovo nome.

- Ascoltate il brano con il de-esser attivato. In un punto del brano il segnale è attenuato di 18dB. In questo caso il de-esser non processerà il segnale poiché questo è inferiore al livello di soglia, -14,5dB. Il risultato sarà che solo quando il segnale è a livello alto le frequenze medio alte saranno attenuate e il suono della batteria risulterà corretto. Lo stesso beat di batteria, a livello basso, conterrà invece un eccesso di alte frequenze.

- Osservate il meter del de-esser. Nel punto in cui il segnale è basso scompare la barra viola, quella dell'attenuazione. In quel punto il timbro del suono è diverso e si percepisce l'eccesso di frequenze medio-alte, vedi fig. 7.114.

fig. 7.114 De-esser inattivo

- Attivate la funzione <u>AUTO</u> cliccando sul tasto relativo, vedi fig. 7.115.

fig. 7.115 Soglia relativa

- Ora è attiva la funzione di soglia relativa. Il parametro theshold è grigio e non più modificabile. In questo caso il processore confronta il livello del range di frequenze selezionato con quello del segnale broaband in ingresso. In questo modo il processamento avviene indipendentemente dal livello di ingresso e solo in base ad un'analisi comparativa dello spettro dei segnali: quello di controllo e quello di ingresso.

- Ascoltate il brano e osservate il meter. Ora l'attenuazione delle frequenze medio-alte avviene anche quando il livello del segnale è basso. Il timbro della batteria è sempre corretto. La stessa cosa si verifica nel caso del processamento delle sibilanti della voce. Può accadere, infatti, che in fase di mix la voce del cantante o dell'attore presenti un eccesso di sibilanti sia quando l'emissione vocale è consistente, sia quando è minima. In questo caso il True-De-esser a soglia relativa è in grado di risolvere il problema.

- Sperimentate questa funzione su materiale della vostra discografia o su mix multitraccia.

7.12 PROCESSAMENTO PARALLELO

Finora è stato considerato il collegamento dei processori di dinamica in modo seriale rispetto al segnale, vedi fig. 7.116.

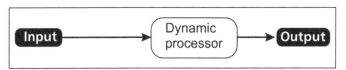

fig. 7.116 Processore dinamico collegato in serie tramite insert

Questa è la configurazione classica di **routing**, di **collegamento**, di un processore dinamico e, se non specificato diversamente, il termine **seriale** è sempre sottinteso. In questa modalità, il segnale viene interamente elaborato dal processore. Il percorso del segnale viene interrotto, per inviarlo all'ingresso del processore il quale, dopo averlo processato, lo invia verso il bus di uscita. In questa condizione, anche se si devono effettuare piccole variazioni e elaborazioni del segnale, si è costretti a far transitare l'intero programma sonoro nel processore.
A volte è necessario aggiungere al segnale non processato una piccola quantità di effetto. In questo caso è preferibile utilizzare un **routing parallelo**, vedi fig. 7.117.

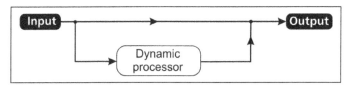

fig. 7.117 Processore dinamico collegato in parallelo tramite send

Il processamento parallelo offre numerosi vantaggi:

- possibilità di calibrare in modo preciso la quantità di segnale processato rispetto a quello originale.

- possibilità di utilizzare regolazioni estreme del processore parallelo e sommarle in piccole quantità al segnale originale

- possibilità di effettuare processamenti in parallelo di natura timbrica, dinamica, di saturazione, spaziale, ambientale

Il principio del processamento parallelo si basa sulla creazione di una **mandata**, **send** dal segnale diretto, che viene inviata al processore, lasciando lo stesso segnale diretto inalterato. Si possono effettuare routing paralleli di processori di dinamica downward, upward, di distorsori, di equalizzatori, vedi fig. 7.118.

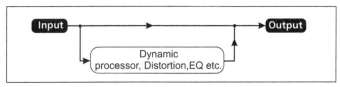

fig. 7.118 Tipologie di processi paralleli

Spesso la compressione parallela downward viene identificata con la compressione seriale upward. In effetti, sommando al segnale diretto un segnale compresso in modalità downward, e impostando il livello del segnale parallelo al livello di soglia desiderato, si ottiene una compressione simile a quella upward, vedi fig. 7.119.

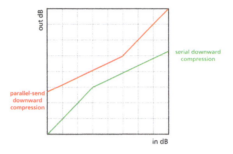

fig. 7.119 Compressione parallela downward

Vi sono però delle differenze fondamentali tra una compressione parallela downward e una compressione seriale upward:

COMPRESSIONE PARALLELA DOWNWARD	COMPRESSIONE SERIALE UPWARD
La compressione parallela è riferita al **routing** del segnale. Il collegamento del processore avviene in modalità send e non in modalità *insert*	La compressione upward è riferita al **ratio**. Il ratio dei processori upward è sempre inferiore a 1, per esempio 0,90:1 e corrisponde a un'amplificazione del segnale.
Nella compressione parallela downward, il segnale parallelo sommato deriva da una compressione downward. In questo caso i picchi e i transienti percussivi sono stati modificati prima della somma.	In una compressione seriale upward i transienti non vengono processati e rimangono intatti.
Nella compressione parallela si effettua una somma tra due segnali. È necessaria quindi una assoluta coerenza di fase tra essi, per evitare comb filtering e cancellazioni di fase.	Nella compressione seriale upward non avviene nessuna somma di segnali.
Nei processamenti ITB la DAW compensa la latenza tra i plugin, utilizzati. Nella compressione parallela downward, la DAW deve compensare anche la latenza del plugin in parallelo rispetto al segnale originale. Se ciò non viene effettuato in maniera accurata, il segnale può essere degradato.	Nella compressione seriale upward non è necessaria alcuna compensazione aggiuntiva della latenza.

Tutte le considerazioni fatte finora valgono anche per la simulazione della espansione seriale upward tramite la espansione parallela downward. Si può sommare un segnale processato con un expander downward, al segnale diretto. In questo caso si ottiene un risultato simile a quello di un expander upward, pur con tutte le differenze sopra indicate. Ciononostante il processamento parallelo è uno strumento indispensabile in fase di mastering, sia per avere un elevato controllo sul segnale processato, sia per ottenere effetti particolari e creativi.

In Wavelab si possono utilizzare diversi procedimenti per effettuare un processamento parallelo. Il metodo più semplice è quello di utilizzare in modo seriale un plugin che tra i suoi parametri comprenda la funzione **Mix** o **Dry/ Wet**. In questo caso, con il mix impostato a 100% il processore opera in modalità seriale. Con il mix impostato a 0% il processore è in bypass. Con valori intermedi il processore opera in modalità parallela con una percentuale di segnale processato variabile rispetto a quello diretto.
In fig. 7.120 il compressore MasterRig collegato in serie, ma con il parametro Mix utilizzato per il processamento parallelo.

fig. 7.120 Compressione parallela downward tramite parametro **Mix**

Questo tipo di routing non è però considerabile come **True Parallel**, **Parallelo Reale**, in quanto la percentuale di segnale diretto varia, rispetto a quella del segnale processato, in base alla regolazione del parametro Mix. Maggiore sarà la percentuale di segnale processato, minore sarà quella del segnale diretto. Sebbene il calcolo floating point eviti problemi relativi alla perdita di range dinamico e alla sovramodulazione, in un processamento parallelo il livello dei segnali deve essere calibrato in modo molto accurato. In un processamento Dry/ Wet il segnale Wet non deve mai essere superiore a quello Dry. In questo caso l'effetto finale sarà quello di un collegamento seriale. Poiché il segnale Wet mascherà sempre quello Dry.

ATTIVITÀ

- Caricate l'esempio **07G**.

- Nella finestra di caricamento del preset deselezionate l'opzione <u>Apri la finestra dei plugin</u>. In questo modo, in caso di numerosi plugin presenti nella master section, lo schermo non verrà riempito dai pannelli dei plugin. Sarà comunque possibile visualizzare i plugin cliccando sullo slot relativo, vedi fig. 7.121.

fig. 7.121 Finestre dei plugin chiuse

- -

ESEMPIO INTERATTIVO 07G – COMPRESSIONE PARALLELA DRY/WET

- -

- Modificate le proprietà del file da 24 bit a 32 float e salvatelo con un nuovo nome.

- Caricate nella master section il preset <u>07-25 DRW</u>. D'ora in avanti i preset della master section potranno contenere anche tipi di processamento diversi da quelli dell'argomento specifico che si sta trattando. In questo modo potrete iniziare a considerare i vari processori come componenti di un'unica catena di processamento.

- Nel primo slot è utilizzato il plugin <u>Stereo Tools</u>. Ascoltando il brano e visualizzando il pan meter, non si notano evidenti sbilanciamenti del livello tra i canali. Tuttavia è stata applicata una riduzione del guadagno di 0,3dB sul canale sinistro, per equilibrare il loudness ottenuto con i processamenti dinamici successivi, vedi fig. 7.122.

fig. 7.122 Correzione del livello

- Attivate ora <u>Stereo Tools</u>, disattivando il bypass dello slot 1. Gli altri slot  rimangono in bypass, vedi fig. 7.123.

fig. 7.123 Attivazione slot 1

- Nel secondo slot è inserito l'equalizzatore parametrico MasterRig. In questo caso il processore non è utilizzato per apportare modifiche timbriche, ma per l'eliminazione di DC offset. Si nota la presenza di una sola banda attiva in configurazione HPF con pendenza di 24dB/ottava (quarto ordine) e frequenza di taglio a 20Hz, vedi fig. 7.124.

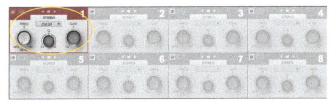

fig. 7.124 Filtraggio DC offset

- Attivate <u>MasterRig</u>, disattivando il bypass dello slot 2. Gli altri slot rimangono in bypass.

- Osservate ora l'area della master section relativa agli slot 3 e 4. Notate la presenza dell'indicazione **L** sulla barra dello slot 3 e di quella **R** sulla barra dello slot 4, vedi fig. 7.125.

fig. 7.125 Processamento indipendente

- Su questi slot è stata utilizzata una funzione di processamento indipendente dei canali. Utilizzando lo stesso processore per entrambi i canali non sarebbe stato spossibile effettuare variazioni indipendenti dei parametri sui canali destro e sinistro. Il processore nello slot 3 processa solo il segnale del canale sinistro. Il processore nello slot 4 processa solo il segnale proveniente dal canale destro. Ciò è possibile utilizzando il menu di selezione a sinistra della barra dello slot.

- La compensazione totale della latenza e il calcolo in virgola mobile di Wavelab sono essenziali per effettuare questi processi, vedi fig. 7.126.

fig. 7.126 Selettore routing

- Tramite questa funzione è possibile processare il segnale, oltre che in modalità standard stereo, anche unicamente sul canale sinistro, destro, centrale (Mid), laterale (Side), in modalità insert o in mandata (send parallelo).

- Attivate i processori negli slot 3 e 4 disattivando i relativi bypass. Cliccate sulla barra di ciascun processore per visualizzare le impostazioni, vedi fig. 7.127.

fig. 7.127 Attivazione e visualizzazione plugin

- Notate che le impostazioni dei parametri, sebbene simili, sono differenti per i canali L e R. In questo modo è possibile ottimizzare il processamento dei singoli canali ottenendo il minor degrado della qualità del segnale.

- Entrambi i processori sono utilizzati in modalità parallela Dry/Wet. Quello del canale sinistro utilizza il 10% di segnale compresso e il 90% di segnale diretto. Quello del canale destro utilizza il 15% di segnale compresso e l'85% di segnale diretto. Il ratio è molto elevato e la threshold relativamente bassa. Ciò crea un segnale processato molto compresso e di bassa qualità. Tuttavia se questo segnale viene aggiunto in piccola quantità al segnale diretto è in grado di ridurne la dinamica e incrementare il loudness senza degradare il segnale originale.

- Ascoltate il brano e osservate i meter. Utilizzate la funzione bypass della master section per confrontare la differenza di loudness. Utilizzate la funzione smart bypass per analizzare la differenza tra il segnale processato e quello non processato.

- Sperimentate diverse impostazioni dei parametri, anche su materiale della vostra discografia.

- Mantenete il segnale processato sempre abbastanza basso rispetto a quello diretto.

- Cercate di individuare la soglia di intervento ideale per comprimere solo i picchi rilevanti contenuti nel segnale. Una soglia troppo bassa causerebbe la compressione di suoni deboli e sarebbe poco utile all'incremento del loudness. Cercate di individuare il valore ratio adatto, per ottenere una riduzione del guadagno elevata sui transienti. Utilizzate parametri temporali rapidi. Tutto ciò è esattamente l'opposto di quanto sia necessario in un processamento seriale, ma è giustificato dal fatto che la maggior parte del segnale sarà segnale diretto e solo una piccola percentuale sarà segnale compresso.

- Nello slot 5 è inserito un limiter. In questo preset questo processore è l'ultimo elemento della catena di processamento dinamico. Questo processore opera in modalità brickwall con un livello massimo di uscita impostato a -0,2dBfs, vedi fig. 7.128.

fig. 7.128 Limiter

- Attivate il limiter disattivando il bypass del relativo slot.

- Il livello del segnale prima del limiter raggiunge occasionalmente il livello di 0 dBFS. La soglia del limiter è impostata in modo fisso a 0dBFS. Amplificando di 2.6dB il segnale di ingresso del limiter si genera una riduzione del guadagno di circa 2dB. Il segnale in uscita non può superare -0,2dBFS. Ciò si traduce in una riduzione della dinamica con relativo innalzamento del loudness. È consigliabile non superare i 2dB di riduzione di guadagno su un limiter. Valori più alti generano un notevole degrado del segnale e effetto pumping. Come già detto, e come si vedrà in seguito, esistono altri modi per incrementare il loudness.

Un'altra tipologia di processamento parallelo è quella effettuata sulla clip all'interno della traccia di un **Montaggio Audio**. Il montaggio audio di Wavelab è un ambiente di lavoro molto potente e sofisticato. È possibile usare un numero illimitato di tracce audio, creare ed editare progetti CD e DVD audio, effettuare automazioni di Volume, Pan, Mandata e, ovviamente, usare routing paralleli sia **Dry/Wet** che **True Parallel**, per gli effetti utilizzati nelle clip. La struttura di processamento prevede:

- 10 slot di effetti per ogni clip presente in ciascuna traccia.
- 10 slot di effetti aggiuntivi per ciascuna traccia.
- 10 slot di effetti per ogni montaggio prima del transito nella master section, vedi fig. 7.129.

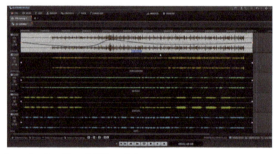

fig. 7.129 Montaggio Audio di Wavelab

Per quanto riguarda gli effetti nelle clip di un montaggio, possiamo utilizzare diverse modalità di routing, sia per l'elaborazione del canale sia per l'assegnazione di un segnale ai plug-in, nelle colonne Processamento dei canali e Assegnazione del plug-in dell'Inspector. L'Inspector può essere definito come la Master section del montaggio. Sebbene la Master section principale sia ancora disponibile nel montaggio e sia posizionata dopo l'Inspector nel routing del segnale. Potete selezionare la Master section o l'Inspector nella relativa barra dei menu, oppure selezionando Inspector dal menu Finestra degli strumenti di utility; una volta che un montaggio è attivo, vedere la fig. 7.130.

fig. 7.130 Processamento dei canali

È possibile selezionare diverse modalità operative:

- **Stereo, Left Right (insert)**
  In questa modalità il plugin processerà entrambi i canali

- **Centrale/laterale, M/S (insert)**
  In questa modalità il plugin riceverà il segnale **M** su un ingresso e il segnale **S** sull'altro, all'uscita del plugin verrà effettuata una matrice di decodifica **M/S**

- **Sinistro, Left (insert)**
  il plugin processerà solo il canale sinistro

- **Destro, Right (insert)**
  il plugin processerà solo il canale destro

- **Centrale, M (insert)**
  Il plugin processerà solo il canale **M**. All'uscita del plugin verrà effettuata una matrice di decodifica **M/S**

- **Laterale, S (insert)**
  Il plugin processerà solo il canale **S**. All'uscita del plugin verrà effettuata una matrice di decodifica **M/S**

- **Sinistro, Left (Mandata, send con ritorno stereo)**
  Il plugin processerà solo il canale **L**. L'uscita processata di **L** verrà sommata al segnale diretto stereo su **L/R**.

- **Destro, Right (Mandata, send con ritorno stereo)**
  Il plugin processerà solo il canale **R**. L'uscita processata di **R** verrà sommata al segnale diretto stereo su **L/R**.

- **Centrale, M (Mandata, send con ritorno stereo)**
  Il plugin processerà solo il canale **M**. L'uscita processata di **M** verrà sommata al segnale diretto stereo sia su **L** che su **R**, dopo la matrice di decodifica **M/S**.

- **Laterale, S (Mandata, send con ritorno stereo)**
  Il plugin processerà solo il canale **S**. L'uscita processata di **S** verrà sommata al segnale diretto stereo sia su **L** che su **R**, dopo la matrice di decodifica **M/S**

Nella colonna successiva <u>Assegnazioni dei Plug-in</u> è possibile stabilire il routing del plugin con le seguenti opzioni: vedi fig. 7.131.

fig. 7.131 Assegnazione routing

- **Insert (Standard)**
  il plugin è collegato in modo seriale, il processore interrompe il percorso del segnale diretto.

- **Miscela il segnale originale col segnale processato, Mix Dry/Wet (Mandata, send)**
  il plugin è collegato in modo seriale, ma riceve il segnale da processare tramite una mandata send. L'uscita del processore viene miscelata in modo proporzionale con il segnale diretto in modalità Wet/Dry.

- **Processamento Parallelo (True Parallel)**
  il livello del segnale diretto rimane invariato, il segnale viene inviato al processore con una mandata send. L'uscita del processore viene miscelata al segnale diretto.

Nella modalità **Dry/Wet**, è possibile usare il controllo in dB nella finestra <u>Assegnazione</u> e/o la curva di inviluppo per decidere la percentuale di segnale diretto e quella di segnale processato.

Con regolazione a **-∞** sarà presente in uscita solo il segnale diretto.

Con regolazione a **0dB**, in uscita sarà presente il 50% di segnale diretto e il 50% di effetto.

Con regolazione a **+6dB** in uscita sarà presente solo l'effetto.

Tutte le regolazioni comprese tra **-∞** e **+6dB** rappresentano le varie percentuali tra segnale diretto ed effetto, vedi fig. 7.132.

fig. 7.132 Percentuale Dry/Wet

Il valore di mix Dry/Wet può anche essere modificato tramite la curva di inviluppo nella clip. In questo caso è anche possibile effettuare automazioni del parametro, vedi fig. 7.133.

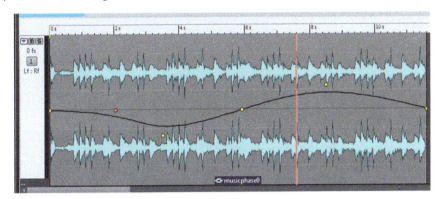

fig. 7.133 Automazione del parametro Dry/Wet

Nella modalità <u>Processamento Parallelo</u>, è possibile usare il controllo in dB nella finestra <u>Assegnazione del Plug-in</u> e/o la curva di inviluppo per decidere la quantità di effetto sommata a quella di segnale diretto. In questo caso il livello del segnale diretto rimane costante e non varia in percentuale a quello dell'effetto. Questa modalità può essere definita **True Parallel**, poiché è **solo il livello dell'effetto sommato che cambia**.

Con regolazione a **-** ∞ sarà presente in uscita solo il segnale diretto.

Con regolazione a **0dB**, in uscita sarà presente il segnale processato dall'effetto a 0dB

Tutte le regolazioni comprese tra **-** ∞ e **+6dB** rappresentano il solo livello del segnale processato dal plugin aggiunto al segnale diretto, vedi fig. 7.134.

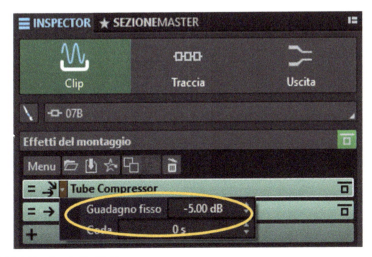

fig. 7.134 Livello dell'effetto

Il parametro del livello dell'effetto può anche essere modificato tramite la curva di inviluppo nella clip. In questo caso è possibile effettuare automazioni, vedi fig. 7.135.

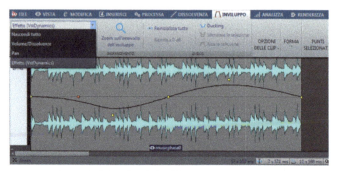

fig. 7.135 Automazione del livello dell'effetto

. . . .

ATTIVITÀ

- Dal menu FILE selezionate Nuovo → Montaggio Audio → Modelli → CD Standard, vedi fig. 7.136.

fig. 7.136 Creazione Montaggio vuoto

- Posizionate il cursore del tempo all'inizio del brano premendo il relativo tasto sulla barra di trasporto o premendo il tasto zero (0) sul tastierino numerico della tastiera del computer, vedi fig. 7.137.

fig. 7.137 Cursore all'inizio del montaggio

- Cliccate in un'area vuota del montaggio con il tasto destro del mouse e inserite nel montaggio l'esempio **07B**, vedi fig. 7.138.

fig. 7.138 Inserimento file audio

ESEMPIO INTERATTIVO 07B – COMPRESSIONE PARALLELA TRUE

••

- Salvate il montaggio con un nome a vostra scelta, vedi fig. 7.139.

fig. 7.139 Salvataggio del montaggio

- Dal menu Finestre degli strumenti di utility selezionate Inspector, vedi fig. 7.140.

fig.7.140 Selezione effetti

- Cliccate in un qualsiasi punto della finestra della forma d'onda, selezionate la sezione <u>Clip</u> e caricate la catena di plugin <u>07 True Parallel</u>, vedi fig. 7.141.

fig. 7.141 Caricamento plugin

- Osservate la lista dei plugin caricati e il loro routing. Disattivate i processori attivando la funzione <u>Bypass</u> della clip, vedi fig. 7.142.

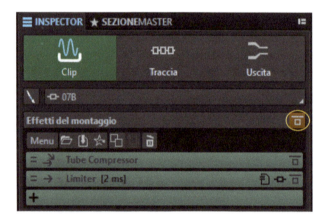

fig. 7.142 Effetti disattivati

- Ascoltate il brano e osservate i meter. Annotate i livelli di picco e RMS.

- Osservate il routing dei processori. Tube compressor opera in modalità True Parallel e il livello del segnale processato, sommato al segnale diretto, è -5dB, vedi fig. 7.143.

fig. 7.143 Routing parallelo

- Il limiter opera in modalità insert seriale. Disattivate la funzione <u>bypass</u> e
ascoltate il brano, vedi fig. 7.144.

fig. 7.144 Collegamento limiter seriale e attivazione plugin

- Utilizzate la funzione bypass per confrontare il risultato del processamento con l'originale. Notate l'incremento di loudness sui meter.

- Sperimentate diversi valori del livello di segnale sommato variando il valore in dB nella relativa finestra. Sperimentate diverse tipologie e livelli di compressione. Utilizzate materiale della vostra discografia personale.

- Chiudete la finestra degli effetti. I processori resteranno comunque attivi.

- Nella sezione <u>Preset</u> selezionate l'opzione <u>Organizza i preset</u>. Nella finestra che compare copiate il preset Audio clip envelope 07-01 Comp send, vedi fig. 7.145.

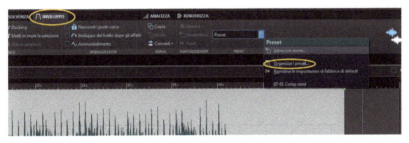

fig. 7.145 Inserimento preset di inviluppo

- Selezionate il menu <u>INVILUPPO</u>, modificate il tipo di inviluppo e selezionate <u>Effetto (Tube compressor)</u>, vedi fig. 7.146.

fig. 7.146 Selezione curva di inviluppo

- Caricate il preset di inviluppo <u>07-01 Comp send</u>, vedi fig. 7.147.

fig. 7.147 Caricamento preset di inviluppo

- Osservate la curva sovrapposta alla foma d'onda. Rappresenta il livello del segnale processato. Utilizzando la curva di inviluppo è possibile variare il livello del segnale compresso in modo diverso per ogni sezione del brano. Ciò consente di utilizzare sempre la giusta quantità di effetto in base al livello del segnale non processato, vedi fig. 7.148.

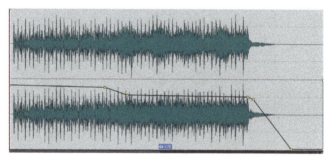

fig. 7.148 Curva di inviluppo dell'effetto

- Modificate la curva e osservate le variazioni di livello di picco e RMS sul meter. Ripetete l'attività utilizzando materiale della vostra discografia. Alla fine salvate il montaggio con un nuovo nome a vostra scelta.

- Se decidete di utilizzare dei plugin anche negli slot della master section potete selezionare l'opzione che permette, all'apertura di un montaggio o di un file audio, il richiamo automatico dei preset utilizzati, vedi fig. 7.149.

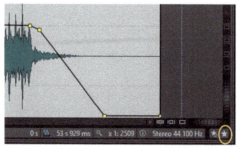

fig. 7.149 Salvataggio e richiamo dei preset della master section utilizzati

7.13 TRANSIENT DESIGNER E DISCRIMINAZIONE DEL TEMPO

Per trattare in modo appropriato questa categoria di processori, è necessario considerare alcuni concetti di base riguardanti il suono.

I parametri fondamentali per definire un'onda sonora o elettromagnetica sono:

- **Frequenza**: Il numero di oscillazioni per secondo. Si misura in Hz. A frequenze alte corrispondono suoni acuti, a frequenze basse corrispondono suoni gravi. L'orecchio umano è in grado di percepire frequenze comprese tra 20Hz e 20.000Hz.

- **Ampiezza**: Il livello istantaneo, o medio, o integrato, di un'onda o di un segnale. Può essere misurato, a seconda dei casi, in dBSPL, dBu, dBm etc. In un sistema di assi cartesiani rappresenta in genere l'asse verticale, indipendentemente dal fatto che rappresenti un valore di picco, o medio, o integrato.

- **Timbro**: Rappresenta la somma delle varie frequenze che creano un suono complesso. In natura e in ambito musicale, raramente si incontrano segnali puri, come le onde sinusoidali. Ogni suono è formato invece da un insieme di frequenze a vari livelli e correlazioni di fase. Il timbro è paragonabile all'impronta digitale di un suono. È quella caratteristica che permette di distinguere un pianoforte da un flauto, anche se questi suonano la stessa nota alla stessa frequenza e intensità. Il timbro è formato da una frequenza fondamentale (fundamental), quella di valore più basso, e da altre frequenze più alte, dette parziali (partials), vedi fig. 7.150.

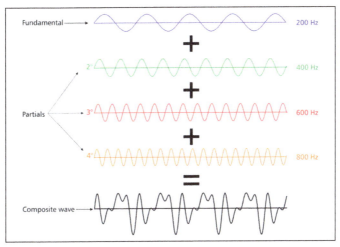

fig. 7.150 Suoni fondamentali e parziali.

Se, come in fig. 7.150, i suoni parziali sono di frequenza con valore multiplo intero della fondamentale, vengono definiti **Armoniche**. Un esempio potrebbe essere rappresentato da un suono fondamentale di 200Hz e dei suoni parziali rispettivamente di 400Hz, 600Hz, 800Hz. In questo caso l'onda complessa risultante è di tipo **Periodico**, ossia si ripete sempre uguale o con piccole variazioni nel tempo.

Quando un'onda è di tipo periodico, viene percepita come un suono intonato al quale è possibile associare una nota musicale. È quindi definita **suono**[29]. Se le frequenze dei suoni parziali **non sono di valore multiplo intero** della frequenza fondamentale, sono definiti **parziali non armonici**. In questo caso l'onda complessa risultante è di tipo **aperiodico, non si ripete in modo costante nel tempo**. Non si può quindi attribuire una nota musicale specifica al suono, vedi fig. 7.151.

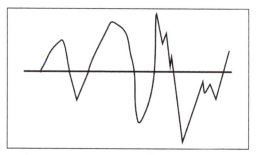

fig. 7.151 Onda aperiodica, suono inarmonico.

-   **Inviluppo**: Rappresenta il modo in cui l'ampiezza del suono evolve nel tempo. Il modo in cui si genera, si modifica e si estingue nell'arco della sua durata. Infatti, la frequenza, l'intensità ed il timbro di un suono non sono sempre costanti. Se si preme il tasto di un pianoforte, all'inizio si ascolterà un suono potente e brillante. Col trascorrere del tempo però, il livello diminuirà e le frequenze alte cominceranno ad attenuarsi fino a scomparire. Il timbro diverrà sempre più scuro e il suono flebile, fino alla scomparsa del suono stesso. L'inviluppo è caratterizzato da quattro fasi fondamentali, misurate in tempo, e in ampiezza. Tutto il concetto di inviluppo è riferito a un elemento fondamentale: **Il gesto** che causa l'emissione del suono. Questo gesto può essere la pressione del tasto di un pianoforte, la percussione di un martello, l'emissione di aria in uno strumento a fiato, l'avvio di una routine di generazione sonora software. In fig. 7.152 sono rappresentati i quattro parametri dell'inviluppo.

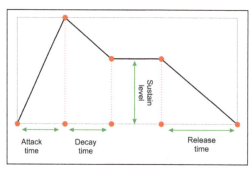

fig. 7.152 Fasi dell'inviluppo

---

[29] Sebbene in ambito musicale si differenzino i concetti di suono e rumore, in fisica sono definiti entrambi come suono. Lo stesso vale per la musica contemporanea ed elettronica dove segnali aperiodici sono spesso utilizzati nella composizione.

Il primo parametro è il **Tempo di Attacco**, **Attack Time**: rappresenta l'intervallo di tempo tra l'inizio del gesto che produce il suono e la massima ampiezza del suono stesso. Gli strumenti a percussione hanno tempi di attacco molto brevi, mentre quelli a fiato e la voce umana hanno tempi di attacco più lenti. Più il tempo è breve più la pendenza del grafico sarà ripida.

Il secondo parametro è il **Tempo di Decadimento o Decay Time**: rappresenta l'intervallo di tempo tra la massima ampiezza del suono e l'ampiezza del suono durante il proseguimento del gesto. Non tutti gli strumenti hanno la possibilità di emettere suono durante il proseguimento del gesto. Nel pianoforte per esempio, pur continuando a premere il tasto il suono continua a decadere in modo continuo fino al silenzio. In questi strumenti, detti **a decadimento**, il tempo di decay è brevissimo, non esiste una fase di sustain e si passa immediatamente al release. Nei segnali generati sinteticamente, per esempio onda quadra, sinusoidale etc. si può passare istantaneamente dalla fase di attacco a quella di sustain. In questo caso non esiste decay. Considerando invece l'organo a canne, il suono prosegue durante il gesto. L'organo è quindi uno strumento dal **Suono Sostenuto**.

Il terzo parametro è il **Sustain**, **Costanza**. Nella sintesi sonora, il **Sustain Level** rappresenta il livello del suono sostenuto, durante il proseguimento del gesto. Nell'analisi del suono il **Sustain Time** rappresenta il tempo durante il quale l'ampiezza del suono rimane pressoché costante.

Il quarto parametro è il **Tempo di Rilascio** o **Release Time**. Nella sintesi sonora rappresenta l'intervallo di tempo tra la fine del gesto e la fine del suono.[30] Nell'analisi del suono rappresenta il tempo tra la fine della fase precedente dell'inviluppo e l'estinzione del suono.

Un processore dinamico che **modifica il guadagno del segnale analizzandone l'inviluppo**, è definito **Transient Designer**. Esso è in grado di misurare i tempi di attacco e di release del suono e di modificare l'ampiezza del suono stesso nelle relative fasi. L'uso più comune di un transient designer è quello di gestire i livelli degli strumenti a percussione in un brano già mixato. È possibile isolare i suoni della cassa e del rullante impostando il processore per la ricerca di suoni con attacco rapido. A volte il transient designer viene usato anche per attenuare la componente ambientale in un mix. In questo caso si imposta il processore per identificare tempi lunghi di release.

---

[30] Il tempo di rilascio è anche influenzato dall'ambiente. Dopo la fine del suono può generarsi una riverberazione che ne prolunga ulteriormente la durata.

In fig. 7.153 Envelope Shaper, il transient designer di Wavelab.

fig. 7.153 Envelope Shaper

- Il parametro **Attack** regola il guadagno della fase di attacco

- Il parametro **Length** regola la lunghezza della fase di attacco

- Il parametro **Release** regola il guadagno della fase di release

- Il parametro **Output** regola il livello di uscita del processore. Questo controllo è particolarmente utile quando si aumenta il guadagno della fase di attacco, per evitare saturazioni e distorsioni del segnale.

Esistono anche Transient Designer multibanda. Questi dispositivi permettono di effettuare il processamento dell'inviluppo su bande di frequenza diverse. È per esempio possibile enfatizzare il suono del Hi-Hat senza influenzare quello della cassa o del rullante. In fig. 7. 154 il transient designer multi banda di Wavelab.

fig. 7.154 Envelope Shaper multi banda

In questo processore a 4 bande, oltre ai classici parametri di Attack, Length, Release e Output, è presente anche un controllo di sensibilità di rilevazione. Una sorta di soglia di discriminazione del livello delle varie fasi.

Anche nel limiter del MasterRig è presente una sezione di Transient Designer multibanda a 3 bande, vedi fig. 7.155.

fig. 7.155 Transient designer multi banda MasterRig

In questo processore sono presenti i controlli di guadagno dell'attacco e del release, unitamente al controllo del livello di uscita per ciascuna banda.
Anche i processi di transient design, come tutti i processi di mastering possono essere usati in modalità seriale o parallela.

. . . .

ATTIVITÀ

- Caricate l'esempio **07Q**.

. . . .

ESEMPIO INTERATTIVO 07Q – TRANSIENT DESIGN BROADBAND

. . . .

- Modificate le proprietà del file da 24 bit a 32 float e salvatelo con un nuovo nome.

- D'ora in poi, prima di processare un file si procederà sempre alla riduzione del livello di picco per creare headroom necessaria alle elaborazioni che prevedono un aumento del guadagno. La compressione parallela, i processamenti upward e il transient design sono un esempio di tali processi. L'utilizzo del calcolo floating point a precisione singola o doppia eviterà la riduzione del range dinamico e il degrado del segnale.

- Normalizzate il livello di picco a -4dBFS, vedi fig. 7.156.

fig. 7.156 Normalizzazione

- Caricate nella master section il preset 07-26 TD.

- In modo analogo al montaggio audio, anche nella master section è attivabile la finestra della catena dei plugin. In questo caso si può passare da un plugin all'altro cliccando sul nome relativo presente nella barra, vedi fig. 7.157.

fig. 7.157 Finestra della catena dei plugin

- Notate la presenza di un limiter collocato dopo il transient designer. Nelle fasi di studio e sperimentazione è sempre opportuno inserire questo *dispositivo di sicurezza* per evitare eccessive variazioni di livello del segnale che potrebbero danneggiare sia il sistema di ascolto, sia l'udito. Il limiter può essere comunque utilizzato nelle normali procedure di mastering, come illustrato in precedenza.

- Ascoltate il brano e aumentate gradualmente il valore ATTACK. Notate l'aumento della presenza dei suoni percussivi.

- Diminuite il valore LENGHT, ora il processore elabora porzioni sempre più piccole dell'inviluppo. Ciò che viene modificato è esclusivamente l'attacco dei suoni percussivi. Aumentando tale valore viene modificata anche la parte successiva all'attacco. Notate tali differenze sul suono della cassa della batteria.

- Provate ora a ridurre il valore di ATTACK. Ora state attenuando i suoni percussivi. Modificate anche il parametro LENGHT e ascoltate le differenze.

- Impostate il valore ATTACK a 0 e diminuite il valore RELEASE. Ora state attenuando il release del suono. I riverberi, il suono dell'ambiente, i synth con un suono di Pad etc. Aumentando tale valore potete ottenere un incremento del loudness, a discapito della chiarezza e intellegibilità dei transienti. Provate a utilizzare il processore in parallelo con queste impostazioni.

- Sperimentate variazioni di tutti i parametri anche su brani della vostra discografia. Provate a scolpire il suono per ottenere il risultato desiderato.

- Caricate nella master section il preset 07-27 TDMB.

- Nel primo slot della master section è utilizzato il modulo Limiter di MasterRig. In questa attività verrà utilizzata la sezione TRANSIENTS. Sono disponibili tre diverse bande di frequenze per effettuare il transient design. La terza banda, quella blu relativa alle alte frequenze, agisce tra 3,8kHz e 18kHz, vedi fig. 7.158.

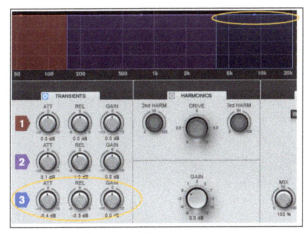

fig. 7.158 Transient designer multibanda

- Lo scopo di questa attività è modificare il livello del segnale dell'Hi-Hat, formato prevalentemente da alte frequenze. Aumentate il valore di ATT. Notate come solo il suono dell'Hi-Hat, e solo nei momenti in cui è presente, viene modificato. Diminuendo il valore di ATT non viene modificato il livello dello strumento ma la parte di suono relativa al transiente. Praticamente, è come se il pedale dell'Hi-Hat fosse aperto facendo risaltare più il suono dei due piatti che si toccano, attenuando il colpo della bacchetta. L'effetto è ancora più evidente aumentando il valore di REL.

- Caricate nella master section il preset 07-28 ESMB. In questa attività si utilizza l'envelope shaper multibanda di Wavelab.

- Notate che tutte le bande del processore sono disattivate, vedi fig. 7.159.

fig. 7.159 Processore in bypass

- Ascoltate il brano e memorizzate le caratteristiche dei suoni percussivi e dell'ambiente.

- Attivate la banda 1. Osservate il grafico dell'inviluppo. Questa parte del processore è utilizzata per enfatizzare l'attacco del suono della cassa della batteria, diminuendo leggermente il suono ambientale delle basse frequenze. Ascoltate il brano utilizzando la funzione bypass per percepire le differenze. È possibile ascoltare l'intervento della banda 1 cliccando sul relativo tasto S, Solo, vedi fig. 7.160.

fig. 7.160 Ascolto della singola banda

- Attivate la banda 3. Osservate il grafico. In questa sezione è enfatizzato l'attacco del suono di synth bass. Utilizzate il controllo <u>SENSITIVITY OUTPUT</u> per modificare il modo e il livello a cui il processore analizza l'inviluppo. Attivate le rimanenti bande e sperimentate elaborazioni di diversi range di frequenze, utilizzando la funzione <u>Solo</u> per identificare i vari strumenti musicali. Ripetete l'attività su materiale della vostra discografia.

• •

VERIFICA • TEST A RISPOSTE BREVI (max 30 parole)

1) Un processore dinamico con ratio 1: 0,5 è upward o downward?

2) Un processore dinamico con ratio 1:2 è upward o downward?

3) L'expander downward aumenta o diminuisce il volume?

4) Il limiter è un processore downward o upward?

5) Come definite un processore che amplifica il segnale quando questo è più alto del livello di soglia?

6) Come definite un processore che attenua il segnale quando questo è più basso del livello di soglia?

7) Come definite un processore che attenua il segnale quando questo è più alto del livello di soglia?

8) Come definite un processore che amplifica il segnale quando questo è più basso del livello di soglia?

9) Con un ratio di 2:1 il segnale in uscita è la metà di quello in ingresso sempre, mai o solo in alcuni casi?

10) Per eliminare l'effetto brickwall che tipo di processore dinamico utilizzereste?

11) Come deve essere regolato il parametro hold di un compressore?

12) Il make-up gain modifica il range dinamico?

13) Qual è la differenza tra un filtro dinamico a soglia assoluta, absolute threshold e uno a soglia relativa, relative threshold?

14) È possibile effettuare un processamento parallelo con un compressore upward?

15) È possibile effettuare un processamento parallelo con un transient designer?

16) È possibile effettuare un processamento parallelo in un software senza compensazione della latenza?

17) Che tipo di processore dinamico utilizzereste per ridurre il rumore di fondo mascherato?

18) Volendo lasciare il segnale originale sempre allo stesso livello e non processato, in un processamento parallelo utilizzereste la modalità Dry/Wet o la True Parallel?

19) Il make-up gain modifica il range dinamico?

GLOSSARIO

Attack, Tempo di attacco
Il tempo impiegato da un processore dinamico ad effettuare la modifica del guadagno, dopo che il segnale ha oltrepassato il livello di soglia. Nella definizione dell'inviluppo rappresenta l'intervallo di tempo tra l'inizio del suono e la massima ampiezza del suono stesso

Auto make-up gain
Controllo automatico di guadagno del segnale dopo il processamento dinamico. Il processore compensa automaticamente la variazione di livello portando il segnale in uscita allo stesso livello di quello in ingresso

Brick wall
Funzione di compressione di un limiter con rapporto di ∞:**1**. Il livello di uscita è sempre inferiore o uguale al livello di soglia

Broadband
Tipologia di processore dinamico che processa il segnale nell'intero range di frequenze udibili

Compressione dinamica
Processo che determina la riduzione della differenza di livello tra il valore più alto ed il valore più basso di un segnale

Compressore downward
Processore che riduce il guadagno del segnale quando questo supera il livello di soglia

Compressore upward
Processore che aumenta il guadagno del segnale quando questo scende sotto il livello di soglia

De-esser
Tipologia di processore dinamico utilizzato per ridurre il livello delle consonanti sibilanti. È un filtro dinamico a soglia relativa che opera nel range da 3.000 a 7.000Hz

Downward
Definizione di processore dinamico con ratio superiore a 1. Il livello del segnale in uscita è inferiore a quello in ingresso

Dry/Wet
Processamento parallelo in cui il livello del segnale processato e di quello processato variano in modo reciproco

Ducker
Processore dinamico che applica una riduzione di guadagno fissa al segnale. La riduzione avviene quando un segnale esterno in side chain supera il livello di soglia

Equalizzatore dinamico
Processore dinamico che filtra il segnale in ingresso dividendolo in due o più bande di frequenza. La modifica del guadagno avviene modificando i parametri dei filtri in base al ratio e alla soglia impostati

Espansione dinamica
Processo che determina l'aumento della differenza di livello tra il valore più alto ed il valore più basso di un segnale

Expander downward

Processore che riduce il guadagno del segnale quando questo scende sotto il livello di soglia

Expander upward

Processore che aumenta il guadagno del segnale quando questo supera il livello di soglia

Feed-back compressor

Processore dinamico in cui il peak detector analizza il segnale dopo il controllo del guadagno

Feed-forward compressor

Processore dinamico in cui il peak detector analizza il segnale prima del controllo del guadagno

FET, Field Effect Transistor

Tecnologia utilizzata per il controllo del guadagno nei processori dinamici e nei circuiti audio. Nei transistor FET il transito degli elettroni avviene per mezzo di un campo elettrico. I processori dinamici FET hanno un suono caratteristico e, in base alla circuitazione utilizzata, possono produrre armoniche di tipo pari, di tipo dispari o entrambe

Filtro dinamico

Filtro che modifica il guadagno di f_C in base ai parametri ratio e soglia impostati

Hold

Parametro presente in alcuni processori dinamici. Inserisce un ritardo tra il ritorno del segnale entro i livelli di soglia e l'inizio del release

Knee, curva di intervento

Parametro dei processori dinamici che modifica il ratio con segnali vicini al livello di soglia. Il processore inizia ad agire prima del raggiungimento del livello di soglia, con un ratio inferiore a quello impostato per poi raggiungere il ratio impostato quando il segnale supera il livello di soglia

Limiter

Processore dinamico downward con ratio da **20:1** a **∞:1**. Riduce il guadagno del segnale quando questo supera il livello di soglia, portandolo al livello di soglia

Look ahead

Funzione dei processori digitali che consente al processore di analizzare il segnale in ingresso prima di elaborarlo, applicando un ritardo sul segnale stesso

Make-up gain

Controllo di guadagno del segnale dopo il processamento dinamico

Noise gate, Gate

Processore dinamico downward con ratio **1:-∞** Interrompe il segnale quando questo scende sotto il livello di soglia

Opto, optical

Tecnologia utilizzata per il controllo del guadagno nei processori dinamici e nei circuiti audio. Il controllo del guadagno avviene tramite una foto resistenza posta davanti ad una fonte di luce (lampadina o LED) alimentata dal segnale in ingresso

OTA, Operational Transductance Amplifier

Tecnologia utilizzata per il controllo del guadagno nei processori dinamici e nei circuiti audio. Il controllo avviene tramite corrente anziché tensione

Pad, Attenuatore

Circuito elettrico o elettronico che attenua il livello del segnale. Nella versione più semplice è di tipo passivo e comprende una sola resistenza

Parziali armonici

Frequenze con valore in Hz multiplo intero della frequenza fondamentale

Peak detector

Circuito di un processore dinamico che analizza il livello del segnale in ingresso

Processamento parallelo

Tipologia di routing che prevede lo sdoppiamento del segnale tramite una mandata send da inviare al processore. L'uscita del processore viene poi miscelata con il segnale non processato

Processore dinamico multibanda

Processore dinamico che filtra il segnale in ingresso dividendolo in due o più bande di frequenza. La modifica del guadagno avviene sul segnale in uscita dai filtri, in base al ratio e alla soglia impostati

Ratio, Rapporto

Il rapporto tra il segnale in ingresso (Input) e quello in uscita (Output) di un processore dinamico

Release, Tempo di rilascio

Il tempo impiegato dal processore per interrompere la modifica del guadagno. Quando il ratio è diverso da 1:1, il release modifica il comportamento del controllo del gain control sia quando il segnale va oltre il livello di soglia, sia quando rientra nei limiti. Nel caso di segnali che oltrepassano la soglia, il release modifica il modo in cui il gain control passa da una variazione alta ad una bassa del guadagno

Side chain

Collegamento del peak detector di un processore dinamico ad un segnale esterno

Split-band

Tipologia di compressore multibanda con due sole bande di intervento formate da un HPF e un LPF

Threshold, Soglia

Rappresenta il livello di discriminazione di un processore dinamico. In base al tipo di processore, se il segnale in ingresso si trova al di sopra o al di sotto di tale valore, avviene la modifica del guadagno

True parallel

Processamento parallelo in cui il livello del segnale non processato non viene modificato

Upward

Definizione di processore dinamico con ratio inferiore a 1. Il livello del segnale in uscita è superiore a quello in ingresso

VCA

Voltage Controlled Amplifier. Tecnologia utilizzata per il controllo del guadagno nei processori dinamici e nei circuiti audio. Tipica dei circuti a transistor. Il gain è controllato tramite un voltaggio fornito dal peak detector

Vari MU

Tecnologia utilizzata per il controllo del guadagno nei processori dinamici e nei circuiti audio. Caratteristica dei processori valvolari. Il rapporto tra segnale in ingresso e segnale in uscita è proporzionale al superamento della soglia. I processori dinamici Vari MU non hanno il controllo ratio

8
DISTORSIONE E SATURAZIONE

CONTRATTO FORMATIVO

PREREQUISITI PER IL CAPITOLO
- CONTENUTI DEI CAPITOLI 1-7

OBIETTIVI
CONOSCENZE
- CONOSCERE LE CARATTERISTICHE DELLA SATURAZIONE E DELLA DISTORSIONE
- CONOSCERE I DIVERSI TIPI DI DISTORSIONE ARMONICA
- CONOSCERE LE CARATTERISTICHE DELLE FUNZIONI DI TRASFERIMENTO

ABILITÀ
- SAPER ANALIZZARE E VALUTARE IL TIPO DI DISTORSIONE O SATURAZIONE DA UTILIZZARE NEL MASTERING
- UTILIZZARE I PLUGIN DI DISTORSIONE E SATURAZIONE
- UTILIZZARE ARMONICHE PARI O DISPARI
- UTILIZZARE I DISTORSORI PER OTTENERE IL LIVELLO DI LOUDNESS DESIDERATO MINIMIZZANDO IL DEGRADO DEL SEGNALE

CONTENUTI
- ANALISI DELLE FUNZIONI DI TRASFERIMENTO DEL SEGNALE
- PROCESSORI E LORO CARATTERISTICHE
- PROCESSORI MULTIBANDA

TEMPI - Cap. 8
AUTODIDATTI
PER 200 ORE GLOBALI DI STUDIO INDIVIDUALE: CA. 10 ORE
CORSI
PER UN CORSO GLOBALE DI 40 ORE IN CLASSE + 80 DI STUDIO INDIVIDUALE: CA. 2 ORE FRONTALI + 1 ORA DI FEEDBACK - CA. 3 ORE DI STUDIO INDIVIDUALE

ATTIVITÀ
- ESEMPI INTERATTIVI

VERIFICHE
- TEST CON ASCOLTO E ANALISI
- TEST A RISPOSTE BREVI

SUSSIDI DIDATTICI
- GLOSSARIO

8.1 DISTORSIONE

Il processamento dinamico non è l'unico modo per modificare il loudness. L'aumento del valore RMS di un segnale si verifica anche in presenza di distorsione. Come indica il termine stesso, la distorsione modifica la forma e il contenuto originale del segnale, vedi fig. 8.1.

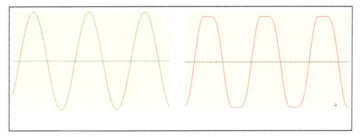

fig. 8.1 Segnale originale in verde, segnale distorto in rosso

La distorsione di un segnale può essere ottenuta, o causata, da vari fattori. Può dipendere dal sovraccarico in tensione o corrente di un circuito elettrico o digitale. Può essere una caratteristica funzione di trasferimento di particolari dispositivi come valvole, nastro magnetico, transistor, trasformatore. Spesso la presenza di distorsione indica un difetto di circuitazione, un errato rapporto tra livello di uscita e stadio di ingresso, un sovraccarico di un circuito. Non sembrerebbe quindi un elemento da desiderare nel segnale. Tuttavia è proprio la distorsione, unita ad altri fattori, che caratterizza il suono particolare di molti dispositivi audio analogici, specialmente quelli molto datati. Certamente il livello di distorsione nel segnale deve essere contenuto, ma è proprio perché nei dispositivi digitali tutto è lineare e perfettamente fedele che, a volte, si sente la necessità di emulare dispositivi *old style*. Lo scopo è, oltre all'aumento del valore RMS, quello di ottenere un suono tipico di un determinato periodo, di un'epoca in cui il processamento numerico non era ancora considerato uno strumento di elaborazione sonora. La distorsione causa comunque un aumento del valore RMS, e questo è uno dei motivi per cui spesso è usata nel mastering. Inoltre, molte apparecchiature analogiche sono molto apprezzate, proprio per la loro caratteristica di aggiungere qualcosa in più, che spesso si definisce calore, al segnale. I processi fisici ed elettronici che descrivono questo fenomeno sono molti e molto complessi, ma un ruolo fondamentale in tutto il processo è rappresentato appunto dalla distorsione. Esistono molti plugin, sviluppati per emulare in ambito numerico il comportamento di circuiti analogici di vario tipo, per ricreare quel particolare sound.

8.2 SATURAZIONE

Teoricamente ogni modifica della forma d'onda del segnale in uscita rispetto a quello originale corrisponde a una distorsione. Ci sono però diversi stadi e diverse modalità in cui questo fenomeno può verificarsi. Il segnale può essere modificato in ampiezza, in frequenza e nel contenuto armonico. Le cause di queste modifiche possono dipendere da varie circuitazioni o componenti elettronici ma, prima di parlare di distorsione vera e propria, esiste uno stato di modifica del segnale definito **Saturazione**. La saturazione può verificarsi in circuiti vicini al sovraccarico o con risposta non lineare e, in genere, modifica il modo in cui il segnale viene inviato all'uscita o al supporto di registrazione. Definisce quindi la sua funzione di trasferimento. Ci sono diversi dispositivi che generano saturazione, per esempio i registratori a nastro magnetico, vedi fig. 8.2.

fig. 8.2 Registratore magnetico a nastro

Il processo col quale il segnale si trasferisce magneticamente dalle testine di registrazione al nastro magnetico, non ha un andamento lineare. È come se il nastro fosse un po' *sordo* ai segnali a basso livello. La risposta diventa poi lineare fino al punto in cui, oltre un determinato livello, si verifica nuovamente un comportamento non lineare della risposta del nastro.

Questo fenomeno viene definito **Ciclo di isteresi**, si verifica durante la magnetizzazione e la smagnetizzazione in modalità differenti e, in pratica, opera una compressione di tipo magnetico del segnale, vedi fig. 8.3.

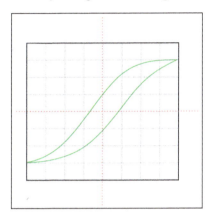

fig. 8.3 Tipico ciclo di isteresi del nastro magnetico

Il modo in cui un nastro magnetico reagisce al segnale dipende comunque da molti elementi, come la tensione di bias, il tipo di supporto, la pre-enfasi. Non è soltanto il ciclo di isteresi a generare quell'effetto così ricercato e particolare derivante dalla registrazione su nastro magnetico. Anche le piccole fluttuazioni di velocità del nastro, la creazione di **Side Band** ossia di frequenze non presenti nel segnale originale ma di valore prossimo ad esso, l'oscillazione del nastro derivante dalla tensione meccanica e molti altri fattori conferiscono al suono del supporto magnetico un fascino particolare. Anche le valvole, sebbene abbiano un comportamento piuttosto lineare, in presenza di segnali con livello molto alto generano saturazione. In questo caso si ottiene una compressione graduale del segnale.

8.3 DISTORSIONE ARMONICA

Mentre la saturazione può essere definita come la variazione della funzione di trasferimento di un segnale, la distorsione riguarda l'effettiva modifica della forma dell'onda e del suo contenuto in frequenza. La distorsione può essere più o meno elevata e deriva in genere da un eccesso di guadagno nel circuito. Quando la forma della cresta d'onda si modifica a tal punto da diventare una linea retta si è in presenza di **Clipping**. Questo tipo di situazione è da evitare poiché la parte rettilinea dell'onda corrisponde ad una tensione continua. Tale tensione può danneggiare sia i circuiti elettronici, sia gli altoparlanti.

Un livello moderato di clipping, **Soft Clipping**, può tuttavia essere utile per incrementare il loudness, vedi fig. 8.4.

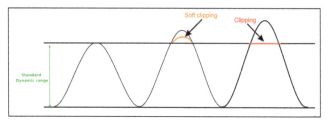

fig. 8.4 Soft clipping in giallo, clipping in rosso

In dispositivi come le valvole, i transistor, oppure quando un circuito è sottoposto a stress di voltaggio o corrente, oltre al clipping, si generano anche segnali con frequenze superiori e multiple intere della frequenza originale in ingresso. Come spiegato in paragrafo 7.13 queste frequenze sono definite *Armoniche*. In questo caso il segnale in uscita sarà composto dal segnale originale e le armoniche della distorsione. In questo caso si è in presenza di **Distorsione Armonica**. Ogni componente o circuito genera distorsione armonica in modo differente. Il segnale in uscita da un circuito di amplificazione valvolare possiede, per via delle caratteristiche intrinseche del componente, sempre un contributo di armoniche pari[31], per esempio, la seconda, la quarta etc. In fig. 8.5 è rappresentato in rosso il segnale con frequenza fondamentale e in blu lo stesso segnale con l'aggiunta della seconda armonica.

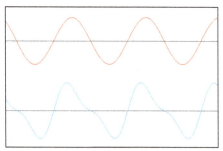

fig. 8.5 Aggiunta di seconda armonica

A livello psicoacustico, si è portati a considerare *piacevole* il contenuto delle armoniche pari del suono. Queste ci ricordano l'intervallo di ottava. È per questo motivo che il suono dei circuiti valvolari ci appare caldo e gradevole.

---

[31] In particolari circuitazioni valvolari è comunque possibilie rilevare un contributo di distorsione armonica dispari

Al contrario, i transistor generano distorsione con armoniche dispari, la terza, la quinta etc. In fig. 8.6 è rappresentato in rosso il segnale con frequenza fondamentale e in blu quello con aggiunta di terza armonica.

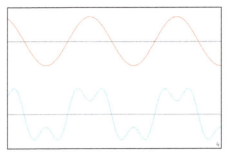

fig. 8.6 Aggiunta di terza armonica

In maniera complementare a quanto detto precedentemente, il suono delle armoniche dispari risulta psicoacusticamente aspro e sgradevole. Tale caratteristica può essere usata in modo molto efficace per scopi creativi, soprattutto in fase di mixing. In fig. 8.7 il Saturator MasterRig. Di Wavelab.

fig. 8.7 Saturator MasterRig

Questo plugin è in grado di generare saturazione in due modalità:

- **Tape**: viene emulato il suono del nastro magnetico. Il parametro Drive regola la quantità di saturazione. Il parametro Mix consente il processamento parallelo in modalità Dry/Wet. Il parametro Output regola il livello di uscita del saturatore

- **Tube**: viene emulata la saturazione delle valvole. Il parametro Drive regola la quantità di saturazione. Il parametro Mix consente il processamento parallelo in modalità Dry/Wet. Il parametro Output regola il livello di uscita del saturatore

È possibile aggiungere saturazione in modalità True Parallel. In questo caso è necessario impostare il parametro Mix a 100% e utilizzare il Saturator come effetto in una clip del montaggio audio, impostando il parametro Assegnazione su Processamento Parallelo, vedi paragrafo 7.12.

Wavelab possiede un modulo di distorsione anche all'interno del plugin Limiter MasterRig, vedi fig. 8.8.

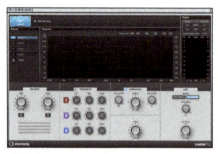

fig. 8.8 Distorsione nel limiter MasterRig

Attivando la sezione Harmonics, è possibile far lavorare il limiter in modalità soft clip. I parametri sono:

- **Drive**: regola la quantità di segnale per generare l'effetto di saturazione

- **2nd HARM**: regola la quantità di distorsione di seconda armonica, tipica delle valvole

- **3rd HARM**: regola la quantità di distorsione di terza armonica, tipica dei transistor.

- **Gain**: regola il livello di uscita del circuito di distorsione

L'aspetto interessante di questa sezione, è che il modulo Harmonics non distorce il segnale in ingresso al MasterRig, ma modifica il comportamento del limiter. È possibile quindi emulare vari tipi di circuitazioni modificando la saturazione e il contenuto di distorsione armonica.

8.4 DISTORSIONE MULTIBANDA

Il Saturator MasterRig è in grado di operare come processore multi banda a 4 bande. In questa modalità è possibile distorcere il segnale in modo diverso per ogni banda di frequenza, vedi fig. 8.9.

fig. 8.9 Saturator multi banda MasterRig

Si possono saturare in modalità Tape le basse frequenze, per ottenere più loudness. Allo stesso tempo si può usare la saturazione Tube in quantità inferiore sulle frequenze medio alte. L'orecchio umano è molto sensibile in quel range di frequenze e una distorsione elevata o in modalità Tape sarebbe subito percepita.

• •

ATTIVITÀ

- Caricate l'esempio **08A**.

• •

ESEMPIO INTERATTIVO 08A – DISTORSIONE WIDE-BAND

• •

- Modificate le proprietà del file da 24 bit a 32 float e salvatelo con un altro nome.

- Normalizzate il livello del file a -3dBFS. In questo modo avrete headroom necessaria ai processamenti successivi. Il calcolo floating point conserverà l'integrità del range dinamico.

- Caricate nella master section il preset <u>08-01 SAT</u>.

- Il preset contiene una catena di plugin. Tutti i plugin sono disattivati, in bypass.

- Ascoltate il brano, osservate i meter. Attivate il plugin dello slot 1, vedi fig. 8.10.

fig. 8.10 Attivazione slot 1

- Nello slot 1 è inserito il plugin MasterRig che contiene un equalizzatore e un processore imager, vedi fig. 8.11.

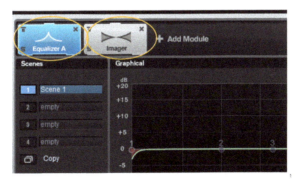

fig. 8.11 Moduli MasterRig

🖱- L'equalizzatore è utilizzato come filtro passa alto per l'eliminazione di DC offset, vedi fig. 8.12.

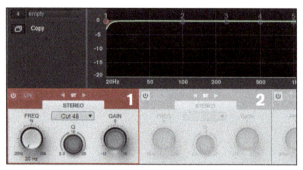

fig. 8.12 Filtro DC offset

- L'imager è utilizzato per ampliare leggermente l'immagine stereofonica e per correggere un piccolo sbilanciamento dei livelli tra L e R, vedi fig. 8.13.

fig. 8.13 Imager

- Nello slot 2 è inserito il compressore MCompressor. Attivate lo slot 2 e ascoltate. Il processore è utilizzato in modalità compressione upward con l'intervento sul guadagno limitato a 6dB, vedi fig. 8.14.

fig. 8.14 Compressore upward MCompressor

- Nello slot 3 è inserito il processore MasterRig che contiene il modulo Saturator  in modalità wide-band. Attivate lo slot 3 e ascoltate. Il processore è utilizzato in configurazione parallela Dry/Wet con modalità di saturazione TUBE. Il controllo OUTPUT compensa la variazione di livello tra segnale processato e non processato, vedi fig. 8.15.

fig. 8.15 Saturator wide-band

- Nello slot 4 è inserito il processore MasterRig che contiene i moduli Saturator in configurazione parallela Dry/Wet e il Limiter in modalità brickwall. Il Saturator utilizza la modalità TAPE. Attivate lo slot 3 e ascoltate. Il controllo OUTPUT del saturator compensa la variazione di livello tra segnale processato e non processato, vedi fig. 8.16.

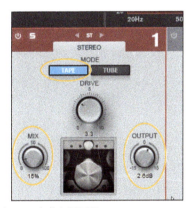

fig. 8.16 Saturator in modalità TAPE

- Il limiter è impostato in modalità BRICKWALL. È attivata anche la funzione OVERSMPL che attiva il sovracampionamento del segnale per minimizzare la presenza di inter-sample peaks, vedi fig. 8.17.

fig. 8.17 Limiter brickwall

- Provate a variare le impostazioni dei parametri <u>DRIVE</u> e <u>Mix</u> del Saturator. Compensate le variazioni del livello di uscita con il controllo <u>OUTPUT</u>.

- Provate a impostare valori alti di <u>DRIVE</u> e valori bassi di <u>Mix</u> o viceversa. Utilizzate materiale della vostra discografia e ricordate di ridurre il livello di picco del file prima di iniziare il processamento.

- Create un nuovo montaggio audio, vedi fig. 7.136.

- Inserite nel montaggio il file **08B**, vedi fig. 7.138.

- Caricate il menu <u>Effetti</u>, vedi fig. 7.140.

- Cliccate in un punto qualsiasi della forma d'onda e selezionate <u>CLIP</u> nel menu effetti, vedi fig. 7.141.

- Nel menu <u>INVILUPPO</u> selezionate <u>Volume/Dissolvenze</u>, vedi fig. 8.18.

fig. 8.18 Selezione inviluppo

- Modificate la curva del volume della clip spostando la linea verso il basso e riducete il guadagno di 2,2dB, vedi fig. 8.19.

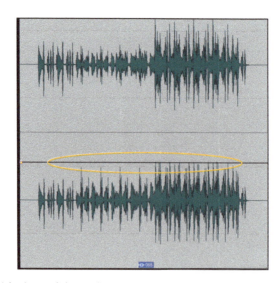

fig. 8.19 Riduzione del guadagno

- Caricate negli effetti della clip la catena di effetti <u>08-01 PAR SAT</u>.

- Nella catena di plugin sono presenti: MasterRig nello slot 1, Tube compressor nello slot 2 e Brickwall limiter nello slot 3, vedi fig. 8.20.

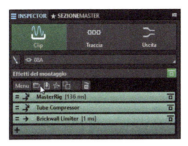

fig. 8.20 Catena di plugin

- MasterRig contiene 2 moduli Saturator. Il primo opera in modalità TUBE, il secondo in modalità TAPE, vedi fig. 8.21.

fig.8.21 Moduli Saturator in serie

- Nel modulo A il valore <u>DRIVE</u> è impostato a 7,8. Nel modulo B il valore <u>DRIVE</u> è impostato a 6,5. In entrambi i moduli il parametro <u>Mix</u> è impostato a 100% e il parametro <u>OUTPUT</u> a 0dB, vedi fig. 8.22.

fig. 8.22 Configurazioni Saturator

- MasterRig opera in modalità True parallel, come si nota in fig. 8.23.

fig. 8.23 Modalità True parallel

- Copiate il preset audio clip envelope <u>08-01 SAT Envelope</u> nella relativa sezione di Wavelab, vedi fig. 7.145.

- Cliccate nella casella MasterRig e poi cliccate nella colonna <u>Assegnazione del plug-in</u> di MasterRig e selezionate <u>Modifica l'inviluppo dell'automazione</u>, vedi fig. 8.24.

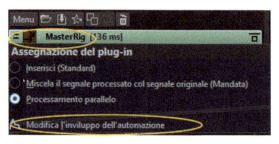

fig. 8.24 Caricamento curva di automazione

- Nella sezione Preset del menu <u>INVILUPPO</u>, caricate il preset <u>08-01 SAT envelope</u>, vedi fig. 8.25.

fig. 8.25 Caricamento preset

- Notate la curva di automazione corrispondente al livello del segnale processato di MasterRig. All'inizio del brano, quando il livello del segnale è più basso, si aggiunge una quantità di saturazione elevata. Quando il livello del segnale aumenta, il livello del segnale processato viene attenuato, vedi fig. 8.26.

fig. 8.26 Curva segnale processato

- Ripetete le stesse operazioni e caricate il preset <u>08-01 SAT envelope</u> nello slot 2, dove è inserito Tube Compressor. Anche questo processore opera in modalità True parallel. In questo modo il segnale processato verrà sommato a quello originale seguendo lo stesso inviluppo utilizzato da MasterRig.

- Il Tube Compressor inserito nello slot 2 rappresenta un'emulazione di
  processori valvolari a MU variabile. Il rapporto di compressione cresce in
  maniera direttamente proporzionale al segnale in ingresso. Il parametro
  <u>DRIVE</u> controlla il livello di saturazione valvolare. Il parametro <u>CHARACTER</u>
  controlla la generazione di armoniche, vedi fig. 8.27.

fig. 8.27 Tube Compressor

- Nello slot 3 è inserito il Brickwall Limiter. La funzione <u>DIC</u>, Detect Insersample
  Clipping; attiva il sovracampionamento per minimizzare la distorsione inter-
  sample, vedi fig. 8.28.

fig. 8.28 Brickwall Limiter.

- Ascoltate il brano. Disattivate alternativamente i singoli plugin tramite
  la funzione bypass e notate le differenze. Provate ad attivare la sezione
  <u>SC</u> di Tube Compressor e provate a distorcere e saturare diversi range di
  frequenze.

- Salvate il montaggio audio con un nome a vostra scelta. In questo modo
  salverete anche tutti i preset della catena dei plugin e dell'inviluppo.

- Caricate l'esempio **08B**.

ESEMPIO INTERATTIVO 08B – DISTORSIONE MULTIBANDA

- Modificate le proprietà del file da 24 bit a 32 float e salvatelo con un altro nome.

- Normalizzate il livello del file a -2dBFS. In questo modo avrete headroom necessaria ai processamenti successivi. Il calcolo floating point conserverà l'integrità del range dinamico.

- Caricate nella master section il preset 08-02 SATMB-MC. Il preset contiene 5 plugin caricati nei rispettivi slot della master section, vedi fig. 8.29.

fig. 8.29 Catena di plugin

- Nello slot 1 è inserito MasterRig con la stessa configurazione del preset 08-01 SAT, ossia con l'Equalizzatore per rimuovere DC offset e l'imager per bilanciare l'immagine stereo.

- Nello slot 2 è inserito il Vintage Compressor in modalità parallela Dry/Wet. Le impostazioni di questo processore sono abbastanza *estreme* ma giustificate dal fatto che il segnale processato è molto ridotto rispetto a quello diretto, vedi fig. 8.30.

fig. 8.30 Vintage Compressor

- Nello slot 3 è inserito MasterRig con il modulo Saturator multibanda. Sono usati diversi tipi di saturazione e distorsione nelle varie bande. I moduli delle bande lavorano in modalità parallela Dry/Wet. Il controllo OUTPUT compensa la variazione di livello del segnale risultante, vedi fig. 8.31.

fig. 8.31 Saturator multibanda

- Provate a modificare la percentuale Dry/Wet delle bande, il tipo di saturazione, la quantità di <u>DRIVE</u>. Se siete soddisfatti del risultato ottenuto salvate il preset con un nome a vostra scelta.

- Provate a inserire il Saturator multibanda nella sezione effetti del montaggio audio e sperimentate la configurazione True parallel sia con l'esempio fornito, sia con brani della vostra discografia.

- Nello slot 4 è inserito MasterRig con il modulo Limiter. La sezione <u>TRANSIENT</u> è utilizzata per ridurre il contributo ambientale sulle frequenze medie e alte e enfatizzare l'attacco dei suoni percussivi sulle frequenze medie e basse. La sezione limiter è impostata in modalità brickwall con livello di uscita massimo impostato a **-0,6dBFS**. La funzione di release automatico è attiva, vedi fig. 8.32.

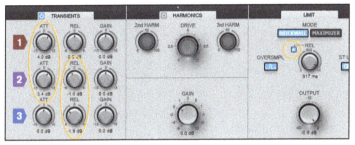

fig. 8.32 MasterRig nello slot 4

- Il limiter di MasterRig non è l'ultimo elemento della catena. Nello slot 5 è inserito MCompressor utilizzato come upward expander. La soglia della <u>UPPER CURVE</u> è impostata a **-0,8dBFS**, poco al di sotto del livello di uscita massima del limiter. Il ratio è impostato a **1,27:1**. I picchi massimi del segnale saranno sempre diversi e privi di effetto brickwall, vedi fig. 8.33.

fig. 8.33 Upward expander

- Renderizzate il file e utilizzate l'analisi globale off-line per verificare i livelli di picco digitali e reali sui canali L e R. Notate la differenza dei valori fino a 1/10.000 di dB.

- Provate a cambiare l'ordine dei plugin negli slot e verificate i risultati. Iniziate a considerare la catena dei plugin dal punto di vista globale, considerando l'interazione dei vari parametri nei vari plugin.

VERIFICA • TEST A RISPOSTE BREVI (max 30 parole)

1) La saturazione è causata da un eccesivo livello in ingresso?

2) La distorsione è causata da un eccessivo livello in ingresso?

3) Per aumentare il valore RMS minimizzando la perdita di qualità è preferibile usare il Clipping o il Soft clipping?

4) Cosa si intende per funzione di trasferimento?

5) Il ciclo di isteresi del nastro magnetico modifica il range dinamico?

6) Quale tipologia di distorsione armonica è tipicamente associata ai transistor?

7) Quale tipologia di distorsione armonica è tipicamente associata alle valvole?

8) È possibile utilizzare saturazione e distorsione in modalità parallela?

9) Cosa è il ciclo di isteresi?

10) A quale banda di frequenze applichereste meno distorsione utilizzando un distorsore multibanda: le basse frequenze, le medie, le alte?

11) In una catena di effetti per il mastering inserireste il distorsore prima o dopo l'equalizzatore?

12) In una catena di effetti per il mastering inserireste il distorsore prima o dopo il compressore?

13) È possibile utilizzare più distorsori o saturatori collegandoli in serie?

GLOSSARIO

Clipping
Distorsione del picco della forma d'onda rappresentata da una linea retta orizzontale, presenza di tensione continua e armoniche

Ciclo di isteresi
Funzione di trasferimento tipica del nastro magnetico. Si verifica sia in fase di magnetizzazione, sia in fase di smagnetizzazione. Modifica il modo in cui viene trasferito il segnale elettrico sul nastro magnetico

Distorsione
Modifica della forma dell'onda del segnale. È causata da sovraccarico elettrico di un circuito

Distorsione di 2ª armonica
Nella distorsione armonica vengono generate frequenze multiple della fondamentale. Le armoniche pari, come la seconda, sono caratteristiche, ma non esclusive, delle valvole termonioniche

Distorsione di 3ª armonica
Nella distorsione armonica vengono generate frequenze multiple della fondamentale. Le armoniche dispari, come la terza, sono caratteristiche, ma non esclusive, dei transistor

Drive
Parametro che rappresenta il livello di ingresso del circuito di distorsione. È utilizzato per *sovraccaricare* l'ingresso dei transistor o delle valvole per ottenere la distorsione

Funzione di trasferimento
Rappresenta il modo, la precisione, la linearità in cui un segnale viene trasferito da un'uscita ad un ingresso, da un cavo elettrico a un supporto magnetico, da un dominio analogico a uno digitale

Side band
Frequenze di valore molto simile alla fondamentale. Vengono generate a causa di distorsione, di attrito meccanico e oscillazione del nastro magnetico

Soft clipping
Distorsione del picco della forma d'onda. La quantità di tensione continua e di armoniche presenti nel segnale non è elevata come nel clipping. L'uso del soft clipping nel mastering è abbastanza diffuso, specialmente nella modalità true parallel

Tape saturation
Saturazione tipica del nastro magnetico. *La non linearità* del ciclo di isteresi genera una riduzione dinamica e una generazione di side band. Aumentando ulteriormente il livello di ingresso si genera distorsione

Tube saturation
Distorsione tipica dei circuiti valvolari. Genera armoniche di tipo pari ma, in base alla circuitazione utilizzata, è possibile ottenere anche armoniche dispari

9
RIDUZIONE DEL RUMORE

CONTRATTO FORMATIVO

PREREQUISITI PER IL CAPITOLO
- CONTENUTI DEI CAPITOLI 1-8

OBIETTIVI
CONOSCENZE
- CONOSCERE LE TIPOLOGIE DI RUMORE
- CONOSCERE I DIVERSI METODI PER LA RIDUZIONE DEL RUMORE
- CONOSCERE GLI STRUMENTI DI EDITING SPETTRALE

ABILITÀ
- SAPER DISTINGUERE RUMORI MASCHERATI E NON MASCHERATI
- SAPER DISTINGUERE RUMORI IMPULSIVI E CONTINUI
- UTILIZZARE PROCESSAMENTI DINAMICI PER LA RIDUZIONE DEL RUMORE
- UTILIZZARE PROCESSAMENTI SPETTRALI PER LA RIDUZIONE DEL RUMORE

CONTENUTI
- ANALISI E DISTINZIONE TRA RUMORI, HUM, BUZZ
- PROCESSORI PER LA RIDUZIONE DINAMICA DEL RUMORE
- PROCESSORI PER LA RIDUZIONE SPETTRALE DEL RUMORE

TEMPI - Cap. 9
AUTODIDATTI
PER 200 ORE GLOBALI DI STUDIO INDIVIDUALE: CA. 6 ORE
CORSI
PER UN CORSO GLOBALE DI 40 ORE IN CLASSE + 80 DI STUDIO INDIVIDUALE: CA. 1 ORA FRONTALE + 1 ORA DI FEEDBACK - CA. 2 ORE DI STUDIO INDIVIDUALE

ATTIVITÀ
- ESEMPI INTERATTIVI

VERIFICHE
- TEST A RISPOSTE BREVI

SUSSIDI DIDATTICI
- GLOSSARIO

9.1 RIDUZIONE DINAMICA

Come specificato nel paragrafo 2.5, un segnale può contenere varie tipologie di disturbi e rumori.

Questi possono essere:

- **Impulsivi**: Per esempio i click causati dalla riproduzione di dischi in vinile, i rumori derivanti dal degrado dell'ossido in un nastro magnetico, gli impulsi causati dall'interruzione del clock in un sistema digitale, i rumori di maneggiamento dei microfoni, etc.

- **Costanti**: Fruscio del nastro magnetico, rumore di fondo di circuiti elettrici, suoni ambientali in spazi rumorosi, residui di tensioni di rete non filtrati etc.

- **A frequenza costante**: Quando il contenuto in frequenza è sempre uguale, come per esempio nel caso di frequenze a 50Hz oppure 60Hz e relative armoniche, definite Hum, generate da elettrodomestici, motori, trasformatori in tensione alternata.

- **A larga banda**, **Wide-band**: Quando il rumore è composto da più frequenze o addirittura da tutte le frequenze, come nel caso di rumore Bianco, Rosa, o di rumori dallo spettro molto complesso.

- **Mascherati**: Quando sono udibili soltanto nei momenti di silenzio o di pausa della musica

- **Non Mascherati**: Quando sono sempre udibili, anche in presenza di segnale sonoro.

È quindi intuibile che gli strumenti e le metodologie per eliminare o attenuare questi disturbi, devono essere di vario tipo e non possono prescindere da una fase molto accurata di analisi del segnale.

Se dopo l'analisi del segnale il rumore risulta costante e mascherato, il procedimento più adatto per l'eliminazione del disturbo è quello dinamico. Il rumore risulterà percepibile sono nei momenti in cui il segnale originale è assente. In questo caso è possibile utilizzare un expander downward con soglia impostata a un valore di poco superiore al livello del rumore. In fig.9.1: in blu il rumore mascherato, in verde il segnale, in rosso il rumore udibile.

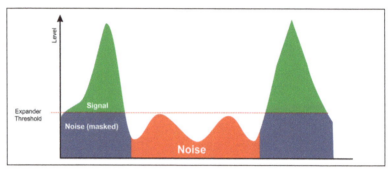

fig. 9.1 Rumore costante mascherato

Scegliendo tempi rapidi di attacco e rilascio, sarà possibile attenuare il rumore non appena questo scende sotto il livello di soglia. In fig. 9.2 l'expander di Wavelab impostato per la riduzione del rumore mascherato.

fig. 9.2 Expander per noise reduction

Se il rumore è costante, mascherato, ed è concentrato in alcune aree delimitate di frequenze, è possibile usare l'expander multibanda di Wavelab per effettuare la riduzione del rumore solo sul range di frequenze interessato, vedi fig. 9.3.

fig. 9.3 Expander multi banda per noise reduction sulle alte frequenze

Per le attività relative alla riduzione dinamica del rumore broadband e multibanda, fate riferimento agli esercizi dei paragrafi 7.7 e 7.11

Quando il rumore è di tipo impulsivo i parametri di analisi devono includere, oltre al livello del rumore, anche il relativo inviluppo. Un expander non è in grado di analizzare il tempo di attacco di un segnale. I processori per la riduzione dei rumori impulsivi sono quindi degli ibridi tra Transient Designer ed Expander. All'interno di Wavelab è presente una suite di plugin interamente dedicata al restauro audio. RestoreRig contiene 3 moduli. Uno di essi è dedicato alla riduzione dei rumori impulsivi. Il DE CLICKER, vedi fig. 9.4.

fig. 9.4 Modulo DE CLICKER di RestoreRig

Il processore offre 3 modalità di rilevamento del rumore impulsivo:

- **POP**: per rumori di durata compresa tra 2 ms e 10 ms
- **CLICK**: per rumori di durata compresa tra 0,1 ms e 3 ms
- **CRACKLE**: per rumori di durata inferiore a 0,4 ms

Le diverse curve di sensibilità permettono di operare la riduzione dei rumori impulsivi in modo progressivo. Si può procedere in primo luogo a ridurre gli impulsi di durata maggiore, tramite il controllo POP. Poi si può utilizzare il controllo CLICK e infine, se rimangono ancora piccoli transienti, utilizzare il modulo CRACKLE. Ogni modulo è attivabile separatamente, per permettere anche un'analisi comparativa tra i vari algoritmi di rilevazione.

• •

ATTIVITÀ

- Caricate l'esempio **09A**.

• •

 ESEMPIO INTERATTIVO 09A – RIDUZIONE RUMORI IMPULSIVI

• •

- Modificate le proprietà del file da 24 bit a 32 float e salvatelo con un altro nome.

- Selezionate la parte iniziale del brano e ascoltatela in loop.

- Notate la presenza di disturbi impulsivi non mascherati nel segnale audio. Quando i disturbi sono presenti a livello molto elevato, come nell'esempio **09A**, non si può ottenere una eliminazione totale tramite l'uso di plugin, ma l'attenuazione dei pop e crackle a un livello accettabile rappresenta già un buon risultato.

- Caricate nella master section il preset <u>09-01 POP</u>.

- Ascoltate il brano. Come detto in precendenza non è possibile eliminare completamente i disturbi poiché questi rappresentano gran parte del segnale udibile. Selezionate l'opzione monitor della sezione <u>DE CLICKER</u>, vedi fig. 9.5.

fig. 9.5 Funzione monitor

- Variate i valori dei parametri <u>CRACKLE</u> <u>CLICK</u> e <u>POP</u> per ottenere la massima cancellazione dei disturbi senza cancellare il segnale audio originale. Disattivate la funzione monitor e ascoltate la differenza. Sperimentate diversi valori dei parametri. Allenate il vostro orecchio a distinguere la durata dei disturbi: breve, media lunga.

• •

9.2 RIDUZIONE SPETTRALE

Quando il rumore non è mascherato e contiene frequenze fondamentali ed eventualmente parziali armoniche, il processamento dinamico non è utilizzabile. Il rumore è presente anche durante la riproduzione della musica e l'unico sistema per eliminarlo o attenuarlo è quello di usare processi di cancellazione di fase. I processori dedicati a questo scopo, analizzano il rumore scomponendolo in migliaia di bande di frequenza con un procedimento FFT. In questo modo si può creare un'*impronta sonora* del rumore e sommarla al segnale, invertendola di fase. Il processo è molto complesso e può spesso generare comb filtering. Ciò può verificarsi per il fatto che l'impronta del rumore, contiene sicuramente delle frequenze presenti anche nel segnale musicale. I risultati migliori si ottengono tramite un'accurata impostazione dei parametri di analisi e somma. La condizione ideale per una corretta analisi è quella di avere un segnale contenente solo il rumore. In genere si trova in testa o in coda al brano. È quindi consigliabile richiedere allo studio di mix un file che comprenda *aria* in testa e in coda, per poter analizzare il rumore in modo isolato. In RestoreRig è presente il modulo <u>DE BUZZER</u>, vedi fig. 9.6.

fig. 9.6 DE BUZZER

Il processore è in grado di attenuare rumori continui con range di frequenza fino a 800Hz **HUM**, oppure con contenuto armonico complesso e range di frequenza fino a 4000Hz, **BUZZ**. I parametri principali sono:

- **LEVEL**: Livello di attenuazione del rumore in dB.

- **FREQUENCY** Frequenza fondamentale del rumore. L'opzione **A**, **Automatica**, individua automaticamente la frequenza.

- **SENSITIVITY**: Se impostato a 0 l'attenuazione sarà quella impostata nel valore LEVEL. Con valori più elevati l'attenuazione sarà maggiore nei segnali con livello basso e minore in quelli con livello alto. In questo modo la riduzione del rumore verrà effettuata solo in caso di rumore non mascherato.

• •

ATTIVITÀ
- Caricate l'esempio **09B**.

• •

 ESEMPIO INTERATTIVO 09B – RIDUZIONE SPETTRALE

• •

- Modificate le proprietà del file da 24 bit a 32 float e salvatelo con un altro nome.
- Selezionate i primi 2 secondi del brano e ascoltateli in loop. Nel brano è presente rumore a 50Hz con relative armoniche. Ingrandite l'immagine verticalmente. Osservate la presenza di rumore costante, vedi fig. 9.7.

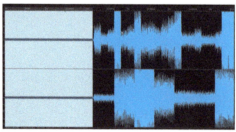

fig. 9.7 Rumore costante

- Caricate nella master section il preset 09-02 HUM e attivate il modulo DE BUZZER, vedi fig. 9.8.

fig. 9.8 Modulo DE BUZZER

- Impostate il parametro <u>FREQUENCY</u> a 50Hz e, continuando ad ascoltare la sezione in loop, riducete il valore del parametro <u>LEVEL</u> fino a quando il rumore non è più udibile. Utilizzate la funzione monitor per ascoltare il rumore attenuato evitando di utilizzare attenuazioni troppo elevate. In questo caso in modalità monitor ascoltereste anche parte del segnale originale e ciò è da evitare.

- Confrontate il segnale processato con quello originale utilizzando la funzione bypass della master section. È importante utilizzare la quantità di attenuazione strettamente necessaria alla riduzione del rumore. Mentre modificate i parametri tenete premuto il tasto [Shift▲] sulla tastiera del computer, per ottenere regolazioni più precise.

• •

Quando il rumore ha un contenuto spettrale molto complesso, di tipo wideband, formato da frequenza fondamentale, armoniche e non armoniche, il processamento FFT suddivide lo spettro in bande ancora più strette per aumentare la precisione dell'intervento. Il modulo RestoreRig per questo tipo di intervento è il <u>DE NOISER</u>, vedi fig. 9.9.

fig. 9.9 DE NOISER

I controlli presenti sulla parte sinistra sono relativi all'analisi, mentre quelli sulla parte destra, all'attenuazione del rumore. Il principio di funzionamento di questo processore è relativo al *Profilo del Rumore*. Il plugin, costruisce e aggiorna continuamente il profilo derivante dall'analisi, in modo da adattarsi in modo preciso al tipo di rumore. I parametri principali sono:
DYNAMIC LEVEL: Regola l'attenuazione dei rumori di ampiezza variabile
STATIC LEVEL: Regola l'attenuazione dei rumori di ampiezza costante
LEARN: Individua automaticamente lo spettro del rumore e lo memorizza
RESET: Cancella la memorizzazione dello spettro
ALGORITHM: Imposta la tipologia di riduzione del rumore.

• •

ATTIVITÀ

- Caricate l'esempio **09C**.

• •

ESEMPIO INTERATTIVO 09C – RIDUZIONE RUMORE COMPLESSO

• •

- Modificate le proprietà del file da 24 bit a 32 float e salvatelo con un altro nome.

- Ascoltate la parte iniziale del brano. Notate la presenza di un rumore di fondo di ampiezza variabile.

- Selezionate la parte iniziale del brano e ascoltatela in loop. Caricate nella master section il preset 09-03 NOISE. Il rumore presente nella selezione è di tipo e ampiezza variabile. Utilizzate il controllo DYNAMIC e aumentate il valore fino a quando la riduzione del rumore è accettabile. Non esagerate con la quantità di riduzione. Valori troppo elevati modificheranno il timbro di tutto il brano, non solo del rumore. Un valore corretto, in questo caso, potrebbe essere tra 40% e 50%, vedi fig. 9.10.

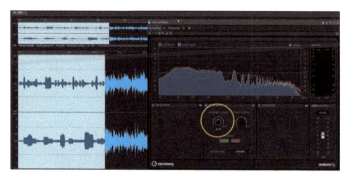

fig. 9.10 Riduzione rumore variabile

- Ora selezionate la parte finale del brano e ascoltatela in loop. Notate la presenza di un rumore costante, con ampiezza fissa.

- Durante l'ascolto del rumore premete il tasto LEARN e attendete che la scritta smetta di lampeggiare. Ora utilizzate il controllo STATIC LEVEL e aumentate il valore per attenuare il rumore. Sperimentate differenti valori e defferenti tipologie della sezione ALGORITHM, vedi fig. 9.11.

fig. 9.11 Funzione LEARN

- La riduzione del rumore è sempre un compromesso tra attenuazione del difetto e peggioramento della qualità timbrica del segnale. Cercate di ottenere il miglio risultato possibile senza degradare troppo il suono generale.

9.3 EDITING SPETTRALE OFF-LINE

In un brano possono essere presenti disturbi e rumori sotto forma di singoli eventi. Il cigolio di uno sgabello, il calpestio delle scarpe, armoniche indesiderate su singole note o eventi. In questo caso l'elaborazione real-time non offre la necessaria precisione di analisi e d'intervento. Con Wavelab è possibile utilizzare la finestra di **editing spettrale** dell'editor standard, vedi fig. 9.12.

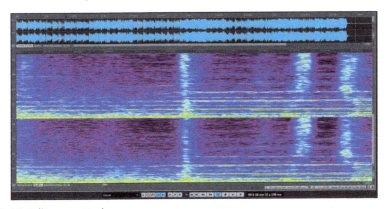

fig. 9.12 Editor spettrale

La classica rappresentazione della forma dell'onda, presente nella parte superiore dell'immagine, indica sull'asse orizzontale il tempo e sull'asse verticale l'ampiezza. In modo diverso, l'editor spettrale rappresenta tre grandezze differenti in un'immagine a due dimensioni:

- Sull'asse orizzontale è indicato il tempo

- Sull'asse verticale è indicata la frequenza, in basso le frequenze basse, in alto quelle alte

- L'ampiezza, in base alle impostazioni, è rappresentata con una scala di colori. In questo caso, dal Viola al Bianco. Passando dal Viola al Blu, al Verde, al Giallo, al Bianco, sono indicate intensità progressivamente più elevate.

Con questa visualizzazione è molto semplice individuare il contenuto in frequenza del segnale. Nell'immagine, le armoniche del suono sotto forma di righe parallele.

L'editor spettrale possiede un menu dedicato all'elaborazione in frequenza del segnale, vedi fig. 9.13.

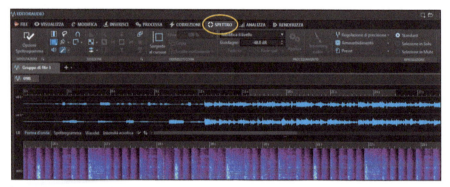

fig. 9.13 Menu dell'editor spettrale

Con questi strumenti è possibile modificare in modo *chirurgico* il guadagno di singole frequenze o aree di frequenza da +24 a -144dB tramite l'utilizzo di filtri a fase lineare. È possibile copiare il contenuto di un'area selezionata su una destinazione diversa. È infine possibile processare parte del segnale con gli strumenti e parte tramite la master section.

• •

ATTIVITÀ

- Caricate l'esempio **09D**.

• •

ESEMPIO INTERATTIVO 09D – EDITING SPETTRALE

• •

- Modificate le proprietà del file da 24 bit a 32 float e salvatelo con un altro nome.
- Selezionate la visualizzazione <u>Spettrogramma</u> nell'editor, vedi fig. 9.14.

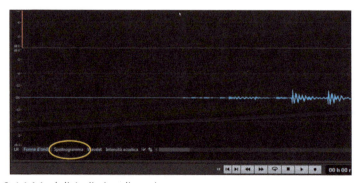

fig. 9.14 Modalità di visualizzazione

- Selezionate il menu Impostazioni e scegliete nei preset la modalità
MultiColor, vedi fig. 9.15.

fig. 9.15 Visualizzazione MultiColor

- Ascoltate il brano. All'inizio è presente solo il suono di chimes, ma in sottofondo sono presenti dei colpi di cassa e rullante suonati inavvertitamente dal batterista.

- Ingrandite verticalmente la sezione e potrete osservare, nella parte bassa della finestra, le frequenze basse della cassa, vedi fig. 9.16.

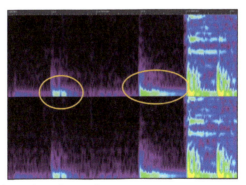

fig. 9.16 Visualizzazione basse frequenze

- Nel menu SPETTRO selezionate lo strumento Selezione rettangolare, vedi fig. 9.17.

fig. 9.17 Strumento di selezione

- Selezionate l'area di basse frequenze da attenuare. Iniziate con la prima sezione e poi ripetete l'operazione sulla seconda. È possibile selezionare contemporaneamente le due sezioni attivando l'apposita funzione. In questo caso però l'ampiezza delle frequenze è diversa per ogni sezione, come indica il colore più chiaro della seconda. È quindi opportuno procedere all'editing separato delle sezioni, vedi fig. 9.18.

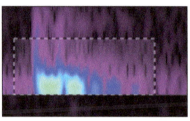

fig. 9.18 Area selezionata

- Selezionate la modalità Modifica del livello. L'attenuazione è impostata al valore di -48dB. Cliccate su Applica. Potete cliccare più volte su Applica fino a quando vedrete scomparire la frequenza dallo spettro. Ad ogni click saranno applicati 48dB di attenuazione. Ora il disturbo non è più udibile, vedi fig. 9.19.

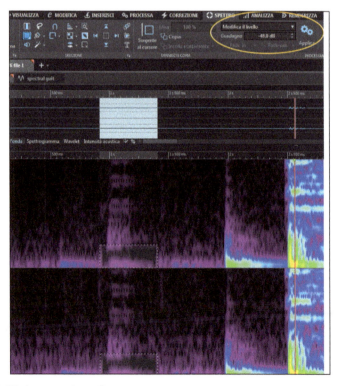

fig. 9.19 Attenuazione frequenze

- Ora il rumore sulle basse frequenze è assente. Ascoltando attentamente percepiamo però il suono della cassa sulle frequenze medio basse, come è possibile vedere dallo spettrogramma, vedi fig 9.20.

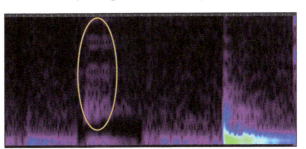

fig. 9.20 Frequenze medio basse

- L'intensità di queste frequenze è molto bassa. Possiamo quindi ripetere l'operazione di selezione e attenuazione operata in precedenza, utilizzando un'attenuazione minore, per esempio -24 dB, vedi fig. 9.21.

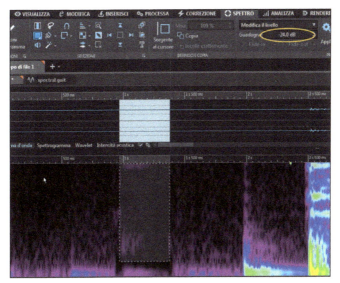

fig. 9.21 Attenuazione frequenze medio basse

- Ripetete tutte le operazioni effettuate finora, sulla seconda sezione del rumore, scegliendo di volta in volta la quantità di attenuazione appropriata.
- Salvate il file con un nome a vostra scelta.
- Esiste anche un'altra modalità per elaborare lo spettro in Wavelab. A volte l'intervento di attenuazione o amplificazione non è trasparente e modifica la percezione del timbro in modo rapido e percettibile. In questo caso è possibile utilizzare la funzione di copia e incolla di intere sezioni dello spettro, definendo la sezione di origine e quella di destinazione. In questo modo è possibile selezionare un'area dello spettro in un momento in cui il disturbo non è presente e sostituirla all'area da processare.

- Caricate l'esempio **09D**.

- Modificate le proprietà del file da 24 bit a 32 float e salvatelo con un altro nome.
- Individuate un'area senza disturbi all'inizio del brano e selezionatela, vedi fig. 9.22.

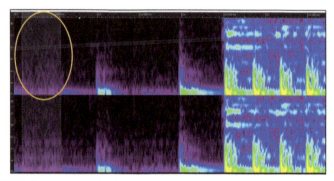

fig. 9.22 Selezione ambiente

- Nel menu SPETTRO selezionate Sorgente al cursore, vedi fig. 9.23.

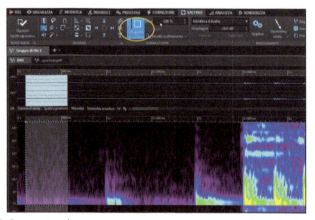

fig. 9.23 Sorgente al cursore

- Trascinate la selezione sull'area da modificare. Ora vedete due rettangoli di selezione: quello relativo allo spettro di origine e quello relativo all'area da sostituire.

- Cliccate una o più volte su <u>Incolla esattamente</u> fino a quando il rumore sarà completamente sostituito dallo spettro di origine. Ripetete l'operazione sulla sezione successiva, vedi fig. 9.24.

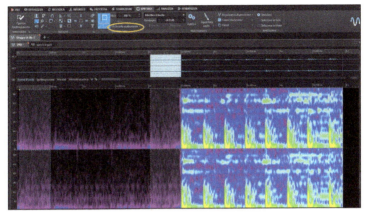

fig. 9.24 Sostituzione dello spettro

- In questo caso il disturbo è stato sostituito dal rumore di fondo dell'ambiente e il risultato finale è molto più naturale.

- Se non ci fosse stato rumore di ambiente all'inizio del file non sarebbe stato possibile effettuare la sostituzione delle aree. Ancora una volta è importatnte ricordare di esigere dallo studio di mix un file con *aria* in testa e in coda. Ciò consentirà di analizzare e processare il suono dell'ambiente e, come in questo caso, utilizzarlo per la correzione di difetti e disturbi.

VERIFICA • TEST A RISPOSTE BREVI (max 30 parole)

1) Se il rumore è percepibile solo nei momenti di silenzio, di che tipo è?

2) Il rumore durante l'ascolto di un vinile deteriorato di che tipo è?

3) Per ridurre il rumore mascherato di un nastro magnetico, che tipo di processamento utilizzereste: dinamico o spettrale?

4) Il ronzio di rete a 50Hz è classificabile come Hum, Buzz oppure Noise?

5) La riduzione dinamica del rumore modifica lo spettro?

6) La riduzione spettrale del rumore modifica la dinamica?

7) Che tipologia di filtri vengono utilizzati nell'editor spettrale off-line?

8) Che principio viene utilizzato nella riduzione spettrale del rumore?

9) Cosa è il rumore rosa?

10) È possibile effettuare la riduzione dinamica del rumore in modalità multibanda?

11) In fase di mastering effettuereste la riduzione del rumore prima o dopo il mastering?

GLOSSARIO

Buzz
Rumore a frequenza costante fino a 4000Hz

Click
Rumore impulsivo di durata compresa tra 0,1ms e 2ms

Crackle
Rumore impulsivo di durata inferiore a 0,4ms

De buzzer
Processore per la riduzione dei rumori con contenuto in frequenza costante

De clicker
Processore per la riduzione dei rumori impulsivi

De noiser
Processore per la riduzione dei rumori con contenuto in frequenza variabile

Editing spettrale
Elaborazione spettrale off-line del segnale, tramite filtri a fase lineare. Consente l'editing grafico del contenuto spettrale

Hum
Rumore a frequenza costante fino a 800Hz

Noise
Rumore costante con contenuto in frequenza complesso e variabile

Pop
Rumore impulsivo di durata compresa tra 2ms e 10ms

Riduzione dinamica del rumore
Elaborazione dinamica del segnale, tramite expander o noise gate, per la riduzione del rumore mascherato

Riduzione spettrale del rumore
Elaborazione spettrale del segnale, tramite equalizzatori, filtri, analisi FFT , per la riduzione del rumore non mascherato

Rumore a frequenza costante
Disturbo formato da una frequenza fondamentale e relative armoniche

Rumore costante
Disturbo presente su tutto il programma, brano, segnale, a livello costante

Rumore costante dinamico
Disturbo presente su tutto il programma, brano, segnale, a livello variabile

Rumore impulsivo
Disturbo di breve durata, pochi millisecondi o meno

Rumore mascherato
Disturbo udibile solo nei momenti di silenzio o pausa della musica o del segnale

Rumore non mascherato
Disturbo sempre udibile

Rumore Wide-band
Disturbo formato da più frequenze, frequenze armoniche e non armoniche

10
MASTERING M/S

CONTRATTO FORMATIVO

PREREQUISITI PER IL CAPITOLO
- CONTENUTI DEI CAPITOLI 1-9

OBIETTIVI
CONOSCENZE
- CONOSCERE LE CARATTERISTICHE DEI PROCESSI DI SOMMA E DIFFERENZA DI SEGNALI
- CONOSCERE IL ROUTING SERIALE E PARALLELO DELLE MATRICI M/S
- CONOSCERE LE CARATTERISTICHE FONDAMENTALI DEL MASTERING PER VINILE

ABILITÀ
- SAPER INDIVIDUARE LA TIPOLOGIA DI MATERIALE SONORO CHE RICHIEDE MASTERING M/S
- SAPER REALIZZARE MATRICI M/S NELL'EDITOR E NEL MONTAGGIO AUDIO
- UTILIZZARE PLUGIN IN MODALITÀ L-R E M/S
- UTILIZZARE LE POSSIBILITÀ DI ROUTING AVANZATO DELLA MASTER SECTION

CONTENUTI
- ANALISI DELLA SPAZIALIZZAZIONE DEL CONTENUTO ORIGINALE
- PROCESSAMENTO SERIALE
- PROCESSAMENTO PARALLELO
- TECNOLOGIA DELLA RIPRODUZIONE DEL VINILE

TEMPI - Cap. 10
AUTODIDATTI
PER 200 ORE GLOBALI DI STUDIO INDIVIDUALE: CA. 14 ORE
CORSI
PER UN CORSO GLOBALE DI 40 ORE IN CLASSE + 80 DI STUDIO INDIVIDUALE:
CA. 3 ORE FRONTALI + 2 ORE DI FEEDBACK - CA. 4 ORE DI STUDIO INDIVIDUALE

ATTIVITÀ
- ESEMPI INTERATTIVI

VERIFICHE
- TEST A RISPOSTE BREVI

SUSSIDI DIDATTICI
- GLOSSARIO

10.1 ELABORAZIONE SERIALE M/S

Finora, l'elaborazione e il processamento sonoro sono stati effettuati sui canali sinistro e destro di un programma stereo. Ciò permette di eseguire equalizzazioni, compressioni, espansioni sui canali **L** e **R**. Il problema maggiore di un processamento **L-R** è rappresentato dal suono ambientale. Le elaborazioni dinamiche tendono infatti a modificare il rapporto tra il segnale centrale e la componente laterale creando spesso risultati sgradevoli ed effetto pumping sul suono ambientale[32]. Come spiegato nel paragrafo 6.3, effettuando una matrice di codifica **M/S** su un segnale stereo **L-R**, è possibile ottenere i canali **M** e **S** che rappresentano rispettivamente la componente Mono, o **Centrale** e quella Stereo, o **Laterale** del suono. In questo caso è possibile applicare i processamenti dinamici solo sul canale centrale, lasciando il suono ambientale intatto. Ovviamente, dopo l'elaborazione dinamica, il livello del suono ambientale risulterà più basso di quello del canale centrale, rispetto al segnale originale. Sarà quindi necessario compensare tale variazione aumentando il livello del canale **S** o diminuendo quello del segnale **M**, fino a raggiungere la stessa ampiezza stereofonica del segnale originale. Dopo l'elaborazione, si utilizzerà una matrice di decodifica **M/S** per ottenere di nuovo i canali **L** e **R**, vedi fig. 10.1.

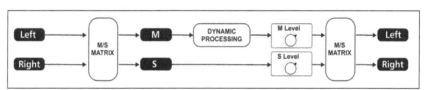

fig. 10.1 Processamento dinamico M/S

Anche nel mastering in the box in modalità **M/S** è obbligatorio utilizzare processamenti floating point. È solo in questo modo che si può creare la headroom necessaria a compensare le variazioni tra **M** e **S** senza perdere risoluzione in bit e range dinamico. Allo stesso modo è importante saper usare in modo appropriato il phase meter, per capire in che modo si modifica l'ampiezza stereofonica del brano, vedi fig. 10.2.

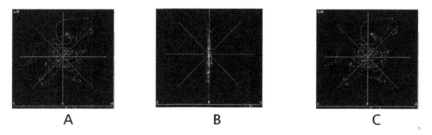

A   B   C

fig. 10.2 Regolazione dell'immagine stereo

---

32 Sebbene la maggior parte del suono ambientale sia presente nel segnale S, anche il canale M contiene informazioni sul suono dell'ambiente. Tuttavia proprio per la diversità delle riflessioni tipica della spazializzazione, raramente squeste ultime sono presenti in modo identico su entrambi i canali L e R e quindi sul segnale M.

Nella figura **A**, l'immagine stereo prima del trattamento dinamico su **M**.

Nella figura **B**, l'immagine stereo dopo il trattamento dinamico su **M**.

Nella figura **C**, l'immagine stereo dopo il trattamento dinamico su **M** e la compensazione del livello di **S**.

Come spiegato nel paragrafo 6.3 ci sono vari metodi per effettuare una matrice **M/S**. Con Wavelab esiste la possibilità, sia nella master section, sia nel montaggio audio, di processare separatamente i canali **M** e **S**. Il programma effettuerà automaticamente tutte le matrici di codifica e decodifica. Nella master section si può scegliere il tipo di processamento per ogni slot degli effetti, vedi fig. 10.3.

fig. 10.3 Processamento **M/S** nella master section

Con la definizione **Centrale** si intende il canale **M**, con la definizione **Laterale** si intende il canale **S**

Nel montaggio audio, è possibile effettuare l'elaborazione **M/S** sia sulla clip, sia sulla traccia, sia sull'intero montaggio, vedi fig. 10.4.

fig. 10.4 Processamento **M/S** nel montaggio audio.

Con Wavelab è possibile effettuare tipi di processamento molto complessi. Si può, per esempio, utilizzare la tecnica **M/S** nel montaggio audio, per poi processare successivamente il segnale in modalità **L-R** nella master section. Il tutto in real-time, ascoltando in tempo reale le variazioni dei parametri, grazie alla funzione di matrice automatica **M/S**. In fig. 10.5: un filtro passa-alto sul canale **S** in modalità **M/S** nel montaggio audio e un compressore nella master section in modalità **L-R** e un dither all'uscita della master section.

fig. 10.5 Processamento **M/S** nel montaggio audio e **L-R** nella master section

• •

ATTIVITÀ

- Caricate l'esempio **10A**

• •

ESEMPIO INTERATTIVO 10A – PROCESSAMENTO M/S SERIALE

• •

- Modificate le proprietà del file da 24 bit a 32 float e salvatelo con un altro nome.

- Ascoltate il brano. Osservate il phase meter e memorizzate in modo approssimativo l'ampiezza dell'immagine stereofonica osservando la visualizzazione grafica.

- Caricate nella master section il preset <u>10-01 MS1</u> e osservate il routing dei vari processori nei relativi slot, vedi fig.10.6.

fig. 10.6 Routing master section

- I plugin <u>Tube compressor</u> e <u>Limiter</u> processano il canale **M** (centrale), il plugin <u>Gain</u> processa il canale **S** (laterale), i plugin <u>MasterRig</u> e <u>Brickwall limiter</u> processano i canali **L** e **R**.

- Il plugin <u>MasterRig</u> nel primo slot è utilizzato per l'eliminazione di DC offset tramite un filtro passa alto a fase lineare. Il plugin processa i canali **L** e **R**, vedi fig. 10.7.

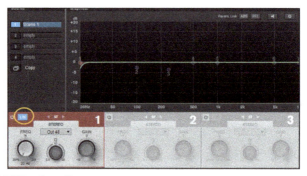

fig. 10.7 HPF a fase lineare

- Il plugin <u>Tube compressor</u> nel secondo slot è utilizzato per comprimere il segnale, aumentare il loudness e aggiungere saturazione. Il plugin processa solo il segnale **M**, per evitare l'effetto pumping sul segnale laterale, gli effetti spaziali e il contenuto ambientale. La master section effettua automaticamente le matrici di codifica e decodifica **M/S** all'ingresso e all'uscita del processore, vedi fig. 10.8.

fig. 10.8 Tube Compressor sul segnale **M**

- Sperimentate diverse regolazioni del processore e della relativa sezione <u>DRIVE</u>. Ricordate che state processando il canale **M** e che aumentanto il loudness di questo segnale modificherete l'immagine stereofonica, restringendola. Alcuni dei plugin negli slot successivi servono appunto a correggere questa variazione.

- Il plugin <u>Limiter</u> nel terzo slot è utilizzato per controllare il livello del segnale
  M ed evitare eccessive sovramodulazioni. Il plugin processa solo il segnale
  M. La master section effettua automaticamente le matrici di codifica e
  decodifica **M/S** all'ingresso e all'uscita del processore, vedi fig. 10.9.

fig. 10.9 Limiter su **M**

- Il plugin <u>Gain</u> nel quarto slot è utilizzato per compensare il restringimento
  dell'immagine sterefonica causata dall'aumento del loudness sul segnale
  M. Il plugin processa solo il segnale **S**, La master section effettua
  automaticamente le matrici di codifica e decodifica **M/S** all'ingresso e
  all'uscita del processore, vedi fig. 10.10.

fig. 10.10 Gain su S

- Attivate la funzione Smart Bypass (Bypass Intelligente). Aggiornate i
  guadagni. Confrontate il segnale originale e quello processato con la
  compensazione. Osservate il phase meter. Notate che nel segnale originale
  l'immagine stereofonica è più ampia.

- Aumentate il livello del plugin <u>Gain</u> fino a quando l'immagine del segnale
  processato sarà ampia come quella del segnale originale. Un valore intorno
  ai 6.3dB ovrebbe essere adatto. Ora il brano ha un loudness più elevato
  dell'originale ma i suoni di ambiente, gli effetti e tutto ciò che fa parte
  dell'immagine stereofonica, non risentono di effetto pumping ed eccessiva
  compressione.

- Salvate il preset della master section con un nome a vostra scelta.

- Provate ad aggiungere un equalizzatore e processate solo il segnale **S**.
  Amplificate leggermente le frequenze medio-alte. Ascoltate la sensazione di
  espansione dell'immagine stereofonica.

- Sperimentate routing e ordine degli effetti differenti. Usate tutte le nozioni
  e informazioni studiate finora.

- Create un nuovo montaggio audio.

- Inserite nel montaggio il file di esempio **10A**.

- Caricate nella master section il preset 10-01 MS1.

- Aprite l'Inspector, cliccate sulla forma d'onda e selezionate la sezione CLIP. Selezionate la funzione Importa i plugin della sezione master, vedi fig. 10.11.

fig. 10.11 Importazione preset Master Section

- Reinizializzate la Master Section, poiché ora i plugin sono caricati nel montaggio audio, vedi fig. 10.12.

fig. 10.12 Reinizializzazione della Master Section

- Le assegnazioni di processamento dei plugin sono al momento impostate su **L** e **R** per tutti i plugin, vedi fig. 10.13.

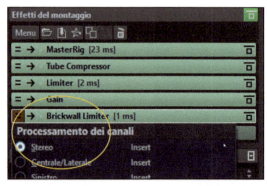

fig. 10.13 Processamento plugin

- Modificate il routing del processamento dei plugin e assegnate i vari slot ai segnali **M**, **S**, **L** e **R**, come nel preset 10-01 MS1 della Master Section, vedi fig. 10.14.

fig. 10.14 Modifica assegnazioni del processamento

- Sostituite il plugin nello slot 2 con MCompressor, vedi fig. 10.15.

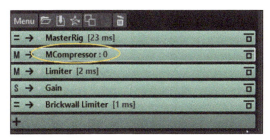

fig. 10.15 Sostituzione plugin

- Caricate il preset \mitb\preset\plugin\MCompressor\MS01 in MCompressor, vedi fig. 10.16.

fig. 10.16 Caricamento effetto nel plugin

- Il processore è impostato per l'upward compression. Ora state effettuando una compressione upward sul segnale **M** di una matrice **M/S**. Notate la curva upward, vedi fig. 10.17.

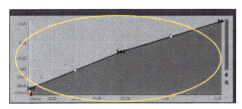

fig. 10.17 Compressione upward di **M**

- Come nell'attività precedente, dovete compensare la variazione di spazializzazione tramite il plugin GAIN. Aumentate il valore del gain fino a quando l'ampiezza dell'immagine stereo è uguale a quella del file originale, vedi fig. 10.18.

fig. 10.18 Compensazione immagine stereofonica

- Utilizzate il phase meter per verificare graficamente la figura.

- Provate a utilizzare la saturazione e la distorsione su **M**.

- Salvate sempre i preset della catena di plugin e della Master section.

- Come potete capire la complessità e la precisione dei processamenti aumenta progressivamente in base alle possibilità di routing, trattamento dinamico, matrici di codifica e decodifica. Utilizzate tutto il tempo necessario a sperimentare le varie possibilità, ad allenare il vostro orecchio a riconoscere le caratteristiche del brano, a considerare il tipo di intervento e processamento da utilizzare. In questa fase dello studio inizierete a definire il vostro stile, il vostro suono personale e particolare, caratteristico dei vostri master. Non abbiate fretta dunque, le ore di pratica e sperimentazione sono importanti tanto quanto quelle di studio.

• •

10.2 MASTERING PER VINILE

In alcuni processi produttivi il mastering **M/S** è praticamente obbligatorio. Uno di questi è certamente il mastering per vinile. Il processo di produzione del vinile è molto complesso e richiederebbe un testo specifico a parte sull'argomento. In questo paragrafo verranno trattati alcuni degli aspetti e delle caratteristiche fondamentali di questo tipo di supporto. Il disco in vinile stereofonico usa un solco dove sono codificati i canali **L** e **R** su ciascun lato, vedi fig. 10.19.

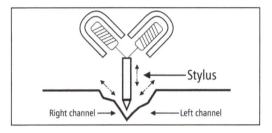

fig. 10.19 Microsolco stereo

Ciò significa che

-   Se il segnale è presente solo sul canale sinistro, il solco sarà piatto a destra e modulato a sinistra
-   Se il segnale è presente solo sul canale destro, il solco sarà piatto a sinistra e modulato a destra
-   Un segnale monofonico con **L** e **R** in fase causerà uno spostamento laterale dello stilo della testina.
-   Un segnale monofonico con **L** e **R** in opposizione di fase causerà uno spostamento verticale dello stilo della testina, vedi fig. 10.20.

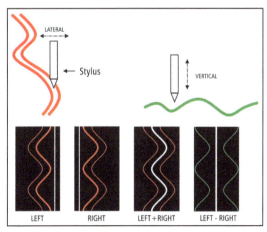

fig. 10.20 Movimenti dello stilo

Durante il processo di incisione della lacca master, la larghezza del solco viene continuamente controllata. Sebbene la durata massima della facciata di un LP sia di 40 minuti, non è possibile avere un suono di buona qualità con incisioni superiori a 20 minuti per facciata. La quantità di bassi, il livello massimo di ascolto, l'ampiezza del fronte stereofonico, sono tutti fattori che influenzano la larghezza del solco e, di conseguenza, la durata del disco. Il disco in vinile, ruota sempre alla stessa velocità angolare: 33 $\frac{1}{3}$ o 45 giri al minuto. Questo vuol dire che sul bordo esterno la velocità lineare sarà maggiore di quella al centro, a causa della differenza di diametro e circonferenza. Quindi i brani presenti all'inizio del LP avranno un suono migliore di quelli alla fine, proprio a causa del fatto che la superficie del solco è maggiore all'esterno. Nel vinile inoltre, contrariamente a quanto accade nel CD, una compressione eccessiva del segnale, non corrisponde a un aumento del loudness. Per ottenere più loudness sul vinile, bisogna avere un solco molto largo, mentre invece un segnale compresso, limita la larghezza del solco. Un altro fattore che può peggiorare la qualità del suono sul vinile, è la presenza eccessiva di alte frequenze. Sia in fase di incisione della lacca master che in fase di ascolto, si possono verificare distorsioni sulle alte frequenze dovute alle caratteristiche meccaniche del sistema. La sezione sferica o ellittica dello stilo di lettura può non essere perfettamente aderente al solco generando distorsioni su spostamenti molto piccoli, quelli appunto dei segnali ad alta frequenza. La presenza di segnali in opposizione di fase può invece causare il salto della puntina, dovuto a un'eccessiva escursione verticale dello stilo. Questo si verifica specialmente nei segnali a bassa frequenza. Sul vinile, tutto ciò che è al di sotto dei 100Hz deve essere mono e trovarsi al centro, sul canale **M**. Sul segnale **S** non devono essere presenti frequenze basse ed è proprio questo uno dei motivi che rendono il processamento **M/S** indispensabile nel mastering per il vinile. Anche sulle altre frequenze comunque, non devono verificarsi ampie variazioni di fase tra i canali.

Ricapitolando, nel mastering per il vinile:

- Non superare i 20 minuti per facciata.
- I brani più lunghi di 7 minuti non avranno un timbro omogeneo tra inizio e fine, a causa della diversa densità e spessore dei solchi.
- Non usare materiale eccessivamente compresso
- Non esagerare con il contenuto di alte frequenze
- Applicare de-essing su sibilanti troppo invasive
- Non usare segnali con variazioni in fase superiori a 70, 80 gradi tra **L** e **R**
- Filtrare dal canale **S** tutte le frequenze basse fino a 100Hz

Proprio riguardo a quest'ultima osservazione, è chiaro che nel mastering per vinile bisogna utilizzare una matrice **M/S**, applicare un filtro passa alto su **S** e processare in modo dinamico e spettrale il canale **M**, vedi fig. 10.21.

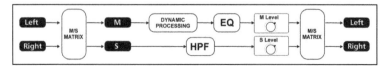

fig. 10.21 Processamento M/S per vinile

In fig. 10.22 il processamento M/S per vinile nel montaggio audio di Wavelab.

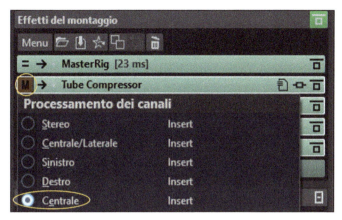

fig. 10.22 Processamento M/S per vinile in Wavelab

. . . .

ATTIVITÀ

- Caricate l'esempio **10A**

. . . .

ESEMPIO INTERATTIVO 10A – PROCESSAMENTO M/S PER VINILE

. . . .

- Modificate le proprietà del file da 24 bit a 32 float e salvatelo con un altro nome.

- Caricate nella Master Section il preset <u>10-02 MS2-MC</u>.

- Questa catena di plugin è abbastanza complessa. Nei primi due slot sono utilizzati gli stessi plugin e lo stesso routing dell'attività precedente, vedi fig. 10.23.

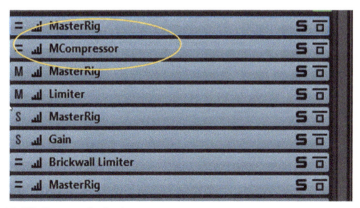

fig. 10.23 Catena di plugin

- Nello slot n.3 è presente MasterRig con il modulo Saturator. Il plugin è utilizzato in modalità parallela Dry/Wet per aggiungere saturazione al canale **M**, vedi fig. 10.24.

fig. 10.24 Saturator parallelo su **M**

- Provate a modificare il <u>DRIVE</u>, la percentuale di <u>MIX</u> e il livello di uscita.

- Nello slot n.4 è presente il Limiter, utilizzato nella stessa modalità della precedente attività.

- Nello slot n.5 è presente l'equalizzatore MasterRig utilizzato come filtro passa alto a fase lineare. Modificate la frequenza di taglio del filtro portandola a circa 100Hz, vedi fig. 10.25.

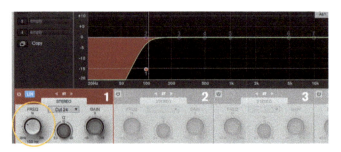

fig. 10.25 HPF a fase lineare

- Non noterete un'attenuazione dei bassi poiché il plugin agisce sul canale **S**. Sperimentate diverse regolazioni e ascoltate il risultato finale.

- Nello slot n.6 è presente il plugin <u>GAIN</u> utilizzato con lo stesso routing e finalità della precedente attività. Aumentate il gain fino al raggiungimento di un'adeguata immagine stereofonica. Usate la funzione smart bypass per verificare il risultato.

- Nello slot n.7 è presente il Brickwall Limiter. La soglia e il livello massimo di uscita sono impostati a -0,4dB. Questa condizione simula appunto un muro a -0,4dB che il segnale non può superare. Se la catena di plugin terminasse qui il meter mostrerebbe sempre lo stesso valore massimo di uscita e i picchi avrebbero tutti la stessa ampiezza.

- Nello slot n.8 è presente l'equalizzatore dinamico MasterRig. Il plugin è utilizzato come upward expander wide-band e amplifica in modo minimo i segnali al di sopra di -1,1dB. In questo modo i picchi massimi in uscita avranno sempre valori diversi e la presenza di inter-sample peak sarà ridotta, vedi fig. 10.26.

fig. 10.26 Upward expander

- Notate i parametri utilizzati nell'equalizzatore dinamico. Il filtro utilizzato è un High Shelf a **20Hz**. Tutti i segnali di frequenza superiore a 20Hz, praticamente tutto il segnale, verranno processati. Il GAIN è di **0,4dB**. Questa impostazione consente di portare il livello massimo di uscita intorno a **0dBFS**. Il livello di uscita del plugin precedente, Brickwall Limiter, è infatti di **-0,4dB**. La soglia è impostata a **-1,1dB** un livello leggermente inferiore al livello di uscita del Brickwall limiter. Il ratio è pari a **1.13:1** e consente una piccolissima amplificazione, al massimo **0,4dB**, dei segnali che superano la soglia. Ciò consente di utilizzare un equalizzatore dinamico come upward expander.

- Cercate sempre di ottenere il massimo dal vostro sistema di elaborazione. Questo è un esempio di come, grazie alla conoscenza approfondita dei concetti di base, sia possibile modificare le funzioni di un processore per ottenere risultati diversi da quelli del suo classico impiego.

- Sperimentate questo tipo di catena di mastering su materiale della vostra discografia. Modificate i plugin, l'ordine di routing, le variazioni dei parametri. Ricordatevi di creare la headroom necessaria ai processamenti upward riducendo il livello del file prima di processarlo. Utilizzate sempre file e processamenti floating point.

- Create un montaggio audio e importate il preset della master section, come nella precedente attività.

10.3 ELABORAZIONE PARALLELA M/S

Anche nel processamento **M/S** si possono utilizzare elaborazioni del segnale in modalità parallela. È possibile, per esempio, effettuare processamento dinamico e saturazione del segnale **M** senza modificare il segnale diretto, aggiungendo solo la parte desiderata di segnale processato, vedi fig. 10.27.

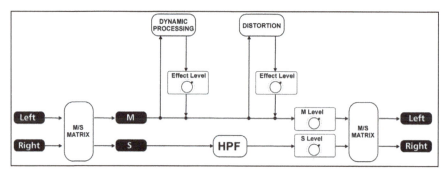

fig. 10.27 Processamento parallelo **M/S**

Questo tipo di routing è ancora più complesso dei precedenti e permette una precisione di intervento molto elevata.

In fig. 10.28 l'elaborazione parallela **M/S** nel montaggio audio di Wavelab.

fig. 10.28 Processamento parallelo M/S nel montaggio audio

· ·

⌨ ATTIVITÀ

-   Create un nuovo montaggio audio e inserite l'esempio **10A** nel montaggio.

-   Cliccate in un punto qualsiasi della forma d'onda del file.

-   Selezionate il menu Effetti.

-   Caricate la catena di plugin 10-01 MC PAR.

- Selezionate il menu <u>INVILUPPO</u> e copiate i preset <u>10-01BD PAR</u> e <u>10-02 MRS</u>
<u>PAR</u> nella relativa cartella tramite l'opzione <u>Organizza preset</u>, vedi fig. 7.145.

- Nel menu <u>INVILUPPO</u> selezionate <u>Effetto (MCompressor)</u>, vedi fig. 10.29.

fig. 10.29 Selezione inviluppo

- Nel menu <u>INVILUPPO</u> caricate il preset di inviluppo <u>10-01 BD PAR</u>, vedi fig. 10.30.

fig. 10.30 Preset di inviluppo

- Nel menu <u>INVILUPPO</u> selezionate <u>Effetto (MasterRig)</u>, vedi fig. 10.29.

- Nel menu <u>INVILUPPO</u> caricate il preset di inviluppo <u>10-01 MRS PAR</u>, vedi fig. 10.30.

- La catena di plugin comprende due processori che operano in modalità True Parallel negli slot 2 e 3. Sono MCompressor (compressore upward) e MasterRig (saturatore), vedi fig. 10.31.

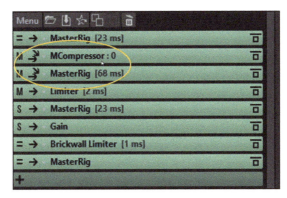

fig. 10.31 Processamenti True Parallel

- MCompressor effettua una compressione upward parallela True parallel sul segnale **M**.

- MasterRig effettua una saturazione Tube parallela True Parallel sul segnale **M**.

- Nel menu INVILUPPO selezionate Effetto MCompressor, vedi fig. 10.29

- Modificate la posizione della curva di inviluppo spostandola verso l'alto. In questo modo aumenterà la percentuale di segnale processato da MCompressor. Il segnale non processato rimarrà sempre allo stesso livello, vedi fig. 10.32.

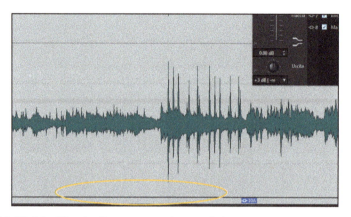

fig. 10.32 Modifica inviluppo segnale parallelo

- Non esagerate con il livello del segnale processato, ascoltate il suono del'ambiente, degli strumenti percussivi e cercate di non degradare troppo la qualità del segnale.

- Nel menu INVILUPPO selezionate Effetto (MasterRig), vedi fig. 10.29.

- Modificate la posizione della curva di inviluppo spostandola verso l'alto. In questo modo aumenterà la percentuale di segnale saturato. Il segnale non processato rimarrà sempre allo stesso livello, vedi fig. 10.32.

- Compensate sempre la variazione di immagine stereofonica con il plugin GAIN.

- Sperimentate accuratamente il dosaggio dei segnali processati rispetto a quelli diretti. Effettuate dei rendering provvisori, salvateli con nomi diversi e confrontate i risultati. La complessità dei processi sta diventando elevata. Tenete sempre presente il flusso del segnale e concentratevi sul routing e sul funzionamento delle matrici. Il processo di mastering si sta mostrando molto elaborato, ma non spaventatevi. Avete a disposizione le conoscenze e gli strumenti adeguati per operare in modo corretto.

VERIFICA • TEST A RISPOSTE BREVI (max 30 parole)

1) Per aumentare il livello degli effetti e dei riverberi in un mastering **M/S** aumentereste il guadagno del segnale **M** oppure **S**?

2) Una matrice che trasforma i segnali **L** e **R** in **M** e **S** è definita di codifica o di decodifica?

3) Nel mastering per vinile su quale segnale deve essere inserito un HPF, **M** oppure **S**?

4) Nel mastering **M/S** la maggior parte dei processamenti dinamici vengono effettuati sul segnale **M** oppure **S**?

5) Aumentando il loudness del segnale **M**, in che modo si modifica l'immagine stereofonica?

6) Nel mastering **M/S** è possibile modificare l'immagine stereofonica senza applicare processamenti dinamici?

7) Nel mastering **M/S** è utile un limiter sul segnale **S**? Perché?

8) Nel mastering **M/S** è utile un equalizzatore sul segnale **S**? Perché?

9) Per aggiungere una piccola quantità di saturazione al segnale **M** utilizzereste un routing seriale o parallelo?

10) Nel montaggio audio è possibile effettuare una compressione downward parallela sul segnale **M**?

GLOSSARIO

M, Centrale, Mono
Segnale ottenuto tramite somma dei canali L e R

Matrice di codifica M/S
Processo di somma e differenza di segnali per ottenere dai canali L e R i segnali M e S

Matrice di decodifica M/S
Processo di somma e differenza di segnali per ottenere dai segnali M e S i canali L e R

Processamento seriale M/S
Elaborazione dei segnali M o S che prevede il collegamento dei plugin in modalità insert sul segnale

Processamento parallelo M/S
Elaborazione dei segnali M o S che prevede il collegamento dei plugin in modalità send, tramite bus ausiliario sul segnale

S, Laterale, Stereo
Segnale ottenuto tramite sottrazione dei canali L e R

11
STEM MASTERING

CONTRATTO FORMATIVO

PREREQUISITI PER IL CAPITOLO
- CONTENUTI DEI CAPITOLI 1-10

OBIETTIVI
CONOSCENZE
- CONOSCERE LE CARATTERISTICHE DEL MASTERING MULTITRACCIA
- CONOSCERE LA TIPOLOGIA E I FORMATI DEI FILE STEM
- CONOSCERE LE MODALITÀ DI PROCESSAMENTO SERIALE E PARALLELO MULTITRACCIA
ABILITÀ
- SAPER ACQUISIRE, ORGANIZZARE E IMPORTARE IL MATERIALE STEM
- SAPER CREARE E GESTIRE PROGETTI MULTITRACCIA TRAMITE IL MONTAGGIIO AUDIO
- SAPER VALUTARE LA MODALITÀ DI PROCESSAMENTO ADATTA AD OGNI TRACCIA
- UTILIZZARE PROCESSAMENTI SERIALI, PARALLELI, MATRICI SUI VARI STEM

CONTENUTI
- ANALISI DEL MATERIALE E CREAZIONE DEL MONTAGGIO
- MENU EFFETTI DELLE TRACCE
- MENU EFFETTI DEL MONTAGGIO
- RENDERING DEL MONTAGGIO MULTITRACCIA

TEMPI - Cap. 11
AUTODIDATTI
PER 200 ORE GLOBALI DI STUDIO INDIVIDUALE: CA. 12 ORE
CORSI
PER UN CORSO GLOBALE DI 40 ORE IN CLASSE + 80 DI STUDIO INDIVIDUALE:
CA. 2 ORE FRONTALI + 1 ORA DI FEEDBACK - CA. 3 ORE DI STUDIO INDIVIDUALE

ATTIVITÀ
- ESEMPI INTERATTIVI

VERIFICHE
- TEST A RISPOSTE BREVI

SUSSIDI DIDATTICI
- GLOSSARIO

11.1 MIX OPPURE MASTERING?

Generalmente il mastering si effettua su un mix completo fornito dallo studio di registrazione. Non è raro però che, o per volontà del produttore, o su richiesta dello studio di mastering, si proceda ad un tipo di elaborazione più complessa detta **Stem Mastering**. Il concetto di Stem Mastering si basa sulla convinzione che una elaborazione separata di sub mixes, gli stem appunto, contenenti per esempio batteria, voce, effetti e synth, possa consentire il raggiungimento di un risultato migliore di quello del processamento di un mix stereo. In genere gli stem sono tutti tracce stereo della stessa lunghezza e possono quindi essere inseriti in un progetto di una DAW o, nel caso di Wavelab, in un montaggio audio, vedi fig. 11.1.

fig. 11.1 Stem mastering nel montaggio audio

La possibilità di usare elaborazioni specifiche per ogni traccia di uno stem mastering, permette di ottimizzare i plugin e la regolazione degli stessi in base al contenuto specifico della singola traccia. È anche vero però, che in questo modo il mastering engineer diventa responsabile anche del mix, del bilanciamento e del posizionamento spaziale degli elementi del brano. Tutti questi particolari vengono in genere decisi nello studio di registrazione durante il missaggio. È consigliabile valutare attentamente la scelta di effettuare o meno uno stem mastering e di scegliere questa soluzione solo in caso di effettiva necessità.

11.2 ACQUISIZIONE E ORGANIZZAZIONE DEL MATERIALE

Come specificato nel paragrafo 4.2, la prima operazione da fare è la copia del materiale fornito, in una locazione sicura. Non effettuate mai nessuna lavorazione sui file originali né sulle copie di sicurezza. Dopo avere fatto una seconda copia degli stem in una cartella per la lavorazione, è possibile analizzare il contenuto dei file. In genere il livello degli stem corrisponde all'effettivo livello di picco della sezione relativa all'interno del mix. Ciò significa che importando tutti gli stem su tracce separate del montaggio audio e lasciando il livello di ogni traccia a 0dB, si dovrebbe ottenere sull'uscita master, lo stesso livello di picco del mix stereo. Un altro parametro da verificare è la profondità di bit degli stem. Nel caso la profondità in bit fosse inferiore a 32 bit floating point, è consigliabile modificarla a 32 bit float prima dell'inserimento degli stem nel montaggio.

La trasformazione del file ad un numero di bit superiore non ne aumenterà la risoluzione, ma permetterà al software di effettuare eventuali salvataggi intermedi a risoluzione elevatissima.

11.3 IMPOSTAZIONE DEL PROGETTO IN STEM

A questo punto si può procedere alla creazione del montaggio audio e all'inserimento degli stem nelle relative tracce, come illustrato in fig. 11.1. All'interno del menu Effetti, sono presenti tutte le opzioni per inserire plugin in ciascuna clip, o in ciascuna traccia o all'uscita del montaggio audio. Questo tipo di routing molto sofisticato consente di effettuare processamenti **L** e **R** oppure **M/S**, oppure seriali, oppure paralleli o ogni combinazione di questi su ogni stem o gruppi di stem nel montaggio, vedi fig. 11.2.

fig. 11.2 Menu effetti in Stem mastering nel montaggio audio

È possibile effettuare parte del processamento tramite la master section. La sezione di uscita del montaggio invia infatti il segnale alla master section, dove è possibile effettuare altre elaborazioni, sia seriali, sia parallele, sia **M/S**.

• •

ATTIVITÀ

- Caricate il montaggio audio **\MITB\Montaggi\Capitolo 11\11 STEM**.

• •

 ESEMPIO INTERATTIVO 11 STEM – COSTRUZIONE PROGETTO STEM

• •

- Il montaggio contiene 8 tracce Stereo, una per ogni stem. Ogni traccia è già nominata in base al file che verrà inserito all'interno della stessa.

- 01 DRUMS, 02 PERCUSSIONS, 03 BASS, 04 GUITARS, 05 KEYS, 06 SAX, 07
  FX DRUMS, 08 FX SAX, vedi fig. 11.3.

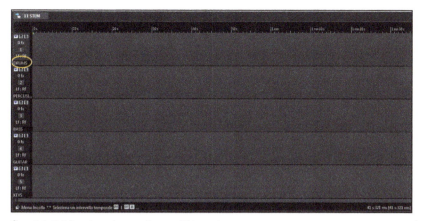

fig. 11.3 Montaggio audio multitraccia

- Ora dovete importare i file stem all'interno delle varie tracce del montaggio. Cliccate con il tasto destro del mouse nell'area vuota della taccia DRUMS e aprite la finestra di selezione per l'inserimento dei file, vedi fig. 7.138.

- Selezionate tutti i file nella catella **\MITB\Esempi\Capitolo 11\Stems**, trascinando un rettangolo che li comprenda tutti oppure cliccando sul primo e poi, tenendo premuto il tasto [Shift ⬆] cliccando sull'ultimo, vedi fig. 11.4.

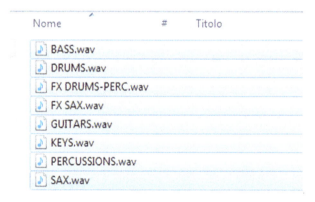

fig. 11.4 Selezione multipla

- Selezionate Apri.

- Si aprirà la finestra di inserimento file con la lista dei file selezionati, vedi fig. 11.5.

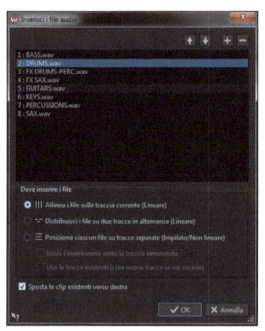

fig. 11.5 Finestra di inserimento file

- I file sono stati importati in ordine alfabetico. Modificate la lista trascinando i file in alto o in basso per ottenere l'ordine corretto rispetto alle tracce del montaggio, poi selezionate l'opzione Posiziona ciascun file su tracce separate. Premete OK, vedi fig. 11.6.

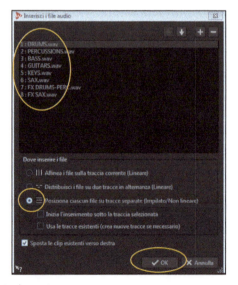

fig. 11.6 Importazione tracce

- Ora potete vedere ogni file stem inserito nella relativa traccia, vedi fig. 11.7.

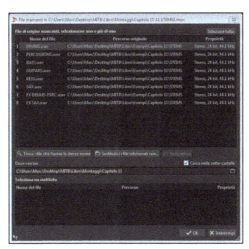

fig. 11.7 Montaggio stem

- Ascoltate il brano. Il livello massimo globale in uscita dal montaggio è pari a -6.67dBFS. Questo valore rappresenta un buon valore di partenza. Esiste una headroom di circa 6dB da utilizzare nei processamenti sulle varie tracce.

- Salvate il montaggio con un altro nome e chiudetelo.

- Aprite il montaggio **11 STEM02**.

••

ESEMPIO INTERATTIVO 11 STEM02 – MASTERING STEM

••

- Il montaggio contiene le 8 tracce stereo, le catene di effetti e il preset della master section. Se i file stem caricati in precedenza sono stati salvati in una cartella diversa da quella in cui avete salvato il montaggio, apparirà una finestra con la lista dei file mancanti, vedi fig. 11.8.

fig. 11.8 Finestra file mancanti

- Cliccate su Seleziona tutto. Nella sezione Dove cercare cliccate sul simbolo della cartella e selezionate il percorso dove avete salvato i file stem. Selezionate Trova file che hanno lo stesso nome e infine cliccate OK, vedi fig. 11.9.

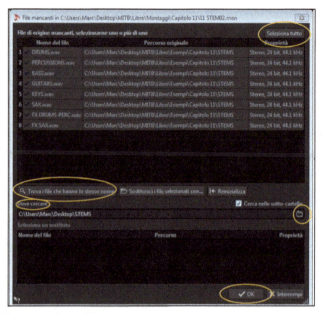

fig.11.9 Importazione file mancanti

- Caricate il preset della master section salvato nel montaggio, cliccando sul simbolo a forma di stella in basso a destra, vedi fig. 11.10.

fig. 11.10 Caricamento preset

- Con la stessa funzione è possibile salvare nel montaggio, o in un file audio, uno o più preset della master section. Caricate il preset 11-01 STEM2 incluso nel montaggio.

- Questa attività rappresenta un ulteriore incremento della complessità nella realizzazione del mastering. Sono presenti processi M/S, seriali, paralleli, nella master section, nel montaggio e nelle clip delle tracce del montaggio. È quindi opportuno analizzare le elaborazioni effettuate, partendo dalle tracce, passando al montaggio e infine alla master section.

- Aprite il menu Effetti, selezionate la sezione Clip e cliccate sulla forma d'onda della traccia DRUMS. Il colore della traccia selezionata cambierà e nel menu effetti verranno visualizzati i plugin utilizzati nella clip DRUMS vedi fig. 11.11.

fig. 11.11 Effetti della clip

- Nella traccia della batteria sono utilizzati due plugin. Il primo è il VintageCompressor. Il plugin processa solo il segnale **M** in modalità True parallel. Il livello del segnale processato è -29dBFS, vedi fig. 11.12.

fig. 11.12 Matrice M/S parallela su clip

- Il secondo plugin della clip DRUMS è Gain. È utilizzato in modalità insert per compensare il segnale **S** e la variazione di immagine stereo, vedi fig. 11.13.

fig. 11.13 Elaborazione seriale del segnale S

- Sulla clip <u>PERCUSSIONS</u> e sulla relativa traccia non sono state effettuate elaborazioni.

- Tenete aperta la finestra <u>Effetti</u>. Cliccate sulla forma d'onda della clip <u>BASS</u>. Il colore della clip cambia e nel menu <u>Effetti</u> sono visualizzati i plugin utilizzati nella clip. Il livello della clip è stato amplificato di 3dB come si nota nella curva di inviluppo del volume della clip vedi fig. 11.14.

fig. 11.14 Elaborazioni della clip BASS

- Il primo plugin è <u>Octaver</u>. È utilizzato per generare due copie del segnale. Una più bassa di un'ottava, l'altra più bassa di due ottave. Il plugin opera in modalità parallela Dry/Wet tramite il proprio parameto <u>Direct</u>. Il segnale non processato è l'87%, quello processato il 13% vedi fig. 11.15.

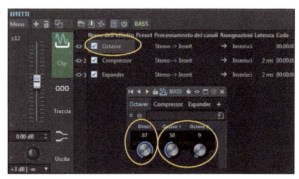

fig. 11.15 Octaver

- Il secondo plugin della clip <u>BASS</u> è <u>Compressor</u>. È utilizzato come compressore downward in modalità insert, per rendere il suono del basso sempre presente e con poche variazioni dinamiche, vedi fig. 11.16.

fig. 11.16 Compressore downward sulla clip del basso

- Il terzo plugin è <u>Expander</u>. È utilizzato per effettuare una leggera espansione downward e ridurre il rumore di fondo dei pickup e dello sfregamento delle mani sulle corde, vedi fig. 11.17.

Fig. 11.17 Expander downward sulla clip del basso

- Sulla traccia <u>GUITARS</u> non sono state effettuate elaborazioni tramite plugin. Il livello della clip è stato amplificato di 1dB come si nota nella curva di inviluppo del volume della clip. La variazione del gain può essere effettuata anche tramite fader. In questo caso si è preferito utilizzare l'inviluppo per avere tutti i controlli degli inviluppi visibili. Ciò consente di modificare il volume delle tracce velocemente avendo la rappresentazione grafica sempre visibile, vedi fig. 11.18.

fig. 11.18 Curva di inviluppo del volume.

- Sulla traccia <u>KEYS</u> non è stata effettuata nessuna elaborazione.
- Sulla traccia <u>SAX</u> è utilizzato MasterRig con il modulo Equalizer. Il plugin è utilizzato per attenuare le basse frequenze della batteria presenti nella registrazione live, vedi fig. 11.19.

fig. 11.19 MasterRig sulla clip SAX

- Il livello della clip FX DRUMS è stato aumentato di 1,7dB tramite la curva di inviluppo.

- Il livello della clip FX SAX è stato aumentato di 2,9dB tramite la curva di inviluppo.

- Il livello di uscita del montaggio audio è stato aumentato di 10,04dB, vedi fig. 11.20.

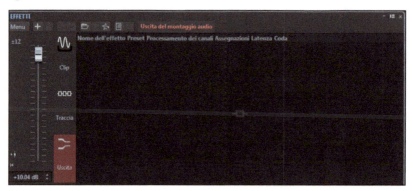

fig. 11.20 Modifica del livello di uscita del montaggio.

- Il processamento delle singole tracce ha lasciato circa 7dB di headroom. Tutti i processamenti sono stati effettuati in virgola mobile senza perdita di risoluzione e range dinamico. Alla fine è quindi possibile utlizzare i 7 dB di headroom e amplificare di circa 3dB il segnale per utilizzare in modo adeguato il limiter nella master section.

- Nella master section è presente MasterRig con i moduli Limiter e Dyn EQ.

- Il limiter è utilizzato in modalità brickwall con livello massimo di uscita impostato a -0,5dBFS, vedi fig. 11.21.

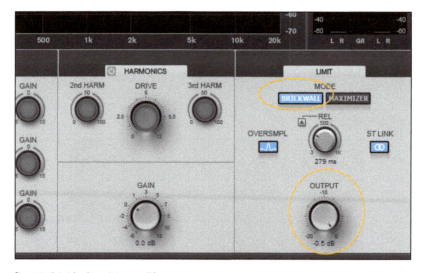

fig.11.21 Limiter MasterRig

- L'equalizzatore dinamico, come nell'attività relativa al mastering per vinile, è utilizzato come upward expander per minimizzare la presenza di inter-sample peak e simuare il comportamento di un limiter analogico, vedi fig. 11.22.

fig. 11.22 Dyn EQ upward expander

- Ascoltate il brano. Il suono è molto pulito e ogni gruppo di strumenti o effetti ha ricevuto un trattamento specifico. La complessità del progetto è molto elevata, ma adeguata al livello di preparazione acquisito finora.

- Modificate i processori, le curve di inviluppo, i plugin della master section, il routing dei plugin. Create un master che rispecchi il vostro stile e la vostra personalità. Quando avete raggiunto un risultato soddisfacente effettuate il rendering e salvate il file con un nome a piacere.

- Utilizzate la funzione Solo per ascoltare le tracce singlarmente. Utilizzate la funzione Bypass del menu Effetti per confrontare il segnale originale e quello processato, vedi fig. 11.23.

fig. 11.23 Funzioni Solo e Bypass

VERIFICA • TEST A RISPOSTE BREVI (max 30 parole)

1) Che tipo di compressione utilizzereste per lo stem della voce in uno stem mastering?

2) È opportuno utilizzare processamenti dinamici su stem di effetti e riverberi?

3) In un progetto stem inserireste l'upward expander finale: all'interno del montaggio o all'interno della master section?

4) È preferibile che lo stem della voce contenga anche gli effetti e i riverberi?

5) È possibile utilizzare processamenti seriali, paralleli e matrici contemporaneamente su uno stem?

6) È preferibile che gli stem vengano forniti a un livello di 0dBFS?

GLOSSARIO

Clip
Elemento di una traccia. È rappresentata da un file audio. Possiede una sezione effetti indipendente

Montaggio Audio
Insieme di tracce. Possiede una sezione effetti indipendente. Può gestire i dati e metadata di un progetto CD, Video, Multimediale. Può esportare un progetto in formato DDP

Stem
Mix parziale contenente gruppi di strumenti, di percussioni, voci, effetti da utilizzare nel mastering

Traccia
Elemento di un montaggio audio. Contiene una o più clip. Possiede una sezione di effetti indipendente

12
MASTERING SURROUND

CONTRATTO FORMATIVO

PREREQUISITI PER IL CAPITOLO
- CONTENUTI DEI CAPITOLI 1-11

OBIETTIVI
CONOSCENZE
- CONOSCERE LE CARATTERISTICHE DEL BUS DI USCITA MULTICANALE
- CONOSCERE LE MODALITÀ DI ANALISI DELL'IMMAGINE SURROUND
- CONOSCERE LE MODALITÀ DI PROCESSAMENTO DINAMICO MULTICANALE
- CONOSCERE LE TIPOLOGIE E IL FUNZIONAMENTO DEI PLUGIN MULTICANALE

ABILITÀ
- SAPER CONFIGURARE E GESTIRE IL ROUTING DEL BUS DI USCITA MULTICANALE
- SAPER UTILIZZARE IL MONTAGGIO AUDIO PER IL PROCESSAMENTO SURROUND
- SAPER UTILIZZARE GLI STRUMENTI DI ANALISI DELL'IMMAGINE SURROUND
- SAPER UTILIZZARE PROCESSAMENTI COMPLESSI UTILIZZANDO ROUTING DI USCITA MULTICANALE

CONTENUTI
- MASTER SECTION SURROUND
- METER SURROUND
- PLUGIN MULTICANALE
- RENDERING MULTICANALE

TEMPI - Cap. 12
AUTODIDATTI
PER 200 ORE GLOBALI DI STUDIO INDIVIDUALE: CA. 15 ORE
CORSI
PER UN CORSO GLOBALE DI 40 ORE IN CLASSE + 80 DI STUDIO INDIVIDUALE:
CA. 3 ORE FRONTALI + 2 ORE DI FEEDBACK - CA. 4 ORE DI STUDIO INDIVIDUALE

ATTIVITÀ
- ESEMPI INTERATTIVI

VERIFICHE
- TEST A RISPOSTE BREVI

SUSSIDI DIDATTICI
- GLOSSARIO

12.1 IL BUS MULTICANALE

Analogamente allo Stem Mastering, il mastering surround usa un certo numero di tracce inserite in un montaggio audio. Il numero delle tracce dipende dallo standard utilizzato. Per esempio per il surround 5.1 si utilizzano 6 tracce: Left, Center, Right, Left surround, Right surround, LFE. Rispetto allo stem mastering, cambia il numero di uscite della master section. Finora il numero dei canali in uscita era sempre 2, indipendentemente dalle tracce del montaggio audio. Nel mastering surround, la master section avrà un numero di canali uguali a quello dello standard scelto per la colonna sonora. Se per esempio lo standard è 5.1 la master section utilizzerà 6 canali in uscita, vedi fig. 12.1.

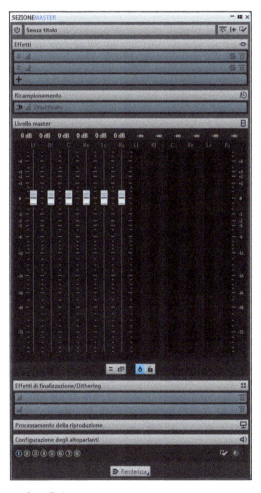

fig. 12.1 Master section 5.1

Anche il meter di Wavelab si configurerà in modo analogo, mostrando i 6 canali del mix. I pan meter appariranno nelle sezioni L-R frontali e L-R surround, vedi fig. 12.2.

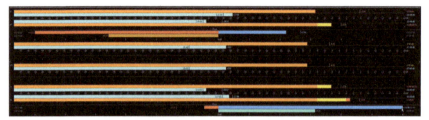

fig. 12.2 Meter multicanale 5.1

Il montaggio audio conterrà le tracce relative ai canali audio. In questo caso il numero di tracce è 6, vedi fig. 12.3.

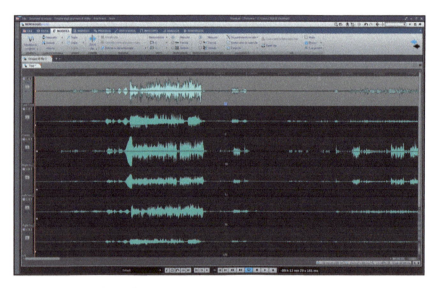

fig. 12.3 Montaggio audio 5.1

Ogni traccia sarà assegnata alla relativa uscita audio della control room. In fig. 12.4 la finestra delle assegnazioni dell'uscita della traccia. Nel caso specifico la traccia LFE è assegnata all'uscita LFE.

fig. 12.4 Assegnazione delle uscite delle tracce del montaggio audio

Normalmente nel mastering surround si inserisce in ogni traccia del montaggio un canale del mix già completo. In questo modo, come illustrato sopra, l'uscita della traccia sarà relativa al bus del mix. È anche possibile però, che le tracce del montaggio audio siano relative a sezioni del mix o a gruppi particolari di suoni, sia in formato mono, sia stereo, sia multicanale. In questo caso, è possibile selezionare per ogni traccia le uscite relative ai bus necessari, vedi fig. 12.5.

fig. 12.5 Assegnazione di uscite multiple delle tracce del montaggio audio

Quando una traccia è assegnata a più uscite contemporaneamente e alcune di queste sono bus surround, si può selezionare il **panner surround**, con il click destro del mouse nella finestra della traccia, vedi fig. 12.6.

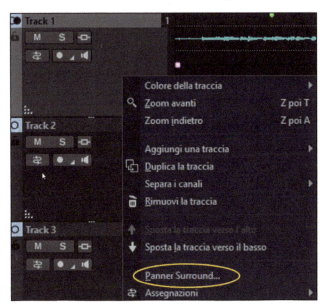

fig. 12.6 Controllo Panner surround nella traccia del montaggio

Per regolazioni rapide si può agire direttamente con il mouse nell'area del panner, spostando il pallino verde e, di conseguenza, la posizione della sorgente sonora. Per regolazioni più accurate si può cliccare con il tasto destro del mouse sul panner ed ottenere una visualizzazione più accurata, vedi fig. 12.7.

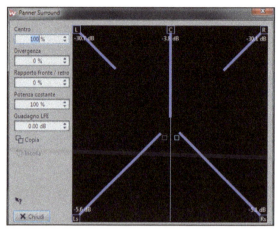

fig. 12.7 Panner surround accurato

È possibile effettuare automazioni del panning surround tramite la creazione di curve di inviluppo. In fig. 12.8 l'automazione dello spostamento Fronte-Retro.

fig. 12.8 Automazione Fronte-Retro

Si possono memorizzare diverse configurazioni della control room per utilizzare vari sistemi di altoparlanti in varie configurazioni. Per esempio: Stereo Near field, Stereo Main, Surround 5.1, Quadro, Stereo 2.1 etc, vedi fig. 12.9.

fig. 12.9 Menu di configurazione della control room

ATTIVITÀ

- Questa attività prevede l'uso di un sistema di diffusione a 6 canali in modalità 5.1. La vostra scheda audio dovrà possedere un numero di uscite adeguato a supportare il numero di altoparlanti richiesto. Considerate sempre questo fattore quando acquistate una scheda audio. Potreste aver bisogno di 6 uscite per un sistema surround, 2 per un sistema stereo e almeno altre 2 per l'ascolto in cuffia.

- Dal menu File selezionate le preferenze delle Connessioni Audio, vedi fig. 12.10.

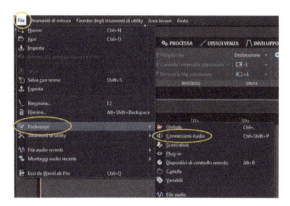

fig. 12.10 Configurazione connessioni

- Create una nuova configurazione di altoparlanti per la control room (configurazione di altoparlanti). Scegliete una nuova combinazione e assegnate le uscite. Potete nominare i bus di assegnazione. Ricordate di non assegnare l'uscita Surround n.5. In un sistema 5.1 le uscite surround sono stereo e in Wavelab vanno assegnate ai bus n.6 e n.7, vedi fig. 12.11.

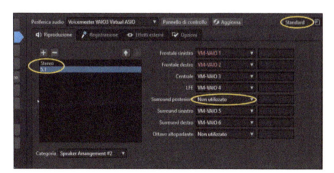

fig. 12.11 Configurazione control room

- Selezionate nella control room la configurazione creata, vedi fig. 12.12.

fig. 12.12 Selezione configurazione di altoparlanti

- Caricate l'esempio **12-01 SURROUND**.

. . . .

ESEMPIO 12-01 SURROUND – IMPOSTAZIONE MONTAGGIO

. . . .

- Create una nuova cartella dove salvare il montaggio con un nuovo nome.
- Spesso i progetti surround sono organizzati in modo da poter utilizzare le stesse impostazioni su gruppi di tracce collegate. È il caso di questo esempio, un progetto 5.1 distribuito su tracce stereo e mono. È ovviamente possibile utilizzare solo tracce mono e assegnarle alle rispettive uscite.
- Il montaggio contiene due tracce stereo e due tracce mono.
- **Lf-Rf**. Traccia stereo. Comprende i canali frontali sinistro e destro.
- **Ls-Rs**. Traccia stereo. Comprende i canali surround sinistro e destro.
- **C**. Traccia mono. Comprende il canale centrale.
- **LFE**. Traccia mono. Comprende il canale LFE, Low Frequency Effects.
- Cliccando sul simbolo del routing e selezionando <u>Distribuzione dei canali della traccia</u>, si apre la finestra delle assegnazioni. In fig. 12.13 le uscite della traccia Lf-Rf sono assegnate alle uscite relative.

fig. 12.13 Assegnazione uscite

- Cliccate con il tasto destro del mouse in un punto qualsiasi di una traccia e selezionate l'opzione <u>Inserisci un file audio surround</u>, vedi fig. 12.14.

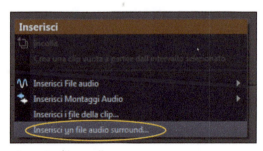

fig. 12.14 Inserimento file audio

- Caricate l'esempio **12-01 SURR**.

ESEMPIO 12-01 SURR – FILE MULTICANALE SURROUND

- Il file contiene 6 canali audio.

- Distribuite i canali in base alla configurazione delle tracce del montaggio, vedi fig. 12.15.

fig. 12.15 Ordinamento tracce

- Ora il montaggio contiene tutti i canali nel giusto ordine, vedi fig. 12.16.

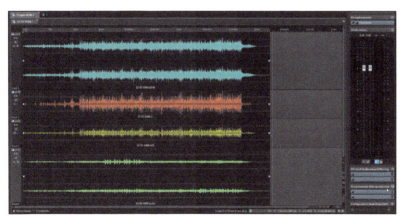

fig. 12.16 Montaggio surround

- Salvate il montaggio con un nome a vostra scelta.

12.2 CONSERVAZIONE DELLA SPAZIALIZZAZIONE GLOBALE

Durante il mastering surround uno dei problemi più difficili da risolvere è la conservazione dell'equilibrio spaziale del mix originale. I processamenti dinamici e timbrici sui vari canali di un bus surround, possono modificare la spazializzazione globale del mix, come pure il rapporto tra suono frontale e suono surround. Per evitare ciò è necessario analizzare in modo accurato la correlazione tra i vari canali del mix. In primo luogo bisogna analizzare il loudness globale del mix. Considerando le attuali normative dello standard EBU R128, il livello medio di un mix cinematografico deve essere di circa -27 LUFS durante il parlato e le scene con media intensità del loudness, con picchi che possono raggiungere un loudness massimo di -21 LUFS. Ogni elaborazione sui singoli canali del mix deve tenere sempre in considerazione questi parametri, che possono essere misurati con il loudness meter R128 di Wavelab, vedi fig. 12.17.

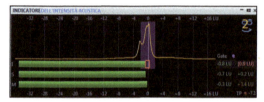

fig. 12.17 Loudness meter R128 di Wavelab

Il rispetto dei livelli corretti di LUFS è un elemento molto importante nel mastering surround. Durante l'ascolto di un CD o di un brano stereo l'utente ha sempre la possibilità di regolare il volume di riproduzione e, in caso di loudness troppo elevato, ha la possibilità di modificarlo. I mix surround, oltre ad essere utilizzati nei sistemi home theatre e nei DVD video, costituiscono anche il contenuto sonoro del cinema nelle sale cinematografiche. In questi ambienti l'utente non ha alcun controllo sul livello di riproduzione. Un loudness troppo elevato potrebbe causare disagio o addirittura danni all'udito degli spettatori nella sala e ciò è da evitare in modo assoluto.

12. 3 PHASE METER MULTICANALE

Per capire se l'intervento di mastering ha modificato il contenuto spaziale del mix surround, è possibile utilizzare vari strumenti di misura. Ne esistono di vari tipi, alcuni rappresentano il contenuto tramite un'unica immagine che comprende tutti i canali. Uno di questi è **Insight** di **Izotope**, vedi fig. 12.18.

fig. 12.18 Phase meter multicanale Insight

L'immagine mostra nella parte superiore i canali frontali e in quella inferiore i canali surround. Questo tipo di visualizzazione è di immediata comprensione anche se non rappresenta in modo accurato la correlazione tra **Lf-Rf** e **Ls-Rs.** Per avere un valore separato per questi tipi di correlazione, può essere utilizzato il Phase Meter multicanale di Wavelab, vedi fig. 12.19.

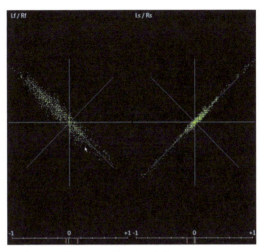

fig. 12.19 Phase meter multicanale di Wavelab

Con questo strumento è possibile analizzare la correlazione, lo spostamento di livello tra i canali, la variazione in fase tra le coppie di segnali **Lf-Rf**, visualizzate nel phase meter di sinistra, e **Ls-Rs**, visualizzate nel phase meter di destra. Wavelab offre un'intera gamma di meter multicanale e, avendone la possibilità, la soluzione ideale è quella di usare un monitor dedicato ai soli meter, per avere sempre sotto controllo i parametri importanti per l'analisi e la misurazione del suono, vedi fig. 12.20.

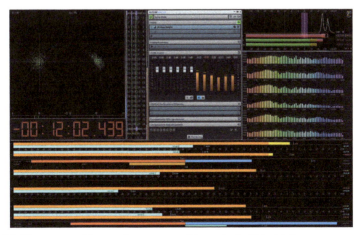

fig. 12.20 Finestra unificata di meter multicanale in Wavelab

12.4 TRATTAMENTO DINAMICO MULTICANALE

Il processamento dinamico di un mix surround deve essere effettuato tenendo in considerazione i seguenti fattori:

- Non usare processamenti troppo diversi tra i canali del mix. Comprimere troppo i canali **Lf-Rf** può far scomparire il canale **C**, dove si trovano i dialoghi. Comprimere troppo il canale **C** rende la musica meno presente. Comprimere troppo i canali surround porta a un innalzamento dei riverberi e dei suoni ambientali

- Evitate l'uso di processori spaziali e di riverberi. In un mix surround il riverbero è già distribuito in modo adeguato su tutti i canali. Aggiungerne dell'altro, magari solo sul bus stereo, stravolgerebbe completamente il suono ambientale.

- Controllate sempre il correlatore di fase per accertarvi che le ampiezze e le correlazioni tra i canali processati siano uguali a quelle del mix non processato.

12.5 PLUGIN MULTICANALE

Durante il mastering surround i plugin lavorano in modo totalmente diverso a seconda che si trovino nel montaggio audio o nella master section. I plugin nel montaggio audio processano in genere tracce mono o stereo, che sono poi inviate al bus relativo del mix surround. In questo caso si possono usare plugin stereo, gli stessi utilizzati nel mastering per CD. Nel caso in cui la traccia del montaggio sia multicanale o il plugin venga usato nella master section, bisogna essere certi che l'architettura interna del plugin preveda il processamento di tutti i canali necessari. Se per esempio si utilizza un plugin stereo in una master section surround, Wavelab genera un messaggio di errore comunicando che il numero di canali da processare (in questo caso 6) è diverso da quello accettato dal plugin (in questo caso 2), vedi fig. 12.21.

fig. 12.21 Messaggio di errore di numero di canali da processare

Ciò accade anche nel caso in cui un plugin con numero ridotto di canali, è inserito in una traccia multicanale del montaggio. Ci sono plugin, anche sviluppati da terze parti, che sono concepiti specificamente per il surround e sono in grado di processare più di due canali contemporaneamente. La maggior parte dei plugin Steinberg di Wavelab è di tipo VST3. Ciò significa che il plugin si configura automaticamente in base al numero di canali presenti nella master section. Il plugin può quindi funzionare sia con un canale che con 8. Se acquistate plugin forniti da terze parti assicuratevi che siano di tipo VST3 in modo da non avere problemi nel processamento multicanale. Per sapere se un plugin è di tipo VST3 basta osservare il prefisso del nome all'interno della master section. Se il nome è preceduto da tre piccole linee bianche oblique il plugin è di tipo VST3, vedi fig. 12.22.

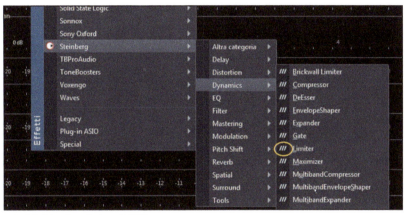

fig. 12.22 Plugin di tipo VST3

ATTIVITÀ

- Caricate il montaggio **12-02 SURR MASTER**.

MONTAGGIO 12-02 SURR MASTER – PLUGIN MULTICANALE

- Inserite nel montaggio il file multicanale **12-01 SURR**, vedi fig. 1.13.

- Ordinate i canali da importare in base al nome delle tracce, vedi fig. 12.14.

- Lo scopo di questo mastering è ottenere un prodotto adatto alla pubblicazione su iTunes, con un target level di -16 LUFS.

- In questo montaggio i plugin sono inseriti direttamente nelle tracce e non, come nel caso precedente, nella clip all'interno della traccia. Nella finestra a sinistra della traccia appare l'indicazione relativa alla presenza e al numero dei plugin utilizzati, vedi fig. 12.23.

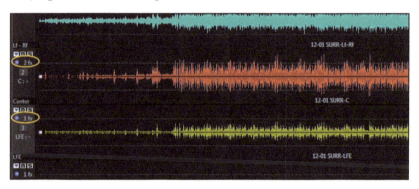

fig. 12.23 Plugin inseriti nelle tracce

- Ascoltate il brano, e cercate di percepire le differenze rispetto alla versione non processata del montaggio **12-01 SURR**.

- Aprite l'<u>Inspector</u> e osservate i processamenti effettuati sulle varie tracce.

- La traccia dei canali frontali **Lf–Rf**, è processata con MasterRig in configurazione EQ a fase lineare, vedi fig. 12.24.

fig. 12.24 MasterRig su Lf - Rf

- La banda 1 è utilizzata come filtro passa alto per la rimozione di DC offset. La banda 4 attenua leggermente le frequenze medie intorno ai 700Hz, per creare un suono meno stridente sui canali estremi **L** e **R**. La banda 8 utilizza un filtro Hi shelf per enfatizzare leggermente le alte frequenze. Per ottenere una corretta immagine sonora il livello della traccia è stato amplificato di 1,19dB.

- La traccia del canale centrale contiene 2 plugin. Il primo è MasterRig in configurazione EQ a fase lineare, vedi fig. 12.25.

fig. 12.25 HPF sul canale centrale

- Lo scopo del filtro, oltre ad eliminare eventuale DC offset, è di attenuare leggermente le frequenze basse. Il suono del basso è infatti presente sia sul canale LFE, che sul centrale. Una leggera attenuazione delle frequenze intorno ai 75Hz rende quindi il suono dello strumento meno confuso e meglio identificabile all'interno del mix.

- Il secondo plugin nella traccia Center è Compressor, vedi fig. 12.26.

fig. 12.26 Compressione parallela Dry/Wet su **C**

- Tutti gli strumenti solistici che suonano la melodia sono posizionati sul canale centrale. Per rendere questi suoni sempre percepibili è stata utilizzata una compressione parallela in modalità Dry/Wet. Il livello della traccia è stato poi attenuato di 3,6dB.

- Il canale **LFE** è processato con MasterRig in configurazione EQ. Normalmente i sistemi di ascolto 5.1 prevedono un filtro passa basso per il canale LFE. In questo caso però si è scelto di utilizzarne uno specifico.

- La frequenza di taglio del LPF utilizzato nella banda 8 è simile a quella utilizzata nel HPF del canale centrale. In questo modo non si creeranno sovrapposizioni timbriche tra i canali, vedi fig. 12.27.

fig. 12.27 LPF su LFE

- Nella traccia stereo surround **Ls-Rs** è utilizzato MasterRig in configurazione EQ. Il plugin utilizza un HPF del secondo ordine per attenuare leggermente il range delle frequenze basse, vedi fig. 12.28.

fig. 12.28 HPF del secondo ordine sui canali surround

- Anche in questo caso si è deciso di evitare interferenze con il canale **LFE** nel range delle basse frequenze. Il compito del filtraggio tra i canali poteva essere svolto dai filtri crossover dei sistemi di diffusione surround. Questi filtri utilizzano però pendenze molto elevate. La pendenza poco elevata del filtro HPF consente invece di creare un passaggio graduale tra le frequenze basse del canale **LFE** e quelle del resto degli altoparlanti.

- Il montaggio contiene anche il preset per la master section. Come avete notato la master section contiene 6 canali. Molti processamenti sono stati effettuati nel montaggio, sulle singole tracce. Altri possono essere effettuati nella master section, utilizzando plugin VST3 multicanale.

- Selezionate l'opzione per il caricamento del preset della master section, cliccando sul simbolo della stella in basso a destra, vedi fig. 12.29.

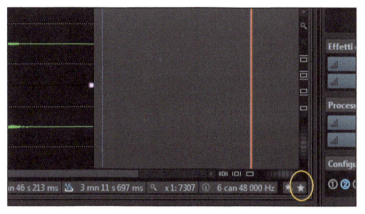

fig. 12.29 Caricamento del preset salvato nel montaggio

- Caricate il preset 12-02 SURR MASTER, vedi fig. 12.30.

fig. 12.30 Opzione di caricamento preset

- Sono utilizzati due slot della master section, da due plugin Steinberg di tipo VST3, vedi fig. 12.31.

fig. 12.31 Plugin multicanale VST3

- Il plugin nello slot1 è Compressor. Notate il meter del plugin. Sono presenti 6 barre luminose, una per ogni canale, vedi fig. 12.32.

fig. 12.32 Meter multicanale del plugin

- La compressione è di tipo parallelo Dry/Wet con una piccola percentuale di segnale parallelo.

- Il secondo plugin VST3 è Brickwall Limiter. Con una soglia impostata a -0,3dB, il processore controlla il livello dei picchi del segnale, contribuendo anche all'innalzamento del loudness. L'utilizzo della funzione DIC (sovracampionamento), limita la presenza di inter-sample peaks, vedi fig. 12.33.

fig. 12.33 Brikwall Limiter multicanale

- Ascoltate il brano e osservate l'indicatore di intensità acustica. Il target level è corretto e indica circa -16LUFS, vedi fig. 12.34.

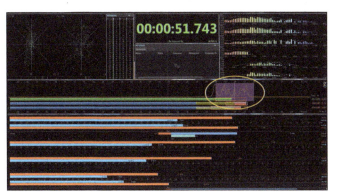

fig. 12.34 Meter multicanale

- Osservate sempre i meter durante il processo di lavorazione, specialmente quando il prodotto finale deve rispettare specifici standard tecnici e qualitativi.

- Renderizzate il montaggio. Potete scegliere di ottenere un file unico multicanale oppure ottenere 6 file diversi, oppure renderizzare i canali frontali e posteriori in stereo e i canali C e LFE in mono.

- Provate a variare i livelli delle tracce del montaggio, ad utilizzare processi paralleli e M/S sulle tracce stereo del montaggio, ad aggiungere distorsione e saturazione. Ora disponete di tutti i mezzi e le nozioni per effettuare il mastering a un livello qualitativo elevato.

. . . .

- Nel caso del mastering surround di un video, film, o programma che contiene un video, è possibile inserire una traccia video di riferimento, vedi fig. 12.35. Fate riferimento al manuale di Wavelab per i dettagli.

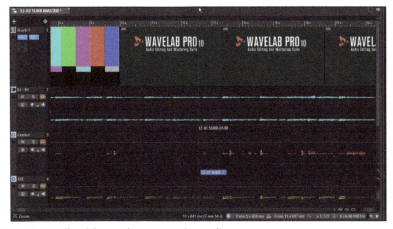

Fig. 12.35 File video nel montaggio audio

VERIFICA • TEST A RISPOSTE BREVI (max 30 parole)

1) Volete utilizzare un plugin di tipo VST2 per un mastering surround. Il plugin processa solo 2 canali. Esiste un modo per utilizzarlo?

2) Su quale canale è possibile usare la saturazione senza che questa sia molto percepibile. **LFE** oppure **Lf - Rf**?

3) Se durante il mastering aumentate il guadagno dei canali **Lf - Rf**, quali canali dovete amplificare per ottenere la stessa immagine sonora precedente al mastering ?

4) È possibile utilizzare processamenti **M/S** in un mastering surround?

5) È possibile utilizzare la saturazione parallela in un mastering surround?

GLOSSARIO

5.1
Configurazione di altoparlanti e bus di un mix surround. Prevede l'uso di 6 canali audio e relativi altoparlanti

Bus multicanale
Bus formato da un numero di canali superiore a 2

C
Canale centrale frontale di un mix surround

LFE
Low Frequency Effects. Canale dedicato alle basse frequenze in un mix surround. Può riprodurre il range da 0 a 120 Hz. Rappresenta il **.1** nelle varie configurazioni surround

Lf
Left front. Canale, bus e altoparlante frontale sinistro di un mix surround

Ls
Left surround. Canale, bus e altoparlante posteriore sinistro di un mix surround

Phase meter multicanale
Meter in grado di rappresentare l'immagine sonora di un mix surround o multitraccia

Plugin multicanale
Software in grado di processare un numero di canali superiore a 2

Rf
Right front. Canale, bus e altoparlante frontale destro di un mix surround

Rs
Right surround. Canale, bus e altoparlante posterire destro di un mix surround

13

DITHER

CONTRATTO FORMATIVO

PREREQUISITI PER IL CAPITOLO
- CONTENUTI DEI CAPITOLI 1-12

OBIETTIVI
CONOSCENZE
- CONOSCERE LA PROCEDURA DI TRONCAMENTO DELLA RISOLUZIONE IN BIT
- CONOSCERE LE CARATTERISTICHE DELLA DISTORSIONE GENERATA DAL TRONCAMENTO
- CONOSCERE LE CARATTERISTICHE DELLA COMPONENTE ARMONICA GENERATA DAL TRONCAMENTO
- CONOSCERE LE TIPOLOGIE DI RUMORE UTILIZZATO NEL DITHER
- CONOSCERE LE PROCEDURE DI FILTRAGGIO DEL RUMORE

ABILITÀ
- SAPER SCEGLIERE IL TIPO DI RUMORE DA UTILIZZARE
- SAPER UTILIZZARE IL PLUGIN DITHER
- SAPER VISUALIZZARE IL DITHER TRAMITE ANALISI REAL-TIME E OFF-LINE
- SAPER UTLIZZARE DITHER DI VARIE COMPLESSITÀ E FORME SPETTRALI

CONTENUTI
- BIT METER
- DITHER NELLA MASTER SECTION
- TIPOLOGIE DI DITHER
- TIPOLOGIE DI NOISE SHAPING

TEMPI - Cap. 13
AUTODIDATTI
PER 200 ORE GLOBALI DI STUDIO INDIVIDUALE: CA. 9 ORE
CORSI
PER UN CORSO GLOBALE DI 40 ORE IN CLASSE + 80 DI STUDIO INDIVIDUALE:
CA. 1 ORA FRONTALE + 1 ORA DI FEEDBACK - CA. 2 ORE DI STUDIO INDIVIDUALE

ATTIVITÀ
- ESEMPI INTERATTIVI

VERIFICHE
- TEST A RISPOSTE BREVI

SUSSIDI DIDATTICI
- GLOSSARIO

13.1 TRONCAMENTO DEL BIT DEPTH

Durante i processi di mastering ITB si utilizza una risoluzione in bit elevatissima, la più alta possibile. L'uso del calcolo floating point, aumenta in modo notevole la precisione dei calcoli sia nella modalità 32 bit float che in quella 64 bit float. È anche vero però che alla fine del processo di produzione si dovrà ridurre il numero dei bit al livello del supporto da utilizzare. Per il CD audio per esempio, il numero di bit utilizzabile è 16. È necessario quindi *troncare* la risoluzione del file eliminando tutti i bit successivi al sedicesimo. Nel dominio digitale i bit descrivono l'ampiezza del segnale. La risoluzione dinamica teorica di un segnale a 16 bit è di 96,32dB, appunto 6,02dB per ogni bit. Considerando che il livello massimo di un segnale digitale è di 0dBFS, il livello più basso del segnale, rappresentabile con un convertitore a 16 bit è di -96,32dBFS. In fig. 13.1 è illustrato il modo in cui i bit rappresentano l'ampiezza del segnale. I **MSB**, **Most Significant Bit**, i **bit più significativi**, rappresentano i valori di ampiezza massima. I **LSB**, **Less Significant Bit**, i **bit meno significativi**, rappresentano i valori di ampiezza minima.

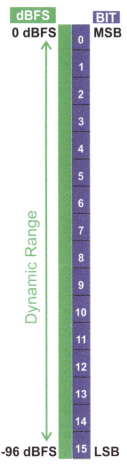

fig. 13.1 Rapporto tra bit e range dinamico

Per esempio, per trasferire un file con risoluzione di 24 bit su un CD Audio, bisogna troncare i primi 8 bit meno significativi, per lasciare il livello massimo intatto a 0dBFS, vedi fig. 13.2.

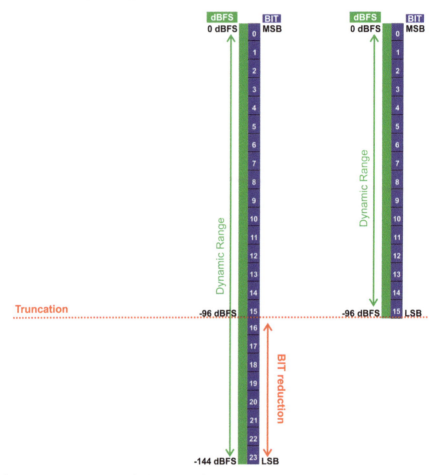

fig. 13.2 Troncamento da 24 a 16 Bit

La risoluzione dinamica di un segnale a 24 Bit è di circa 144,48dB. In questo caso sarà eliminato ogni segnale più basso di -96,32dB, e tutte le informazioni fino a -144,48dB saranno perse. In genere non ci sono molte informazioni sonore nel range dinamico da -96 a -144dBFS ma il fatto di doverle eliminare pone alcuni problemi. Questa è la fase in cui, come detto all'inizio, si è costretti, a commettere un errore. Se durante il processo di produzione sono stati impostati tutti i parametri di acquisizione e processamento in modo adeguato, questo errore sarà comunque minimo. Approssimare un valore numerico calcolato con estrema precisione è sempre meglio che approssimare un valore calcolato in modo impreciso. Ancora una volta si ribadisce l'importanza dell'utilizzo del calcolo floating point durante le fasi di produzione ITB.

In fig. 13.3 è rappresentata in modo grafico questa situazione.

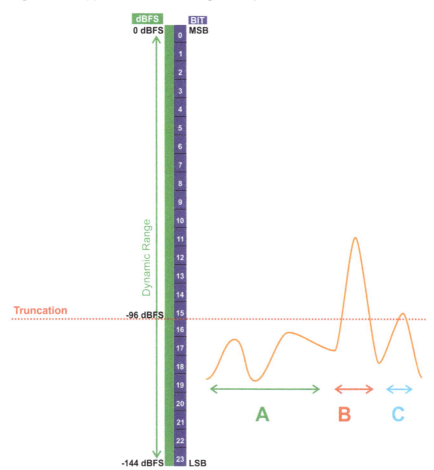

fig. 13.3 Troncamento del segnale

-   La parte A del segnale verrà totalmente eliminata, poiché inferiore al livello di troncamento,

-   La parte B del segnale rimarrà praticamente intatta, poiché gran parte dell'onda è oltre il livello di troncamento.

-   La parte C del segnale rappresenta il problema maggiore. Gran parte dell'onda si trova al di sotto della soglia e solo un picco del segnale supera il troncamento.

Questo picco può essere considerato un impulso. La conseguenza matematica sul segnale è la generazione di errori di quantizzazione. A livello spettrale invece, un impulso genera molte armoniche e causa distorsione. Questa distorsione verrebbe percepita in presenza di segnali molto bassi e sarebbe evidente, per esempio, durante la parte finale di un fade out o sulla coda di un suono riverberato.

In fig. 13.4 vediamo un segnale sinusoidale nel dominio della frequenza, prima del troncamento.

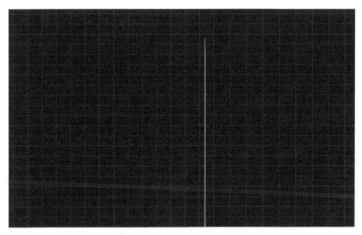

fig. 13.4 Sinusoide a -70dBFS

In fig. 13.5 vediamo lo stesso segnale, originariamente registrato a 24 bit, dopo il troncamento a 16 bit.

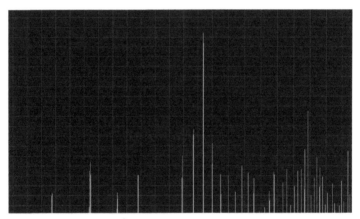

fig. 13.5 Sinusoide a -70dBFS dopo il troncamento a 16 bit

È chiaramente visibile il contenuto armonico generato dal troncamento, contenuto che genera distorsione sulla forma dell'onda risultante. Per eliminare questo difetto, l'unica soluzione è quella di rendere *casuale* il contenuto spettrale per i segnali con livello prossimo alla soglia di troncamento.

13.2 AGGIUNTA DEL RUMORE

Un metodo molto efficace per aggiungere segnale casuale è quello di utilizzare il rumore. Il processo di **Dithering** consiste appunto nell'aggiungere rumore al segnale troncato. Il rumore viene aggiunto a un livello prossimo a quello della soglia di troncamento. Per esempio nel caso del dither a 16 bit il rumore viene aggiunto a un livello che va da circa -93 a -78dBFS. L'effetto dell'aggiunta del rumore è subito evidente. In fig. 13.6 è rappresentato il segnale dopo l'aggiunta del rumore e la scomparsa delle armoniche risultanti dall'errore di quantizzazione.

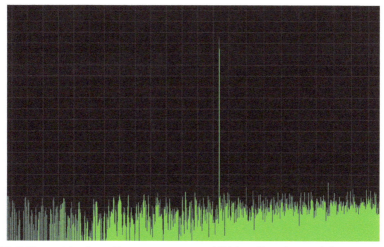

fig. 13.6 Sinusoide dopo il troncamento a 16 bit e l'aggiunta del rumore

Il rumore più semplice che si può utilizzare è di tipo **Bianco**, **White noise**. Questo tipo di rumore contiene tutte le frequenze allo stesso livello. Ci sono vari tipi di rumore a vari livelli di ampiezza e complessità. Se si aggiunge rumore a livello molto basso, quest'ultimo sarà meno percepibile ma gli errori di quantizzazione saranno maggiori. Al contrario aggiungendo rumore a un livello più alto tutti gli errori e le distorsioni verranno eliminati, ma esiste il rischio che il rumore diventi percepibile. A questo punto la domanda è: "*Ma è proprio necessario utilizzare il dither nella riduzione del numero dei bit?*". La risposta sta nella scelta di avere distorsione o rumore. Si tratta ovviamente di un compromesso ma da un punto di vista pratico il rumore, oltretutto a basso livello, è più tollerabile della distorsione. Da un punto di vista teorico, anche il fruscio del nastro magnetico o di apparecchiature analogiche, sebbene non sia di natura matematica, può svolgere la funzione di dither. Se nel segnale troncato è presente del rumore a livelli superiori alla soglia di troncamento si può anche evitare l'uso di dither digitale. Ciò ovviamente dal punto di vista puramente teorico. Insomma, la scelta sull'utilizzo o meno del dither non è sempre semplice e va valutata con attenzione di volta in volta. Ci sono opinioni molto contrastanti sull'argomento. C'è chi sostiene che il dither vada sempre utilizzato, anche se non si riduce il numero di bit. Come pure esiste la convinzione che il segnale non vada mai contaminato con il rumore.

Insomma la questione è molto complessa, ma possiamo senz'altro affermare che l'aggiunta di rumore elimina le distorsioni e gli errori di quantizzazione dovuti al troncamento dei bit.
Nella Master section di Wavelab è presente una sezione dedicata al dithering, vedi fig. 13.7.

fig. 13.7 Sezione dither della master section

Sono presenti vari plugin di dither. Quello mostrato nella figura è **UV22 di Apogee**. La struttura di questo plugin è molto semplice. Nella parte superiore si selezionano le impostazioni del troncamento al numero di bit desiderato. Nella parte inferiore si impostano le caratteristiche del rumore. Selezionando **Hi** si aggiunge rumore a livello alto. **Low** imposta un rumore a livello basso. La funzione **Autoblack**, disattiva il dither in presenza di almeno 100 ms di silenzio. In questo modo si evita di aggiungere rumore in assenza totale di segnale. Nella sezione dithering della master section possono essere inseriti altri plugin di dither e utilizzare la tipologia di rumore più appropriata.

13.3 FILTRAGGIO DEL RUMORE (NOISE SHAPING)

Sebbene il rumore sia un mezzo molto efficace per eliminare gli errori di quantizzazione e le distorsioni armoniche, da un punto di vista teorico dovrebbe essere impercettibile. Ovviamente ciò non è possibile ma si può per esempio, filtrare il rumore e aggiungerne una quantità minore nello spettro di frequenze in cui l'udito è più sensibile. Allo stesso modo, si aggiungerà una quantità di rumore maggiore nel range di frequenze dove l'udito è meno sensibile. Questa tecnica viene definita **Noise Shaping** e consiste appunto nel filtrare in vari modi il rumore, prima di aggiungerlo al segnale troncato. La tipologia di rumore aggiunta nel dither digitale è essenzialmente di natura matematica. Esiste cioè una possibilità casuale che a un determinato campione sia aggiunto o sottratto un valore o che il campione rimanga invariato. Esistono vari algoritmi e funzioni di generazione del rumore. Senza addentrarci troppo nella matematica pura, possiamo dire che la densità di probabilità di aggiunta di valori di tipo **Triangolare**, genera un rumore più complesso di quella **Rettangolare**. In questo caso il parametro triangolare o rettangolare non ha niente a che fare con le forme dell'onda ma descrive una funzione matematica di probabilità. Esistono inoltre funzioni di tipo **Psicoacustico**, che tendono a rendere il rumore meno percepibile. In ogni caso il compromesso è sempre quello tra quantità di rumore percepito e eliminazione degli errori di quantizzazione.

Oltre a Apogee UV22, in Wavelab è possibile utilizzare il plugin dither **Izotope Mbit+**, vedi fig. 13.8.

fig. 13.8 Dither Izotope MBIT+

Con MBIT+ si possono selezionare varie tipologie di rumore e di noise shaping:

- **MBIT+** è una tipologia di rumore proprietaria di Izotope che riduce al minimo la quantità di rumore percepibile.

- **Type 1** è una distribuzione del rumore a basso livello, di tipo rettangolare che non sempre riesce a eliminare totalmente gli errori.

- **Type 2** aggiunge rumore con una distribuzione maggiore, di tipo triangolare

- L'opzione Quantità stabilisce il livello di rumore applicato

- Nella finestra Noise shaping si seleziona il tipo di filtraggio applicato al rumore. Le configurazioni vanno da un semplice passa alto a spostamenti del rumore nei pressi della frequenza di Nyquist o all'attenuazione nelle bande di frequenza alle quali l'orecchio umano è più sensibile.

Anche in MBIT+ è presente la funzione autoblack (silenzio automatico), oltre alla funzione di soppressione dei picchi del rumore e quella di soppressione delle armoniche di troncamento, nel caso si preferisca non usare il dither. Quest'ultima funzione non sostituisce comunque la funzione del rumore, ma è solo un modo per effettuare il troncamento in maniera più accurata senza però garantire l'eliminazione totale della distorsione e delle armoniche. La tipologia e la quantità di rumore aggiunte al segnale vanno verificate di volta in volta in base al genere musicale, al contenuto armonico, al range dinamico del brano processato. Non esiste una regola precisa ma si può affermare che, con un po' di esperienza, di pratica e di sensibilità nell'ascolto si possono operare le scelte giuste.

Nella master section di Wavelab esiste anche la possibilità di ascoltare il dither a 16 bit durante la riproduzione, per verificare la qualità e il timbro del rumore. Questa funzione amplifica il suono del dither per renderlo ascoltabile. È quindi importante disattivarla subito dopo aver effettuato le verifiche necessarie, vedi fig. 13.9.

fig. 13.9 Funzione di ascolto del dither

13.4 LIVELLO DEL RUMORE

Ogni volta che si somma un segnale a un altro segnale, il livello di picco del segnale totale sarà superiore a quello precedente alla somma. Se si aggiunge rumore a un livello di -93dB si verificherà un innalzamento del livello di picco totale del segnale. In base al modo in cui il rumore interagisce con il segnale troncato, il livello del segnale può, in alcuni casi aumentare di 0,1dBFS o più. Ciò significa che, se il livello di uscita è esattamente 0dBFS, dopo l'aggiunta del dither il segnale raggiungerà livelli positivi in dBFS, generando distorsione. I meter real- time della master section di Wavelab misurano il segnale prima della sezione dither, vedi fig. 13.10.

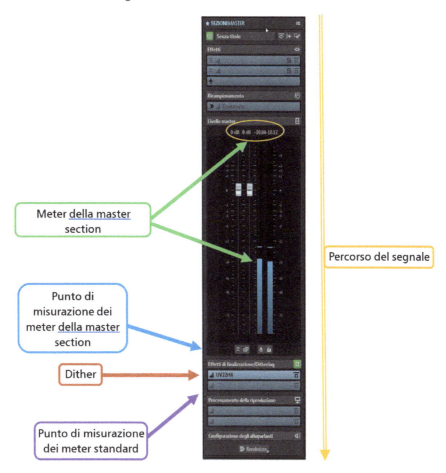

fig. 13.10 Percorso del segnale e relativi punti di misurazione

In questo caso non sarà possibile sapere se il dither sta causando un clipping sul segnale in uscita.

Per risolvere il problema si può operare in vari modi:

- usare le finestre meter standard (Indicatore del livello, Indicatore dell'intensità acustica, etc.) per la misurazione del livello e non i meter della master section. Le finestre dei meter standard misurano il segnale dopo la sezione dither e rappresentano quindi il livello totale del segnale e del dither ad esso sommato.

- analizzare sempre il brano con l'analisi off-line e controllare i picchi del segnale sia in formato digitale che true.

- non superare mai il livello di -0,2dBFS in uscita dalla master section.

È importante considerare l'eventualità di rendere o meno percepibile il dither. Anche in questo caso le scuole di pensiero sono molte e differenti. È preferibile quindi analizzare gli aspetti pratici della questione.

A volte si preferisce lasciare in testa al brano un po' di rumore di ambiente dello studio o dello strumento non suonato. Lo scopo è quello di creare l'impressione di trovarsi nell'ambiente dell'esecuzione prima che questa abbia inizio. In questo caso, per forza di cose, il dither sarà presente insieme al segnale ambientale, vedi fig. 13.11.

fig. 13.11 Inizio del brano con suono ambientale

Altre volte invece, si preferisce che l'inizio del suono avvenga immediatamente dopo il silenzio, per creare un effetto di sorpresa e impatto sonoro. In questo caso, si può effettuare un piccolissimo fade-in prima dell'inizio del suono eliminando ogni forma di rumore e dither precedenti l'inizio dell'esecuzione, vedi fig. 13.12.

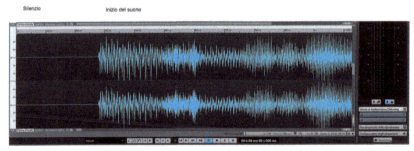

fig. 13.12 Inizio del brano senza suono ambientale e dither

Nel brano in figura è stato effettuato un fade-in di 20 ms prima dell'inizio del suono lasciando la sezione precedente in assenza totale di segnale.

Lo stesso vale per la fine del brano. Se si vuole lasciare il suono ambientale dopo la fine non si effettuerà nessun fade-out. Se si vuole invece sfumare il rumore insieme alla coda del suono, si effettuerà un fade-out subito dopo la fine del suono e si inserirà una porzione di silenzio alla fine. Durante queste operazioni è molto importante utilizzare in modo appropriato i comandi di zoom per identificare in modo preciso i punti effettivi di inizio e fine del suono.

ATTIVITÀ

- Caricate l'esempio **07G**.

ESEMPIO 07G – APPLICAZIONE E MISURAZIONE DITHER

- Caricate nella master section il preset 13-01 Dither.

- Il preset contiene nella sezione Effetti i plugin per il trattamento dinamico, spettrale e spaziale. Nella sezione Effetti di finalizzazione/Dithering è presente il plugin MBit+, vedi fig. 13.13.

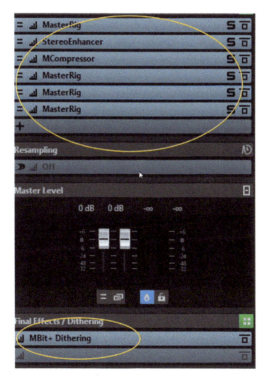

fig. 13.13 Sezioni della master section

- Prima di procedere all'attività relativa al dithering, è utile analizzare i plugin della sezione Effetti per riepilogare i concetti di processamento audio studiati finora.

- Nello slot 1 è presente l'equalizzatore MasterRig. Il plugin è utilizzato per la riduzione di DC offset tramite un HPF nella banda 1, come spiegato nel paragrafo 5.3. Nella banda 8 è usato un LPF come filtro anti-alias, come spiegato nel paragrafo 4.4. Entrambi i filtri operano in modalità fase lineare vedi fig. 13.14.

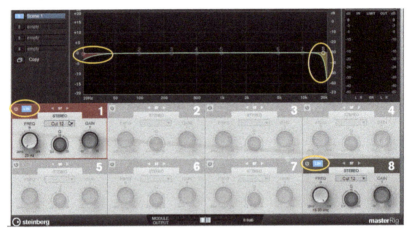

fig. 13.14 MasterRig per la riduzionde di DC offset e alias

- Nello slot 2 è utilizzato StereoEnhancer per l'ottimizzazione dell'immagine stereo, come spiegato nel paragrafo 6.2, vedi fig. 13.15.

fig. 13.15 StereoEnhancer

- Nello slot 3 è utilizzato MCompressor come compressore upward. Notate l'attenuazione del livello di ingresso per consentire il processamento upward senza causare distorsione, come spiegato nel paragrafo 7.9. L'azione del controllo del guadagno è stata limitata dalla curva. I parametri temporali sono impostati su valori lenti.

- L'analisi è effettuata sui picchi del segnale, vedi fig. 13.16.

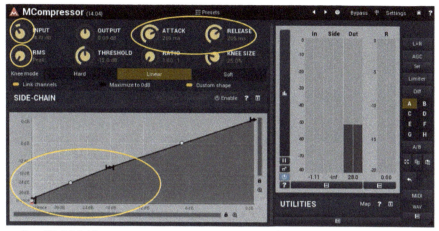

fig. 13.16 MCompressor, compressore upward

- Nello slot 4 è utilizzato MasterRig per la saturazione di tipo valvolare, come spiegato nel paragrafo 8.3. Il processore opera in modalità full-band, parallela Dry/Wet. Il livello di uscita del plugin è stato aumentato di 1,8dB per "pilotare" lo stadio di ingresso del modulo presente nello slot successivo: il limiter brickwall, vedi fig. 13.17.

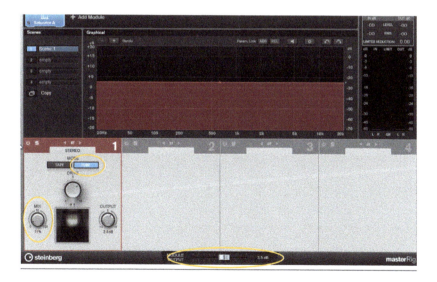

fig. 13.17 MasterRig, saturatore parallelo

- Nello slot 5 è utilizzato MasterRig come limiter brickwall. È attiva l'opzione OVERSMPL che prevede il sovracampionamento del segnale per minimizzare la creazione di inter-sample peak. Il livello di uscita è impostato a -0,3dBFS, vedi fig. 13.18.

fig. 13.18 Limiter brickwall

- Nello slot 6 è presente MasterRig con il modulo Dyn EQ. L'equalizzatore dinamico è utilizzato come expander upward full-band per l'eliminazione dell'effetto brickwall e la riduzione di inter-sample peaks, come spiegato nei paragrafi 7.10, 10.2 e 11.3, vedi fig. 13.19.

fig. 13.19 Expander upward

- A questo punto si può procedere con l'attività relativa al dither. Come spiegato in precedenza i meter della master section misurano il segnale prima della sezione <u>Effetti di renderizzazione/Dither</u> e non possono essere utilizzati per misurare il livello del dither. Da questo momento in poi saranno utilizzati solo i meter standard.

- Selezionate in loop la parte finale del brano e visualizzate le impostazioni MBit+, vedi fig. 13.20.

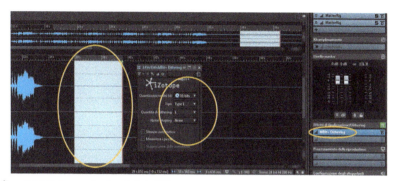

fig. 13.20 Impostazioni del dither

- Riducete il livello del sistema di ascolto.

- Attivate l'opzione di ascolto del dither nella master section, vedi fig. 13.21.

fig. 13.21 Ascolto del dither

- Ascoltate in loop la sezione di silenzio selezionata e impostate le opzioni:

<u>Tipo</u> **Type 1**

<u>Quantità di dithering</u> **2**

<u>Noise Shaping</u> **Simple**, vedi fig. 13.22.

fig. 13.22 Impostazioni dither

- Ora potete ascoltare il rumore aggiunto al segnale. Normalmente non sarebbe udibile a causa del bassissimo livello del segnale. Ciò è possibile solo tramite la funzione appena attivata nella master section. Ricordate sempre di disattivare la funzione per l'uso regolare del programma.

- Ascoltate il rumore e osservate il phase meter. L'indicatore mostra una struttura del rumore molto semplice e regolare, vedi fig. 13.23.

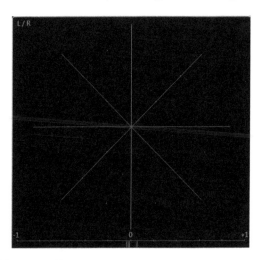

fig. 13.23 Dither semplice

- Selezionate **Type 2** nella finestra di impostazione Tipo. Ora il rumore appare più complesso. Ascoltate la differenza timbrica, vedi fig. 13.24.

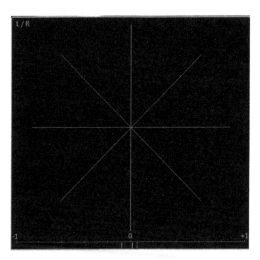

fig. 13.24 Dither Type 2

- Selezionate **Clear** nella finestra di impostazione <u>Noise Shaping</u>. Il rumore è ancora più complesso e meno regolare. Questo tipo di rumore è in grado di eliminare gran parte della distorsione di troncamento, vedi fig. 13.25.

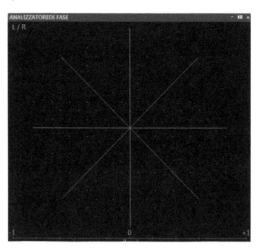

fig. 13.25 Dither con Noise Shaping

- Selezionate

  Mbit+ nella finestra di impostazioni <u>Tipo</u>

  High nella finestra di impostazioni <u>Quantità di dithering</u>

  Ultra nella finestra di impostazioni <u>Noise Shaping</u>.

- Questo è un rumore molto complesso e casuale. È in grado di eliminare ogni tipo di distorsione di troncamento, anche se il suo livello è leggermente più alto degli altri, vedi fig. 13.26.

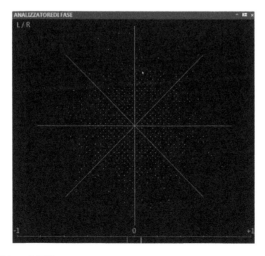

fig. 13.26 Dither MBit+

- Valutate di volta il tipo, la quantità e il noise shaping da utilizzare in base alle caratteristiche del brano.

- In questo caso è possibile utilizzare la tipologia MBit+ in quanto non ci sono passaggi a livello molto basso. Il dither non verrà percepito in ogni caso.

- Disattivate la funzione di ascolto del dither nella master section.

- De-selezionate l'area in loop premendo il tasto (Esc) sulla tastiera.

- Effettuate il render del file e salvatelo con un nome a vostra scelta, in formato CD Audio, 44.1kHZ 16 bit.

- Aprite il file renderizzato e ingrandite verticalmente e orizzontalmente la parte finale. Notate la presenza del rumore dopo la fine del segnale, vedi fig. 13.27.

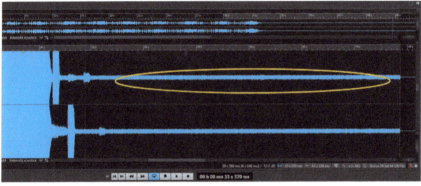

fig. 13.27 Rumore visibile

- A questo punto, come spiegato in precedenza, potete decidere di lasciare il rumore in testa e in coda al file, oppure di eliminarlo. In quest'ultimo caso sarà necessario:

- Eliminare il rumore in eccesso, dopo la fine del suono, vedi fig. 13.28.

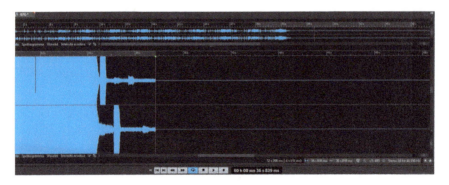

fig. 13.28 Rumore eliminato

- Effettuare un breve fade out sulla coda del suono. Questo fade out non sarà
udibile poichè processato a un livello bassisimo del segnale e per un tempo
brevissimo, vedi fig. 13.29.

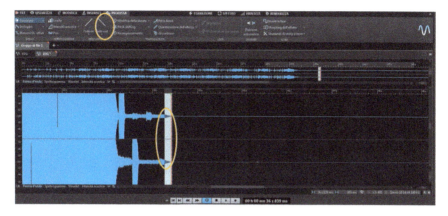

fig. 13.29 Fade out finale

- Aggiungere eventualmente silenzio alla fine. A tale scopo si può utilizzare il
Generatore di silenzio presente nel menu Inserisci, vedi fig. 13.30.

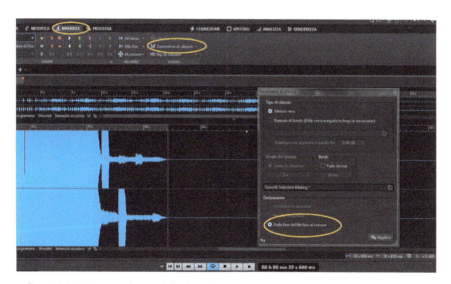

fig. 13.30 Generazione del silenzio

VERIFICA • TEST A RISPOSTE BREVI (max 30 parole)

1) Nel troncamento da 24 a 16 bit quali bit vengono eliminati: MSB oppure LSB?

2) Un file in formato 32bit floating point può essere trasferito su CD Audio?

3) Il noise shaping è un filtraggio del segnale o del rumore aggiunto?

4) Il dither influenza il livello di picco massimo del segnale?

5) Il dither influenza il livello RMS del segnale?

6) Per eliminare ogni distorsione di troncamento che tipo di dither bisogna utilizzare?

7) Per minimizzare la percezione del dither che tipo di noise shaping bisogna utilizzare?

GLOSSARIO

Autoblack
Funzione di silenziamento del dither in presenza di silenzio prolungato

Dither
Rumore aggiunto al segnale dopo il troncamento dei bit

Dither rettangolare
Tipologia di rumore poco complesso con minore probabilità di modifica dei valori dei campioni

Dither triangolare
Tipologia di rumore complesso con alta probabilità di modifica dei valori dei campioni

LSB, Less Bignificant Bit
Bit meno significativi. Sono riferiti ai livelli minimi del segnale, rappresentano la parte meno influente di un'informazione di tipo binario

MSB, Most Significant Bit
Bit più significativi. Sono riferiti ai livelli massimi del segnale, rappresentano la parte più influente di un'informazione di tipo binario

Noise shaping
Filtraggio del dither per ottimizzare la riduzione della distorsione e minimizzare la percezione del rumore

Troncamento
Eliminazione di LSB nel passaggio da una risoluzione maggiore in bit ad una minore

14
AUTHORING

CONTRATTO FORMATIVO

PREREQUISITI PER IL CAPITOLO
- CONTENUTI DEI CAPITOLI 1-13

OBIETTIVI
CONOSCENZE
- CONOSCERE LE CARATTERISTICHE MECCANICHE DEL VINILE
- CONOSCERE IL CONCETTO DI VELOCITÀ ANGOLARE
- CONOSCERE LE CARATTERISTICHE DI EQUALIZZAZIONE UTILIZZATA NEL TRANSFER E NELLA RIPRODUZIONE DEL VINILE
- CONOSCERE LE CARATTERISTICHE FISICHE DEL CD
- CONOSCERE IL CONCETTO DI VELOCITÀ LINEARE
- CONOSCERE I PARAMETRI DIGITALI UTILIZZATI NELL'AUDIO E NEL VIDEO
- CONOSCERE IL PROTOCOLLO SPDIF

ABILITÀ
- SAPER ANALIZZARE E RICONOSCERE VARI TIPI DI SUPPORTI
- SAPER IMPOSTARE LA GIUSTA FREQUENZA DI CAMPIONAMENTO IN BASE AL TIPO DI PROGETTO
- SAPER COLLEGARE APPARECCHIATURE CON STANDARD SPDIF

CONTENUTI
- EQUALIZZAZIONE RIAA
- CODIFICA DEI DATI SU CD
- TOC E RELATIVE AREE
- SPDIF ELETTRICO E OTTICO

TEMPI - Cap. 14
AUTODIDATTI
PER 200 ORE GLOBALI DI STUDIO INDIVIDUALE: CA. 9 ORE
CORSI
PER UN CORSO GLOBALE DI 40 ORE IN CLASSE + 80 DI STUDIO INDIVIDUALE:
CA. 3 ORE FRONTALI + 2 ORE DI FEEDBACK - CA. 4 ORE DI STUDIO INDIVIDUALE

ATTIVITÀ
- ESEMPI INTERATTIVI

VERIFICHE
- TEST A RISPOSTE BREVI

SUSSIDI DIDATTICI
- GLOSSARIO

Premessa

Nella fase finale del mastering, si procede all'organizzazione di tutto il materiale per la codifica sul tipo di supporto specifico. In questa fase, definita appunto **Authoring**, si decide la tracklist e il tipo di informazioni ausiliarie da inserire. Sebbene questa procedura venga spesso associata al CD, al DVD e a tutta una serie di supporti digitali, anche nel caso di supporti analogici, è necessario adattare il materiale sonoro al tipo di mezzo usato per la riproduzione. È il caso di produzioni su nastro magnetico o, come spiegato nel paragrafo seguente, di dischi in vinile.

14.1 IL VINILE

Il disco in vinile rappresenta una sfida tecnologica contro le leggi della fisica e della meccanica. Si tratta di un supporto soggetto a vari tipi di forze: quella centripeta, quella centrifuga, l'attrito. Il sistema prevede il contatto fisico tra testina di lettura e solco. La catena di produzione del vinile comprende molti passaggi e l'incisione, i bagni chimici, il rivestimento metallico, i lavaggi, lo stampo, possono ognuno influenzare la qualità del prodotto finale. Un buon ingegnere di mastering deve conoscere bene le caratteristiche di questo supporto per evitare errori che possano compromettere l'integrità del trasferimento del master sul vinile.

14.2 VELOCITÀ ANGOLARE COSTANTE, CAV

La velocità di rotazione di un disco in vinile può essere di **45rpm** (**revolutions per minute, giri al minuto**) o di **33rpm** (per la precisione 33 giri e $1/3$) su dischi che possono avere un diametro di 7" (17,78 cm) o di 12" (30,48 cm). Nel caso del 45 giri per esempio, il disco percorre un angolo giro di 360°, 45 volte al minuto. I 45 giri al minuto sono effettuati sia al centro del disco che sul bordo esterno, vedi fig. 14.1.

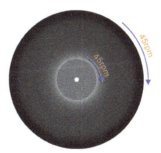

fig. 14.1 Velocità angolare costante

Ciò significa che il disco in vinile ha una **Velocità angolare costante**.
Infatti il disco, sia al centro che ai bordi, rappresenta una circonferenza e l'angolo per percorrerla tutta è di 360°. Quindi la velocità angolare di un disco in vinile a 45 giri è di 360° x 45/min.

Considerando però la velocità lineare, quella misurata con il tachimetro dell'automobile, il discorso cambia. Il diametro del disco ai bordi è maggiore di quello al centro. Quindi a parità di angolo percorso, la testina avrà percorso più spazio ai bordi che non al centro, vedi fig. 14.2.

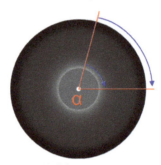

fig. 14.2 Velocità lineare variabile

La velocità lineare della testina rispetto al disco è quindi molto più alta sul bordo che non al centro del disco. Considerando il fatto che la risposta in frequenza e il range dinamico sono direttamente proporzionali alla velocità lineare di riproduzione, ciò si traduce in una maggiore qualità del suono sul bordo esterno del disco. Questa qualità diminuisce man mano che la testina si avvicina al centro. Nella fase di authoring di un disco in vinile, durante la creazione della tracklist, è quindi opportuno valutare il contenuto timbrico e dinamico di ogni brano. Posizionare alla fine della facciata un brano con alto contenuto dinamico, ricco di alte frequenze, pregiudicherebbe molto la qualità del suono. È per questo motivo che le tracce più importanti di un album vengono collocate al primo o al secondo posto della tracklist, in una zona del disco dove la velocità lineare è abbastanza alta. I brani inseriti alla fine della facciata, vicino al centro del disco, sono in genere poco complessi, con pochi strumenti e con un basso contenuto di alte frequenze.

14.3 LA CURVA RIAA

Tra gli elementi che compongono la catena di riproduzione, la qualità del suono di un vinile dipende anche dal tipo di preamplificatore utilizzato. La codifica del suono sul disco in vinile non può essere effettuata con una risposta lineare da 20 a 20.000Hz. La larghezza dei solchi sarebbe eccessiva, lo spazio per le tracce si ridurrebbe di molto e il contenuto eccessivo di basse frequenze provocherebbe delle oscillazioni troppo ampie dello stilo della testina. Per questo motivo, durante il trasferimento del segnale sul disco, si usa una curva di equalizzazione. In fase di riproduzione si usa una curva di equalizzazione inversa. Nel 1952 la **RIAA, Record Industry Association of America**, sviluppa una curva di equalizzazione da utilizzare nella produzione e nell'ascolto dei dischi in vinile.

Il processo consiste nell'attenuare le basse frequenze e contemporaneamente amplificare quelle alte in fase di transfer sul vinile. Questo processo è definito **Enfasi**, vedi fig. 14.3.

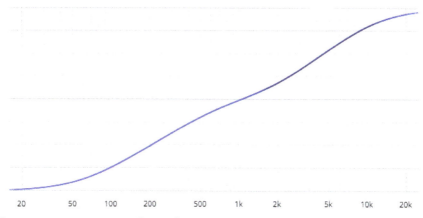

fig. 14.3 Curva RIAA per il transfer su vinile (enfasi)

Durante l'ascolto, il preamplificatore **Phono** applica una curva di equalizzazione inversa per ottenere di nuovo una risposta in frequenza lineare. Questo processo è definito **De-Enfasi**, vedi fig. 14.4.

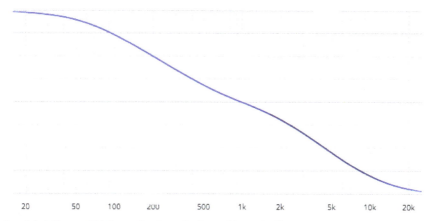

fig. 14.4 Curva RIAA per la riproduzione (de-enfasi)

È chiaro quindi, che non è possibile ascoltare un disco in vinile collegando il giradischi a un normale ingresso line o microfonico di un mixer. Il suono in uscita sarebbe infatti privo di bassi e molto enfatizzato sulle alte frequenze, a causa dell'assenza di un preamplificatore phono, che integra al suo interno un equalizzatore RIAA. È anche facile comprendere che la qualità del preamplificatore phono influenza in modo enorme la qualità del suono e dell'ascolto, molto prima che il segnale raggiunga l'amplificatore e i diffusori acustici.

14.4 Il CD

Nonostante la diffusione di formati di fruizione musicale che utilizzano audio compresso, il **CD**, **CD-DA**, **Compact Disc Digital audio**, rimane ancora il mezzo più economico e comune per ascoltare audio di alta qualità in formato non compresso. È stato commercializzato da Sony e Philips nel 1982 dopo lo sviluppo del protocollo **Red Book**, in seguito definito come standard internazionale **IEC 60908**. Contrariamente al disco in vinile, il CD è un tipo di supporto numerico, digitale. Il segnale digitale è molto più *robusto* e meno vulnerabile di quello analogico e consente di avere processi produttivi e di replicazione che influenzano poco la qualità del suono. Tutti i segnali digitali derivano però da una conversione, conversione assente nei supporti analogici. A questo punto si potrebbero considerare tutti i pareri sull'argomento e intraprendere una interminabile e poco proficua discussione sul pro o contro il CD o il vinile. Meglio quindi limitare il campo d'azione ai parametri puramente tecnici e matematici, pur considerando il fatto che è possibile ascoltare CD di elevata qualità artistica e tecnica e CD di scarsa qualità, così come dischi in vinile di qualità e dischi in vinile di scarsa qualità. Da un punto di vista meccanico, il supporto CD è realizzato in policarbonato, un tipo di plastica dura e trasparente. Le informazioni sono rappresentate da una traccia a spirale formata da **Pits** e **Lands**, ossia da piccole depressioni e zone lisce, vedi fig. 14.5

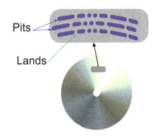

fig. 14.5 Traccia dati sul CD

In effetti nelle specifiche IEC 60908, che definiscono lo standard internazionale del Compact Disc, si parla solo dei pits, sottintendendo come land tutto il resto della superficie liscia del disco. L'alternanza tra pits e lands rappresenta appunto le informazioni digitali, che vengono poi tradotte in codice binario, formato dai numeri 0 e 1. La traccia è larga 1,6 μm (millesimi di millimetro) mentre le dimensioni dei pits variano tra 0,83 e 3.2 μm. La traccia a spirale inizia al centro del CD e si sposta verso l'esterno. Il diametro del disco è di 12 cm o di 8 cm, in base al formato e alla capacità.

Il formato più comune è largo 12 cm con una capacità di 650 mb, che può contenere 74 minuti di audio stereo su un'unica facciata. Esiste anche la versione mini-CD da 8cm con una capacità di 200 mb e 21 minuti di audio stereo, vedi fig. 14.6.

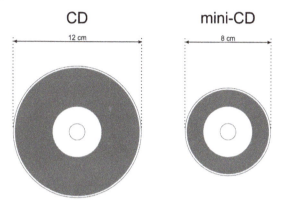

fig. 14.6 Formati del compact disc

I pits e lands si trovano sulla parte superiore del CD e fanno parte della struttura del policarbonato. Al di sopra dei pits e lands si trova uno strato di alluminio, che serve a riflettere la luce del laser di lettura. Sopra lo strato di alluminio si trova uno strato di vernice acrilic a protettiva trasparente, al di sopra del quale si trova la parte grafica. Sopra la parte serigrafica a volte è presente un ulteriore strato trasparente protettivo, vedi fig. 14.7.

fig. 14.7 Strati e materiali del CD

Le informazioni sono lette tramite un raggio laser che viene riflesso con diversa intensità verso un fotodiodo, a seconda che colpisca un land o un pit, vedi fig. 14.8.

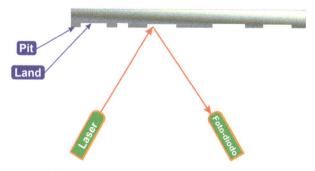

fig. 14.8 Lettura del CD

Dall'immagine si capisce che, sebbene le informazioni vengano lette con un laser dalla parte inferiore, lo strato che contiene i dati si trova nella parte superiore del CD. Il raggio laser è messo a fuoco sulla parte superiore, quella delle informazioni. Ciò significa che se è presente un graffio sulla parte inferiore, questo risulterà non a fuoco e produrrà una perdita di dati minima. È anche chiaro che la parte più delicata di un CD è quella del lato superiore. Proprio quella della serigrafia. Un graffio sul lato superiore danneggerebbe irrimediabilmente lo strato di informazioni composto da pits, lands e alluminio, rendendo il disco illeggibile. Quindi la convinzione comune che, quando non è in uso, un CD vada poggiato con la parte inferiore verso l'alto è totalmente priva di fondamento. Anzi è una procedura molto dannosa. Se infatti il graffio si trova nella parte inferiore, dove non ci sono informazioni, è molto semplice rimuoverlo con della cera abrasiva lucidante, riportando il CD alle condizioni originali. Ciò non è invece possibile sul lato superiore. In ogni caso, anche la parte inferiore del CD è protetta per evitare graffi accidentali. Al centro della parte inferiore è infatti presente un bordo rialzato circolare che permette di poggiare il CD su una superficie piana, senza che il lato inferiore tocchi la superficie stessa, vedi fig. 14.9.

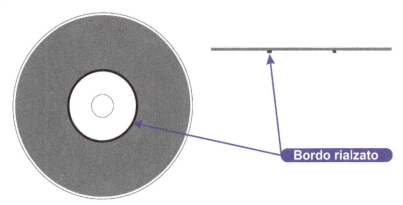

fig. 14.9 Bordo sul lato inferiore

Il lato inferiore è quindi quello più protetto dai graffi che, anche se presenti, nella maggior parte dei casi possono essere facilmente eliminati. Contrariamente ad un disco in vinile, se un CD viene usato correttamente, ha una durata pressoché illimitata, dovuta principalmente al fatto che non c'è contatto fisico o attrito tra testina di lettura e supporto fisico.

14.5 PERCHÉ 44.100HZ?

Vi sarete chiesti come mai, nel Compact Disc, il parametro della frequenza di campionamento abbia un valore così strano: 44.1kHz. Certo, in base al teorema di Nyquist la frequenza di campionamento deve essere almeno il doppio della frequenza più alta campionabile. È anche vero però, che la frequenza più alta percepita dall'udito è di 20kHz, quindi qualsiasi valore di frequenza di campionamento superiore a 40kHz sarebbe stato ideale. Aggiungendo anche una *banda di guardia* (vedi paragrafo 4.4) per permettere la costruzione di filtri passa basso poco ripidi, 42kHz, 43kHz, 44kHz sono sufficienti. Perché è stato scelto il valore di 44.1kHz?

Alla fine degli anni '70 Sony e Philips iniziarono i primi test per la produzione del CD. Il problema principale era quello dell'archiviazione dei dati digitali. Una volta convertito il segnale analogico in digitale, dove lo si poteva archiviare? Considerando il numero dei bit, i dati audio alla frequenza di campionamento di almeno 40kHz e i dati per il sistema di tracking, correzione degli errori, posizione delle tracce e dati accessori, il flusso di dati era elevatissimo. Gli hard disk dell'epoca non avevano né la capacità, né la velocità necessaria all'acquisizione di una tale quantità di dati. La quantità di dati è di circa 10 MByte al minuto e, nel 1980, un hard disk da 5 Mbyte costava circa 1.500$. Un mezzo abbastanza economico per l'archiviazione dei dati e del suono era il nastro magnetico. I registratori audio da studio usavano un sistema di registrazione longitudinale, con il nastro (tape) che scorre davanti a una testina fissa (head), vedi fig. 14.10.

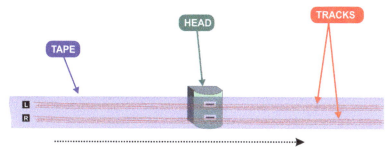

fig. 14.10 Registrazione longitudinale a 2 tracce

La massima frequenza registrabile con questa tecnologia è di circa 20kHz con un'ampiezza di banda da 20Hz a 20kHz, poco meno di 20kHz. Considerando però la quantità di dati necessaria all'archiviazione di un segnale digitale stereo di almeno 16 bit e 40kHz, il CD ha bisogno di un'ampiezza di banda di quasi 4MHz, impossibile da ottenere su un registratore audio. Sony e Philips inoltre non avevano certezza dell'eventuale successo commerciale del CD e non intendevano investire risorse nella ricerca di un nuovo sistema di archiviazione. Si pensò quindi di utilizzare un tipo di tecnologia già sviluppata da Sony e Philips e abbastanza diffusa in ambito broadcast: i registratori video a nastro. L'ampiezza di banda registrabile da un registratore video professionale Sony U-Matic dell'epoca era di circa 5MHz. Questa Ampiezza di banda così elevata viene raggiunta grazie all'utilizzo di un sistema di registrazione elicoidale. Il nastro scorre davanti a una testina rotante montata su un tamburo (drum) inclinato.

In questo modo il nastro non viene scritto longitudinalmente ma diagonalmente, utilizzando l'intera superficie. La velocità relativa tra nastro e testina è elevatissima, vedi fig. 14.11.

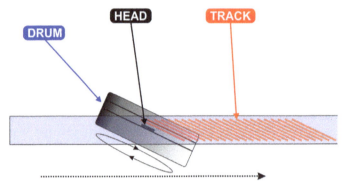

fig. 14.11 Registrazione video elicoidale

Sony produceva registratori U-matic per il mercato Americano e Giapponese con standard NTSC, e per il mercato europeo con standard PAL. Lo standard NTSC prevede 525 linee per 30 fotogrammi al secondo. Lo standard PAL 625 linee per 25 fotogrammi al secondo. Si decise quindi di codificare i bit con l'aspetto di piccoli impulsi bianchi da registrare come segnale video. Gli impulsi dovevano essere abbastanza piccoli da consentire un'elevata quantità di informazioni, ma anche abbastanza grandi da poter essere sempre distinti in qualsiasi condizione di riproduzione. La grandezza ideale consentiva di inserire 3 campioni audio su ogni linea. Rimaneva il problema di trovare un valore di frequenza di campionamento che fosse superiore a 40kHz e che fosse utilizzabile sia dalle macchine NTSC che da quelle PAL. La frequenza di campionamento doveva anche consentire di conservare il valore di 3 campioni per linea sia in PAL che in NTSC. A questo punto compare il numero magico: 44100. Con questo valore era possibile la codifica del CD sia su macchine americane che su quelle europee.

Nelle macchine NTSC:
$3 \times 490 \times 30 = 44100$
3 campioni per linea x 490 linee per fotogramma × 30 fotogrammi al secondo
= 44100 campioni al secondo
Vengono usate 490 linee per frame, su 525 disponibili

Nelle macchine PAL:
$3 \times 588 \times 25 = 44100$
3 campioni per linea x 588 linee per fotogramma × 25 fotogrammi al secondo
= 44100 campioni al secondo
Vengono usate 588 linee per frame, su 625 disponibili

In questo modo, senza bisogno di modifiche particolari, i registratori video esistenti potevano essere usati per archiviare i dati provenienti dai convertitori digitali. La frequenza di campionamento di 44.1kHz era quindi il valore ideale.

14.6 PERCHÉ 48KHZ PER IL VIDEO?

Come già accennato nel paragrafo 4.1, la frequenza di campionamento per l'audio utilizzato in produzioni video è di 48kHz. È opportuno chiarire il perché di questa scelta. La risposta sta nel considerare la più piccola unità di suddivisione in campo video. Sia a 24 **fps**, **frames per second**, **fotogrammi al secondo**, utilizzati nel cinema che a 25 fps del sistema PAL, che 30 fps del sistema NTSC, ogni fotogramma è diviso in 80 **subframes**[33]. I subframes corrispondono ai bit che compongono il codice SMPTE, utilizzato come timecode del video fig. 14.12.

SMPTE BITS

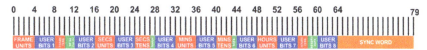

fig. 14.12 I bit dei Subframes su codice SMPTE

Se si utilizza un segnale digitale audio in un contesto video si deve quindi considerare le possibilità di locazione degli eventi, sincronizzazione audio video, editing contestuale di audio e video. In questo caso il numero di campioni audio al secondo, deve essere un multiplo intero dell'unità di misura più piccola, il subframe. In questo caso un subframe coincide sempre con la fine di un campione audio e l'inizio di quello successivo, vedi fig.14.13.

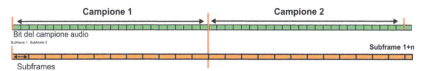

fig. 14.13 Frequenza di campionamento multipla intera del numero di subframes

Se ciò non avvenisse, un subframe potrebbe trovarsi nel mezzo di un campione audio. In quel caso, sia in fase di editing che in fase di sincronizzazione si avrebbero interruzioni di clock, glitch audio, errori di sincronizzazione e posizionamento dei clip audio e video, vedi fig. 14.14.

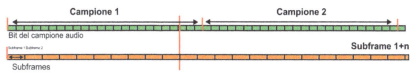

fig. 14.14 Frequenza di campionamento non multipla intera del numero dei subframes

La durata di un subframe non è costante ma dipende dal **numero di fotogrammi al secondo**, **frame rate**.

---

[33] In alcuni software e ambienti di produzione video è possibile utilizzare una suddivisione di 100 subframes per secondo.

Considerando che ogni fotogramma è formato da 80 subframes:

- 25 fps contengono 2000 subframes al secondo, 0,5 ms per subframe

- 24 fps contengono 1920 subframes al secondo, 0,52 ms per subframe

- 30 fps contengono 2400 subframes al secondo, 0,41 ms per subframe

In ogni caso, la frequenza di campionamento deve essere un multiplo intero del numero di subframes al secondo. Il valore ideale è quindi 48.000Hz, poiché è divisibile per 2000, per 1920 e per 2400.

44100Hz non è divisibile in modo intero per 1920 e per 2400 e non è quindi una frequenza di campionamento utilizzabile in ambito video.

14.7 VELOCITÀ LINEARE COSTANTE, CLV

Per mantenere il flusso di dati costante, il CD ruota a velocità lineare costante. Quindi, indipendentemente dal diametro della sezione di disco utilizzata, la velocità relativa tra laser di lettura e traccia è sempre la stessa. Ciò si traduce in una velocità angolare variabile. Contrariamente a quanto accade nel disco in vinile, il CD ruota più velocemente quando il laser si trova al centro e più lentamente quando il laser si trova sul bordo esterno. In alcuni CD player è presente una finestra trasparente che permette di osservare il CD durante la riproduzione. In questo caso si osserva il disco ruotare molto velocemente all'inizio della riproduzione per poi rallentare progressivamente verso la fine. Nel CD la riproduzione inizia dal centro, dove il diametro è minore. Il disco quindi dovrà ruotare più velocemente per assicurare la lettura di una determinata porzione di traccia rispetto alla stessa porzione presente sul bordo esterno, dove il diametro è maggiore. In fig. 14.15 si osserva che a parità di ampiezza dell'angolo, il percorso A è più breve di quello B. In questo caso la quantità di pits e lands decodificati sarà minore in A e maggiore in B. Quindi per assicurare un bitrate costante in uscita, il CD deve ruotare più velocemente nei pressi di A e più lentamente nei pressi di B.

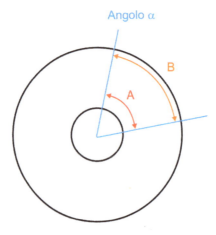

fig. 14.15 CLV Velocità lineare costante

14.8 SPDIF

Fino al 1985, tutto il processo di lettura, decodifica e conversione dei segnali digitali, avveniva all'interno del lettore CD. Nel 1985 AES Audio Engineering Society, e EBU European Broadcasting union elaborano il proptocollo **AES3** o **AES/EBU**. Esso prevede la trasmissione e ricezione di dati digitali tra apparecchiature professionali. Utilizza connettori XLR e un segnale bilanciato. Questo tipo di interfaccia, tuttora disponibile e in uso in molti ambiti professionali, è però caratterizzata da alti costi di ingegnerizzazione e produzione che ne rendono impraticabile l'utilizzo su apparecchiature domestiche. Nel 1987 Sony e Philips utilizzano la codifica dei segnali AES3 per costruire un tipo di interfaccia digitale da implementare nei dispositivi consumer. Il protocollo risultante, pur con alcune differenze di codifica, è completamente compatibile con AES3, come illustrato nella tabella seguente.

	AES3	**S/PDIF**
Segnale	Bilanciato	Sbilanciato o ottico
Connettore	XLR-3	RCA o TOSLINK
Bit	24	16

Viene definito **SPDIF, Sony Philips Digital Interconnect Format**, brevettato in Germania come EP000000811295B1 e standardizzato come **IEC 958 II**. I connettori usati possono essere elettrici, **RCA**, oppure ottici **TOSLINK**, vedi fig. 14.16.

Connessioni SPDIF

RCA   TOSLINK

fig. 14.16 connettori SPDIF

Le connessioni SPDIF permettono di trasferire segnali audio digitali stereo a 44.1, 48, e 32kHz con risoluzione di 16 bit. A partire dal 1987 praticamente tutte le apparecchiature digitali consumer: CD, DAT, Minidisc etc. furono dotate di connessioni SPDIF. Come si vedrà però in seguito, ciò causò non pochi problemi a livello commerciale.

VERIFICA • TEST A RISPOSTE BREVI (max 30 parole)

1) Per assicurare sempre la stessa quantità di dati in lettura, il disco deve ruotare a velocità angolare costante?

2) Per pubblicare un brano della durata di 3 minuti su vinile, utilizzereste un EP a 33 giri o un disco singolo a 45 giri?

3) Cosa accade se collegate l'uscita di un CD player all'ingresso phono dell'amplificatore?

4) Cosa accade se collegate l'uscita audio di un giradischi all'ingresso microfonico del mixer?

5) Dovendo collegare l'uscita SPDIF di un lettore CD alla vostra scheda audio con un cavo molto lungo, preferireste la connessione elettrica RCA o quella ottica TOSLINK?

GLOSSARIO

AES3, AES/EBU
Protocollo professionale di trasferimento dati digitali. Utilizza un connettore XLR e linee bilanciate

Authoring
Fase della post produzione in cui si organizzano i contenuti e le informazioni relative al supporto da pubblicare e commercializzare

CD, CD-DA, Compact Disc Digital audio
Supporto audio digitale a lettura ottica, sviluppato da SONY e PHILIPS nel 1982

Curva RIAA
Tipologia di equalizzazione utilizzata nella produzione e nella riproduzione dei dischi in vinile

Fps
Frames per second. Indica il numero di fotogrammi visualizzati al secondo nei vari standard di produzione video

Frame rate
Numero dei fotogrammi al secondo elaborati da dispositivi video e cinematografici

IEC60908
Insieme di specifiche meccaniche, elettroniche, ottiche, digitali, software che descrivono lo standard CD

IEC 958II
Specifiche tecniche che definiscono l'interfaccia e i segnali SPDIF

Land
Area liscia sulla superficie del CD. Insieme al Pit costituisce la codifica di informazione binaria

PHONO
Ingresso presente in dispositivi audio dotato di equalizzatore RIAA

Pit
Depressione sulla superficie in policarbonato del CD. Insieme al Land costitusce la codifica di informazione binaria

Red Book
Insieme di specifiche meccaniche, elettroniche, ottiche, digitali, software che descrivono lo standard CD DA

RPM, revolutions per minute
Indica il numero di giri al minuto compiuto da un disco in vinile

RIAA, Record Industry Association of America
Associazione fondata nel 1952 dai produttori discografici americani

SPDIF
Protocollo consumer per il trasferimento di dati digitali. Può utilizzare connessioni elettriche RCA o connessioni ottiche TOSLINK

Subframe
Unità di suddivisione del fotogramma. Un fotogramma può essere diviso in 80 o 100 subframes, in base al sistema di produzione utilizzato

Velocità angolare costante, CAV
Rotazione del disco a velocità lineare variabile. Utilizzata per ottenere lo stesso numero di giri al minuto nel disco in vinile

Velocità lineare costante
Rotazione del disco a velocità angolare variabile. Utilizzata nel CD per ottenere un bitrate costante

15
RED BOOK

CONTRATTO FORMATIVO

PREREQUISITI PER IL CAPITOLO
- CONTENUTI DEI CAPITOLI 1-14

OBIETTIVI
CONOSCENZE
- CONOSCERE LA STRUTTURA DEL COMPACT DISC
- CONOSCERE IL PROTOCOLLO RED BOOK
- CONOSCERE LA CODIFICA DEL CD-DA
- CONOSCERE LE AREE DATI DEL CD
- CONOSCERE IL PROTOCOLLO SCMS
- CONOSCERE I CODICI ISRC UPC EAN
- CONOSCERE IL SUPPORTO DDP

ABILITÀ
- SAPER MASTERIZZARE UN PMCD
- SAPER CREARE UN DDP
- SAPER CREARE GHOST-TRACK E BONUS-TRACK
- SAPER GESTIRE UN PROGETTO AUTHORING NEL MONTAGGIO AUDIO

CONTENUTI
- RED BOOK
- CODICI E SUB-CODICI
- TRACCE E SUB-INDEX
- METADATA

TEMPI - Cap. 15
AUTODIDATTI
PER 200 ORE GLOBALI DI STUDIO INDIVIDUALE: CA. 14 ORE
CORSI
PER UN CORSO GLOBALE DI 40 ORE IN CLASSE + 80 DI STUDIO INDIVIDUALE:
CA. 3 ORE FRONTALI + 2 ORE DI FEEDBACK - CA. 4 ORE DI STUDIO INDIVIDUALE

ATTIVITÀ
- ESEMPI INTERATTIVI

VERIFICHE
- TEST A RISPOSTE BREVI

SUSSIDI DIDATTICI
- GLOSSARIO

Premessa

Nel 1980 Sony e Philips stabiliscono i parametri fisici, meccanici, elettrici e di codifica digitale del **CD-DA**, **Compact Disc Digital audio**. Queste specifiche vengono inserite nella serie dei **Rainbow Books**, una serie di pubblicazioni riguardanti gli standard e i formati del Compact Disc. Il nome deriva dalla codifica per colori utilizzata per classificare ogni standard. Il **Red Book** stabilisce i parametri del CD audio, il **Yellow Book** quelli del **CD-ROM**, (**Read Only Memory**, Memoria a sola lettura, Dati) l'**Orange Book** quello dei **CD-R**, **CD Recordable**, registrabili, il **Blue Book** quello dei **CD-Extra** e **Enhanced-CD**, etc....Il red book è stato poi inserito negli standard internazionali IEC nel 1987 con il numero di protocollo 60908. Nel red book sono indicati anche i parametri digitali relativi al sistema di correzione degli errori **Reed-Solomon** e alla codifica **EFM Eight to Fourteen Modulation**. Tramite la codifica EFM ogni informazione è suddivisa in blocchi da 8 bit. Ogni byte formato da 8 bit viene poi trasformato in un blocco codificato (word) di 14 bit tramite l'aggiunta di dati ausiliari che consentono una corretta alternanza nella codifica dei pit e lands sulla superficie del CD. Nel red book vengono anche definiti i **Sub-codici** da **P** a **W** che descrivono le locazioni temporali delle tracce, le funzioni accessorie, i metadata dei codici a barre, **ISRC**, **CD-TEXT** e il sistema di protezione dalle copie. Lo standard IEC 60908 è stato in seguito aggiornato con l'aggiunta di nuove funzioni. Attualmente è possibile inserire immagini, video e dati MIDI su un CD audio. Ovviamente queste funzioni devono essere supportate dal lettore CD o dal player software utilizzato per la riproduzione. Il red book stabilisce anche la durata standard del CD-DA di 74 minuti di riproduzione. Si dice che questo particolare valore sia stato richiesto dal vice presidente della Sony, Norio Ohga, nel 1979 per permettere la pubblicazione su un unico CD della nona sinfonia di Beethoven, eseguita al Bayreuth Festival del 1951 e diretta da Wilhelm Furtwängler. Oggi è possibile registrare fino a 100 minuti di audio su un CD, anche se ciò non rispetta le specifiche del red book. Inoltre, la riproduzione di CD con durata superiore a 74 minuti non è garantita su tutti i tipi di lettori CD.

15.1 STRUTTURA DEL CD

Considerando la codifica, ossia il modo in cui i dati sono organizzati su un supporto, il CD è diviso in 3 aree principali: **Lead-in**, **Program area** e **Lead-out**, vedi fig. 15.1.

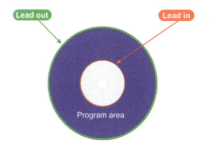

fig. 15.1 Information area sul CD audio

- La sezione **Lead-In** contiene circa 9 mb. È situata tra i 48 e i 50 mm di distanza dal centro e comprende la **TOC**, **table of contents**, l'indice delle tracce. Il lead-in contiene anche le informazioni per la sincronizzazione e la messa a fuoco del laser.

- La sezione **Program area** contiene le informazioni audio, insieme al codice di correzione degli errori, codificati in EFM

- La sezione **Lead-out**, tra i 116 e i 120 mm di diametro, non contiene dati audio ma solo una piccola parte di codice composto solo da zeri che identifica la fine del CD

L'insieme di lead-in, program area e lead-out, costituiscono l'**Information Area**, **Sessione**, vedi fig.15.2.

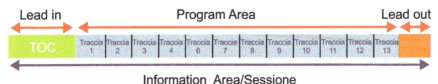

fig. 15.2 Struttura della sessione

L'information area si trova all'interno di una **Session**, **sessione**. Il CD-DA prevede l'utilizzo di una singola sessione, mentre il CD-ROM può contenere diverse sessioni, registrate anche in momenti diversi. Come spiegato in seguito, con l'introduzione del Blue Book, è stato possibile inserire su uno stesso CD sia una sessione audio che una dati, rendendo la sessione audio riproducibile sia dai CD player che dai computer e quella dati riproducibile solo dai computer.

15.2 TRACKS, LE TRACCE

Nella TOC del CD audio sono contenuti i dati relativi al numero delle tracce e al loro posizionamento sulla superficie del CD. Nel CD-DA il tempo si misura nel formato **MSF**, **mm:ss:ff.**, **minuti:secondi:frames**. L'unità di tempo più piccola è il **Frame**. Un secondo è formato da 75 frames, numerati da 0 a 74. Alla frequenza di campionamento di 44.100Hz, un frame è formato da 588 campioni stereo. 588 x 75 = 44.100. Il frame è l'unità di misura più piccola da utilizzare per l'authoring del CD. Un CD può contenere fino a 99 tracce audio. La parte della traccia che contiene i dati audio è chiamata **Track Program Area**. Ogni traccia deve durare almeno 4 secondi, è preceduta da un **Pre-gap** e seguita da un **Post- gap**, vedi fig. 15.3.

Index 0   Index 1

fig. 15.3 Struttura di una traccia sul CD audio

- Il **pre-gap**, definito in Wavelab come **Transizione**, corrisponde all'inizio della traccia, ma non identifica l'inizio dell'audio. È un'area di dati separata. Rappresenta la pausa tra l'inizio della traccia e l'inizio dell'audio. L'**INDEX 0** identifica in min:sec:frames, l'inizio del pre-gap. In genere la durata del pre-gap corrisponde a 150 frames, 2 secondi, di silenzio. Durante la riproduzione del pre-gap, il display del CD player mostra un conto alla rovescia negativo. Nel caso dei 150 frames di pre-gap, il display inizierà il countdown a -2:00 terminando con il numero 0 che corrisponde all'inizio della traccia. L'INDEX 0 non è sempre presente nella TOC, può anche essere omesso. Questo accade quando si decide di non avere interruzione dell'audio tra due tracce, come per esempio negli album registrati dal vivo. In questo caso, tra la fine di una traccia e l'inizio di quella successiva, invece del silenzio si ascolterà il rumore di ambiente.

- La **Track Program Area** contiene i dati audio. L'**INDEX 1** identifica l'inizio dell'audio. Lo spazio tra INDEX 0 e INDEX 1 è definito **Pausa** e rappresenta il silenzio prima della traccia. Sebbene non sia obbligatorio l'uso dell'INDEX 0, ogni traccia deve contenere almeno un INDEX 1. In effetti le uniche informazioni obbligatorie nella codifica di un CD sono lead-in e lead-out. Quindi anche gli INDEX 1 potrebbero essere omessi, ma per compatibilità con tutti i lettori CD è consigliabile inserirli. Il Red Book prevede comunque almeno un pre-gap, di 2 secondi prima della prima traccia.

- Il **Post-gap**, definito in Wavelab come **Post-spazio**, è situato alla fine della traccia. È anch'esso espresso in min:sec:frames e indica la pausa di silenzio successiva alla fine della traccia. Un valore post-gap di 00:02:00 corrisponde a 2 secondi di silenzio dopo la fine della traccia. In un CD audio i post-gap possono anche essere omessi. La loro funzione principale è infatti quella di dividere due tipi di informazioni diverse. Per esempio in presenza di una traccia dati che precede una traccia audio, è necessario inserire un post-gap alla fine della traccia dati. Comunque, per gli stessi motivi di compatibilità citati in precedenza, molti programmi di masterizzazione inseriscono in modo automatico dei post-gap con valore nullo alla fine di ogni traccia.

Con Wavelab è possibile gestire la compilazione della tracklist di un CD in diverse modalità. La più semplice prevede l'utilizzo della funzione Markers, nel menu **Inserisci**, vedi fig. 15.4.

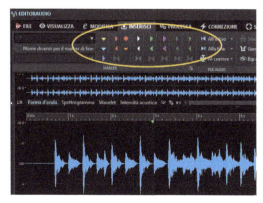

fig. 15.4 Gestione Markers

Questa funzione permette di gestire in modo semplice le tracce senza utilizzare funzioni avanzate di gestione pre-gap, post-gap, sub-index etc. Nell'editor standard è possibile inserire dei marker CD start e CD end nel file audio, per definire un'area che rappresenterà la traccia di un CD quando il file sarà importato nel montaggio audio.

• •

ATTIVITÀ

- Caricate l'esempio **07A**.

• •

ESEMPIO INTERATTIVO 07A – AGGIUNTA MARKERS CD

• •

- Selezionate il menu <u>Insert</u> nell'editor audio. Notate la sezione <u>Markers</u>. I marker in rosso e arancio sono relativi alle tracce CD, vedi fig. 15.5.

fig. 15.5 Markers CD

- Spostate il cursore all'inizio del file cliccando il pulsante sulla transport bar, vedi fig. 15.6.

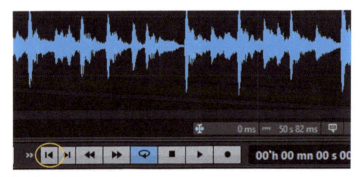

fig. 15.6 Inizio del file

- Inserite un marker CD di inizio-traccia cliccando sul relativo simbolo. Notate
il triangolo rosso sulla timeline, vedi fig. 15.7.

fig. 15.7 Aggiunta marker di inizio-traccia CD

- Spostate il cursore alla fine del file cliccando il pulsante sulla transport bar,
vedi fig. 15.8.

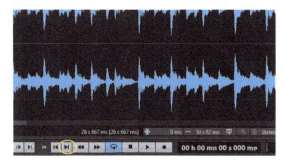

fig. 15.8 Cursore alla fine del file

- Inserite un marker di fine traccia CD alla fine del file cliccando sul relativo
simbolo, vedi fig. 15.9.

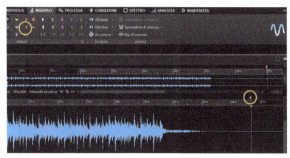

fig. 15.9 Marker Track end

- Salvate il file con un nuovo nome. Ora il file contiene i markers CD e può
essere inserito in una track list CD all'interno dell'audio montage.

- Fate lo stesso sugli esempi **07G**, **07L**, **07Q**, **09A**, **10A**, e altri a vostra scelta
inserendo i markers di inizio e fina traccia CD su ciascun file.

Per l'authoring avanzato si può utilizzare il montaggio audio. In questo modo è possibile gestire tutti i parametri e l'organizzazione dei file nella tracklist. Nella finestra CD sono presenti tutti i parametri relativi ai codici di ciascuna traccia e dell'intero CD, vedi fig. 15.10.

fig. 15.10 Finestra CD del Montaggio Audio

Nella finestra MARKER si possono inserire e modificare manualmente i marker relativi agli INDEX e gestire i pre-gap e post-gap, vedi fig. 15.11.

fig. 15.11 Finestra Marker del Montaggio Audio

È anche possibile trasformare un CD Audio semplificato in montaggio audio importando automaticamente tutti i marker relativi alle tracce. Nella finestra CD è possibile stampare dei rapporti in formato testo che comprendono i dati della TOC, i metadata dei file audio i CD-TEXT, ISRC, UPC etc. relativi al CD. Anche in questo caso è possibile stampare sia CD che DDP (vedi paragrafo 15.15) e controllare che il CD sia conforme allo standard Red Book.

ATTIVITÀ

- Caricate il CD audio semplificato salvato in precedenza.
- Selezionate l'opzione <u>Verso il montaggio audio</u>, vedi fig. 15.12.

fig. 15.12 Conversione in montaggio audio

- Nella finestra che compare selezionate il modello <u>CD Standard</u> e cliccate su <u>Usa selezionato</u>. Verrà creato un montaggio audio contenente tutte le tracce in sequenza con i relativi marker associati, vedi fig. 15.13.

fig. 15.13 Montaggio audio CD

- Nella finestra <u>MARKER</u> sono presenti i marker di inizio e fine traccia del CD, vedi fig. 15.14.

fig. 15.14 Marker CD

Il triangolo rosso con vertice a destra indica l'inizio della traccia, **CD start**.

Il triangolo rosso con vertice a sinistra indica la fine della traccia. **CD end**.

Il rombo rosso indica la fine di una tracciia e l'inizio della successiva senza pausa trai brani, **CD splice**.

Il triangolo arancione indica un **Sub-Index**, (vedi paragrafo 15.3).

- Potete nominare i marker a piacimento. Ricordate che i nomi dei marker non vengono normalmente utilizzati come informazioni del titolo del brano nei parametri CD-TEXT, (vedi paragrafo 15.11).

- Salvate il montaggio audio con il nome **AUTHORING 01**.

15.3 SUB-INDEX

Oltre a INDEX 0 e INDEX 1, descritti nel paragrafo precedente, nei dati della traccia sono previsti altri 98 index numerati da 2 a 99. Il loro scopo è quello di individuare sezioni, movimenti musicali, capitoli, all'interno di una traccia. Il loro uso è diffuso soprattutto nell'ambito della musica classica. Con essi è possibile per esempio assegnare un numero di traccia al brano musicale e dei sub-index ai movimenti che lo compongono: Largo, Andante etc, vedi fig. 15.15.

fig. 15.15 Sub-index

Negli anni '90 erano molto diffuse le librerie di suoni ed effetti speciali su CD. I sub-index in questo caso venivano utilizzati per identificare particolari suoni all'interno di una traccia. Se per esempio l'INDEX 1 di una traccia era riferito a *Suoni urbani* i sub-index successivi si riferivano a: *Notte, Giorno, Città, Quartiere* etc. In presenza di sub-index, il display del CD player mostra con le cifre a sinistra il numero della traccia e con quelle a destra, il numero del subindex, vedi fig. 15.16.

Traccia   Sub index

fig. 15.16 Sub-index sul display

Un CD audio può contenere 99 tracce con 98 sub-index per ogni traccia. In ogni caso, a causa dello spazio limitato nei canali sub code nella TOC, il numero totale di sub-index e tracce in un CD, non può superare i 1740.

I sub-index possono essere gestiti, nella finestra <u>MARKER</u> del montaggio audio, vedi fig. 15.17.

fig. 15.17 Sub-index nella finestra Marker

・・・

ATTIVITÀ

- Caricate il montaggio **AUTHORING 01** salvato in precedenza.

- Ingrandite orizzontalmente una traccia, per esempio <u>Track 06</u>, selezionate il menu <u>INSERISCI</u> e inserite 2 sub-index a intervalli regolari, vedi fig. 15.18.

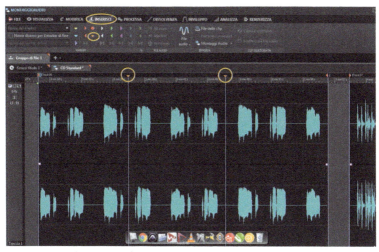

fig. 15.18 Inserimento sub-index

- Avete diviso la traccia in 3 settori diversi. Una volta masterizzato il CD, il display del CD player indickerà il numero 06 nella parte sinistra e il numero di index nella parte destra, vedi fig. 15.16.

- Salvate il montaggio con il nome **AUTHORING 02**.

15.4 SUB-CODICI P E Q

Oltre ai campioni audio e ai dati di controllo, la codifica CD-DA prevede un'area dati di 8 sub-codici, con canali nominati da **P** a **W**. In questa sezione di codici sono definite varie istruzioni e funzioni necessarie al funzionamento dei CD player. I canali da **R** a **W** saranno spiegati in seguito. In questo paragrafo saranno trattati i canali **P** e **Q** che includono informazioni di timecode, gestione del display del CD player e codifica di informazioni accessorie.

- Il canale **P** è situato nella TOC. Contiene i dati del pre-gap e post-gap. A volte è utilizzato per il controllo del display del CD Player. Consiste semplicemente in valori di timecode relativi all'inizio e alla fine delle tracce. Non è utilizzato da tutti i CD player poiché le stesse informazioni, più tutti i dati accessori, possono essere ricavate dal canale **Q**.

- Il canale **Q** si può trovare sia nel lead-in che nella program area. Contiene informazioni sul timecode, sul numero dei canali audio, sui codici **ISRC** e **EAN**, sulla protezione anticopia e la pre-enfasi. Queste funzioni saranno analizzate in seguito.

15.5 BONUS-TRACK

In alcuni Album, dopo una lunga pausa di silenzio, alla fine dell'ultimo brano, è presente un ulteriore *brano a sorpresa*. La riproduzione di questo brano avviene dopo una pausa di silenzio e la sua presenza non è indicata nella tracklist del CD. Spesso viene definito **Bonus-track**. Dal punto di vista tecnico però, una bonus-track non è altro che una traccia unica che comprende la traccia *ufficiale*, il silenzio, e la bonus-track, vedi fig. 15.19.

fig. 15.19 Ultima traccia e bonus-track

Non ci sono codici o indici particolari che descrivono una bonus-track. Si tratta semplicemente di un brano audio collocato in coda alla stessa traccia dopo uno spazio di silenzio. La presenza della bonus-track è infatti intuibile dal valore della durata dell'ultima traccia. Tale valore corrisponderà alla somma delle durate dell'ultima traccia, del silenzio e della bonus-track. Per esempio, se alla fine dell'ultima traccia il display del CD player, indica che mancano ancora 10 minuti alla fine del disco, possiamo facilmente intuire la presenza di altro materiale in coda. La presenza di una bonus-track non pregiudica la compatibilità del CD con il Red Book.

• •

ATTIVITÀ

- Caricate l'esempio **07A**.

- Portate il cursore alla fine del brano cliccando sul simbolo relativo, vedi fig. 15.20.

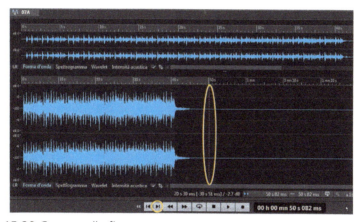

fig. 15.20 Cursore alla fine

- Nel menu <u>INSERISCI</u> selezionate la funzione <u>Generatore di silenzio</u>. Nella finestra che compare selezionate <u>Inserisci al cursore</u>, impostate a 3 minuti la durata del silenzio e infine premete <u>Applica</u>, vedi fig. 15.21.

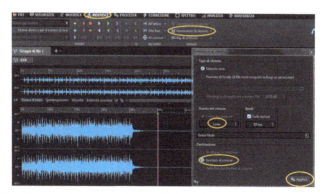

fig. 15.21 Generazione e aggiunta di silenzio

- Portate il cursore alla fine del brano. Ora la fine si trova dopo i 3 minuti di silenzio.

- Nel menu INSERISCI, nella sezione FILE AUDIO, selezionate Alla fine. Nel menu che compare premete Sfoglia e selezionate un file a vostra scelta da aggiungere e utilizzare come bonus-track, vedi fig. 15.22.

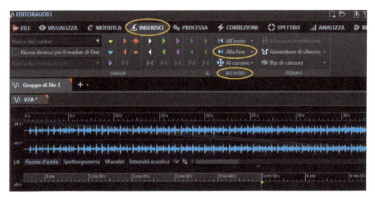

fig. 15.22 Aggiunta Bonus-track

- Ora il brano è formato dal brano seguito da 3 minuti di silenzio e dalla traccia aggiunta, vedi fig. 15.23.

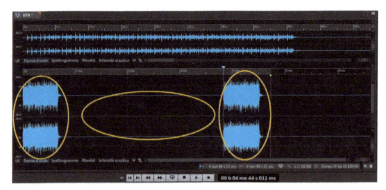

fig. 15.23 Composizione Bonus-track

- Salvate la traccia con un nome a vostra scelta.

- Caricate il montaggio **AUTHORING 02** salvato in precedenza.

- Nel menu INSERISCI selezionate File audio e selezionate il file con la bonus-track salvato in precedenza, vedi fig. 15.24.

fig. 15.24 Inserimento Bonus-track

- Ora la traccia è presente alla fine del montaggio ma non possiede nessun marker CD, vedi fig. 15.25.

fig. 15.25 Bonus-track senza marker

- Nel menu <u>INSERISCI</u> create i marker di inizio e fine traccia collocandoli all'inizio e alla fine dell'ultimo brano. Usate la funzione di ingrandimento per identificare meglio i punti di inserimento dei marker, vedi fig. 15.26.

fig. 15.26 Creazione marker CD

- Ora i marker sono inseriti ma sono associati alla locazione temporale e non alla traccia. Se la clip della traccia venisse spostata i marker rimarrebbero nella loro attuale posizione. Ciò non avviene se le tracce provengono da un CD audio semplificato.

- Selezionate l'ultima traccia cliccando in un punto qualsiasi della clip.

- Cliccate sul marker di inizio CD, premete il tasto destro del mouse e selezionate <u>Vincola i marker selezionati all'inizio della clip attiva</u>, vedi fig. 15.27.

fig. 15.27 Vincolo del marker CD start

- Nello stesso modo, cliccate sul marker di fine CD, premete il tasto destro del mouse e selezionate <u>Vincola i marker selezionati alla fine della clip attiva</u>, vedi fig. 15.28.

fig. 15.28 Vincolo del marker CD end

- Ora il montaggio contiene l'ultima traccia con la Bonus-track.

- Salvate il montaggio con il nome **AUTHORING 03**.

15.6 GHOST-TRACK

Diversamente dalla bonus-track, la ghost-track non compare in nessuna indicazione nella tracklist del display del CD Player. La ghost-track è una sezione di audio riproducibile solo in determinate condizioni e, se non si conoscono le modalità per individuarla, non verrà mai ascoltata. Sono molti gli artisti che inseriscono ghost-track nelle loro produzioni. La presenza di una ghost-track, rende il CD non conforme allo standard Red Book, ma ciò non significa che non sia compatibile con qualsiasi lettore CD. La riproduzione delle tracce normali avverrà sempre. Quella della ghost-track avverrà nella maggior parte dei casi, anche se alcuni CD player potrebbero non individuarla. La procedura per la creazione di una ghost-track è abbastanza complessa e comprende molte delle nozioni studiate. Come spiegato precedentemente, ogni traccia audio è preceduta da un pre-gap e seguita da un post-gap. L'inizio del pre-gap contiene un INDEX 0 e l'inizio di una traccia contiene un INDEX 1, vedi fig. 15.29.

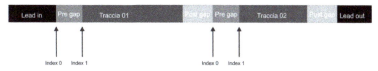

fig. 15.29 Struttura di un CD con 2 tracce audio

Il Red Book prevede che l'area tra INDEX 0 e INDEX 1, la **Pausa**, contenga solo silenzio. È anche previsto che durante la riproduzione senza interruzioni, la pausa sia indicata sul display con un countdown. In effetti ciò avviene per tutte le tracce, **tranne che per la prima**. Il CD player inizia la riproduzione della Traccia 1 direttamente dall'INDEX 1, saltando l'INDEX 0. Ciò ha un senso. Se infatti si vuole iniziare la riproduzione dell'intero CD in ritardo, basterebbe premere il tasto PLAY in un secondo momento. In ogni caso, esiste un modo per riprodurre il pre-gap della Traccia 1. È sufficiente premere il tasto **SKIP**, **INDIETRO VELOCE** durante la riproduzione della Traccia 1. In questo caso il CD player riprodurrà la pausa dall'INDEX 0 mostrando il countdown. La maggior parte dei software di masterizzazione, non permette la creazione di CD Audio non conformi al Red Book. Wavelab, al contrario, possiede un motore di masterizzazione molto evoluto che permette la creazione di qualsiasi tipo di CD audio, anche non conforme al Red Book. Possiamo quindi inserire l'audio nel pre-gap della Traccia 1. Nel menu Opzioni della finestra CD si può selezionare l'opzione Audio tra le pause, vedi fig. 15.30.

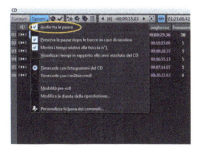

fig. 15.30 Funzione Audio tra le pause

In questo modo è possibile inserire un brano audio nello spazio tra l'inizio della pausa della prima traccia e l'inizio della prima traccia stessa. In pratica, tra l'INDEX 0 e l'INDEX 1 della Traccia 1. Si può quindi *riempire* il pre-gap con l'audio, creando un **HTOA, Hidden Track One Audio**, vedi fig. 15.31.

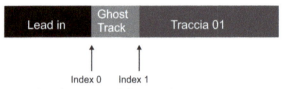

fig. 15.31 Ghost-track nel pre-gap della traccia 1

Se si riprodurrà il CD normalmente, la ghost-track verrà sempre ignorata, poiché la riproduzione del CD inizia sempre dall'INDEX 1 della traccia 1. Per ascoltare la ghost-track sarà necessario premere il tasto SKIP, INDIETRO VELOCE durante la riproduzione della traccia 1. Provate a farlo sui CD della vostra collezione... potreste avere delle gradevoli sorprese. La funzione Audio Tra Le Pause permette di inserire contenuti audio in qualsiasi pre-gap di qualsiasi traccia. In quel caso però le ghost-track non saranno propriamente ghost e verranno sempre riprodotte nel momento di transizione tra una traccia e un'altra.

Una considerazione importante riguarda la quantità di dati utilizzati. Anche se la ghost-track non compare nella durata totale del CD, in effetti occupa uno spazio di dati reale sul supporto. Per esempio, se si inserisce un pre-gap di 10 minuti di silenzio all'inizio di una traccia, questo non diminuirà lo spazio disponibile per l'audio sul CD. Esso infatti è composto solo da un timecode in min:sec.frames. Se invece si inserisce un brano di 10 minuti verranno occupati circa 100 MByte di dati sul CD, riducendo lo spazio disponibile per le altre tracce.

Nel montaggio audio di Wavelab è possibile creare un HTOA semplicemente inserendo una traccia audio prima del primo marker CD (quello in rosso), dopo aver attivato la funzione Audio tra le pause, vedi fig. 15.32.

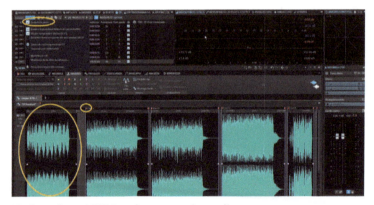

fig. 15.32 Creazione HTOA nel montaggio audio

La ghost-track può anche essere creata inserendo manualmente i dati di timecode e degli indici in un documento di testo che accompagna un file audio comprendente tutte le tracce del CD senza nessuna interruzione tra esse.

Questo file di testo è definito **Cue-sheet** e può essere letto e interpretato da molti programmi di masterizzazione e da alcuni player multimediali software. Il principio su cui si basa la cue-sheet è molto semplice. Si tratta di fatto di una lista di locazioni di timecode, INDEX e informazioni accessorie che sono poi applicate a un unico file audio, che comprende tutte le tracce del disco. Con Wavelab è possibile creare l'immagine audio unica e la Cue-sheet in vari modi. In fig. 15.33, una Cue-sheet in formato.txt creata nel montaggio audio.

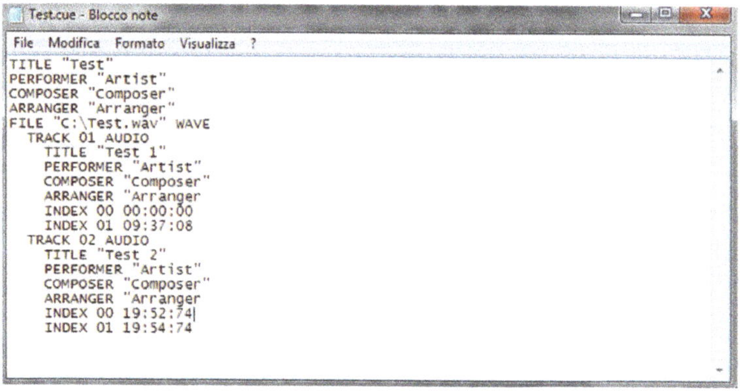
Test.cue - Blocco note
File Modifica Formato Visualizza ?

```
TITLE "Test"
PERFORMER "Artist"
COMPOSER "Composer"
ARRANGER "Arranger"
FILE "C:\Test.wav" WAVE
  TRACK 01 AUDIO
    TITLE "Test 1"
    PERFORMER "Artist"
    COMPOSER "Composer"
    ARRANGER "Arranger
    INDEX 00 00:00:00
    INDEX 01 09:37:08
  TRACK 02 AUDIO
    TITLE "Test 2"
    PERFORMER "Artist"
    COMPOSER "Composer"
    ARRANGER "Arranger
    INDEX 00 19:52:74
    INDEX 01 19:54:74
```

fig. 15.33 Cue-sheet

In questa Cue-sheet si nota la presenza di una ghost-track. Infatti l'INDEX 1 della prima traccia si trova a 9 minuti e 37 secondi dall'inizio, lasciando sottintendere che lo spazio precedente è occupato da altro materiale audio. In questo caso la cue-sheet è riferita a un unico file audio che comprende sia la ghost-track che quelle successive. È anche possibile creare delle cue-sheet in cui ogni traccia fa riferimento a un file separato. In quel caso il nome del file precede sempre i dati relativi alla traccia. L'estensione del formato del file della cue-sheet è **.cue** ma il file può essere aperto con un semplice editor di testo.

Sebbene Wavelab sia in grado di gestire tutti i parametri di masterizzazione di un CD, prima di creare una ghost-track assicuratevi che il vostro masterizzatore sia in grado di scrivere i dati nell'area delle pause. Potrebbe infatti accadere che, nonostante la scrittura sia andata a buon fine, la ghost-track non possa essere né individuata né riprodotta a causa di limitazioni dell'hardware del masterizzatore. Può anche accadere che la ghost-track sia stata scritta in modo corretto ma che alcuni player non riescano a riprodurla. Mentre per quest'ultima eventualità potete fare poco, potete invece assicurarvi che il vostro masterizzatore sia in grado di gestire tutti i parametri necessari per un corretto mastering audio. Sul web potete trovare molte utility gratuite che mostrano le caratteristiche dei masterizzatori, compresa la capacità di leggere e scrivere ISRC, CD-TEXT, UPC, EAN etc. Specialmente se state per acquistare un nuovo masterizzatore, assicuratevi quindi che disponga di un firmware in grado di supportare tutte le modalità di scrittura e lettura.

ATTIVITÀ

- Caricate il montaggio **AUTHORING 03** salvato in precedenza.

- Nel menu <u>MODIFICA</u>, nell'area <u>RIPERCUSSIONE</u>, attivate l'opzione <u>Traccia</u>. Questa funzione permette di spostare contemporaneamente la clip selezionata e tutte le altre a destra di essa, vedi fig. 15.34.

fig. 15.34 Opzione di spostamento

- Nel menu <u>Finestre degli strumenti di utility</u> selezionate <u>CD</u>. Nel menu <u>Opzioni</u> selezionate <u>Audio tra le pause</u>, vedi fig. 15.35.

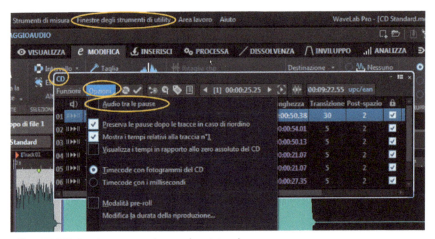

fig. 15.35 Opzione creazione ghost-track.

- Scegliete un brano da utilizzare come ghost-track. Calcolate la durata del brano e annotatela. Ora dovrete creare uno spazio corrispondente a tale durata, prima dell'inizio della traccia 1. Per fare ciò dovete spostare tutte le tracce e i relativi marker verso destra, più avanti nel tempo.

- Cliccate nella parte inferiore della clip della traccia 1 e trascinate le tracce verso destra fino a creare uno spazio che corrisponda, più o meno, alla durata della ghost-track. Create uno spazio leggermente maggiore. In seguito potrete definire meglio questo intervallo di tempo, vedi fig. 15.36.

fig. 15.36 Creazione di spazio vuoto

- Portate il cursore all'inizio del montaggio, cliccate col tasto destro del mouse nell'area di spazio vuoto creata e selezionate <u>Inserisci file audio</u>. Selezionate la ghost-track e inseritela nel montaggio, vedi fig. 15.37.

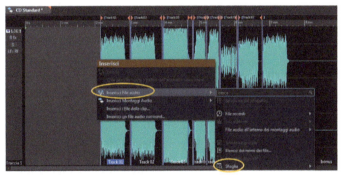

fig. 15.37 Inserimento ghost-track

- Ora la ghost-track è inserita nel montaggio. Selezionatela e spostatela a circa 500ms dall'inizio dal montaggio. Selezionate la Traccia 1 e spostatela indietro fino a circa 500ms dalla fine della ghost-track, vedi fig. 15.38.

fig. 15.38 Allineamento ghost-track

- Ora il montaggio contiene una ghost-track prima dell'inizio della traccia 1 e un bonus-track a 3 minuti dalla fine dell'ultimo brano, vedi fig. 15.39.

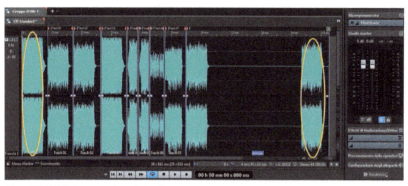

fig. 15.39 Montaggio globale

- Salvate il montaggio con il nome **AUTHORING 04**.

15.7 ENFASI

Nel canale **Q** dei sub-codici sono presenti molte informazioni relative a vari parametri e funzioni di lettura del CD player. I primi 4 bit del canale Q definiscono l'indicazione di copia proibita, il numero dei canali audio, la presenza di dati non audio. Il parametro **Emphasis**, **Enfasi** o **Pre-enfasi**, è relativo al bit 4. Il processo di pre-enfasi consiste nell'amplificazione di alcune frequenze, in genere alte frequenze, durante la fase di produzione del supporto. In fase di riproduzione viene applicata una attenuazione speculare delle stesse frequenze, nel processo di **De-enfasi**. L'insieme di questi due processi viene definito **Enfasi**. In campo analogico l'enfasi è utilizzata nei processi di riduzione del rumore di fondo. L'esempio più famoso è quello del sistema Dolby. Nel Dolby vengono esaltate le alte frequenze durante la fase di registrazione sul nastro. Durante la riproduzione le stesse frequenze vengono attenuate e il rumore del nastro, che è sempre costante, risulta quindi attenuato. Nel Red Book, in campo digitale, l'enfasi è un processo usato molto di rado. È stato previsto nelle prime fasi di sviluppo del CD, quando erano utlizzati 14 bit per il campionamento. In quel caso il processo di enfasi, 9,5dB di amplificazione a 20kHz, serviva a minimizzare gli errori di quantizzazione in presenza di segnali di basso livello. Se questo bit è attivo, il CD player inserisce un filtro di -9,5dB a 20kHz per riportare il segnale a una risposta in frequenza lineare. Con l'introduzione dei parametri di 44.1kHz e 16 bit, nella versione definitiva del Red Book, l'enfasi è divenuta di fatto inutile.

Attualmente non è mai utilizzata nella produzione di CD ma il suo bit di controllo è rimasto nelle specifiche a scopo di compatibilità con supporti a 14 bit realizzati in passato. Nella finestra CD del montaggio audio è comunque possibile gestire questo parametro, contrassegnato dall'icona mostrata in figura, vedi fig. 15.40.

	Nome	Gruppo	Pausa	Inizio	Fine	Lunghezza	Transizione	Post-spazio			RC C
01	Track 01		00:00:00.00	00:00:00.00	00:00:50.39	00:00:50.39	30	2	☑		☐
02	Track 02		00:00:01.74	00:00:52.38	00:01:46.40	00:00:54.02	5	2	☑		☐
03	Track 03		00:00:01.74	00:01:48.39	00:02:38.53	00:00:50.14	5	2	☑		☐
04	Track 04		00:00:01.74	00:02:40.52	00:03:01.60	00:00:21.08	5	2	☑		☐
05	Track 05		00:00:01.74	00:03:03.59	00:03:24.67	00:00:21.08	5	2	☑		☐
06	Track 06		00:00:01.74	00:03:26.66	00:03:54.27	00:00:27.36	5	2	☑		☐

fig. 15.40 Flag di pre-enfasi

15.8 SCMS

Un altro bit di controllo del canale Q dei sub-codici, identifica il **SCMS, Serial Copy Management System**. Il SCMS è stato sviluppato per impedire la copia digitale, tramite connessioni SPDIF. Nei primi anni successsivi all'introduzione del CD sul mercato, il problema delle copie illegali era pressoché inesistente. I CD potevano essere stampati solo da grandi impianti industriali specializzati e autorizzati. Nel 1987, con l'introduzione sul mercato dei registratori DAT a basso costo il discorso cambia, vedi fig. 15.41.

fig. 15.41 Registratore portatile DAT Casio

Tramite connessioni SPDIF, era infatti possibile collegare l'uscita digitale di un CD player all'ingresso digitale del DAT, effettuando una copia digitale, bit per bit, perfettamente identica all'originale. È proprio per questo motivo che, fino al 1992, la RIAA ha impedito la commercializzazione dei DAT domestici negli Stati Uniti. Nel frattempo, anche nelle aule dei tribunali, Sony e Philips premevano per la commercializzazione dei loro registratori denunciando anche un notevole danno economico. Finalmente, nel 1992 la RIAA, insieme a Sony e Philips, approva un protocollo di codifica della protezione da copia che non influenza la qualità dell'audio. Il SCMS doveva quindi essere presente in tutti i dispositivi digitali consumer in grado di registrare. I registratori DAT costruiti prima del 1992 erano però *immuni* al codice, motivo per cui divennero molto ricercati. Il protocollo è basato sull'uso di 2 bit del nel segnale SPDIF e da uno nel canale Q del CD. Sia sui registratori DAT, che sui Minidisc, che sui registratori CD divenne obbligatoria l'implementazione del SCMS. I 2 bit gestiscono i diversi stati.

Sono previsti 3 possibili stati:

- **00 Copia Permessa**. Permette la copia del contenuto audio in numero illimitato. Il registratore DAT che trova questo valore all'interno dell'area sub-codici riscriverà lo stesso valore nel segnale registrato su nastro. In questo modo ad ogni operazione di copia il valore dei bit sarà sempre 00 e il numero di copie permesso sarà illimitato.

- **10 Copia non permessa**. In presenza di questo valore il DAT non abilita la registrazione, ma solo la riproduzione.

- **11 Una copia permessa**. In questo caso il registratore DAT registra il contenuto ma scrive il valore 10 sul nastro registrato. La copia successiva non potrà quindi essere ulteriormente copiata.

Nel segnale SPDIF il SCMS usa 2 bit, nel CD audio è il solo bit 3 del canale Q che gestisce la protezione anticopia. Può essere impostato su 0, una sola copia permessa o su 1 copia proibita. Non è prevista l'opzione della copia illimitata. Nella finestra CD del montaggio audio di Wavelab è possibile gestire tale codice. fig. 15.42.

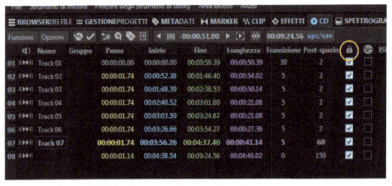

fig. 15.42 Gestione del bit di protezione anticopia

È rappresentato dall'icona di un lucchetto e può essere abilitato o meno. In genere la protezione anticopia è sempre abilitata nei CD destinati all'uso commerciale.

15.9 ISRC

Gli ultimi 4 bit del canale Q identificano varie tipologie di dati, definite **Modi**.

- Il **Mode 1** contiene le informazioni relative al numero delle tracce, agli index, ai sub-index e le informazioni temporali in formato MSF che il CD player visualizza sul display durante la riproduzione.

- Il **Mode 2** contiene informazioni relative al codice a barre identificativo del CD. Questo argomento sarà trattato nel prossimo paragrafo

- Il **Mode 3** descrive il codice **ISRC, International Standard Recording Code**

L' ISRC è un codice alfanumerico di 12 cifre che identifica una particolare registrazione.

Non è necessariamente legato ad un brano musicale. Lo stesso brano eseguito da un artista diverso, o presente in un CD diverso o in una compilation, o distribuito in formati diversi, può avere codici ISRC diversi che identificano appunto ognuna delle registrazioni. L'ISRC è stato istituito come standard **ISO-3901** nel 1986 e aggiornato nel 2001. Dal 1989 i codici ISRC sono presenti nei dati dei CD audio. Sebbene non sia obbligatorio inserire i codici ISRC nei CD audio, la loro utilità è senza dubbio rilevante. Possono essere usati per catalogare i brani musicali, oppure per stabilire l'attribuzione dei diritti di esecuzione in modo automatico e per altri scopi. In un CD audio è possibile inserire un ISRC diverso per ogni traccia. Il formato del codice è: **CC-XXX-YY-NNNNN:**

CC Country Code. È un codice composto da 2 caratteri alfabetici e identifica la nazionalità del soggetto, compagnia, persona singola, titolare del codice.

XXX È composto da 3 cifre alfanumeriche e identifica il titolare del codice. Questo valore è legato al CC e solo unitamente a questo identifica in modo univoco il titolare del codice. È infatti possibile che lo stesso codice XXX sia assegnato a un titolare diverso in uno stato diverso.

YY È composto da 2 cifre numeriche. Identifica l'anno della registrazione, non necessariamente l'anno della pubblicazione sul CD. Indica le ultime due cifre dell'anno.

NNNNN È composto da 5 cifre numeriche. Indica il numero di catalogo della registrazione. Un'etichetta discografica può quindi produrre *solo* 99.999 registrazioni per ogni anno. Il valore di questo campo è a discrezione del titolare del codice. Alcune etichette discografiche usano la prima cifra per identificare il genere musicale e le altre come numero progressivo di catalogo.

Attualmente, come spiegato in seguito, è possibile inserire i codici ISRC anche nei Tag2 e Tag3 dei file MP3 e nei file wav broadcast BWF. La gestione degli ISRC a livello mondiale è gestita dalla **IFPI, International Federation of the Phonographic Industry**. La IFPI concede poi il mandato a varie società nazionali. In Italia i codici ISRC sono gestiti dalla **FIMI, Federazione dell'Industria Musicale Italiana**. Per richiedere un codice ISRC basta rivolgersi al mandatario locale, nel caso italiano la FIMI. I codici possono essere assegnati a persone fisiche, associazioni, società, etichette discografiche, ditte individuali, praticamente a chiunque ne faccia richiesta. La diffusione dei codici ISRC è incoraggiata a livello commerciale e artistico, appunto per gli indubbi vantaggi nella gestione e diffusione dei contenuti audio nei vari formati. Sia nella finestra CD che nella finestra Meta-dati, è possibile gestire in modo completo i codici ISRC, vedi fig. 15.43 e fig. 15.44.

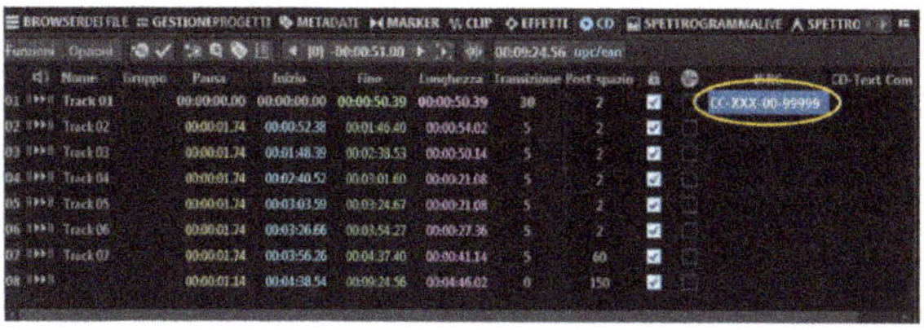

fig. 15.43 ISRC nella finestra CD

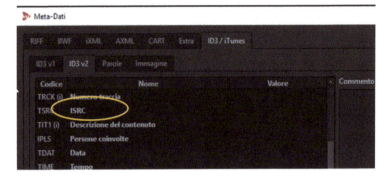

fig. 15.44 ISRC nella finestra Meta-dati

. . . .

ATTIVITÀ

- Caricate il montaggio **AUTHORING 04** salvato in precedenza.

- Supponete che l'identificativo ISRC del vostro studio sia ZZ-999 e che l'anno di registrazione dei brani sia il 2000.

- Assegnate un numero di catalogo a vostra scelta a ogni brano e inserite i codici ISRC nella finestra CD.

- Verificate che il bit di protezione copia sia attivo su ogni traccia ed eventualmente attivatelo, vedi fig. 15.45.

fig. 15.45 Codici ISRC e bit di protezione

- Ora il montaggio contiene anche i codici ISRC.

- Salvate il montaggio con il nome **AUTHORING 05**.

. . . .

15.10 UPC EAN

Il Mode 2 del canale Q definisce il codice unico del CD, stampabile anche come codice a barre. Nel Red Book è definito **MCN**, **Media Catalog Number** ed è composto da un numero di 13 cifre. Contrariamente ai codici ISRC, che identificano la singola traccia, il MCN è riferito all'intero CD ed è utilizzabile come un vero e proprio codice a barre per tutti gli utilizzi commerciali consentiti. La procedura per ottenere un codice a barre è leggermente più complessa di quella per gli ISRC e prevede il pagamento di una quota annuale al **GS1**, il comitato mondiale che gestisce tutti i codici. In Italia si può richiedere il codice a barre per la propria attività commerciale a http://gs1it.org/. Come l'ISRC, il MCN non è obbligatorio all'interno del canale Q e, in sua assenza, vengono inseriti automaticamente 13 zeri. Così come per l'ISRC, se ne consiglia sempre l'utilizzo. Esistono due tipologie principali di codici a barre:

EAN, **European Article Number**. È utilizzato in Europa, è formato da 13 cifre ed è compatibile con l'UPC.

UPC, **Unified Product Code**, **Universal Product Code**. È utilizzato in USA, è formato da 12 cifre. È compatibile con l'EAN.

Il valore MCN del canale Q deve essere di 13 cifre. Per inserire nel MCN un codice UPC, formato da 12 cifre, sarà necessario aggiungere 0 all'inizio del codice.

In fig. 15.46, la finestra CD del montaggio audio, dove è possibile inserire il codice a barre.

fig. 15.46 Gestione UPC/EAN nel montaggio audio

ATTIVITÀ

- Caricate il montaggio **AUTHORING 05** salvato in precedenza.

- Supponete che il codice a barre della vostra etichetta discografica sia1234567890123.

- Nel menu CD cliccate su UPC/EAN e inserite il codice, vedi fig. 15.46.

- Ora il montaggio contiene il codice a barre.

- Salvate il montaggio con il nome **AUTHORING 06**.

15.11 CD-TEXT

I canali da **R** a **W** dell'area sub code del CD audio, non sono stati codificati fino al 1996. A partire da questo anno, grazie a un'estensione delle specifiche del Red Book, sono state inserite funzioni aggiuntive relative a questi canali. Il fatto che queste istruzioni rappresentino un'estensione, rende i CD audio pubblicati prima del 1996 perfettamente conformi al Red Book, anche se non utilizzano i canali da R a W. Le nuove istruzioni prevedono l'uso di testi, grafica, video e dati MIDI. Per quanto riguarda le informazioni di testo, nei canali da R a W, sono presenti i dati relativi al **CD-TEXT**. Tramite il CD-TEXT si possono inserire informazioni relative al titolo dell'Album, il titolo della traccia e altri dati aggiuntivi. Nella tabella che segue sono indicati i valori di riferimento indicati da Sony:

PARAMETRO	DESCRIZIONE	FORMATO
TITLE	Titolo del brano o dell'Album	testo
PERFORMER	Esecutore	testo
COMPOSER	Compositore	testo
SONGWRITER	Autore del testo	testo
ARRANGER	Arrangiatore	testo
GENRE	ID numerico del genere musicale	numerico
ISRC	Codice ISRC della traccia	testo
MESSAGE	Messaggio del produttore/artista	testo
DISK-ID	Codice di catalogo del disco	testo
UPC-EAN	Codice a barre UPC/EAN dell'album	numerico

La gestione completa dei parametri CD-TEXT si effettua nella finestra dedicata, nel menu CD, vedi fig. 15.47.

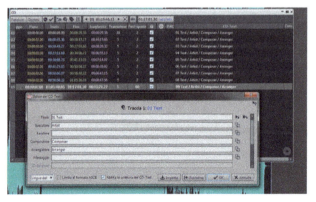

fig. 15.47 Gestione CD-TEXT nel montaggio audio

Ricordate che non tutti i masterizzatori sono in grado di scrivere e leggere correttamente i CD-TEXT. Verificate sempre questa caratteristica prima di acquistare un masterizzatore da utilizzare per il mastering audio.

- -

ATTIVITÀ

- Caricate il montaggio **AUTHORING 06** salvato in precedenza.

- Selezionate l'opzione di inserimento e modifica CD-TEXT nel menu CD. Comparirà la finestra relativa all'inserimento dei dati. Scorrendo la barra laterale si ha accesso ai campi relativi ai brani. Il primo campo è riservato alle informazioni dell'album. È possibile copiare le informazioni inserite per tutti i brani successivi, selezionando l'apposita funzione, vedi fig. 15.48.

fig. 15.48 Inserimento CD-TEXT

- Controllate che l'opzione Abilita scrittura del CD-TEXT sia attiva.

- Procedete con l'inserimento dei dati relativi alle tracce. Se avete nominato i marker con il titolo della traccia è possibile copiare il nome del marker nel campo del titolo del brano, sia per la traccia corrente che per le successive, vedi fig. 15.49.

fig. 15.49 Inserimento dati della traccia

- Ora il montaggio contiene anche i dati CD-TEXT.

- Salvate il montaggio con il nome **AUTHORING 07**.

- -

15.12 METADATA

I dati che descrivono le caratteristiche del file, sono definiti **Metadata**. Non modificano il contenuto dei dati, ma forniscono informazioni aggiuntive su di essi. Sono codificati in modo diverso dai dati principali. Nel caso del CD-DA i codici ISRC, UPC/EAN, CD-TEXT, SCMS, Enfasi, possono essere definiti metadata. Questi metadata sono relativi allo standard CD audio, sono presenti nel lead-in e nei canali P-Q e R-W e sono gli unici supportati dal Red Book. In ambito multimediale esistono anche metadata relativi ai singoli file. A volte sono definiti **Tag** e contengono informazioni più o meno complesse relative al contenuto multimediale. Ogni tipo di file, compresso o lineare può contenere vari tipi di metadata. Wavelab è in grado di gestire ogni tipo di metadata standard, sia quelli relativi al CD che quelli relativi ai file, vedi fig.15.50.

fig. 15.50 Gestione metadata

In Wavelab è possibile utilizzare procedure automatiche di conversione tra tipologie diverse di metadata. Si possono creare variabili personalizzate e creare preset per l'esecuzione di procedure specifiche, vedi fig. 15.51.

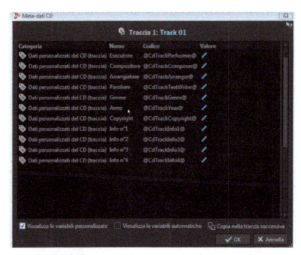

fig. 15.51 Gestione variabili e preset per i metadata

I metadata per i file PCM lineari sono:

- **RIFF, Resource Interchange File Format**. È definito **Container, Contenitore**. Il contenitore è una tipologia di file che comprende al suo interno dati e metadata. Il formato RIFF può contenere audio e video con l'aggiunta di metadata di vario genere, come per esempio BWF, aXML, iXML, MD5 etc. I file .WAV sono di tipo RIFF e possono quindi contenere metadata in questo formato. I codici ISRC possono essere inseriti nei metadata RIFF del file audio.

- **AIFF, Audio Interchange File Format, Apple interchange file format**. È un contenitore sviluppato da Apple nel 1988. Può contenere dati non compressi **LPCM**, come pure dati compressi, **AIFFC**. Sebbene supporti una serie di metadata in formato proprietario, AIFF non supporta i chunk BWF, i relativi codici USID e UMID, i metadata ID3 e i metadata EBU R128. Tutte queste informazioni sono attualmente diventate uno standard per l'archiviazione e la distribuzione dei file in ambito broadcast, e distribuzione commerciale, rendendo di fatto il formato AIFF obsoleto.

- **BWF Broadcast Wave Format**. A partire dal 1997 EBU crea un **Chunk**, un pacchetto di dati, da inserire nei file RIFF WAVE Microsoft .WAV. Lo scopo è quello di aggiungere le informazioni minime necessarie allo scambio di file audio in ambito broadcast. Come tutti i chunk presenti nei file RIFF, il BWF non compromette l'integrità dei dati audio e viene ignorato dai software che non lo riconoscono. Nell'ultima versione, la BWF 2, è possibile inserire una serie di informazioni relative a:

  Timecode espresso in campioni dall'inizio della sequenza

  Origine Creatore del file

  Data e **Ora** di creazione del file

  USID, Unique Source IDentifier, Codice di identificazione della sorgente del file. Questo codice è unico al mondo per ogni file e può essere generato automaticamente con Wavelab.

  UMID, Unique Material IDentifier, analogamente al USID, identifica il file all'interno di un gruppo di produzione o di una serie di versioni.

  Loudness, indica i valori relativi alla normativa EBU R-128

- **iXML**, è uno standard creato per inserire informazioni durante la presa diretta dell'audio. Il formato è aperto e non prevede una codifica standard, il formato dei dati deve essere di tipo XML

- **aXML**, può consistere in qualsiasi documento XML valido. La tipologia, la codifica e l'uso dei dati è definito dall'utente.

- **CART**, un chunk con informazioni utili soprattutto in ambito broadcast radiofonico. Contiene varie informazioni come l'inizio del cantato, 8 marker successivi all'inizio, ID della clip, ID del cliente etc.

- **ID3v2**, IDentificazione per MP3. Come indica il nome, questo tipo di metadata è stato dapprima sviluppato per essere usato nei file MP3. La versione ID3v1, sebbene molto limitata, è infatti compatibile esclusivamente con essi. Gli ID3v2 possono essere inseriti in un file RIFF. Contengono molte informazioni tra cui il BPM della traccia, i codici ISRC, il testo del brano, l'immagine di copertina, e il parametro **Replay Gain**, relativo al loudness e utilizzato da alcuni software di riproduzione e provider di contenuti per uniformare il livello di ascolto dei brani, vedi fig. 15.52.

fig. 15.52 Gestione metadata ID3v2

Se in un montaggio audio inserite file audio che contengono metadata, questi ultimi verranno conservati nel rendering e nel salvataggio di altri file derivanti dagli originali. Non saranno però trasferiti sul CD, a meno che non siano stati convertiti in un formato compatibile Red Book.

· ·

ATTIVITÀ

- Caricate il montaggio **AUTHORING 07** salvato in precedenza.
- Cliccate con il tasto destro del mouse nella parte inferiore della clip relativa alla prima traccia e selezionate <u>Modifica la sorgente</u>. Il file verrà caricato nell'editor standard, vedi fig. 15.53.

fig. 15.53 Modifica nell'editor

- Nel menu <u>Finestre degli strumenti di utility</u> selezionate <u>Meta-dati</u>. Nella finestra che appare selezionate <u>Modifica</u>. Selezionate la sezione <u>ID3/iTunes</u>, inserite i dati relativi al brano e premete <u>OK</u>, vedi fig. 15.54.

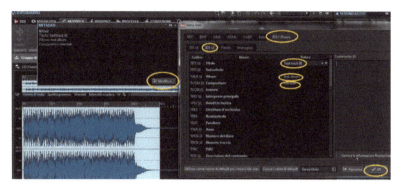

fig. 15.54 Inserimento metadata

- Chiudete la finestra del file nell'editor. Apparirà la richiesta di salvare il file prima di chiuderlo. Premete <u>Sì</u>, vedi fig. 15.55.

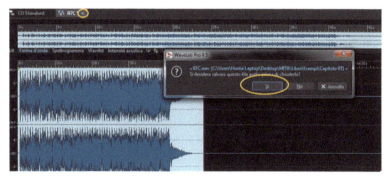

fig. 15.55 Chiusura e salvataggio

- Ora i metadata sono presenti anche nella clip del montaggio audio. Se il file della clip venisse salvato in formato MP3 i metadata sarebbero automaticamente assegnati al nuovo tipo di file.

- Aprite la finestra CD nel montaggio audio e impostate la pausa desiderata tra una traccia e l'altra. Se la pausa corrisponde a 0 il marker di fine traccia e quello di inizio della traccia successiva saranno uniti in un unico marker e non ci sarà interruzione del suono tra le tracce. La lunga pausa precedente alla traccia 1 rappresenta l'area della ghost-track. vedi fig. 15.56.

fig. 15.56 Impostazione delle pause tra i brani.

- Salvate il montaggio con il nome **AUTHORING 08**.

- Provate ad aprire un file audio dalla vostra discografia. Inserite diversi tipi di metadata. Salvate il file in formati diversi. Riaprite i file e verificate la presenza dei metadata.

15.13 PMCD

Alla fine del processo di authoring, le operazioni nel montaggio audio, sono terminate.

- È stata creata una tracklist
- Sono state stabilite le pause tra le varie tracce
- È stata inserita l'eventuale ghost-track
- È stato inserito il codice a barre UPC/EAN
- Sono stati inseriti i codici ISRC
- Sono state inserite le informazioni CD-TEXT

Ora è il momento di utilizzare le opzioni di masterizzazione di Wavelab. Bisogna creare un master da consegnare all'**impianto di duplicazione**, o **press plant** per la stampa delle copie da commercializzare. Questa è una fase molto importante del processo di mastering a volte definita **Pre-Mastering**. Bisogna essere sicuri che non ci siano errori nella compilazione dei dati o nei vari file audio che fanno parte del master. Un difetto nel supporto master verrebbe replicato su tutte le copie stampate. Sebbene non accada spesso, il press plant potrebbe chiedervi un **PMCD**, **Pre-Master CD** per la duplicazione. PMCD è un termine ideato da Sonic Solutions© e utilizzato nella sua workstation degli anni '90 per la creazione di un CD audio master. Di fatto oggi il termine PMCD è diventato di uso comune e identifica un supporto CD da destinare alla duplicazione. Dal punto di vista audio un PMCD è un CD perfettamente identico a quello che si trova nei negozi di dischi. Esistono però alcune importanti differenze nel modo in cui i due tipi di supporto sono realizzati.

Un CD audio commerciale viene prodotto tramite l'estrusione a caldo di policarbonato in una pressa e il successivo rivestimento del supporto con uno strato di alluminio riflettente. Questo processo è eseguito in appositi stabilimenti con livello di igiene, pulizia, climatizzazione e controllo dell'umidità elevatissimi. In questi impianti è possibile produrre migliaia di copie l'ora. Tutte le copie sono praticamente identiche tra loro. La prima fase del processo produttivo consiste nella creazione di un **Glass Master**. Il glass master è un disco di vetro speciale sul quale, dopo l'applicazione di uno strato fotosensibile, viene incisa la sequenza di pit. Dal glass master, dopo diversi passaggi produttivi, si ricava uno **Stamper**, il disco utilizzato nella pressa per la stampa del policarbonato. I dati presenti nel glass master provengono dal supporto master fornito dallo studio di mastering. Nel caso del PMCD, lo studio di mastering deve fornire un supporto di alta qualità registrato nel modo migliore possibile. Un PMCD è un **CD-R**, **CD recordable**, un **CD registrabile**. Il PMCD è masterizzato tramite una DAW. Un CD-R, contrariamente a un CD audio commerciale non ha i pits incisi sul policarbonato.

La superficie del policarbonato di un CD-R contiene solo un **pre-groove**, una traccia a spirale per guidare il laser. In fase di scrittura non viene creato nessun pit. Il masterizzatore cambia solo lo stato di rifrazione di uno strato termosensibile presente sulla superficie del CD-R. Queste variazioni sulla superficie simulano la presenza dei pit, vedi fig. 15.57.

fig. 15.57 Strati di un CD-R

È chiaro quindi che un CD-R è molto più delicato di un CD audio. La sua creazione deve essere effettuata con una cura particolare e richiede molto tempo per la realizzazione di una singola copia. Il laser deve deformare il supporto termosensibile. Un fattore molto importante è quindi la velocità di masterizzazione. La *qualità* dei pit sarà inversamente proporzionale alla velocità di scrittura. Più tempo il laser riscalderà un punto della superficie, più precisa e profonda sarà la dimensione dei pit generati. Durante la masterizzazione di un PMCD usate sempre la velocità di masterizzazione più bassa possibile. Anche se oggi non esistono più masterizzatori con velocità 1X, utilizzate sempre valori non superiori a 10X. Non abbiate fretta in questo momento cruciale. Masterizzare un PMCD a 32X vi farà risparmiare tempo ma vi creerà sicuramente molti problemi in fase di duplicazione. Il tipo di masterizzazione deve essere di tipo **DAO, Disc At Once**. In questa tipologia di scrittura, il laser si accende all'inizio del lead-in e si spegne alla fine del lead-out, senza nessuna interruzione, vedi fig. 15.58.

fig. 15.58 Modalità di scrittura DAO

Assicuratevi che il vostro masterizzatore possa scrivere in modalità DAO. Questa è l'unica tipologia di PMCD accettata dagli stabilimenti di stampa per la duplicazione dei CD audio. Solo masterizzando DAO è infatti possibile scrivere i canali R-W dei sub code. Durante la masterizzazione, il trasporto, la lettura del PMCD potrebbero verificarsi problemi in grado di compromettere l'integrità dei dati sulla superficie. Per questo motivo è sempre consigliabile consegnare al press plant almeno tre copie dello stesso PMCD. Il press plant potrà così effettuare dei test comparativi in caso di dubbi. Potrà eventualmente utilizzare un'altra copia nel caso una delle tre risulti difettosa.

Oltre a DAO, esistono anche altre tipologie di scrittura.

TAO, Track At Once, permette di scrivere una traccia per volta, spegnendo il laser tra una traccia e un'altra.

Questo tipo di scrittura è utilizzata per i dischi a sessione singola che contengono tracce di natura diversa, per esempio dati e audio. Sono definiti **Mixed Mode CD**, vedi fig. 15.59.

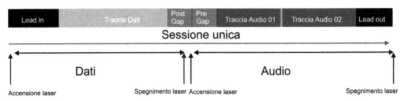

fig. 15.59 Modalità TAO Mixed Mode

I Mixed Mode CD possono essere riprodotti solo tramite computer. Infatti la prima traccia è quella dei dati e la seconda quella delle tracce audio CD. Un CD player non è in grado di leggere una TOC dati e se cercherete di riprodurre un Enhanced-CD (vedi paragrafo successivo), indicherà un errore di lettura. La modalità TAO può essere comunque utilizzata per masterizzare i CD audio, vedi fig.15.60.

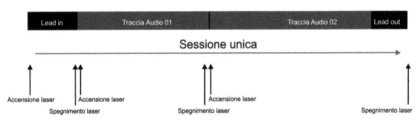

fig. 15.60 modalità TAO CD Audio

In questo caso l'ascolto sarà comunque possibile con un CD player ma non sarà possibile scrivere i canali R-W e il disco non sarà utilizzabile per la produzione di un glass master. Le interruzioni tra una traccia audio e l'altra verrebbero interpretate come errori e la creazione del glass master verrebbe impedita. In TAO le tracce possono essere scritte anche in momenti diversi. In questo caso la TOC non viene scritta nel lead-in ma in un'area molto vicina al centro del CD-R, definita **PMA, Program Memory Area**. L'area lead-in viene quindi lasciata momentaneamente vuota, non scritta, per permettere l'aggiunta di altre tracce. Dopo l'aggiunta dell'ultima traccia la TOC può essere copiata dalla PMA al lead-in rendendo quindi il disco **Finalizzato, Chiuso**. Da questo momento in poi non sarà più possibile aggiungere tracce. La TOC definitiva è stata scritta e non è più modificabile. Un CD audio parzialmente masterizzato e non finalizzato, può essere letto solo dai masterizzatori o dai registratori CD. La PMA non può infatti essere letta dai CD player, che leggono solo il lead-in. La PMA si trova in un'area successiva alla **PCA, Power Calibration Area**. Quest'area viene usata dal masterizzatore per effettuare un piccolo test di scrittura prima della masterizzazione. Questo test serve a determinare la potenza del laser e la velocità massima di scrittura utilizzabile dal supporto CD-R.

La PCA e la PMA costituiscono la **SUA**, **System User Area**. Questa sezione del CD-R è gestita unicamente dai masterizzatori per effettuare le operazioni preliminari alla scrittura del CD-R e per memorizzare le TOC provvisorie, vedi fig. 15.61.

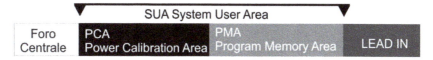

fig. 15.61 System User Area di un CD-R

- -

ATTIVITÀ

- Caricate il montaggio **AUTHORING 08** salvato in precedenza.

- Nel menu CD selezionate l'opzione <u>Verifica la conformità del CD</u>, vedi fig. 15.62.

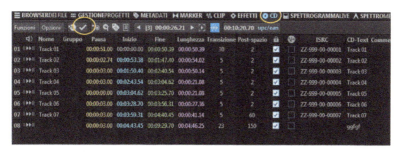

fig. 15.62 Verifica del CD

- Se il controllo non restituisce errori potete passare alla masterizzazione del PMCD.

- Nel menu CD selezionate l'opzione <u>Scrivi CD audio o DDP</u>. Nella finestra che appare potete selezionare varie opzioni. Nella sezione Periferica, selezionate il vostro masterizzatore. Inserite un disco CD-R vuoto e premete OK. Il CD verrà stampato. Avete appena creato un PMCD, vedi fig. 15.63.

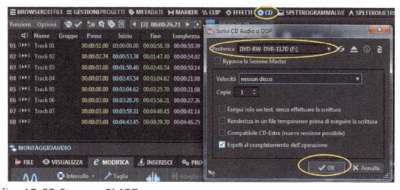

fig. 15.63 Stampa PMCD

- -

15.14 CD-EXTRA

Nel catalogo dei rainbow books, il **Blue Book** descrive le caratteristiche del **CD-EXTRA**. Contrariamente all'**Enhanced-CD**, il CD-EXTRA è un disco **Multisessione**. Un CD multisessione prevede un lead-in e un lead-out per ogni sessione. La prima sessione del CD-EXTRA contiene tracce audio e la seconda sessione contiene dati. Il primo lead-in è quindi di tipo audio. Ciò rende il CD-EXTRA compatibile con i lettori CD audio, che ignorano il lead-in dati. Leggendo un CD-EXTRA con un computer sarà possibile avere accesso sia alle tracce audio, sia alla sessione dati, che può contenere suoni, immagini, documenti. Per scrivere un CD-EXTRA si deve utilizzare la modalità **SAO**, **Session At Once**. Il laser viene acceso e spento all'inizio e alla fine di ogni sessione, vedi fig. 15.64.

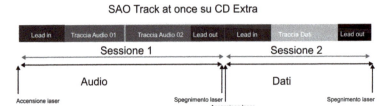

fig. 15.64 Session at once

Con Wavelab è possibile creare un CD-EXTRA in maniera molto semplice e sicura, vedi fig. 15.65.

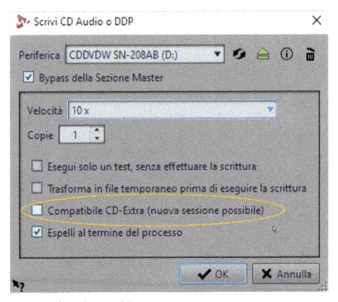

fig. 15.65 Finestra di scrittura CD

Per farlo bisogna attivare le relative opzioni nella finestra di scrittura CD. Alla fine della scrittura dei dati audio il CD non verrà finalizzato per permettere di registrare la successiva sessione dati.

Alla fine della scrittura della sessione dati il CD sarà finalizzato. Spesso il CD- EXTRA è anche definito **Enhanced-CD**. Ciò non è propriamente esatto. La categoria Enhanced-CD comprende varie tipologie di **CD mixed mode**, incluso il CD-EXTRA. Un Enhanced-CD può infatti contenere la traccia dati nella stessa sessione delle tracce audio, nella prima sessione (**CD-I**), nel pregap della prima traccia audio, o nella seconda sessione (**CD-EXTRA**). Alcuni formati dell'Enhanced-CD sono definiti nell'Orange Book, altri nel Blue Book. La modalità CD-EXTRA del Blue Book è stata codificata proprio per evitare che i CD player leggano la prima traccia dati di alcuni CD mixed mode. Nel caso in cui il lettore non identifichi la traccia come dati, riprodurrebbe sugli altoparlanti un forte rumore in grado di danneggiare i componenti dell'impianto Hi-Fi. È per questo motivo che la prima sessione di un CD-EXTRA è sempre di tipo audio. Nel menu File è presente l'opzione per creare un progetto CD dati da stampare o da inserire come sessione dati in un CD-EXTRA, vedi fig. 15.66.

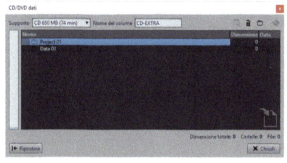

fig. 15.66 Finestra progetto disco dati

Se la finestra progetto dati è aperta e viene inserito un CD audio non finalizzato, ottenuto attivando l'opzione apposita nella finestra di scrittura CD, i dati del progetto dati saranno scritti sul CD in una seconda sessione. Al termine della scrittura il CD-EXTRA verrà finalizzato.

• •

ATTIVITÀ

- Caricate il montaggio **AUTHORING 08** salvato in precedenza.

- Nel menu CD selezionate l'opzione Scrivi CD audio o DDP. Nella finestra che appare selezionate Compatibile CD.-Extra (nuova sessione disponibile), vedi fig. 15.67.

fig. 15.67 Opzione CD-EXTRA

- Premendo <u>OK</u> avrà inizio la scrittura della sola sessione audio. Al termine il disco verrà espulso. Il disco non verrà finalizzato e non sarà riproducibile dai CD player.

- Inserite di nuovo il disco creato nel masterizzatore.

- Create una cartella nel vostro hard disk e nominatela a vostra scelta. Inserite nella cartella, immagini, documenti, testi a vostro piacimento. Questa cartella sarà la sessione dati del CD-EXTRA.

- Selezionate il menu <u>FILE</u> del montaggio.

- Nel menu <u>File</u> di Wavelab selezionate <u>Strumenti di utility</u> e in seguito <u>Browser dei file</u>. Individuate e selezionate la cartella creata in precedenza nel Browser dei file, vedi fig. 15.68.

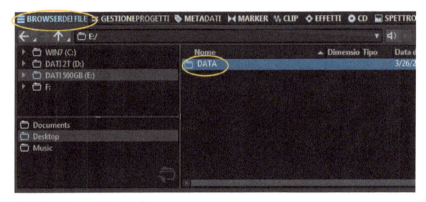

fig. 15.68 Browser dei file

- Nel menu <u>File</u> selezionate <u>Strumenti di utility</u> e in seguito <u>CD/DVD dati</u>, vedi fig. 15.69.

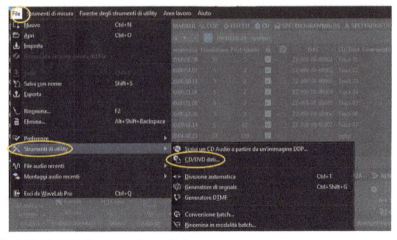

fig. 15.69 Creazione sessione dati

- Apparirà la finestra del progetto CD/DVD. In questa finestra potete inserire tutti i documenti che faranno parte della sessione dati del CD-EXTRA.

- Trascinate la cartella dal browser dei file alla finestra CD/DVD dati, vedi fig. 15.70.

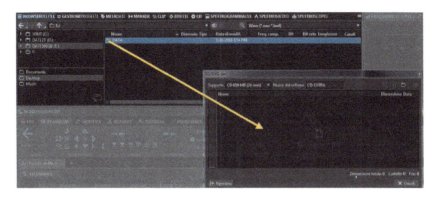

fig. 15.70 Aggiunta della cartella dati

- Cliccate sull'icona di masterizzazione. Si aprirà la finestra di stampa CD.

- Selezionate il vostro masterizzatore, selezionate l'opzione <u>Crea sessione CD-extra</u> e premete OK. I dati verranno aggiunti alla sessione audio e il CD sarà finalizzato, vedi fig. 15.71.

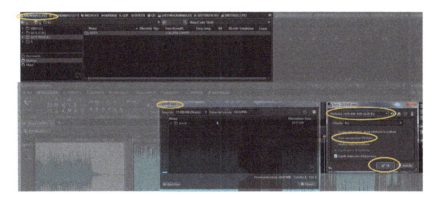

fig. 15.71 Masterizzazione CD-EXTRA

- Il CD-EXTRA appena creato è stato scritto in modalità SAO. Contiene una sessione audio e una dati ed è compatibile con i CD player.

15.15 DDP

Anche se realizzato nel migliore dei modi, un PMCD è comunque soggetto a tutti i problemi relativi alla lettura dei dati in tempo reale. Il sistema di correzione degli errori Reed Solomon non assicura, sia in fase di scrittura che in fase di lettura, una correzione degli errori assoluta. La spirale di dati di un CD Audio viene riprodotta in tempo reale. In presenza di grosse quantità di errori non è possibile tornare indietro e rileggere i dati o soffermarsi per più tempo sulla loro correzione, altrimenti la riproduzione dell'audio verrebbe interrotta. Ciò significa che, prima di giungere sul glass master, i dati potrebbero essere corrotti:

- in fase di masterizzazione del PMCD
- in fase di maneggiamento del PMCD
- nel trasporto del PMCD dallo studio al press plant
- in fase di lettura del PMCD nel press plant, durante la creazione del glass master.

Ognuna di queste fasi può causare una corruzione dei dati sul PMCD, generando errori che verrebbero poi trasferiti su tutte le copie dei CD realizzate. È chiaro quindi che l'utilizzo del PMCD è da considerarsi un'opzione poco sicura e da utilizzare solo in caso di esplicita richiesta del committente. La soluzione ideale sarebbe quella di poter fornire un supporto di tipo ROM, dati, che includa tutte le informazioni e i dati necessari per la realizzazione di un glass master. I supporti ROM consentono un livello assoluto di correzione degli errori e la modalità di lettura utilizzata non influenza la qualità dei dati. Spesso per questo scopo sono utilizzate le **Immagini Fisiche**, **Disc Images** o **Physical Images** del CD. Esistono vari formati di immagini CD. Il più conosciuto è senz'altro il formato ISO. Sebbene diffusissimo, il formato **ISO** non è però compatibile con il Red Book e non può includere i dati dei canali R-W. Esistono altri formati come il **CUE/BIN**, **IMG**, **NRG**, **BWI**, **MDF** che possono invece essere utilizzati per convertire un PMCD in un unico file. La conversione prevede però la stampa e la lettura di un CD-R. Esattamente ciò che si vuole evitare...Per creare direttamente immagini fisiche si possono utilizzare vari software di masterizzazione. L'authoring deve essere però effettuato tramite il software e non può essere eseguito all'interno del software audio ideale, in questo caso Wavelab. Inoltre non tutti i software hanno caratteristiche avanzate per la gestione dei codici P-Q. R-W e ghost-track. Per risolvere questi e altri problemi dei file di immagine fisica, nel 1989 **DCA**, elabora il protocollo **DDP©**, **Disc Description Protocol**. Il protocollo DDP permette di codificare in modo preciso i dati relativi a varie tipologie di CD e DVD. La sua struttura è rappresentata da una cartella che contiene diversi tipi di file dati che comprendono i dati audio, i codici ISRC, EAN/UPC, CD-TEXT etc. La cartella DDP contiene inoltre un file **Checksum**, un codice di controllo ottenuto effettuando operazioni con algoritmi complessi su tutti i dati che compongono i file. In fase di lettura della cartella DDP, il press plant confronta il checksum ottenuto in lettura con quello fornito nella cartella DDP. Se i due valori sono identici i dati sono integri. Il DDP può essere inviato via Internet, intranet, ftp, etc. poiché supporta anche i protocolli di sicurezza più avanzati nel trasferimento dati a pacchetti.

Per ulteriore sicurezza si può inviare la cartella compressa in formato .zip. Durante la compressione zip viene aggiunto un ulteriore checksum che rende il file inutilizzabile in presenza di dati corrotti. Con Wavelab è possibile creare cartelle DDP sia nella finestra CD audio semplificato sia nella finestra CD del montaggio audio, vedi fig. 15.72.

fig. 15.72 Finestra creazione DDP

Nella finestra DDP è possibile inserire dei metadata relativi alle informazioni di produzione e lavorazione. È chiaro che l'utilizzo del DDP è sempre raccomandato. Esso garantisce infatti l'integrità dei dati che saranno trasferiti sul glass master. Il DDP può essere letto solo da software specifici. Wavelab include un DDP player in grado di visualizzare e riprodurre i file contenuti in un DDP.

• •

ATTIVITÀ

- Caricate il montaggio **AUTHORING 08** salvato in precedenza.
- Nel menu CD selezionate la funzione Stampa CD audio o DDP. Nella finestra che appare selezionate Immagine DDP nell'area Periferica. Selezionate Scrivi il sommario e le informazioni per il cliente. Selezionate la cartella di destinazione dei file DDP, vedi fig. 15.73.

fig. 15.73 Finestra di stampa DDP

- Premete <u>OK</u> e in brevissimo tempo verranno generati tutti i dati DDP nella cartella selezionata.

- Cercate **DDP Player** nella cartella dei programmi Steinberg, o nelle applicazioni OSX e lanciatelo. Trascinate la cartella contenente i dati DDP sul ddp player. Il programma importerà i dati, i metadata e le tracce contenute, vedi fig. 15.74.

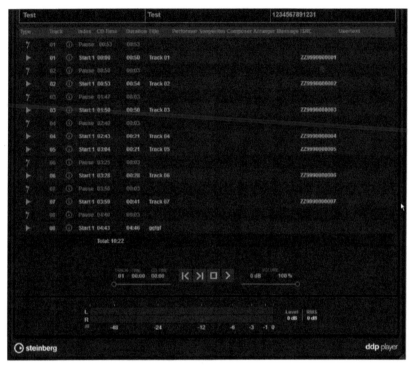

fig. 15.74 DDP player

- Ora è possibile ascoltare i brani, visualizzare il CD-TEXT, ottenere informazioni sul codice a barre, utilizzare i codici ISRC etc.

VERIFICA • TEST A RISPOSTE BREVI (max 30 parole)

1) La lettura del CD-DA inizia dal bordo esterno o dal centro?

2) Un CD-R registrato in modalità CD-DA è compatibile con il Red Book?

3) Un CD audio registrato senza la sezione lead-out è riproducibile in un CD player?

4) Il CD audio è un disco multisessione?

5) Il CD-EXTRA è un disco multisessione?

6) Un pre-gap di 10 minuti di silenzio richiede l'utilizzo di una quantità di dati maggiore di quella di un pre-gap di 10 secondi di silenzio?

7) Un pre-gap di 10 minuti contenente un ghost-track richiede l'utilizzo di una quantità di dati maggiore di quella di un pre-gap di 10 minuti di silenzio?

8) Qual è il numero più piccolo che è possibile assegnare a un sub-index?

9) L'INDEX 0 identifica l'inizio del suono o della traccia?

10) Che succede se nella TOC manca l'INDEX 1?

11) I codici ISRC potevano essere utilizzati nel 1989?

12) I codici CD-TEXT potevano essere utilizzati nel 1989?

13) La bonus-track è indicata nella TOC?

14) La ghost-track è indicata nella TOC?

15) Cosa accade se si invia un flusso di dati SPDIF con codice SCMS ad un DAT costruito prima del 1992?

16) I codici CD-TEXT fanno parte dei canali P-Q?

17) È possibile inserire CD-TEXT in un file RIFF?

18) È possibile inserire metadata EBU R128 in un file AIFF?

19) Il PMCD può essere stampato in formato ROM?

20) Per stampare un PMCD utilizzereste la modalità SAO o DAO?

21) Per stampare Un CD-EXTRA utilizzereste la modalità DAO o SAO?

22) È possibile trasferire tramite internet un progetto DDP?

23) Il PMCD possiede un checksum?

GLOSSARIO

AIFF, Audio Interchange File Format, Apple interchange file format
Tipo di contenitore di dati. Sviluppato da Apple nel 1988. Può contenere audio e metadata in formato lineare o compresso. Può contenere metadata solo in formato proprietario

Authoring
Fase della post-produzione che consiste nell'organizzazione della track list, l'inserimento dei metadata e la preparazione del master finale

aXML
Metadata di tipo XML. Può consistere in qualsiasi documento XML valido. La tipologia, la codifica e l'uso dei dati è definito dall'utente

Blue Book
Standard che definisce le caratteristiche meccaniche, elettroniche e software del Compact Disc multisessione

Bonus-track
Brano inserito nella stessa traccia del brano precedente e distanziato da una lunga pausa di silenzio

BWF Broadcast Wave Format
Chunk sviluppato da EBU nel 1997. Permette l'inserimento di metadata nei file .wav

BWI
Tipo di immagine fisica. È compatibile con il Red Book

CART
Chunk con informazioni utili in ambito broadcast radiofonico. Contiene varie informazioni come l'inizio del cantato, 8 marker successivi all'inizio, ID della clip, ID del cliente etc

CD-DA, Compact Disc Digital Audio
Tipologia di Compact Disc a sessione singola che contiene audio e informazioni aggiuntive

CD-EXTRA
Tipologia di compact disc multisessione. La prima sessione è audio, la seconda dati

CD-R, Recordable
Tipologia di compact disc che può essere registrato da un masterizzatore. Se di tipo RW, Rewritable, può essere cancellato e riutilizzato

CD-ROM, Read Only Memory
Tipologia di Compact Disc che contiene dati

CD-TEXT
Tipologia di dati inseribili in un CD-DA. Forniscono informazioni sul titolo dell'album, titolo del brano, esecutore, arrangiatore etc.

Checksum
Codice di controllo di itegrità dei dati. È ottenuto tramite una serie di calcoli effettuati sui dati tramite un algoritmo complesso

Chunk
Pacchetto di dati, metadata o istruzioni

Container, Contenitore
Formato di dati che contiene dati e metadata

Cue-Bin
Tipo di immagine fisica. È compatibile con il Red Book

Cue-sheet
File in formato testo che comprende la lista dei timecode e dei file audio contenuti in un CD-DA

DAO, Disc At Once
Modalità di scrittura del masterizzatore. Il laser viene acceso all'inizio del Lead-in e spento alla fine del Lead-out

DDP, Disc Description Protocol
Supporto dati per lo scambio di pre-master CD e DVD. È formato da un insieme di file e cheksum

De-Enfasi
Equalizzazione prevista nello standard CD-DA, utilizzata nei supporti a 14 bit. Consiste nell'attenuazione di -9,5dB a 20kHz durante la riproduzione

EAN, European Article Number
Codice a barre adottato in Europa. È composto da 13 cifre numeriche

EFM, Eight to Fourteen Modulation
Tipo di codifica dei dati utilizzata nel CD-DA per l'inserimento dei bit per la correzione degli errori di lettura e la modulazione dei pit

Enfasi
Equalizzazione prevista nello standard CD-DA, utilizzata nei supporti a 14 bit. Comprende la Pre-enfasi nella codifica e la De- enfasi in riproduzione

Enhanced-CD
Tipologia di Compact Disc multisessione. La prima sessione è dati, la seconda audio

Finalizzazione, Chiusura
Scritturad della TOC definitva su CD

Ghost-track
Brano inserito nel Pre-gap della traccia 1. Non è individuabile nella track list. Definito anche HTOA

Glass-master
Disco realizzato nel press plant per la duplicazione in massa di CD

HTOA, Hidden Track One Audio
Brano inserito nel Pre-gap della traccia 1. Non è individuabile nella track list. Definito anche Ghost-track

ID3v2
IDentificazione per MP3. Metadata sviluppato per essere usato nei file MP3. Gli ID3v2 possono essere inseriti in un file RIFF

INDEX 0
Descrive l'inizio della traccia e del pre-gap nel CD-DA

INDEX 1
Indica l'inizio dell'audio della traccia del CD-DA

Information area
Area dati del CD che comprende Lead-In, Program area e Lead-out

ISO
Tipo di immagine fisica. Non è compatibile con il Red Book

ISRC, International Standard Recording Code
È formato da 12 cifre alfanumeriche. Identifica il proprietario, l'anno e il numero di catalogo di una registrazione. Può essere inserito come metadata in supporti e flussi digitali

iXML
Metadata utilizzato per inserire informazioni durante la presa diretta dell'audio

Lead-In
Area dati del Compact Disc.
Comprende la TOC e le informazioni
per la messa a fuoco del laser

Lead-Out
Area dati del Compact Disc. È
formato da una sequenza di zeri e
identifica la fine del CD

MDF
Tipo di immagine fisica. È compatibile
con il Red Book

Metadata
Dati che descrivono l'informazione
principale. Non ne modificano il
contenuto. L'informazione principale
può essere interpretata anche in
assenza di metadata

MSF
Timecode espresso in Minuti,
Secondi, Frames mm:ss:ff. Nel CD
audio un secondo è composto da
75 frames

Mixed Mode CD
Compact Disc che contiene tracce di
tipo diverso: audio e dati. Può essere
a sessione singola o multisessione

Orange Book
Standard che definisce le
caratteristiche meccaniche,
elettroniche e software del CD- R,
CD Recordable

NRG
Tipo di immagine fisica. È compatibile
con il Red Book

PCA, Power Calibration Area
Area del CD vicina al centro. È
utilizzata dal masterizzatore per
calibrare la potenza del laser in
scrittura

Physical image, Immagine fisica
File o insieme di file utilizzati per
rappresentare tutti i dati e la loro
distribuzione su un supporto fisico:
Compact Disc o Hard disk

PMA Program Memory Area
Area del CD vicina al centro. È
utilizzata dal masterizzatore per
scrivere la TOC provvisoria nei dischi
multisessione

PMCD, Pre-master CD
CD-DA utilizzato per la duplicazione
dei Compact Disc audio

Post-gap
Area di dati che si trova alla fine
di una traccia audio nel CD-DA. È
composta da un timecode che indica
la durata del silenzio alla fine della
traccia

Pre-Enfasi
Equalizzazione prevista nello
standard CD-DA, utilizzata
nei supporti a 14 bit. Consiste
nell'amplificazione di 9,5dB a 20kHz
durante la codifica

Pre-gap
Area di dati che precede una traccia
audio nel CD-DA. Inizia con l'INDEX
0

Pre-goove
Traccia guida, priva di dati presente
nei CD-R

Pre-mastering
Fase di preparazione del master per
la duplicazione

Press plant
Stabilimento industriale per la
produzione e duplicazione di
Compact Disc

Program Area
Area di dati del CD-DA. Comprende le informazioni audio codificate in EFM

Rainbow Books
Insieme di standard che definiscono le caratteristiche delle varie tipologie di Compact Disc

Red Book
Standard che definisce le caratteristiche meccaniche, elettroniche e software del CD- DA, Compact Disc Digital Audio

Reed-Solomon
Sistema di correzione degli errori di lettura utilizzato nel CD-DA

Replay-Gain
Metadata che indica il loudness del file

RIFF, Resource Interchange File Format
Tipo di contenitore di dati. Può contenere audio, video e metadata in formato lineare o compresso

SAO, Session At Once
Modalità di scrittura del masterizzatore per CD multisessione. Il laser viene acceso e spento all'inizio e alla fine di ogni sessione

SCMS, Serial Copy Managenent System
Sistema di protezione dalla copia utilizzabile nei supporti digitali e nei flussi SPDIF

Session, Sessione
Sezione di CD che può contenere una o più Information Area. Se il disco è a sessione singosla, Session e Information area coincidono

Stamper
Stampo positivo utilizzato nel processo di estrusione, durante la produzione di Compact Disc

SUA, System User Area
Area del CD vicina al centro. Contiene la PCA e la PMA. È utilizzata dai masterizzatori

Sub-code P, Sub-codici P
Tipologia di dati dello standard CD-DA che comprendono il timecode, pre-gap, post-gap

Sub-code Q, Sub-codici Q
Tipologia di dati dello standard CD-DA che comprendono informazioni sul timecode, sul numero dei canali audio, sui codici ISRC e EAN, sulla protezione anticopia e la de- enfasi

Sub-code R-W, Sub-codici da R a W
Tipologia di dati dello standard CD-DA codificati nel 1996. Comprendono CD-TEXT, grafica, MIDI, Karaoke

Sub-Index
Serie di indici del CD-DA numerati da INDEX 02 a INDEX 99. Identificano parti, sezioni, movimenti musicali di una traccia

TAO, Track At Once
Modalità di scrittura del masterizzatore. Il laser viene acceso e spento all'inizio e alla fine di ogni traccia

TOC, Table Of Contents
Area dati del Compact Disc. Fa parte del Lead-In e contiene tutte le informazioni sul timecode delle tracce e degli indici

Track, Traccia
Area dati del CD-DA che contiene audio. In un CD-ROM contiene dati

Track Program Area
Area dati del CD-DA che contiene Pre-gap, audio e Post- gap

UMID, Unique Material IDentifier
Codice di identificazione. Identifica il file all'interno di un gruppo di produzione o di una serie di versioni

UPC, Unified Product Code, Universal Product Code.
Codice a barre adottato in USA. È composto da 12 cifre numeriche

USID, Unique Source IDentifier
Codice di identificazione della sorgente del file. È unico al mondo per ogni file

Yellow Book
Standard che definisce le caratteristiche meccaniche, elettroniche e software del CD-ROM, Read only memory

16
MASTERING PER STREAMING

CONTRATTO FORMATIVO

PREREQUISITI PER IL CAPITOLO
- CONTENUTI DEI CAPITOLI 1-15

OBIETTIVI
CONOSCENZE
- CONOSCERE LE CARATTERISTICHE DEI VARI CODEC DI COMPRESSIONE AUDIO
- CONOSCERE I TARGET LEVEL RACCOMANDATI DALLE PIATTAFORME
- CONOSCERE LA TIPOLOGIA DI METADATA UTILIZZABILI
ABILITÀ
- SAPER ESPORTARE NEI VARI FORMATI
- SAPER ANALIZZARE I RENDERING COMPRESSI

CONTENUTI
- CODEC
- LOUDNESS NEI FILE COMPRESSI • METADATA NEI FILE COMPRESSI

TEMPI - Cap. 16
AUTODIDATTI
PER 200 ORE GLOBALI DI STUDIO INDIVIDUALE: CA. 13 ORE
CORSI
PER UN CORSO GLOBALE DI 40 ORE IN CLASSE + 80 DI STUDIO INDIVIDUALE:
CA. 3 ORE FRONTALI + 2 ORE DI FEEDBACK - CA. 4 ORE DI STUDIO INDIVIDUALE

ATTIVITÀ
- ESEMPI INTERATTIVI

VERIFICHE
- TEST A RISPOSTE BREVI

SUSSIDI DIDATTICI
- GLOSSARIO

Premessa

In tutti i processi trattati finora è stato sempre utilizzato audio in formato PCM lineare. Ciò ha senso in ambito di produzione professionale, dove la qualità del prodotto finale è strettamente legata alla risoluzione del materiale originale. Gran parte del mercato musicale attuale, è basato sull'ascolto e la commercializzazione di formati sonori compressi. **AAC, Mp3, WMA, Ogg** etc. Questa tipologia di algoritmi è definita **Lossy, Con perdita di dati**. Come indica il termine, più che una compressione, è un *ridimensionamento* dei dati ottenuto eliminando una parte delle informazioni, che non potranno più essere recuperate. In questo modo è possibile ridurre, in base al livello di compressione, la quantità di dati fino a cento volte rispetto all'originale. Ovviamente la qualità del suono ottenuta è inversamente proporzionale al livello di compressione e al bitrate risultante. Per esempio l'audio del CD-DA ha un bitrate di **1411,2kbps, kilo bit per secondo**. Un file Mp3 di media qualità ha un bitrate di 128 kbps e uno di *alta qualità* 320kbps. Un file AAC di alta qualità può arrivare a 320 kbps, ma iTunes utilizza 256kbps. Lo scopo della compressione lossy è quello di occupare meno spazio sui supporti di memoria e nei server, come pure di usare meno dati durante lo streaming su internet. Gli stessi provider di contenuti multimediali utilizzano audio in formato lossy compresso. iTunes, Youtube, Soundcloud, Spotify sono tra questi. Esistono anche algoritmi di compressione **Lossless, senza perdita di dati**. Gli algoritmi lossless riducono la dimensione del file senza eliminare informazioni in modo definitivo. Un file lossless, una volta decompresso, conterrà le stesse informazioni del file originale. L'algoritmo lossless più conosciuto è **ZIP**. Esistono algoritmi lossless specifici per l'audio come **FLAC, ALAC, WavPack** etc. Purtroppo i codec lossless utilizzati in campo audio non offrono rapporti di compressione molto elevati e quindi sono utilizzati raramente dai provider di servizi multimediali, che per motivi di velocità e spazio di archiviazione, continuano a preferire i codec lossy. La compressione lossy di un segnale digitale, come tutti i processi digitali modifica il timbro, il range dinamico, il volume, genera distorsione, e non è certo un processo trasparente. La qualità del segnale non compresso è senz'altro superiore a quella ottenuta con l'utilizzo dei vari codec. Si deve però accettare il fatto che il mercato musicale richiede determinate tipologie di supporti e formati. Bisogna quindi ottimizzare il processo di conversione in formato compresso del materiale lineare masterizzato.

16.1 MP3

MPEG-1 Layer 3, meglio conosciuto come MP3, è un algoritmo di compressione lossy che prevede bitrate da 32 a 320kbps. Sviluppato nel 1989 e perfezionato nel 1992, è divenuto anche standard **ISO/IEC 11172-3**. Nella versione con qualità più elevata ha un bitrate inferiore di 4,5 volte al file WAV PCM di un CD. L'algoritmo di compressione supporta file con frequenza di campionamento di 32, 44.1 e 48kHz, a 16 o 24 bit. Utilizza metadata di tipo ID3v1 e ID3v2. Sebbene un MP3 a 320kbps sia un buon compromesso in termini di qualità, molti providers di servizi multimediali considerano già *buono* un bitrate di 128kbps... Con un livello di compressione dati di 11:1 molte informazioni del file originale vengono scartate. Ciò avviene sia a livello spettrale, sia a livello dinamico. Specialmente per quanto riguarda i valori di inter-sample peak e clipping, è molto probabile che un file con un loudness elevato possa essere accettabile in formato WAV e distorto quando è convertito in MP3. Per questo motivo è consigliabile non superare mai un valore **I** superiore a -16LUFS e un **LRA** intorno a 8LU e un valore **dBTP** massimo di -1, -2dBTP. Nella sezione Processamento della Riproduzione di Wavelab è presente il plugin Encoder Checker, vedi fig. 16.1.

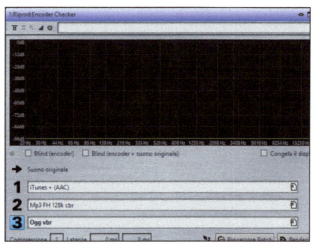

fig. 16.1 Encoder Checker

Il plugin permette di ascoltare in tempo reale il risultato di 3 tipi di conversioni diverse. È disponibile anche una modalità *Blind* che effettua in modo casuale delle commutazioni tra i vari codec e il file originale. In questo modo, durante l'ascolto, il giudizio non sarà influenzato dalla conoscenza del tipo di codec utilizzato.

· ·

ATTIVITÀ

- Caricate l'esempio **07A**.

- Caricate nella master section il preset 16-01 ENC01.

- Nella sezione Processamento della riproduzione caricate il plugin Encoder
  checker, vedi fig. 16.2.

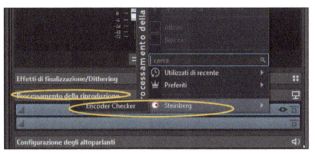

fig. 16.2 Encoder checker

- Nello slot 1 del plugin caricate il preset Mp3 FH 128k cbr, vedi fig.16.3.

fig. 16.3 Preset di codifica

- Nello slot 2 del plugin caricate il preset Mp3 FH 192k cbr hq. Nello slot 3 del
  plugin caricate il preset Mp3 FH vbr hq, vedi fig. 16.4.

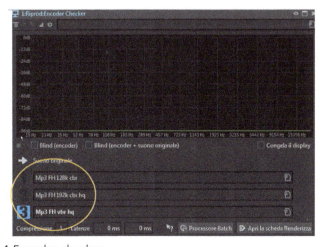

fig. 16.4 Encoder checker

- Ascoltate il brano. Cliccando alternativamente su 1, 2 e 3 potete commutare il tipo di codifica ascoltando il risultato in tempo reale e confrontandolo con il suono originale. Nella parte superiore della finestra del plugin è raffigurato in rosso lo spettro del canale codificato e in verde quello del segnale originale, vedi fig. 16.5.

fig. 16.5 Ascolto comparativo

- Ascoltate e notate le differenze nel timbro, nel range dinamico, nell'immagine stereo.

- Cliccate su Blind (encoder). Ora non avete più indicazione sull'encoder utilizzato. Potete commutare il tipo di encoder utilizzando le frecce su e giù della tastiera del computer. Ogni volta che utilizzate un encoder diverso il led si accende. In questa modalità non sarete influenzati nel giudizio della qualità e potete confrontare l'encoder scelto con il suono originale. Cliccando di nuovo sul Blind (encoder) la modalità blind verrà disattivata e il plugin indicherà il tipo di encoder utilizzato, vedi fig. 16.6.

fig. 16.6 Blind mode degli encoder

- Cliccate su <u>Blind (encoder + suono originale)</u>. Ora anche il suono originale opera in blind mode. Commutando con le frecce non sarà indicato se il segnale ascoltato è quello originale o quello codificato, nè l'eventuale tipo di encoder utilizzato, vedi fig. 16.7.

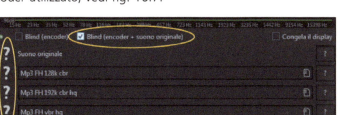

fig. 16.7 Blind mode totale

- Utilizzate questa attività per esercitare l'orecchio a riconoscere le differenze tra segnali simili.

- Ascoltate il brano originale e osservate l'indicatore di livello. All'uscita della catena di plugin il livello massimo è -0,27dBFS, vedi fig. 16.8.

fig. 16.8 Livello massimo

- Ricordate che questo valore è misurato dopo la sezione Dithering e prima della sezione <u>Processamento della riproduzione</u>, vedi fig.13.10.

- Come spiegato precedentemente, la conversione di frequenza di campionamento, la riduzione della risoluzione in bit, la compressione, la codifica di un file audio in un diverso formato, possono modificare il livello del segnale e la presenza di inter-sample peak. Il valore indicato dal meter è misurato prima dell'Encoder Checker. Per conoscere il valore di picco del segnale codificato bisogna effettuare la misurazione all'uscita dell'Encoder Checker. In questo modo è possibile visualizzare i valori di picco del segnale dopo la codifica Mp3, prima di renderizzare il file. Per fare ciò bisogna modificare il punto di misurazione attivando la funzione presente nello slot del plugin, cliccando sul simbolo relativo, vedi fig. 16.9.

fig. 16.9 Punto di misurazione

- Ascoltate il brano utilizzando l'encoder nello slot 1 del plugin. Osservate l'indicatore di livello. I livelli prima della codifica Mp3 erano corretti e inferiori a 0dBFS. Ora sono presenti molti inter-sample peak e il livello di picco supera 0dBFS, generando distorsione, vedi fig. 16.10.

fig. 16.10 Livelli dopo la codifica

- Considerate sempre gli effetti della compressione digitale sul segnale. Un master ideale per un CD potrebbe essere inaccettabile per le piattaforme streaming. In questo caso il livello di picco va assolutamente riportato al di sotto di 0dBFS. Utilizzate il controllo del gain, o i fader della master section, oppure riconsiderate le impostazioni della catena di plugin.

- Nello slot 3 del plugin è stato caricato un preset **VBR**, **Variable Bit Rate**. Questo tipo di codifica ottimizza il bitrate in base al contenuto spettrale e dinamico. In questo modo si possono raggiungere livelli di compressione alti con un buon compromesso tra qualità e bitrate. Uno svantaggio di questa codifca è rappresentato dal lungo tempo impiegato a comprimere i dati. Avendo la possibilità di utilizzare bitrate elevati è possibile comprimere i dati in modalità **CBR**, **Constant Bit Rate**, per assicurare sempre un bitrate adeguato a ogni tipo di segnale. La codifica CBR è però meno efficiente nel rapporto dimensioni/qualità ed è quindi sconsigliata se si vuole ridurre al minimo la dimensione del file conservando una buona qualità.

- Modificate le impostazioni di fabbrica dell'encoder, sperimentate bitrate maggiori e minori, notate le differenze, verificate i livelli.

- Utilizzate il misuratore dell'intensità acustica, modificate il target level in base alla piattaforma streaming da utilizzare, vedi paragrafo 3.13. Modificate la catena di plugin per ottenere il loudness adeguato.

16.2 AAC, ADVANCED AUDIO CODING

Il formato **MPEG-2 Part 7**, detto anche **AAC**, nasce nel 1997 come evoluzione del formato MP3. Supporta fino a 48 canali audio principali e 16 di commento per ogni **Stream, flusso di dati**, con frequenze di campionamento fino a 96kHz. È possibile codificare fino a 16 streams contemporaneamente. L'algoritmo di compressione è molto più complesso di quello MP3 e prevede l'utilizzo di profili psicoacustici e funzioni di predizione dei valori. Gli sviluppatori dichiarano che, a parità di bitrate, AAC è più efficiente di MP3 nella compressione dei dati. Un file AAC a 256kbps avrebbe quindi una qualità paragonabile a un MP3 a 320kbps. Nel 2003 Apple adotta il formato AAC per la distribuzione digitale sulla propria piattaforma iTunes. La versione HE, High Efficiency, fa parte delle specifiche MPEG-4 ed è utilizzata in ambito broadcast, anche da iTunes, nelle trasmissioni radio DAB e video DVB. Per **I**, **LRA** e **dBTP** si raccomandano gli stessi valori indicati per MP3. I metadati dei file AAC sono esclusivi per questo formato. In Wavelab è possibile gestirli dalla stessa finestra degli ID3v2, vedi fig. 16.11.

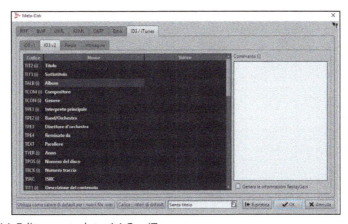

fig. 16.11 Editor metadata AAC e iTunes

· ·

ATTIVITÀ

- Caricate l'esempio **07A**.

- Caricate nella master section il preset 16-01 ENC01.

- Nello slot 1 del plugin Encoder Checker caricate il preset iTunes Standard (AAC).

- Nello slot 2 del plugin Encoder Checker caricate il preset iTunes+ (AAC).

- Ascoltate il file e commutate gli encoder per ascoltare la differenza. Potete inserire nello slot 3 un encoder Mp3 o un preset creato da voi ed effettuare la comparazione della qualità.

- Inserite il punto di misurazione nello slot dell'Encoder Checker, vedi fig. 16.9. Osservate i meter. Notate che con la codifica iTunes+ a 256kbps non si producono inter-sample peak, mentre con quella iTunes Standard a 128kbps i livelli di picco superano 0dBFS.

- Selezionate l'encoder nello slot 2 e cliccate su <u>Apri la scheda renderizza</u>, vedi fig. 16.12.

fig. 16.12 Renderizzazione del file

- Selezionate il formato di uscita <u>iTunes+ (AAC)</u>.
- Salvate il file con un nome a vostra scelta e apritelo nell'editor.
- Nel menu <u>Finestre degli strumenti di utility</u> selezionate <u>Meta-dati</u> e cliccate su <u>Modifica</u>.
- Nella finestra che compare inserite le informazioni nei campi desiderati e premete <u>OK</u>.
- Salvate il file.

●●●

16.3 OGG

Ogg è un contenitore open source. Sviluppato nel 1998, su licenza BSD, supporta una vasta gamma di formati video e audio sia stereo, sia multicanale, ad eccezione di WAV, MP3, Windows Media, e MPEG. Il formato audio più utilizzato, e supportato da Wavelab, è il **Vorbis**. Usa un algoritmo di compressione evoluto che migliora la risposta sulle alte frequenze, sebbene non sia molto efficiente sui suoni con transienti veloci e attacco rapido. La struttura dei metadata è proprietaria e inserita nell'header del file audio. È anche disponibile **Skeleton**, un formato di metadata per Vorbis da inserire nel contenitore e non nel flusso audio. Attualmente è però supportato da un numero limitato di applicazioni e player. Wavelab è in grado di tradurre i metadata ID3 in Ogg Vorbis in modo bidirezionale, come pure editare direttamente i metadata in formato Vorbis, vedi fig. 16.13.

fig. 16.13 Editor metadata Ogg Vorbis

ATTIVITÀ

- Caricate l'esempio **07A**.

- Caricate nella master section il preset 16-01 ENC01.

- Nello slot 1 del plugin Encoder Checker caricate il preset Ogg vbr.

- Ascoltate e notate la differenza rispetto al suono originale. Potete inserire negli slot 2 e 3 altri encoder o preset creati da voi ed effettuare la comparazione della qualità.

- Inserite il punto di misurazione nello slot dell'Encoder Checker, vedi fig. 16.9. Osservate i meter. Notate che il livello massimo di picco è esattamente 0dBFS. Ciò fa intuire la presenza di un algoritmo di limiting all'interno dell'encoder.

- Selezionate l'encoder nello slot 1 e cliccate su Apri la scheda renderizza.

- Selezionate il formato Ogg vbr.

- Salvate il file con un nome a vostra scelta e apritelo nell'editor.

- Nel menu Finestre degli strumenti di utility selezionate Meta-dati e cliccate su Modifica.

- Nella finestra che compare inserite le informazioni nei campi desiderati e premete OK.

- Salvate il file.

• •

16.4 FLAC, FREE LOSSLESS AUDIO CODEC

Flac è un codec di compressione lossless, senza perdita di dati. La qualità del file decodificato è quindi identica a quella del file originale. È stato sviluppato nel 2001 e il suo algoritmo di compressione, diversamente dai protocolli lossless zip, rar etc, è specificamente concepito per l'analisi dei dati audio. Per questo motivo il Flac è molto più efficiente dei classici compressori generici e riesce a ottenere rapporti di compressione più elevati. La struttura dei metadati è la stessa di Ogg Vorbis. Wavelab è in grado di esportare e importare in modo corretto i file flac, vedi fig. 16.14.

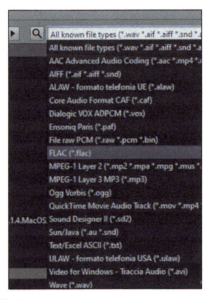

fig. 16.14 Apertura file Flac

• •

ATTIVITÀ

- Nel menu FILE dell'editor cliccate su Apri e selezionate Tutti i tipi di file conosciuti nella finestra dei formati, vedi fig. 16.15.

fig. 16.15 Tipi di file conosciuti

- Caricate l'esempio **16A.flac**.

- Nel menu <u>Finestre degli strumenti di utility</u> selezionate <u>Meta-dati</u> e cliccate su <u>Modifica</u>.

- Nella finestra che compare inserite le informazioni nei campi desiderati e premete <u>OK</u>.

- Salvate il file.

• •

16.5 iTUNES

Sono molte le piattaforme di distribuzione digitale di musica online. Una delle più comuni è senz'altro iTunes. Attualmente iTunes è organizzato come uno store basato su un player. Il player è compatibile con Windows e Mac ed è praticamente l'interfaccia utente del protocollo Quicktime di Apple. La prima versione di iTunes risale al 2001, l'ultima, la 12.7.3, al gennaio 2018. Il formato dei metadata è proprietario. Wavelab è in grado di gestire i metadata dei file AAC di iTunes. iTunes supporta molti formati audio e video, tra cui MP3, WAV, AIFF, MPEG-4. Il player iTunes, come molti altri software, prevede una funzione di normalizzazione del loudness, iTunes **SoundCheck**, che permette di ascoltare tutti i brani allo stesso volume. Nel caso di iTunes, il target loudness è di -16 LUFS. Ciò significa che se un brano ha un loudness di -8 LUFS, Soundcheck ridurrà il livello di 8 LU. Il risultato sarà un file con un livello di picco ridotto, ma con un loudness corretto. Considerando quanto detto finora riguardo alla risoluzione in bit e la qualità del segnale, appare chiaro che la riduzione del livello di picco massimo di un brano masterizzato porta a un degrado notevole del segnale. In fig. 16.16 un file con **I** di -16 LUFS e livello di picco digitale di - 0,7dBFS.

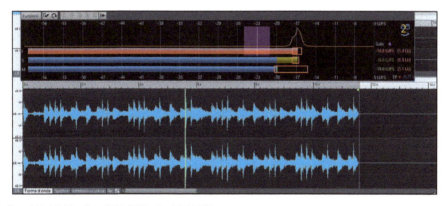

fig. 16.16 Livello -0,7dBFS, **I** -16 LUFS

Questo file utilizza tutto il range dinamico disponibile in bit. Con un livello di picco massimo di - 0,7dBFS, saranno necessari tutti i bit disponibili per descrivere l'ampiezza del segnale e i MSB si troveranno in prossimità del livello di picco massimo. Se questo fosse un file a 16 bit i MSB sarebbero quelli relativi ai numeri più alti disponibili in binario.

In fig. 16.17 un file con livello di picco di 0dBFS e **I** di -10LUFS.

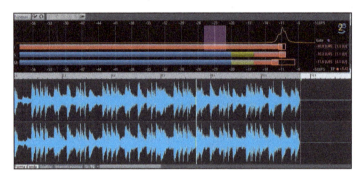

fig. 16.17 Livello 0dBFS, I -10LUFS

Anche in questo caso è utilizzata tutta la risoluzione in bit disponibile, visto che il livello di picco massimo è di 0dBFS. Il valore **I** risulta però troppo alto e quindi il provider di servizi o il player ridurranno di 6LU il livello massimo per ottenere un target loudness di -16LUFS. In fig.16.18 il file con il livello modificato.

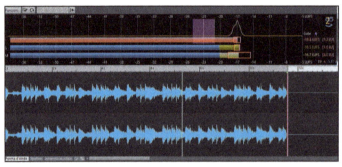

fig. 16.18 Livello -6dBFS, I -16LUFS

Ora I, è -16 LUFS, ma il livello di picco è -6dBFS. Ciò significa che i MSB da -6dBFS a 0dBFS non sono utilizzati. In pratica la risoluzione digitale si è ridotta di un bit e la qualità del segnale è peggiorata. Ciò non sarebbe accaduto se il brano destinato alla distribuzione digitale, fosse stato masterizzato direttamente a -16 LUFS con livello di picco a -1dBFS, vedi fig. 16.16. Un altro fattore da considerare è la creazione di inter-sample peaks causati dalla compressione dei dati, vedi paragrafo 16.2. A bitrate molto bassi è possibile che il valore dBTP salga molto facilmente oltre lo 0, generando distorsioni e clipping durante l'ascolto. Per questi motivi si consiglia di masterizzare i brani destinati alla distribuzione digitale in modo specifico e diverso dal prodotto non compresso. Ciò consentirà di adattare il contenuto musicale alle specifiche del supporto di destinazione, in questo caso iTunes.

-16LUFS e -1dBTP

Si consiglia inoltre di analizzare i livelli di loudness, di dBTP e di LRA, dopo la conversione nel formato compresso. Uno strumento molto utile in questo processo è l'Encoder Checker di Wavelab, vedi paragrafi precedenti.

16.6 SOUNDCLOUD

Soundcloud è stato creato nel 2008. È una delle piattaforme di distribuzione audio più conosciute tra artisti, musicisti e sound designers. I contenuti sono divisi tra musica e suoni. La gestione dell'account personale permette l'upload, la registrazione e l'organizzazione dei contenuti online. Soundcloud conta al momento 150 milioni di utenti. Tutti i contenuti caricati dagli utenti sono convertiti in formato MP3 128kbps per l'ascolto online. In ogni caso il download dei contenuti avviene alla stessa qualità con cui i file sono stati caricati. Considerando il bitrate abbastanza basso utilizzato nell'ascolto è consigliabile verificare con Encoder Checker il suono in modalità compressa. Non esistono raccomandazioni per il target loudness, tuttavia è consigliabile un valore di

-14, -16 LUFS

16.7 SPOTIFY

Creato nel 2008, è un servizio di streaming musicale online a cui aderiscono la maggior parte delle major discografiche mondiali. Conta più di 100 milioni di utenti. Sono disponibili due versioni, la free con bitrate limitato e annunci pubblicitari, e la premium, con bitrate fino a 320kbps. È disponibile per Windows, OSX, iOS, Android, Linux. Il codec utilizzato è il Vorbis, ma sono supportati anche MP3 e AAC. Per quanto riguarda il target loudness, il valore consigliato è

-14 LUFS

16.8 YOUTUBE

Youtube è la più conosciuta piattaforma di streaming video online. Qualsiasi descrizione a riguardo è superflua, basterebbe dire che il servizio conta decine di milioni di visitatori al giorno. Youtube ha iniziato a normalizzare il loudness a

-13 LUFS

Va quindi utilizzata una particolare attenzione nel mastering di file per Youtube, cercando di fornire materiale che abbia già un target loudness di -13 LUFS, per evitare riduzioni del livello di picco e perdita di risoluzione in bit.

VERIFICA • TEST A RISPOSTE BREVI (max 30 parole)

1) Avendo a disposizione poco spazio di archiviazione, quale codifica utilizzereste per comprimere i dati: VBR oppure CBR?

2) La qualità è maggiore in una codifica a 320kbit al secondo oppure a 176kByte al secondo?

3) Cosa fareste durante il mastering per evitare la creazione di inter-sample peak nella codifica del file a basso bitrate?

4) È possibile misurare i livelli dBTP prima di renderizzare il fle compresso?

5) Un brano masterizzato per iTunes puo essere pubblicato su youtube senza variazioni di livello?

6) Un brano masterizzato per Youtube può essere pubblicato su iTunes senza variazioni di livello?

GLOSSARIO

AAC, Advanced Audio Coding
Algoritmo di compressione audio lossy. Supporta fino a 48 canali audio principali e 16 di commento per ogni stream, con frequenze di campionamento fino a 96kHz. È possibile codificare fino a 16 streams contemporaneamente

ALAC, Apple Lossless Audio Codec
Algoritmo di compressione lossless. Ottimizzato per flussi audio multimediali. Sviluppato da Apple

CBR, Constant Bit Rate
Tipo di codifica che utilizza sempre la stessa quantità di dati, indipendentemente dal contenuto delle informazioni da codificare. È molto rapida ma non permette di ottenere elevati rapporti di compressione

FLAC, Free Lossless Audio Codec
Algoritmo open source di compressione lossless. Ottimizzato per flussi audio multimediali

ISO/IEC 11172-3
Standard che definisce le caratteristiche del Mpeg-1 layer 3, Mp3

iTunes
Piattaforma di streaming e store sviluppata da Apple nel 2001. Il formato dei metadata è proprietario. Utilizza la codifica AAC e supporta molti formati audio e video, tra cui MP3, WAV, AIFF, MPEG-4

Lossless
Tipo di codifica senza perdita di dati. I dati decodificati contengono le stesse informazioni dell'originale. Permette di ottenere bassi rapporti di compressione

Lossy
Tipo di codifica con perdita di dati. I dati decodificati contengono meno informazioni dell'originale. Permette di ottenere rapporti di compressione elevati

Mp3
MPEG-1 Layer 3. Algoritmo di compressione audio lossy che prevede bitrate da 32 a 320kbps

OGG
Contenitore open source. Supporta una vasta gamma di formati video e audio sia stereo che multicanale, ad eccezione di WAV, MP3, Windows Media, e MPEG. Il formato audio più utilizzato è il Vorbis

Skeleton
Formato di metadata utilizzato nel contenitore OGG

SoundCheck
Funzione del player iTunes per la normalizzazione del loudness

Soundcloud
Piattaforma di distribuzione audio utilizzata da artisti, musicisti e sound designers. Tutti i contenuti caricati dagli utenti sono convertiti in formato MP3 128kbps per l'ascolto online. Il download dei contenuti avviene alla stessa qualità con cui i file sono stati caricati

Spotify
Servizio di streaming musicale online. Sono disponibili due versioni, la free con bitrate limitato e annunci pubblicitari, e la premium, con bitrate fino a 320kbps. Il codec utilizzato è il Vorbis, ma sono supportati anche MP3 e AAC

Stream
Flusso di dati

VBR, Variable Bit Rate
Tipo di codifica che ottimizza il bitrate in base al contenuto dei dati. Permette di ottenere rapporti elevati di compressione, ma richiede molto tempo per la codifica.

Vorbis
Formato di compressione audio supportato dal contenitore OGG

WavPack
Algoritmo open source di compressione lossless. Ottimizzato per flussi audio multimediali. Supporta flussi DSD e dati floating point con frequenze di campionamento da 6 a 192kHz

WMA, Windows Media Audio
Algoritmo di compressione audio lossy. Prevede bitrate fino a 400kbps. Esiste anche una versione lossless

Youtube
Piattaforma di streaming video web. Supporta formati MPEG, WMV, Ogg, AVI

ZIP
Algoritmo di compressione lossless

CONCLUSIONI

Se siete arrivati a leggere questa sezione, avrete sicuramente acquisito le nozioni e la pratica necessarie ad effettuare mastering audio a livello professionale. Tutte le formule, le tecniche, gli esercizi e anche gli errori commessi in questa fase di studio, entreranno a far parte del vostro bagaglio di conoscenze nel mondo della produzione audio professionale. In ogni caso lo scopo di questo testo è anche quello di fornire stimoli e strumenti utili alla creazione di un proprio stile, di un vostro suono, che caratterizzi tutti i lavori che svolgerete e che li renda riconoscibili all'ascolto e all'analisi. L'arte della manipolazione del suono nel mastering consente infatti la creazione di prodotti finali di alta qualità ma diversi tra loro, a partire dalla stessa sorgente. Tutti questi lavori avranno sfumature differenti ma, se svolti in maniera accurata e professionale, riveleranno ognuno uno stile personale riconducibile all'autore del mastering. Sperando che questo percorso sia stato proficuo e interessante, concludo questo testo augurando a tutti i lettori un futuro appassionante e professionalmente gratificante nel campo del mastering audio.

Marco Massimi

BIBLIOGRAFIA ESSENZIALE

AES, "AES standard method for digital audio engineering — Measurement of digital audio equipment", AES, New York 2015

Ballou G., A Sound Engineer's Guide to Audio Test and Measurement; Focal press, Burlington, 2009

BBC, Harmonic distortion and negative feedback in audio frequency amplifiers, BBC, London, 1950

BS ISO 226, Acoustics - Normal Equal Loudness Level Contours', ISO, Geneva, 2003

Brixen E., Audio Metering: Measurements, Standards and Practice, Focal press, Burlington, 2010

Cipriani A. -Giri M., Electronic Music and Sound Design 1, Contemponet, Roma, 2016

Cipriani A. -Giri M., Electronic Music and Sound Design 2, Contemponet, Roma, 2017

EBU, R 128 Loudness normalisation and permitted maximum level of audio signals, EBU, Geneva, 2014

EBU, Tech 3342 loudness range: a measure to supplement ebu r 128 loudness normalization, EBU, Geneva, 2016

IEEE, Standard for Floating-Point Arithmetic, *IEEE 754-2008*, IEEE, New York, 2008

ITU, Recommendation ITU-R BS.1770-4 Algorithms to measure audio programme loudness and true-peak audio level, ITU, Geneva, 2016

Martin G., Introduction to Sound Recording, McGill University, PhD, Montreal, 2011

Pohlmann K.C., The Compact Disc Handbook, Oxford University press, Oxford, 1999

RIAA, Disc phonograph records for home use, RIAA, New York, 1978

Schipani G., Le ampolle elettroniche, Hoepli, Milano, 1931

Self.D, Electronics for Vinyl, Routledge, Oxon, 2018

Spanias A.-Painter T. Venkatraman. Audio Signal Processing and Coding, John Wiley & Sons, New York, 2007

Steinberg, Wavelab Pro 10 User's manual, Steinberg, Hamburg, 2018

Talbot-Smith M., Audio Engineer's Reference Book, Focal press, Oxon, 1999

Udayashankara V., Modern Digital Signal Processing, PHI Learning, Delhi, 2012

Uncini A., Audio digitale, Mc Graw Hill, Columbus, 2006

Winder S., Analog and digital filters design, Elsevier science, Amsterdam, 2002

Watkinson J., Art of digital audio, Focal press, Oxon, 2000

CREDITI

Immagine di copertina: Valerio Murat.

Figura 1.6 Sessione di registrazione acustica - pag. 9
The Victor Orchestra, c. 1925 - RCA Corporation

Figura 1.7 Grammofono meccanico - pag. 10
Catalogo Collezioni: Museo nazionale della scienza e della tecnologia Leonardo da Vinci, Milano
http://www.museoscienza.org/dipartimenti/catalogo_collezioni/scheda_ogget-to.asp?idk_in=ST120-00150

Figura 1.8 Sessione di registrazione elettrica - pag. 11
Shilkret with the Victor Salon Orchestra, c. 1925
This work is from the George Grantham Bain collection at the Library of Congress. According to the library, there are no known copyright restrictions on the use of this work.
https://en.wikipedia.org/wiki/Nathaniel_Shilkret#/media/File:VictorSalonOrchBa inMicrophone.jpg

Figura 1.11 Apparecchiatura DMM Neumann - pag. 13
By JacoTen [CC BY-SA 3.0 (https://creativecommons.org/licenses/by-sa/3.0)], from Wikimedia Commons
https://commons.wikimedia.org/wiki/File:Neumann_Cutting_Machine_02.jpg

Figura 1.12 Blocco testine simul sync registratore TASCAM 85-16b - pag. 14
per gentile concessione di Giovanni Mancini

Figura 3.2 Fonometro - pag. 37
Autore: Jose Reynaldo da Fonseca - Licenza CC 2.5
https://it.wikipedia.org/wiki/Fonometro#/media/File:Decibel%C3%ADmet ro_21102011_REFON_2.JPG

Figura 3.17 VU meter - pag. 50
By User Iain - GNU Free Documentation License
https://commons.wikimedia.org/wiki/File:VU_Meter.jpg

Figura 4.29 Sommatore SPL Mixdream - pag. 98
Per gentile concessione di SPL electronics GmbH
https://spl.audio/studio/mixdream/?lang=en

Figura 4.38 Scheda audio RME MADI FX - pag. 104
Per gentile concessione di www.rme-audio.com
https://www.rme-audio.de/products/hdspe_madi_fx.php

Figura 5.51 Filtro APF Voxengo PHA 979 - pag. 167
Per gentile concessione di Aleksey Vaneev - Voxengo
http://www.musictri.be/Categories/Klarkteknik/Signal-Processors/Equalizers/
SQ1G/p/P0ACK

Figura 5.53 Equalizzatore grafico hardware Klark Teknik SQ1 - pag. 168
Per gentile concessione di MUSIC Group IP Ltd
http://www.musictri.be/Categories/Klarkteknik/Signal-Processors/Equalizers/
SQ1G/p/P0ACK

Figura 7.39 Compressore downward VCA Alesis 3630 - pag. 236
per gentile concessione di inMusicBrands, LLC.
http://www.alesis.com/products/view/3630-compressor

Figura 7.40 Compressore Variable MU® Manley - pag. 236
per gentile concessione di Manley Laboratories, Inc.
https://www.manley.com/pro/mslchp/

Figura 7.41 Compressore UREI 1176 - pag. 237
per gentile concessione di Universal Audio, Inc.
https://www.uaudio.com/hardware/compressors/1176ln.html

Figura 7.43 Compressore ottico Teletronix LA 2A - pag. 237
per gentile concessione di Universal Audio, Inc.
https://www.uaudio.com/hardware/compressors/la-2a.html

Figura 8.2 Registratore magnetico a nastro - pag. 314
By User Iain from en:Wikipedia, 06:55, 16 June 2006 (UTC) (My Original Photo)
[Public domain], via Wikimedia Commons
https://commons.wikimedia.org/wiki/File:Revox-reel-to-reel.JPG

Figura 12.8 Phase meter multicanale Insight - pag. 396
per gentile concessione di iZotope, Inc
https://www.izotope.com/en/products/mix/insight.html

INDICE ANALITICO